KB123221

THE MADMAN'S LIBRARY

THE MADMAN'S LIBRARY
: THE GREATEST CURIOSITIES OF LITERATURE
by Edward Brooke-Hitching

This Korean edition was published by Galapagos Publishing Co. in 2024 by arrangement with Simon & Schuster UK Ltd. 1st Floor, 222 Gray's Inn Road, London, WC1X 8HB, A CBS Company through KCC(Korea Copyright Center Inc.), Seoul.

이상한 책들의 도서관
희귀 서적 수집가가 안내하는
역사상 가장 기이하고 저속하며
발칙한 책들의 세계
에드워드 브룩-히칭 지음
최세희 옮김
갈라파고스
LANDGUARD FORT
"a Frontier Garrison of importance."
Reservoir for GALL STONES
To the Memory of the immortal Chatterton
Portrait of the Pretender
Man-Midwifery Analyzed

프랭클린과 에마,
정교하게 제본된 '신의 사본' 두 사람에게
이 책을 바칩니다.

일러두기

- 원주는 각주로 달고 '―지은이'로 표시했다. 표시되지 않은 각주는 옮긴이 주이다.
- 본문의 〔 〕는 저자가 내용을 보충한 것이다.
- 본문에 등장하는 필사본과 단행본은 『 』, 신문과 잡지는 《 》, 논문과 보고서, 노래, 시는 「 」로 표기했다.
- 성서 각 권의 명칭 및 인용은 개역개정(대한성서공회)의 표기를 따랐다.

차례

서문 … 9

책이 아닌 책 … 20
살과 피로 만든 책 … 46
암호로 쓴 책 … 70
출판 사기 … 94
괴상한 사전들 … 116
초현실세계를 다룬 책 … 146
종교계 괴서들 … 180
이상한 과학책 … 208
기상천외한 크기의 책 … 236
제목이 이상한 책 … 266

감사의 말 … 273
참고 문헌 … 274
도판 출처 … 276
이 책에 나오는 책들 … 278
색인 … 285

런던 웰컴 컬렉션(과학, 의학, 생명, 예술과 관련된 작품을 모아놓은 박물관이자 도서관)에 소장되어 있는 『악마 연구 및 마법 개론서』(1775년경 발간 추정)에 실린 삽화. 불가사의하고 초자연적인 내용으로 가득한 책이다.

서문

"책은 시대의 거대한 바다에 우뚝 선 등대다."
—에드윈 퍼시 휘플

아버지 손에 이끌려 간 경매장에서 입찰자 패들[1] 신세로 전락했을 때, 난 첫돌을 넘긴 아기였다. 고서를 사고파는 게 일인 부모를 둔 아이는 책으로 지은 집에서 살게 된다(비유인 동시에 실증적 사실이다). 그런 집에는 벽마다 온갖 휘황찬란한 색깔의 가죽 장정에 짓눌려 신음하는 서가가 세워져 있다. 거기엔 모로코(염소 가죽)로 만든 빨간색 표지, 고급 독피지(결이 고운 송아지 가죽)로 만든 흰색 표지, 군청색, 진녹색, 순금색, 낡고 칙칙한 앤티크 브라운 색의 표지까지 색색의 옷을 입은 책들이 저마다 채도가 다른 금박 글씨로 반짝인다.

이 책들은 숨도 쉰다. 숨을 내쉴 때마다 해묵은 종이 냄새와 가죽 향을 뿜어낸다. 수 세기를 간직한 그 냄새 속에서 책마다 다른 출생지와 시대를 분간할 수 있다. 그러나 이런 낭만적인 분위기는, 당연하지만 한낱 어린아이에겐 코끝에 닿기도 전에 휘발되어버린다. 적어도 처음엔 그렇다. 열 살 때는 오래된 책이야말로 세상에서 제일 지루하다고 생각했었다. 그러나 열여덟 살 되던 해엔 정신을 차려보니 런던의 한 경매회사에서 24시간 책에 둘러싸여 살고 있었고, 이윽고 책과 대책 없는 사랑에 빠져버린 스물다섯 살에는 식비나 집세를 빼돌려 나의 알량한 서가를 채우고 있었다(미국의 희귀 서적 중개상 A. S. W. 로즌바크가 1927년에 발표한 에세이에는 이런 대목이 나온다. "내 주변에도 가산을 탕진하는 사람이 몇 있다. 고작 한 권의 책을 손에 넣겠다는 일념으로 지구 반 바퀴를 돌아야 하는 지난한 여정을 감수하고, 우정은 뒷전이 된 지 오래고, 심지어는 거짓말에 사기에 절도까지 저지르는 사람들").

비슷한 시기, 구글의 어느 팀에서는 그전까지 누구도 엄두를 내지 못했던 계산을 마쳐가고 있었다. 구글북스가 2002년부터 현존하는 모든 종이책을 입수해 전자책 사본으로 만드는, 코드명 '프로젝트 오션'을 8년째 추진하고 있던 것이다. 사업을 완수하려면 팀에서 감당할 책의 권수부터 대충이라도 파악해야 한다는 것이 팀원들의 생각이었다. 미국 의회 도서관과 월드캣[2]에 이어 세계 각국의 출판 목록 시스템에서 찾을 수 있는 기록을 빠짐없이 모았고, 마침내 10억을 웃도는 수치와 마주하게 되었다. 이어서

1 경매 진행 중 입찰 의사가 있을 때 드는 팻말.

2 온라인 컴퓨터 도서관 센터OCLC 글로벌 협동조합에 가입한 총 7만 2000개 도서관의 도서 목록을 열람할 수 있는 웹 사이트.

알고리즘을 이용해서 이 숫값을 깎기 시작했는데, 이 과정에서 중복된 판본, 마이크로피시,[3] 지도, 영상물, 오래전 어느 만우절에 누군가 장난으로 도서관 장서 목록에 등록하는 바람에 책의 탈을 쓰고 있던 육류용 온도계를 탈락시켰다. 그런 후에야 전자책이 될 수 있는 책의 총계에 가까운 수치를 얻을 수 있었으니, 모두 1억 2986만 4880권이었다. 그들은 여기서 한 권도 빼놓지 않고 전부 스캔할 작정이었다.

여기에 사람의 손을 타서 훼손된 책, 자연재해에 집어삼켜진 책(셰익스피어의 서드폴리오[4]는 초판보다 구하기 어렵다. 1666년 런던 대화재로 서적상의 재고까지 다 타버렸기 때문이다), (때론 작가까지 포함되어) 탑처럼 쌓인 채로 불태워지는 등 의도적으로 파기된 책, 혹은 2013년 26킬로미터에 달하는 영국 M6 유료 도로 공사 때 아스팔트의 침입도를 높이려 밀스앤분[5]에서 나온 소설책 250만 권을 분쇄해 시멘트 반죽에 뒤섞었을 때나 영국 정치가 어거스틴 비렐(1850~1933)이 너무 지루하다는 이유로 18세기 성공회 작가인 해나 모어의 전집 열아홉 권을 모두 자신의 집 정원에 묻어버렸을 때 인류가 잃어버린 책들까지 고려하면 이 수치는 기하급수적으로 올라간다. 스스로 '책벌레'임을 온몸으로 증명하려 말 그대로 책을 꿀꺽 삼킨 경우도 있다. 고대 중국에선 상형문자가 새겨진 갑골을 용의 뼈로 여기곤 불로장생의 영약을 만든다며 이를 곱게 빻아 가루를 낸 사람들이 있다. 1370년, 이탈리아 밀라노 공화국 군주 베르나보 비스콘티는 교황이 칙서를 들려 보낸 두 명의 사절에게 분노의 표시로 칙서와 칙서를 묶은 비단 끈과 밀봉에 쓰인 납까지를 강제로 먹였다. 17세기, 독일 법률가 필리프 안드레아스 올덴부르거는 사회적 물의를 일으킨 책을 쓴 벌로 문제의 책을 먹어야 했고, 다 먹을 때까지 채찍으로 맞았다. 런던에서 고급 양장본 제조업에 몸담았던 앨버토 생고스키와 프랜시스 생고스키 형제가 만든 책은 이 분야에서 가장 극적인 희생양이다. 형제는 미국의 애서가 해리 엘킨스 와이드너에게서 『루바이야트』[6] 사본 제작을 의뢰받은 후 꼬박 2년 동안 심혈을 기울여 표지에만 천 개가 넘는 값비싼 보석을 장식한 책 『위대한 오마르』를 완성했다. 1912년, 와이드너는 이 보물을 들고 신이 나서 고향으로 가는 배에 올랐다. 그 배의 이름이… 타이타닉이었다.[7]

1억 2986만 4880권이라는 숫자에는 지금까지 살아남은 위대한 고전(계속 연구되고 증쇄되고 회자되는)과 역사의 정수가 담겨 있다. 다만 코드명 '프로젝트 오션'이 말해주듯, 유구하고 무한한 책의 바다에서 고전이 차지하는 비중은 단 몇 방울에 지나지 않을 것이다. 내가 자나 깨나 관심을 가지고 찾아 헤매는 책들은 이 어마어마한 잔여의 암흑 속에서 반짝이는 보석들, 버려져 잊히고 만 별종들이다. 이 책들은 너무 이상해서 어떤 범주에도 집어넣을 수 없지만 한 뿌리에서 나와 명성을 떨친 책들과 비교해도 전혀 꿀리지 않을 만큼 매혹적이다. 짐작건대 이런 책들은 공간, 시간, 예산의 구애를 전혀 받지

3 A6판(105×148밀리미터) 크기에 60에서 90여 장면의 상을 복사할 수 있는 카드 형태의 마이크로필름. 서적이나 문서, 도면 등을 축소 복사·수록할 때 사용된다.

4 1664년에 출간된 셰익스피어의 희극, 역사, 비극 모음집 세 번째 판.

5 당대에 로맨스 소설 전문으로 널리 알려졌던 영국의 출판사.

6 고대 페르시아 시인 오마르 하이얌이 쓴 4행 시집.

7 생고스키 형제에게 선견지명이 있었다면 이탈리아 시인 가브리엘레 단눈치오(1868~1938)의 전례를 따를 수 있었을 것이다. 단눈치오는 거대한 욕조에서 반려 금붕어와 노닥거리며 함께 읽을 생각으로 자신의 책을 고무로 만들게 했다. —지은이

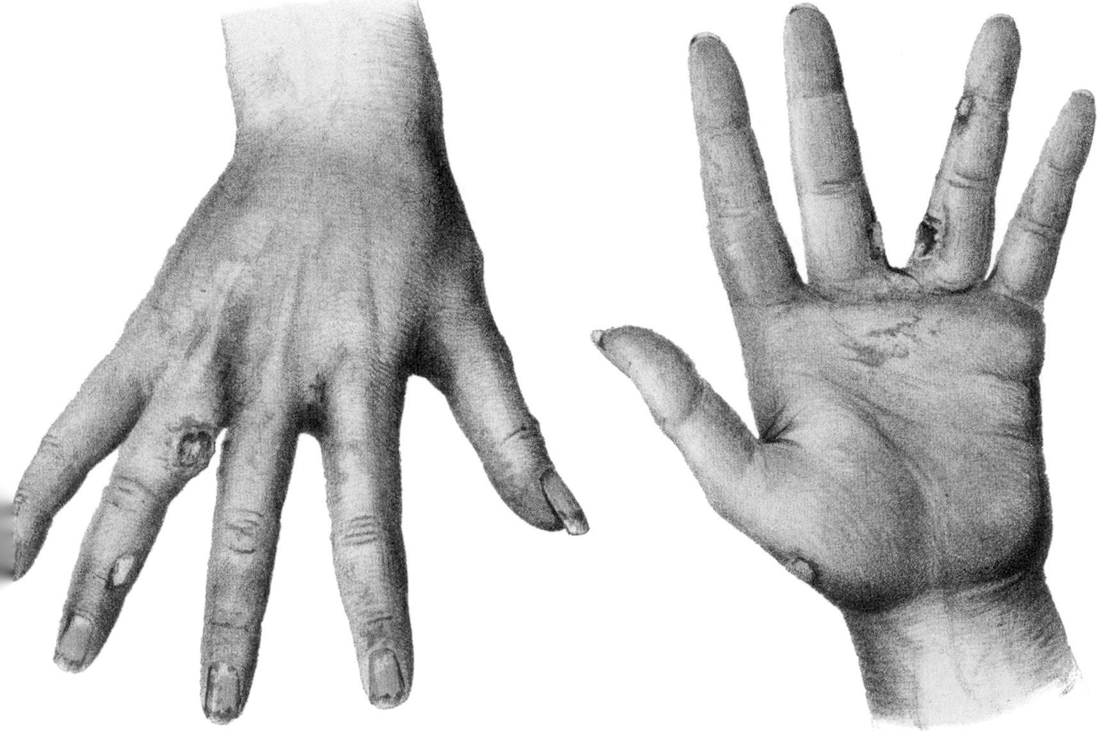

1859년 간행물 『공중위생 및 법의학 연보』에서 발췌한 삽화로, 책 제본을 비롯해 비소를 씌운 물품을 다루는 과정에서 일어날 수 있는 위험성을 보여준다. 당시 장인들은 붓의 끝을 뾰족하게 다듬기 위해 이를 혓바닥에 문질러가며 작업하다가 비소에 중독되는 경우가 허다했다.

목숨을 걸어야 했던 17세기 제본의 사례. 다량의 비소가 함유된 이 녹색 도료는 제본업자들이 책 표지 제작에 드는 비용을 절감하기 위해 해묵은 양피지를 쓸 때 새것처럼 보이도록 눈속임을 하기 위해서 (그리고 훗날엔 해충을 방지하기 위해서) 썼다. 수집가의 장서 중엔 이렇게 위험천만한 책들이 미확인 상태로 두루 존재할 것이다.

福山画師
六十九翁 相覚

호히갓센(방귀 경연 대회). 에도 시대(1603~1867)
일본의 무명 화가가 두루마리에 그린 작품으로,
경연 대회 참가자들이 서로를 겨냥해
배 속 가스를 뿜어내는 모습을 해학적으로 표현했다.

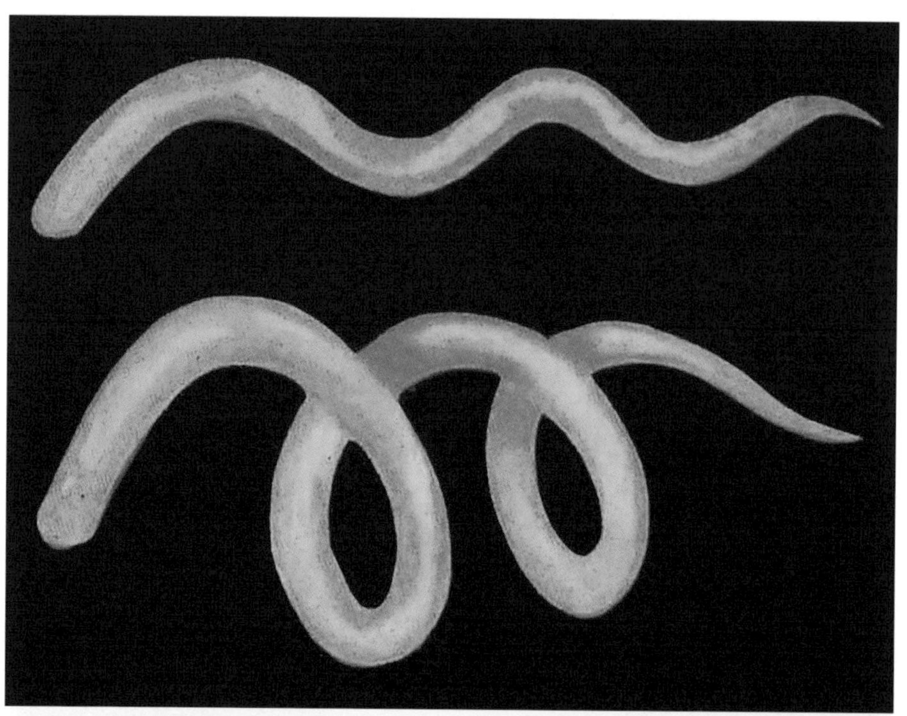

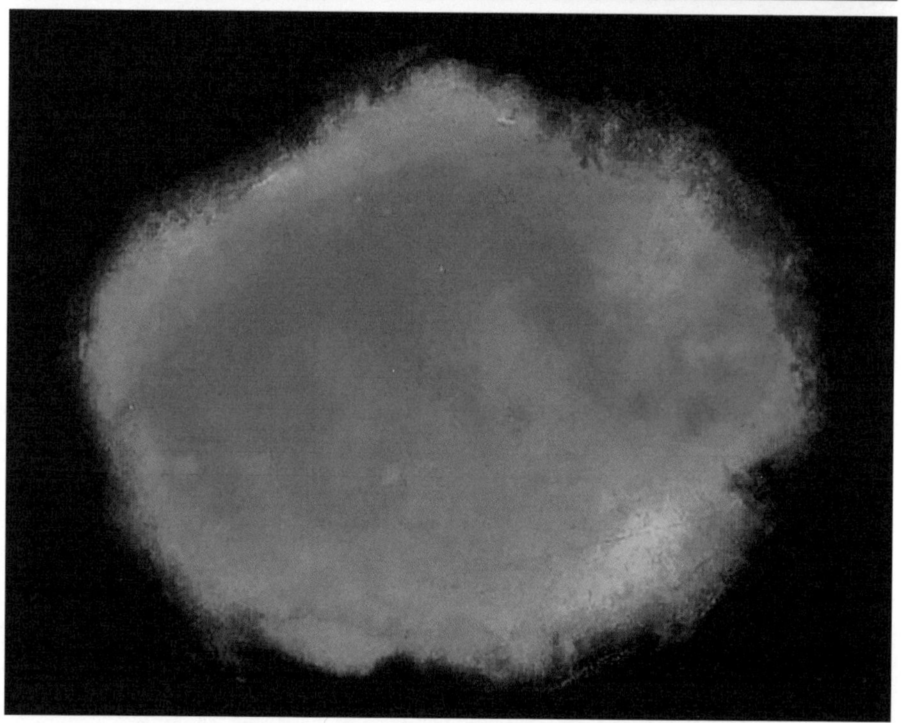

『생각은 어떻게 생겼을까?』(1901)의 삽화. 이 책은 런던 신지학협회 소속으로, '생각의 실체'와 무형의 존재들을 볼 수 있고 설명할 수 있다고 주장했던 애니 베전트와 찰스 리드비터가 공동으로 편찬했다. 위쪽 삽화는 '알고자 하는 의지', 다시 말해 '호기심'을, 아래쪽 삽화는 '막연한 상태의 순수한 애정'을 눈으로 볼 수 있게 표현한 것이다.

않는 한 명의 수집가가 기이한 책들을 망라해놓은 위대한 서가에 꽂혀 있을 것이다. 그런데 만약 이 책들이 예상보다 더 많은 것을 담고 있다면, 그 책을 쓴 사람들과 그 책이 쓰인 시대에 대해 우리에게 더 많은 것을 알려준다면 어떨까?

그러기 위해 통과해야 할 첫 번째 관문은 기이한 책이란 게 정확히 어떤 성격의 책인지 파악하는 것이다. 기이한 책은, 두말할 것 없이 주관적인 개념이다. 어떤 책을 두고 '기이하다'고 말할 때는 그 책을 읽고 소유한 사람이 보기에 그렇다는 뜻이다. 그러나 십 년 가까이 전 세계의 도서관과 경매장을 돌고, 고서 전문 판매업자들의 카탈로그를 샅샅이 뒤져가며 여러 단서들과 불분명한 기억에 의존한 일화들을 따라다니면서, 누구도 부인할 수 없을 만큼 기이하고 괴이쩍은 책들을 여럿 만났다. 저마다 내용은 물론이고 뒷이야기까지 대단히 흥미로웠다. 손에 넣는 기이한 책들이 많아질수록 주제별로 책을 명확히 분류할 수 있게 되었다. 주제별로 분류할 수 없는 책들 중에선 제작자나 주문자의 요청에 따른 특이한 만듦새가 눈에 띄는 책들이 있었는데, 그런 책들은 '주문 제작bespoke 장르'로 분류하기 시작했고 이 책에도 일부 소개하였다. 예를 들어 '살과 피로 만든 책'에선 인피제본(인간의 피부로 만든 책)의 역사와 함께 책의 소재로 신체 일부를 쓴 엽기적인 사례들을 고찰한다. 이런 관행이 고릿적 얘기라고 생각한다면 오산이다. 가까운 사례 중에는 2000년 이라크 독재자 사담 후세인의 명령으로 제작된 605쪽 분량의 피로 쓰인 코란이 있다. 저술에만 2년 넘는 기간이 소요된 책으로, 사담 후세인 본인의 피 약 27리터로 쓰였다.

역시 『생각은 어떻게 생겼을까?』의 삽화로, 프랑스 작곡가 샤를 구노의 음악을 형상화했다.

'괴상한 사전들'에선 한 가지 주제에 대해 집착에 가까운 열의로 파고든 기획물들을 소개한다. 상상에만 존재하는 동물들을 모아놓은 중세 백과사전부터 조지 왕조 시대 런던에서 쓰이던 속어를 망라한(외설적인 내용이 특히 많다) 사전, 쿡 선장[8]이 만든 비공개 『헝겊 도해서』,[9] 『옥스퍼드 영어 사전』의 기원에 얽힌 충격적인 살인 사건까지 살펴본다. '출판 사기'에선 오래전부터 이어져온, 세상을 속이고 기만하는 책의 역사에서 가장 빛나는 사례들(목적이 풍자든 자기과시든 복수의 일환이든 책의 형식을 갖춘 작업물들)을 소개한다. 복수를 위해 쓰인 최고의 책 중 하나는 1708년, 조너선 스위프트가 아이작 비커스

8 18세기 영국의 탐험가이자 항해사, 지도 제작자였던 제임스 쿡을 가리킨다.

9 제임스 쿡이 남태평양을 항해할 때 통가, 피지, 타히티 등지의 원주민들이 쓰는 타파 천을 모아 만든 샘플 천 카탈로그로, 1787년에 처음 출간되었다. 현재 그 사본이 캐나다 박물관에 소장되어 있으며 변질과 파손을 막기 위해 일반엔 공개되지 않는다.

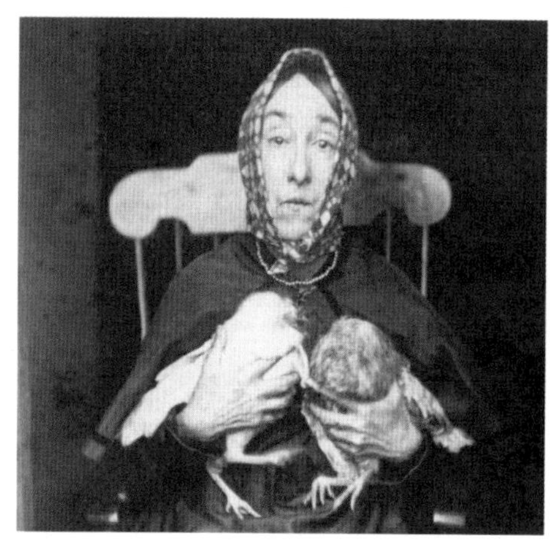

'매사추세츠의 닭 시인' 낸시 루스(1814~1890). 사랑하는 반려 닭 '에이다 퀴티', '뷰티 린나'와 함께 찍은 사진. 루스는 매사추세츠를 찾는 관광객들을 대상으로 이 사진과 오로지 닭에 헌정하기 위해 쓴 시집 『가엾은 소심쟁이들』(1866)을 팔았다. 플라스틱 닭 모형으로 장식된 '암탉들의 성모' 묘지는 지금도 인기 있는 관광 명소다.

태프라는 필명으로 출간한 소책자 시리즈다. 스위프트는 당시 자칭 예언가라 떠벌리고 다녔던 한 사기꾼을 골탕 먹일 작정으로 런던 전역에 그의 급사를 알리는 소책자를 배포했고 소기의 목적을 달성했다. 한편, '암호로 쓴 책'에는 암호 텍스트 역사의 압권만 골라놓았다. 풀리는 순간 놀라운 정체를 드러내는 암호문으로, 악마가 쓴 편지와 괴짜 안과의들의 비밀결사대에서 행한 '눈썹 뽑기 의식'을 낱낱이 설명한 문서 들을 소개하고 있다. 지금까지 풀리지 않은 암호문들도 모아두었으니 독자 여러분의 해독 실력을 시험해보고 여기에 걸린 현상금을 받을 수 있기를 기대한다.

'초현실세계를 다룬 책'에선 마법사의 마도서grimoires를 비롯해 마법 관련 비술서祕術書 중에서도 진귀한 사례들과 함께 눈이 번쩍 뜨일 만큼 놀라운 도해를 모아놓았다. 아울러 오래전에 세상을 떠난 작가가 영매를 통해 보내온 작품들과 빙의된 사람들이 무의식 상태에서 쓴 책들의 자리도 마련했다. 아일랜드의 시인 W. B. 예이츠도 빙의를 체험했는데, 예이츠의 부인 조지가 신혼 3년 동안 남편의 무의식이 말하는 것을 받아 적은 분량은 무려 4000페이지에 달했다(조지의 받아쓰기를 통해 나온 이 빙의 구술서는 1925년 '환각'이라는 제목으로 출간되었지만, 7판을 찍을 때까지도 표지엔 예이츠의 이름만 실렸다).

괴상한 책에 빠져 서가를 누리다 보면 지구를 한 바퀴 돌고 천 년을 거슬러 올라가게 된다. 투명한 책, 살상을 저지르는 책, 너무 커서 다음 페이지로 넘기려면 모터를 동원해야 하는 책, 너무 길어서 우주를 파괴하고도 남을 책을 만난다. 먹을 수 있는 책, 입을 수 있는 책, 사람의 살가죽으로 만든 책, 뼈로 만든 책, 깃털과 머리털로 만든 책, 주술서, 무당의 지침서, 연금술 두루마리, 죄악 개론서, '식인 찬가'라는 제목으로 알려진 고대 이집트의 문헌, 천사와 소통하는 법을 알려주는 책, 숨겨진 보물을 보는 눈을 가진 악마를 소환하는 책, 악마가 제기한 소송 기록과 악마의 친필 서명이 담긴 계약서, 전장에서 돌고 돌다 누더기가 된 책, 미래를 내다보는 책, 생선이나 이집트 미라의 배 속에서 발견된 책, 리치북leechbook,[10] 심령술서, 보물찾기 지침서, 성경에 실린 암호문, 일본인 저자가 쓴 쥐 수학책, 엄지 성경,[11] 인류사를 통틀어 가장 작은 책, 상연 시간이 가장 짧은 희곡, 가짜 생선 책, 기가 막힐 정도로 모양이 이상한 책, 환상을 기록한 책, 광인이 쓴 책, 바이올린 표면에 쓴 진중일기

10 9세기 고대 영국에서 편찬된 의학서를 통칭하는 말.

11 18세기에 3인치 미만의 크기로 제작된 초소형 성경 책을 일컫는 말.

와 화장실용 휴지에 쓴 현장기… 이외에도 기괴하고 이상한 책들이 더 많다.

무엇보다 중요한 건 이런 책들이 진정한 이야기를 전한다는 사실이다. 이들은 저마다 고유한 방식으로 책이 구현할 수 있는 세계를 다시 정의한다. 저마다 단박에 애서가의 심장을 뛰게 만든다. 우리가 책을 사랑하는 방식을 고유한 언어로 다시 쓰면서 감각을 확장한다. 이 책들은 대부분 무슨 연유인지 망각의 깊은 퇴적층 속으로 사라져버린 책들이다. 그럼에도 아직까지 살아 숨 쉬는 책들이다. 그렇지 않았다면 사라져버렸을 사유와 지식, 유머를 품고서.

펼치는 순간 저마다의 이야기와 그 이야기의 지은이들이 살아나 시간의 폭력에 굴하지 않는 모습을 보여주는, 이런 책들을 수소문해 한 권의 책으로 엮는 것, 그렇게 그들만의 도서관을 헌정하는 것은 무조건 옳다. 그리하여 여기에 괴짜들, 기인들, 오래전에 자취를 감춘 사회 부적응자들, 다시 말해 잊힌 자들을 불러 모아 기린다.

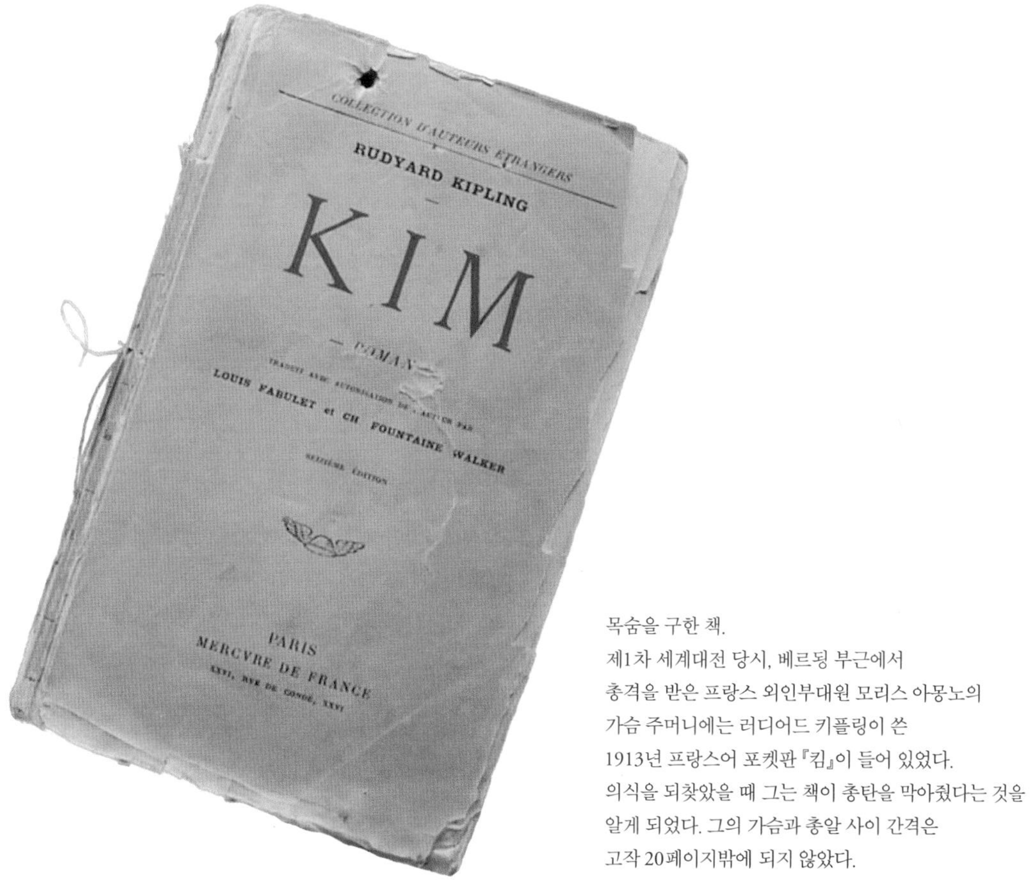

목숨을 구한 책.
제1차 세계대전 당시, 베르됭 부근에서
총격을 받은 프랑스 외인부대원 모리스 아몽노의
가슴 주머니에는 러디어드 키플링이 쓴
1913년 프랑스어 포켓판 『킴』이 들어 있었다.
의식을 되찾았을 때 그는 책이 총탄을 막아줬다는 것을
알게 되었다. 그의 가슴과 총알 사이 간격은
고작 20페이지밖에 되지 않았다.

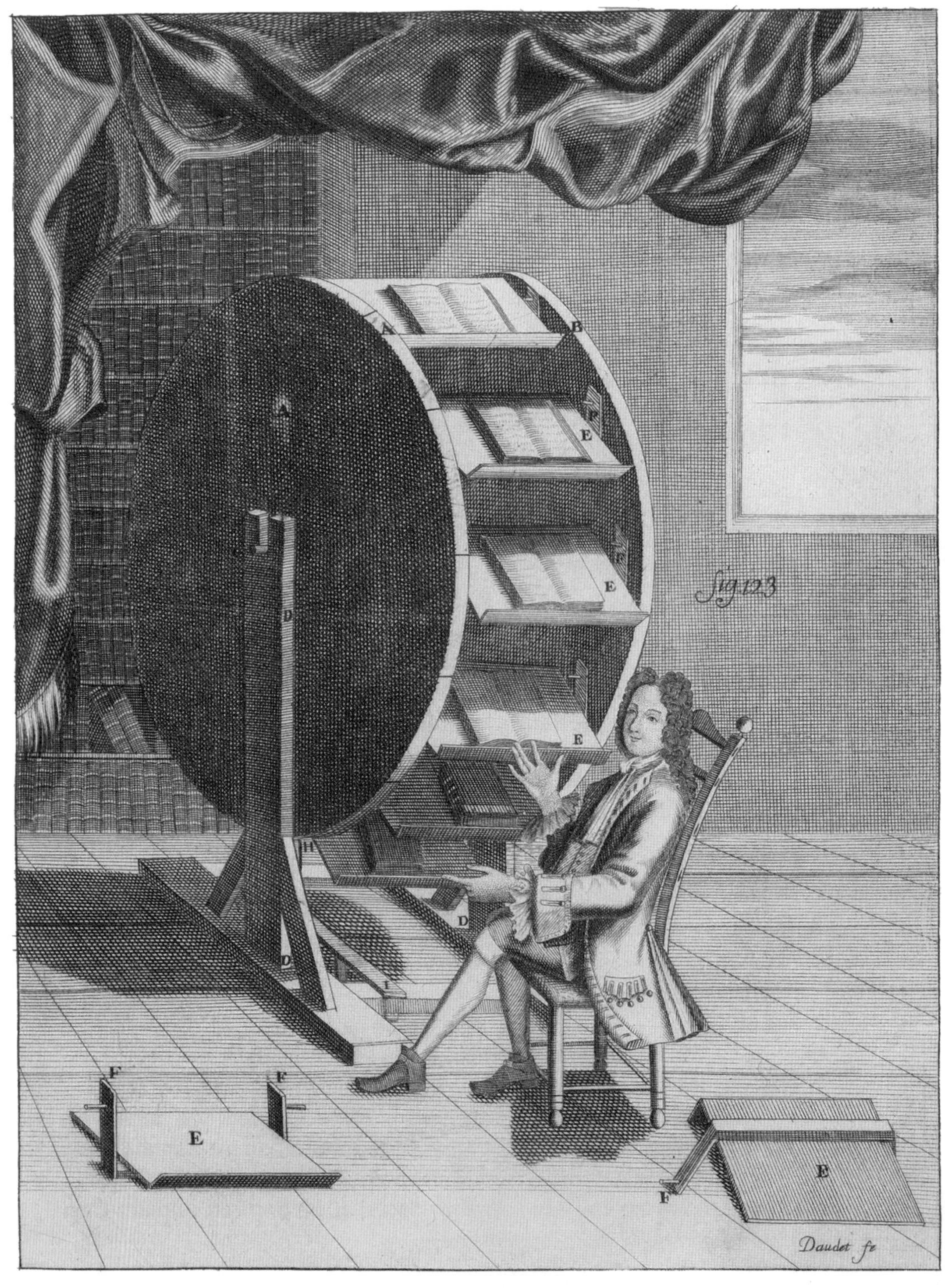

일반 책보다 몇 배는 크고 무거운 책들을 쉽게 읽을 수 있도록 고안된 회전 독서기.
1719년에 출간된 가스파르 그롤리에 드 세르비에르의 저서 『수학과 기계학이 탄생시킨 흥미로운 장치 모음집』에서 발췌.

1932년에 발간된 『미래주의자의 자유로운 언어』는
20세기 초 이탈리아를 중심으로 일어난
미래주의 운동의 정신을 급진적이고 실험적으로
담아낸 책 디자인을 보여준다. 테크놀로지를 찬양한
예술 사조답게 오로지 양철만을 사용해 책을 만들었고,
서체는 미래주의 창시자 필리포 톰마소 마리네티가
디자인했다.

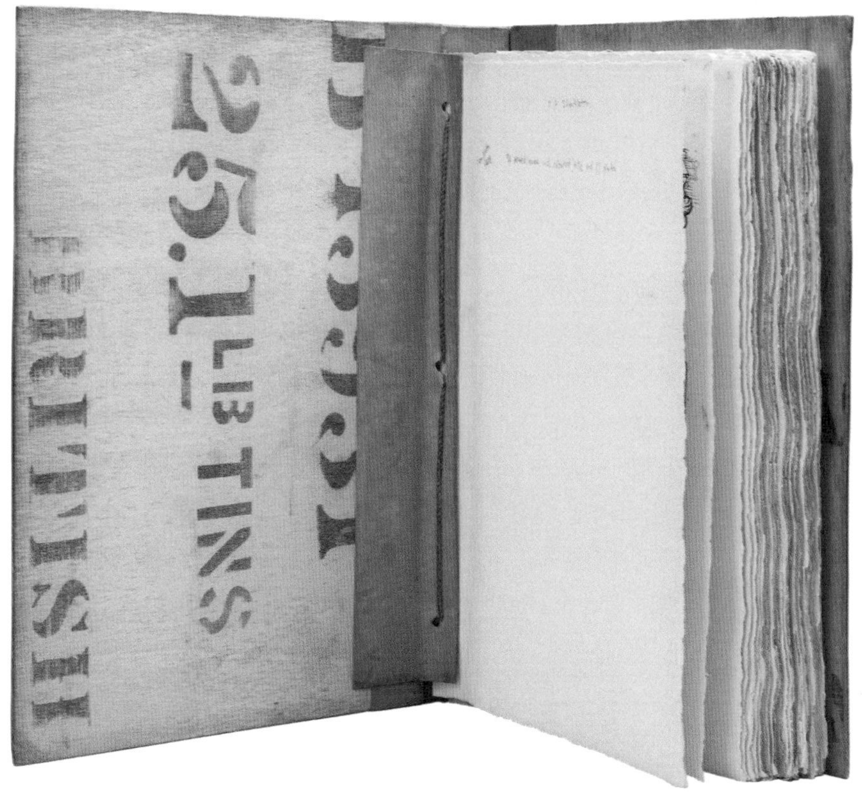

남극에서 쓰이고, 그려지고, 인쇄·제본된 최초의 책 『오로라 오스트랄리스』.
영국의 남극 탐험가 어니스트 섀클턴이 님로드 탐험대를 꾸려 남극을 탐험하던 시기(1908~1909)에 대원들과 제작했다.
대원들의 보급품 상자에서 나무판 표지를 댄 책이 70부 조금 안 되게 발견되었다.

책이 아닌 책

헤로도토스의 『역사』(4권 131장 2절)에는 기원전 513년 페르시아의 왕 다리우스 1세가 스키타이족을 침공한 뒤 그 족장에게 항복을 종용하는 전갈을 보낸 일화가 등장한다. 스키타이 족장인 이단티르수스는 답신으로 사자에게 각각 한 마리의 새와 쥐, 개구리와 화살 다섯 개를 들려 다리우스에게 보냈다. 페르시아 측이 그 의미를 묻자 사자는 해석은 그들의 몫이라고 말한 후 떠났다. 대신들이 머리를 긁적이는 가운데 다리우스 1세는 이를 '군말 없이 항복할 것이고 땅과 강도 바치겠다'는 뜻으로 받아들였다. 하지만 고문관들은 다른 해석의 여지를 배제하지 않았다. 다리우스 왕이 새처럼 날아서 떠나거나, 쥐처럼 숨거나, 개구리처럼 물속으로 도망치지 않으면 화살이 상징하듯 전쟁을 불사할 것이라는 뜻일 수도 있었다.

과연 이는 스키타이족의 불복 선언이었음이 밝혀졌지만, 이 일화에서 가장 흥미로운 건 전갈을 전하는 형식이 참으로 유별나다는 점이다.[1] 오늘날 '책'이라고 하면 이는 구체적으로 코덱스 형태,[2] 즉 여러 장의 종이를 한데 묶은 다음 이를 보호할 만한 소재의 표지를 덧대어 제본한 콰이어quire[3]를 의미한다. 그러나 이 장에선 아주 먼 과거로 거슬러 올라가 더 광범위한 지역을 살피면서 코덱스의 사전적 정의 바깥에 존재하는 진귀한 양식의 문헌들을 찾아보고자 한다. 이단티르수스처럼 극단적인 방식으로 의사를 전한 사례부터 창의적인 발상으로 책이라는 사물의 고정관념을 뛰어넘은 도전적인 사례까지 아우르게 될 것이다.

책의 기원은 코덱스가 등장하기 훨씬 이전부터 찾아볼 수 있다. 점토와 밀랍으로 만든 고대의 서판tablet이 그것이다. 이후 파피루스 두루마리가 출현해 점토판을 대체했고, 이를 또 양피

1 뒷이야기가 궁금한 독자를 위해 짧게 설명하자면, 전갈을 주고받은 직후 스키타이 전사들과 다리우스 군대는 전장에서 대치하게 되었다. 그런데 양측 대열 사이로 난데없이 토끼 한 마리가 튀어나왔다. 그 순간 스키타이 전사들은 하나같이 토끼를 뒤쫓기 시작했다. 이에, 다리우스 1세가 웬 소동이냐고 묻자 누군가 적군이 토끼 사냥에 정신이 팔려 전쟁은 뒷전이라고 고했다. 어지간히 미치지 않고서야 이런 행태를 보일 순 없다고 판단한 다리우스 1세는 고문관들에게 이렇게 말했다. "이 정도로 우릴 무시하는 것들은 상종하지 않는 게 상책이다. … 이제 우린 탈 없이 돌아갈 방법을 찾아볼 때다." —지은이

2 파피루스 두루마리와 점토판 문서 등 수천 년간 책이 취해온 다른 형태와 달리, 낱장을 제본하여 표지로 싼 형태의 책을 의미한다. 현대의 책과 유사한 형태이며, 서양에서는 양피지의 발명 이후로, 동양에서는 목판 인쇄술의 발명 이후로 등장했다.

3 종이를 접은 뒤 제본하는 책의 형태.

기원전 1600년에서 1050년 사이,
신탁의 뼈에 새겨진 것으로 추정되는
중국 갑골문자.

수메르인이 건물 토대에 넣은
원뿔 기도문. 14센티미터 높이에
사원 건립을 찬양하는 내용의
쐐기문자가 세로줄로 새겨져 있다.
이라크 라가시에서 출토되었으며
제작 시기는 기원전 2100년에서
2000년 사이로 추정된다.

오스트레일리아 원주민의
메시지 봉message stick은 원시적인 형태의 문서로,
부족 간에 메시지를 주고받는 데 쓰였다.
주로 오스트레일리아 원주민의 전통 의식인
코로보리(춤추기)나 운동 경기에
초대하는 내용이 주를 이루었다.

지가 대체했다. 그런 후에야 비로소 코덱스가 등장했고, 이어 종이가, 인쇄기가, 또 새로운 것이 대체와 진화를 거듭했다. 이러한 배경을 자세히 알려면 우선 중국으로 가야 한다. 고대 문명을 기록한 문헌 태반이 이젠 흔적도 찾아보기 힘든 반면, 유독 중국에선 수천 년의 세월을 온전한 형태로 버텨낸 고대 문헌들이 더러 발견된다. 동물의 뼈와 조개껍데기에 글을 적었기 때문이다. 소뼈나 거북의 등딱지에 여러 점괘를 적어놓은 갑골문이 그 예다. 점을 치는 이들은 피를 바른 갑골에 불에 달군 부지깽이를 대고 금이 갈 때까지 힘주어 누른 다음 갈라진 모양과 찍힌 자국에 따라 하늘이 정한 미래를 밝혀냈다.

역사가라면 일기 예보부터 군사 작전의 결과까지 별의별 기록과 예언이 새겨진 갑골문에 열렬한 관심을 보이기 마련이다. 현재 남아 있는 사료는 기가 찰 정도로 적은데, 처음 발견했을 때 불로장생을 보장하는 용의 뼈로 착각한 사람들이 가루로 내어 먹은 탓도 있다. 앞 페이지에 실린 갑골문은 영국 국립 도서관의 소장품 중에서 가장 오래된 것으로, 기원전 1600년에서 1050년 사이에 제작된 것으로 추정된다. 겉면엔 앞으로 열흘간은 액이 닥치지 않을 것이라는 예언이 적혀 있고, 안쪽 면엔 월식 현상이 기록되어 있다.

마찬가지로 하늘의 이변과 미신을 기록한 고대 메소포타미아에서는 중국에 비하면 식용의 위험성이 훨씬 적은 점토판을 썼다. 현재까지 알려진 가장 오래된 문자 체계인 설형(쐐기)문자는 기원전 3500년에서 3000년 사이 수메르에서 발전했고, 이후 메소포타미아 지역 여러 문화권에서 널리 쓰였다. 이 명칭은 물렁물렁한 점토 위에 새기던 글자의 모양이 쐐기를 닮았다는 이유로 붙었다. 글자가 새겨진 점토판은

고대 티베트 불교의 기도문 바퀴. 수천 개의 기도문이 적힌 종이가 은과 상아로 만든 원통 케이스의 중심축을 돌돌 감고 있는 모양이다. 티베트 불교도들은 이 바퀴를 돌리며 긍정적인 진언mantra을 암송하면 봉인돼 있던 기도의 힘이 풀리면서 부정적인 기운에 맞선다고 믿는다.

불에 구워져 견고한 서판이 되었다. 이 유물이 인류에게 선사한 통찰과 발견은 이루 다 헤아릴 수 없지만, 그중에서도 특히 마법의 힘을 빌릴 셈으로 물건에 쐐기문자를 새긴 사례가 주목할 만하다. 가령 고대 수메르에서 건물을 짓는 데 동원된 사람들은 커다란 못처럼 생긴 원뿔형 점토에 신의 가호를 비는 기도문을 새겨 건물의 토대에 집어넣었다. 제작 추정 시기와 특징만 보면 신탁의 뼈만큼이나 구하기 힘든 유물이라 생각할 만하지만, 쐐기문자는 옛 건축물에서 숱하게 출토되었고 지금도 이라크, 시리아 동부, 터키 남동부의 유적지에서 심심치 않게 발굴되고 있다.

건축 노동자들은 건물 토대에 신성한 부적을 넣는 것으로 문제를 해결했다고 하자. 그렇다면 다른 메소포타미아인들은 시도 때도 없이 땅 밑

에서 솟아 나와 해악을 끼치는 악령과 악귀에 어떻게 대처했을까? 이번에도 문자를 새겨 넣은 유물에서 그 해답을 찾을 수 있다. 메소포타미아 북부와 시리아 지역에서 자주 발굴되는 주문 그릇이 그것이다. '악마의 그릇' 또는 '악마 잡는 그릇'이라고도 불리는 주문 그릇은 6세기부터 8세기까지 신변을 보호하기 위한 마법의 한 가지로 쓰였다. 소용돌이 모양의 빽빽한 아람어[4] 주문을 그릇 가장자리에서 나선형으로 돌아 들어가게 새기고 그 중심에 주문에 갇힌 악령들을 그려 넣은 형태가 많다. 주문 그릇은 본질적으로 '심령 쥐덫' 같은 구실을 했다. 주로 방의 구석(벽과 바닥 사이 악령들이 스며 나올 만한 균열), 문간, 뜰, 묘지 등등에 그릇을 엎은 채 묻어

악마를 에워싼 모양으로
아람어 주문을 새긴 그릇.
6~7세기 제작 추정.

4 기원전 590여년 전 바빌론에 유폐되었던 유대인들의 언어로, 예수 그리스도 시대의 상용어이자 교회 전례 용어 중 가장 오래된 언어이다.

놓으면, 땅에서 솟아오르는 악귀들이 꼼짝없이 주문에 갇혔다.

발굴된 주문 그릇 태반에는 유대 아람어가 새겨져 있지만, 그 밖에도 만다야어[5]와 옛 시리아어, 아랍어, 페르시아어가 새겨져 있기도 하다. 하지만 유물 가운데 어림잡아 10퍼센트는 처음부터 끝까지 이해할 수 없는 헛소리만 잔뜩 새겨져 있는데, 필시 구매자가 문맹인 점을 노린 돌팔이 필경사가 마구잡이로 만들어낸 싸구려 복제품일 것이다.

메소포타미아 사람들이 원뿔을 넣어 집을 짓고 거실에 악마의 덫을 놓은 반면, 현존하는 가장 오래된 문서를 포함한 문학적 불가사의들이 고대 에트루리아 문명(기원전 900년, 현재의 토스카나에서 발원된 것으로 추정된다)에서 태동하고 있었다. 1798년부터 1801년까지 나폴레옹의 이집트와 시리아 원정 이후 유럽인은 '이집트 상사병egyptomania'을 된통 앓았고 몸소 이집트까지 가서 두 눈으로 보물들을 확인하길 원하는 사람들도 많았다. 꿈을 실현한 행복한 관광객 중에는 미하일로 바리츠도 있었다. 크로아티아에서 태어난 바리츠는 이집트 사랑에 눈뜬 채 방랑벽에 휘둘리다 못해 1848년, 헝가리 왕실 대사관 관리직을 저버리고 이집트로 떠났다. 알렉산드리아에서 그는 고고학적 가치가 높은 유물들이 활발히 거래되는 관광 시장을 발견했고, 커다란 석관에 안치된 여성의 미라를 기념품으로 구매했다.

비엔나로 돌아온 바리츠는 겉을 감싼 리넨 붕대를 벗겨내고 별도의 진열장에 넣은 미라를 자신의 집 거실에 전시했다. 미라는 1859년, 바리츠가 세상을 떠날 때까지 그 자리를 지켰고 그 후엔 사제였던 바리츠의 형이 자그레브의 크로아티아·슬라보니아·달마티아[6] 국립 연구소(현 자그레브 고고학 박물관)에 이를 기증했다. 박물관의 한 직원이 붕대에 찍힌 기이한 표시를 발견하고 메모로 남겼지만 1891년이 되어서야 전문가 야코프 크랄의 눈에 띄었고 에트루리아 문자로 정확히 해독되었다. 그 과정에서 크랄은 이 붕대 조각이 어느 미완성 고문서와 흡사하다고 생각했다.

그 고문서는 기원전 250년경에 제작된 『리베르 린테우스 자그라비엔시스』[7]였다. 열두 면으로 접힌 3.4미터 폭의 캔버스 천에 검은색과 빨간색 잉크로 적힌 에트루리아어는 지금까지도 완전히 해독되진 못했지만, 해독이 가능한 1200개의 단어 중에 날짜 기록과 각종 신의 이름들이 있는 것으로 미루어 보아 이것이 종교와 관련한 달력임을 추정할 수 있다. 그렇지만 이집트의 미라가 에트루리아의 붕대로 감싸져 있다는 것을 어떻게 설명할 수 있을까? 이집트와 에트루리아는 지리적으로 멀리 떨어져 있는데 말이다. 시신과 함께 묻혀 있던 파피루스 조각이 그의 신원을 밝혀주며 비밀의 열쇠를 제공했다. 시신의 주인은 네시헨수라는 이름의 이집트인이었고, 테베의 재단사 파헤르헨수의 아내였다. 그녀가 사망한 직후 이집트에서는 고인을 미라로 만드는 전문 기술이 널리 보급되기 시작했고, 시신을 감싸는 리넨의 수요가 크게 늘면서 심각한 공급 부족에 시달렸다. 그래서 옷이나

5 아람어의 방언. 이라크를 본거지로, 유대교, 기독교, 이슬람교와 함께 아브라함 계통의 유일신을 믿는 종교인 만다야교에서 쓰는 언어이다.

6 19세기 오스트리아 제국 치하에 있던 크로아티아, 슬라보니아, 달마티아 3국의 통일 왕국을 가리킨다.

7 라틴어로 '자그레브의 리넨 책'이라는 뜻.

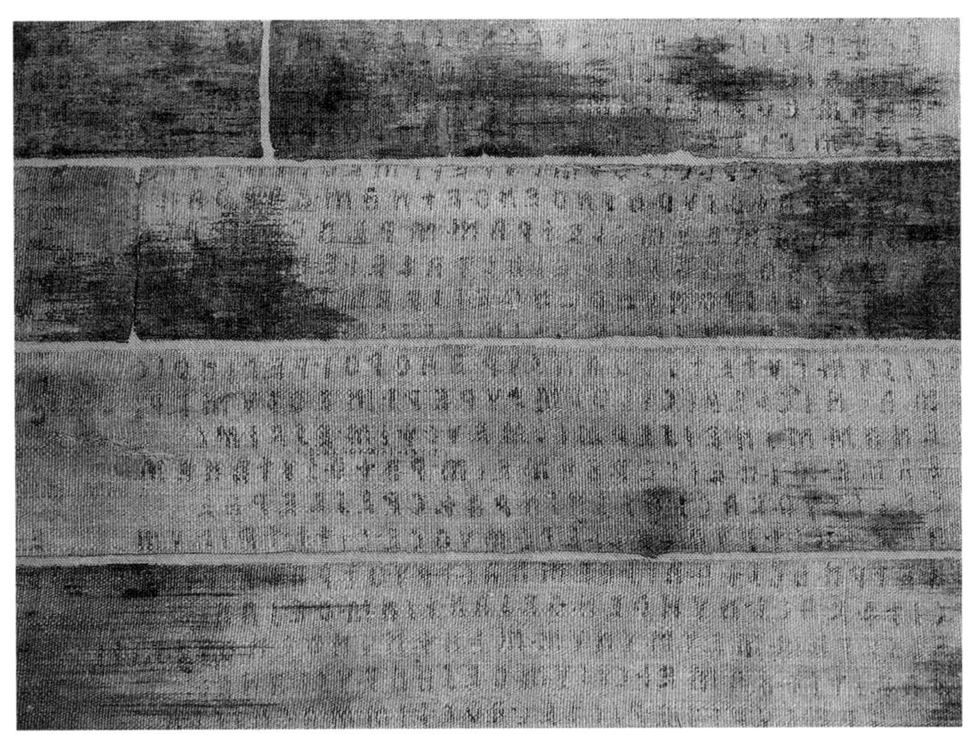

에트루리아어 고문서 『리베르 린테우스 자그라비엔시스』.
이 문서의 일부는 이집트 미라를 감싸는 붕대로 쓰였다.

돛은 물론 외국 상인에게서 산 필사본까지도 닥치는 대로 가져다 찢어 썼던 것이다.[8]

이에 비해 고대 로마와 고대 그리스에서 시신과 함께 이따금 발견되는 문헌들은 노골적일 만큼 징벌적이고 사적인 내용들이다. 데픽시오네스(저주의 서판)라는 명칭으로 알려진 이러한 문헌들은 주로 납으로 만든 판에 분노가 서린 언어로 재물이나 사랑하는 사람을 빼앗아 간 도둑에게 천벌을 내려달라고 신에게 요청하는 글이 새겨져 있다. 영국 박물관에 소장된 저주의 서판 내용을 풀이하면 다음과 같다. "나는 트레티아 마리아를 저주합니다. 그 여자의 인생과 정신과 기억과 간과 폐, 어느 것 할 것 없이 모두 저주하며 그 여자의 말과 생각과 평판도 저주합니다. 바라건대 그 여자가 무엇을 훔쳤는지 스스로 밝힐 수 없게 되기를, 말할 수 없게 되기를."

영국 배스에서 발견된 130개의 저주의 서판 중 129개에는 도둑맞은 재산을 되찾고 그 도둑에게 저주를 내려달라는 탄원서가 적혀 있다. 탄원서의 수신인은 모두 술리스 미네르바[9]다. 이외에도 사랑의 주문을 거는 서판에는 사랑하는 이의 머리카락이 둘둘 감아져 있다. 어떤 서판엔 대상의 이름이 들어가야 할 자리가 비워져 있는데, 적이 많아서 저주의 서판을 여러 장 사는 구매자를 위한 상품이었을 것이다. 모든 주

8 이집트는 오래전부터 독창적인 재료로 책을 만들어왔다. 기원전 1200년경 람세스 2세가 자신의 거대한 서재를 꾸몄을 때 여기에 놓인 책들은 파피루스와 리넨만이 아니라 점토, 돌, 야자수 잎, 나무껍질, 상아, 뼈로 만들어진 것들이었다. —지은이

9 영국 배스의 온천 지역에서 숭배한 신.

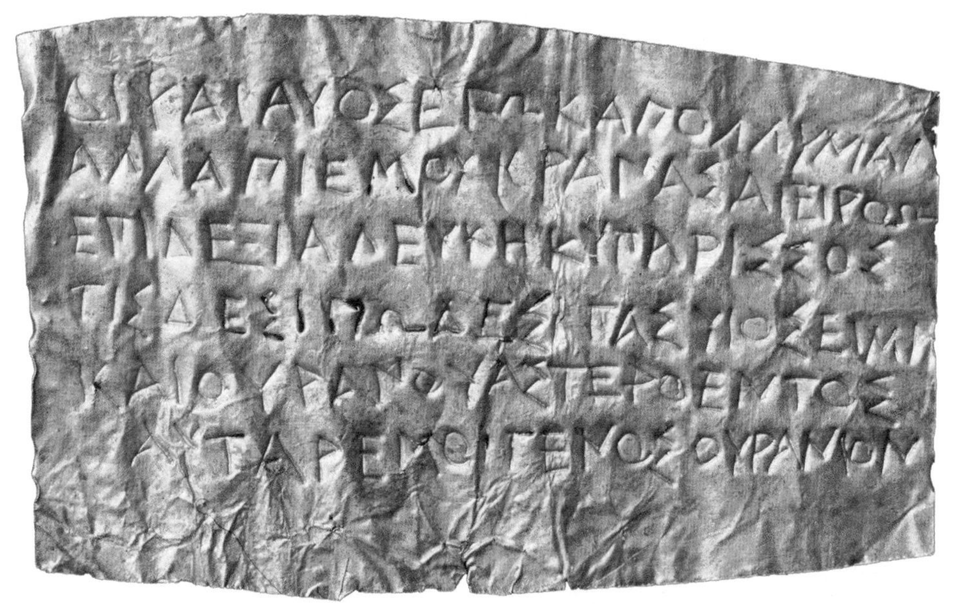

오르페우스를 숭배하는 밀교의 황금 서판 또는 토텐페세. 기원전 4세기 후반 제작.

2세기 후반에 그려진 이집트 귀족 소년의 아름다운 '미이라 초상화'에서 볼 수 있듯이, 토텐페세(망자의 여권)는 고인의 목에 걸린 로켓(사진이나 그림을 넣을 수 있는 작은 갑) 안에 들어 있었다.

술이 번역 가능한 건 아니다. 보케스 미스티카이(불가사의한 목소리)나 수수께끼 같은 헛소리('아브라카다브라'처럼)가 새겨진 서판도 있는데, 이는 필경사가 악마의 언어처럼 보이도록 지어낸 말이다.

저주의 서판은 부당하게 죽임을 당한 젊은 이들의 묘지에서도 발견되었는데, 요절한 영혼을 달래려는 목적에서 제작된 듯하다. 그런 점에서 이는 토텐페세totenpässe, 즉 '망자의 여권'과 그 목적이 같다. 토텐페세는 '죽은 자를 위한 여행 지침서'로, 저승길을 안내하는 지도, 저승에 있는 판관과의 면접 심사에 필요한 모범 답안을 새긴 금박이다. 당대인들은 이를 로켓 안에 말아 넣어 고인의 목에 걸어주었다. 토텐페세는 생전에 오르페우스와 디오니소스 같은 고대 그리스 신화 속 인물들을 숭배했던 사람들의 무덤, 고대 이집트 사람들과 셈족의 무덤, 기원전 2세기 팔레스타인 사람들의 무덤 등에서 출토되고 있다.

이런 문서들이 몇 세기를 넘어 살아남았다는 사실이 기적처럼 느껴진다. 앞서 살펴본 『리베르 린테우스 자그라비엔시스』처럼 문헌이 광범위하게 훼손되거나 용도마저 변경되는 일이 이후의 중세 유럽 전역에서 대대적으로 유행한 역사를 고려한다면 더더욱 그러하다. 인쇄술이 등장하자 코덱스의 위상이 높아졌고 이는 양피지의 쇠락을 앞당겼다. 유럽에선 기존의 책들을 한꺼번에 파기했고, 이를 새로운 책의 표지에 덧대 책을 더 튼튼하게 만들거나 옷의 소재로 쓰는 등 두루 재활용했다. 아이슬란드 주교의 관冠에 활용된 양피지 문서는 현대에 발견된 '입을 수 있는 책' 중에 단연 발군이다. 머리에 쓰고 있는 관에 옛 프랑스에서 쓰인 저속한 연애 시가 감춰져 있는 줄은 꿈에도 모른 채 자못 근엄하게 미사를 집전하는 주교의 모습을 상상해보자. 코펜하겐대학교 아나마네안 연구소의 이 소장품을 보며 절로 떠올리게 되는 이러한 광경은 참으로 가관이다. 2011년에는 박물관 직물 관리인들의 발견으로 '입을 수 있는 책'이 하나 더 늘어났다. 독일 북부 빈하우젠 시토회 수녀원에서 발견된 드레스의 안감이 중세 시대의 필사본이었던 것이다. 드레스들은 15세기 후반에 수녀들이 만든 것으로, 사람이 입을 옷으로 제작된 것이 아니라 특유의 정숙한 분위기를 유지하기 위해 수녀원 성상들에게 입힐 목적으로 만들어진 것이었다. 필사본 사학자 에릭 크바컬의 주장처럼 필사본을 이처럼 후안무치하게 재가공하는 건 몸서리쳐지는 일이지만, 이점이 아예 없는 건 아니었다. 책 표지 가장자리에, 주교관에, 수줍음을 타는 조각상의 옷 안감에마저 없

1270년경에 쓰인 것으로 추정되는 사랑과 관련한 글들. 아이슬란드 주교의 주교관이 구겨지지 않도록 속에 받치는 지지대로 용도가 변경되었다.

었다면 중세 시대의 문헌 태반이 지금도 미지의 영역에 남아 있었을 것이다.[10]

독일의 대장장이 요하네스 구텐베르크가 그 유명한 인쇄기를 발명한 건 1454년이지만, 200년도 더 앞선 시기에 동양에서는 구텐베르크가 유럽에서 개척한 것과 똑같은 금속활자 인쇄술(활자판 교체가 가능한)이 이미 존재했다는 사실에 놀랄 서양인이 적지 않을 것이다. 이 공정을 거친 가장 오래된 인쇄물은 1377년 한국에서 인쇄된 불교서 『직지심체요절』로 알려져 있다(구텐베르크가 이 인쇄술을 알았다는 증거는 없다). 직지 이전엔 1040년경, 중국 장인 비성이 깨지기 쉬운 도자기로 최초의 활자를 만든 것으로 알려져 있다. 목판 인쇄는 그보다 훨씬 오래전부터 사용되었으며 가장 오래된 사례는 한 왕조(기원전 202~기원후 220) 때 세 가지 색으로 꽃을

10 케임브리지 도서관의 사서 팀 먼비는 젊은 시절에 몰고 다니던 1925년형 부가티 로드스터를 수리하면서 훼손된 필사본에서 잘라낸 양피지 조각을 사용했다. 사람들이 차의 연식을 물으면 그는 "어떤 부품은 15세기까지 거슬러 올라간답니다"라고 말하며 재미있어한다. —지은이

『백만탑다라니경』의 탑 모양 나무 상자. 그 안에 든 기도문은 일본에서 목판 인쇄로 찍어낸 최초의 기록이다. 고켄 천황의 명에 따라 만들어졌으며 구텐베르크보다 700년을 앞선 것으로 평가받는다. 나라의 호류사에 다수 보관되어 있다.

찍어 장식한 비단 폭이다.

동양에서 목판 인쇄가 일찍이 흥할 수 있었던 주된 원동력은 수나라(581~618)의 초대 황제 수문제가 제국을 결집하는 기반으로 불교를 권장하면서 불교 서적의 수요가 폭발적으로 증가한 데 있었다. 또한 비슷한 시기 일본에서는 범국민적으로 불교 기도문 인쇄물을 열망하는 분위기였는데, 결국 고켄 천황(718~770)의 명으로 기도문 제작이라는 대규모 국책 사업이 진행되었다. 764~770년 사이에 목판으로 만든 경전 『백만탑다라니경』은 일본에선 가장 오래된 인쇄물로 손꼽히며 세계적으로도 가장 오래된 인쇄물 축에 든다. 인쇄 상태가 완벽에 가까워서 학자들은 이를 오래도록 금속활자 인쇄물이라고 생각했지만, 최근의 분석에서 문서에 찍힌 작은 나뭇결 흔적이 발견되었다. 각 문서는 훼손을 막기 위해 작은 탑 모양의 나무 상자 속에 돌돌 말아 보관되었다. 고켄 천황에게 이 기도문은 764년 에조 반란으로 알려진 쿠데타를 유혈 진압한 것에 대한 속죄와 화해의 표시였다. 천황은 기도문을 말아 넣은 탑 모양 상자를 순백색으로 칠하게 한 후 일본 서부 지역의 주요 사찰 열 곳에 배포했다.

아득히 먼 아메리카 대륙에선 13세기 초부터 잉카 문명이 발달해 콜럼버스의 발견 전까지 가장 큰 제국을 이룩했다. 하지만 1572년, 잉카 최후의 요새 빌카밤바가 스페인에 점령당하면서 제국은 종말을 알렸다. 스페인 정복자들은 생전 처음 접하는 잉카 문명이 구세계의 그것과 사뭇 다르다는 것에 충격을 받았다. 잉카 제국에는 바퀴 달린 탈것이 없었다. 잉카인들은 동물을 부려 짐수레를 끌게 하거나 직접 타고 다닐 생각 자체를 하지 않았다. 철과 강철에 대해서도 전혀 아는 바가 없었다. 제일 이상한 건 문자로 된 기록이 없었다는 점이다. 현재까지도 잉카인의 삶을 들여다볼 수 있는 주요한 자료는 스페인 작가들이 쓴 편년사가 전부다. 그럼 식민 지배자들이 발견한 키푸(결승문자)는 어떻게 설명할 수 있을까? 키푸는 매듭진 끈을 가로로 넓게 배열한 복잡한 표기 체계다. '말하는 매듭'이라고도 칭해지며 남아메리카 대륙의 여러 문화와 함께 고대 중국, 티베트, 시리아, 폴리네시아 같은 초창기 문명국가에서 기록을 보관하기 위해 썼다. 현재까지 밝혀진 선에서 말하자면 적게는 네 개부터 많게는 2000개가 넘는 매듭으로 이뤄진 이 줄들은 인구조사, 달력, 납세, 회계 및 거래 관리에 사용되는 십진법 체계로, 숫자 정보를 저장하고 전달하는 데 쓰였다. 실제로 스

지금의 페루 북부에서 100년부터 700년경까지 융성했던 고대의 모체 부족은 사물에 라이머콩을 그려 넣은 것을 기록 체계로 사용했다. 3세기에서 5세기 사이에 만들어진 것으로 추정되는 이 주전자와 같이 장식된 유물들에서 그 증거를 확인할 수 있다. 라이머콩 문장의 의미는 여전히 수수께끼로 남아 있다. 회계용이었을까? 장례식에 쓰였을까? 혹여 도박에 쓰인 건 아니었을까?

페인은 정복 초창기에 공물을 바치는 문제로 불거진 갈등을 해결하기 위해 키푸에 의존했었다. 매듭으로 문자열을 만들고 판독하고 회계 업무까지 처리하는 사람들을 '키푸카마요크'라고 불렀는데, 17세기 케추아 부족의 높은 신분이었던 구아만 포마에 따르면, 이들은 눈 감고도 키푸를 읽을 수 있었다고 한다. 그러나 스페인이 잉카 제국을 파괴하면서 이 판독 기술도 함께 소실되었고, 다채로운 색 조합이 의미심장해 보이는 몇몇 매듭의 특징과 의미 들은 지금까지도 해석되지 못했다. 키푸가 회계만이 아니라 다방면에 사용됐을 가능성은 무궁무진하지만 지금

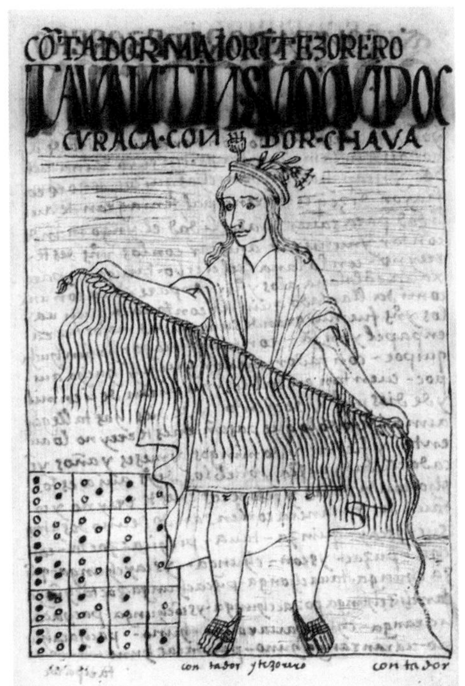

잉카 제국의 키푸를 들고 있는 수석회계사 겸 재무관. 페루 연대기 『최초의 신연대기와 태평성대』(1615)에서 발췌.

이 글을 쓰는 시점에선 판독 불능의 영역에 머물러 있다.

'책이 아닌 책'을 테마로 세계 여행을 하고 있는 이 시점에 다시 유럽으로 돌아가서 또 다른 유형의 책 또는 코덱스를 살펴보자. 이중엔 측정 장치, 계산기, 안티키테라 기계[11] 같은 실용적인 기능을 추가하면서 책의 경지를 뛰어넘어 완전히 다른 물건으로 환골탈태한 사례를 찾아볼 수 있다. 단순한 사례로는 옥스퍼드 보들리언 도서관의 MS[12] 브룩스본 46.10이 있다. 17세기 후반 프랑스에서 편찬된 과학서로, 시계의 기능을 갖추고 있는 이 책은 고급 양피지로 제본한 책 표지에 해시계로 사용할 수 있는 장치가 인쇄돼 있다. 이러한 종이 장치가 날개 돋힌

11 고대 그리스 시기에 제작된 것으로 추정되는 청동제 유물로, 내부에는 많은 수의 톱니바퀴와 원판으로 구성된 복잡한 자동 기계 구조가 있다. 여러 가지 천문 현상을 정교하게 계산하는 데 사용한 것으로 보인다.

12 도서관의 분류 명칭으로, 사본이라는 뜻의 manuscript의 약자다.

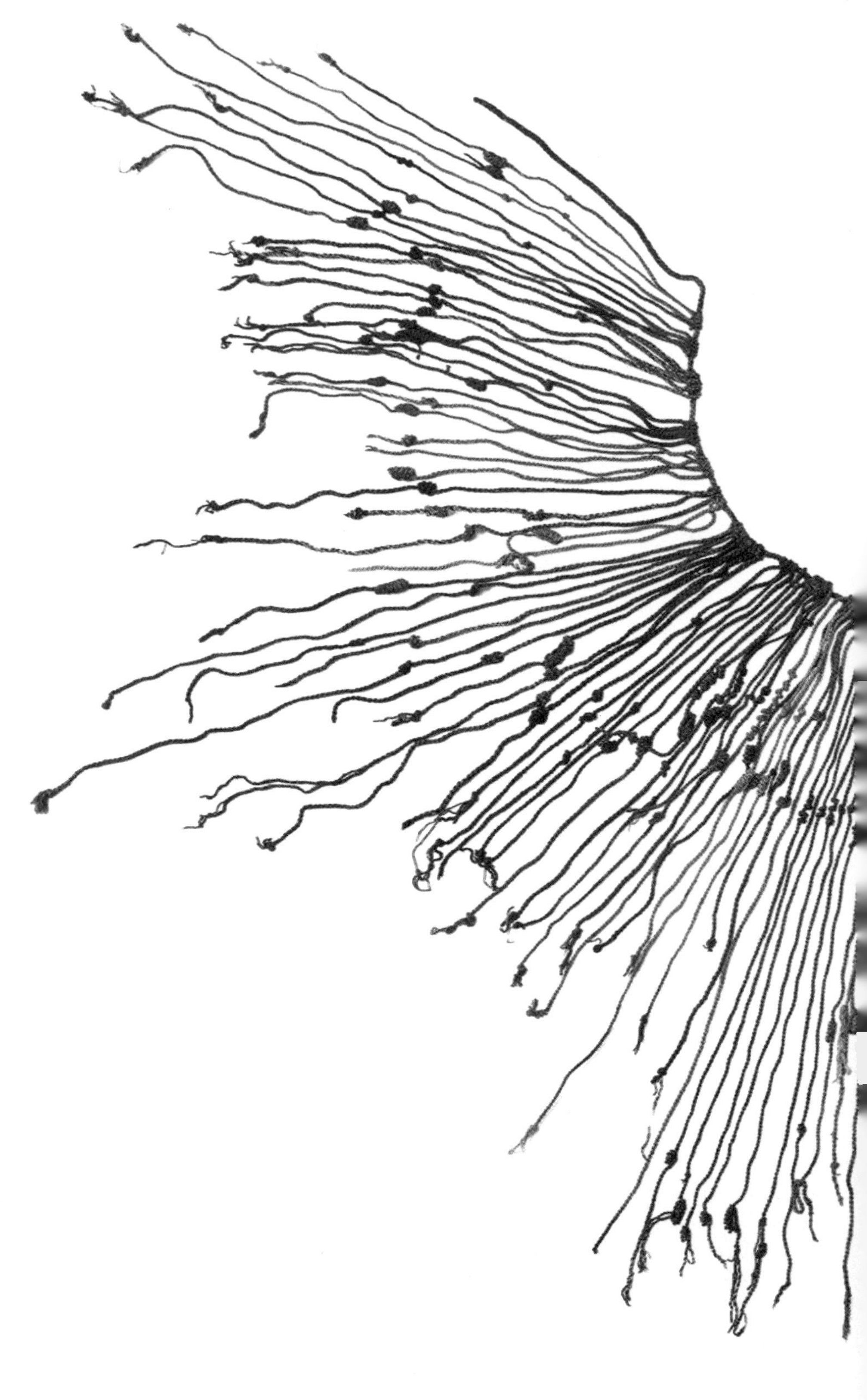

키푸. 매듭으로 기록한 문헌.
잉카 문명이 고안한 형태의 책이다.

손으로 직접 채색한 '볼벨'. 즉, 움직일 수 있도록 과학적으로 설계된 종이 계산기.
16세기를 통틀어 가장 아름다운 인쇄물의 하나로 손꼽는 『아스트로노미쿰 케사리움』(1540)에서 발췌했다.

듯 팔리자 황동이나 상아 같은 전통 소재를 사용해온 기존 관측 장치 제작자들은 너무 놀라 겁을 먹은 나머지 일명 '종이 사기' 반대 로비를 벌이고 의회를 압박했다. 그 결과 1608년, 종이를 소재로 한 장치 제작을 금지하는 내용("[종이 장치는] 내구성이 떨어지고 … 구매자를 현혹하는 속임수에 불과하며 …")의 뉘른베르크 법령 13조가 제정되었다.

종이로 만든 다양한 기구들 중에서도 가장 유명한 것은 책 속의 계산기 '볼벨'이다. 회전하는 원반 세트를 책 페이지에 붙인 볼벨은 일찍이 아랍 학자들이 쓰던 장치들을 본떠서 만들어졌다. 가장 위풍당당한 볼벨은 1540년 페트루스 아피아누스(1495~1552)가 만든 『아스트로노미쿰 케사리움』(카이사르의 천문학)으로, 16세기 인쇄물을 통틀어 최고의 걸작이다(정교하고 흠 없는 초판의 경우 놀랍게도 현재 약 16억 원에 거래되고 있다). 미학적으로나 과학적으로나 절묘한 디테일을 자랑하는 『아스트로노미쿰 케사리움』은 책이라기보다는 휴대용 천문 기구에 가까운데, 독창적인 설계로 움직이는 이 종이 볼벨은 행성 정렬 현상, 월식, 별의 위치를 계산할 수 있도록 한다. 예를 들어 폴리오folio[13] E4(West F, Escorialensis Ω.I.12)에 달려 있는 인쇄된 부품 아홉 개와 네 개의 서로 다른 축을 중심으로 회전하는 장치(겉으로는 보이지 않는다)로는 경도를 계산할 수 있다. 아피아누스는 신성 로마 제국의 황제 카를 5세와 그의 동생 페르디난트의 후원을 받아 독일 잉골슈타트의 황제 소유 인쇄소에서 『아스트로노미쿰 케사리움』의 모든 페이지를 인쇄하고 직접 채색하며 8년을 보냈다. 황제 형제는 책의 정교한 만듦새와 페이지마다 손으로 그려 넣은 화려한 나뭇잎 55장(이 중 22장의 나뭇잎엔 움직일 수 있는 부품이 달려 있다)을 보며 흡족해했다. 이후 아피아누스는 3000길더의 포상금을 받는 것은 물론이고 궁정 수학자로 임명되었으며, 라이크스리터(황제 직속 기사) 작위도 받고, 계관 시인을 지명할 권한과 혼외 출생 자녀를 둘 경우 그 자녀가 법적으로 인정받을 수 있는 특혜까지 두루 누리게 되었다.

17세기에 수집가들의 '분더카머'[14]가 유행하면서 '자일로테크'(때로 자일라리움이라 부르기도 한다)라는 장르의 특이한 책이 출현했다. 자일로테크의 과학적인 목표는 수목의 생물다양성을 기록한 나무 소재의 총서를 만드는 것이었다. 총서의 책들은 각각 다른 종류의 나무로 만들어졌는데, 책등에는 나무껍질(때로는 여기에 붙어 있는 이끼를 그대로 살려 제작하기도 했다)을 붙였고, 책 안엔 나무의 잎, 씨앗, 가지, 뿌리의 표본과 함께 주로 각 나무의 생물학 정보와 일반적인 용도를 상세히 설명해놓았다.

자생 식물군의 자일로테크를 모아놓은 도서관은 세계 곳곳에서 찾아볼 수 있는데, 이탈리아 산 비토 디 카도레의 파도바대학교, 호주국립대학교, 독일 호엔하임대학교의 홀츠비블리오테크(나무 도서관) 등이 있다.

최초의 자일로테크 도서관은 독일 카셀 오토네움에 있는 실트바흐로 추정되는데 1771년에 지어지기 시작해 1799년에 완공된 이 도서관엔 530권의 자일로테크가 소장되어 있다. 규모 면에서 가장 큰 자일로테크 도서관은 자그마치 9만 8000권을 소장한 미국의 새뮤얼 제임스 문헌 컬렉션이다. 도서관이라면 어김없이 곰팡내가 나기 마련이지만, 자일로테크의 보관을 위

13 제책 용어로서 폴리오는 종이를 반으로 한 번 접어 두 장을 만드는 방법 또는 그렇게 만들어진 책을 지칭한다. 같은 방법으로 네 장을 만들 땐 쿼토quarto, 여덟 장을 만들 땐 옥타보octavo, 열여섯 장을 만들 땐 섹스토데시모sextodecimo라고 부른다.

14 근대 유럽의 지배층과 학자들이 진귀한 수집품들을 진열해두던 방이나 공간.

18세기 영국의 '혼북hornbook'. 상아로 만든 서판에 알파벳이 새겨져 있다. 상아 외에도 목판이나 뼈로 만들기도 했다. 어린 학생들이 마구 다뤄도 손상이 없도록 고안된 단단한 학습 도구로, 15세기 중반부터 쓰이기 시작했다.

혼북을 든 캠피언가 영애의 초상화(1661).

해 온도 조절 장치가 완비된 도서관에 들어서는 순간 환영 인사처럼 콧구멍으로 스며드는 냄새는… 죽기 전에 꼭 한 번 맡아볼 만하다(잠깐이긴 하지만 몇백 년 묵은 이끼가 가공할 악취로 육박해 온다).

이번에는 자일로테크 도서관과는 또 다른 감각을 불러일으키는 사례를 살펴보자. 스미스소니언 박물관의 소장품인 솔로몬 콘의 일기가 그것이다. 1861년 남북전쟁이 발발하자 미국 인디애나주 미나맥의 여관 주인 아들이었던 콘은 스물네 살의 나이에 남부 연합군이 지원하는 인디애나 제87보병대에 일병으로 입대했다. 그는 1863년, 테네시주 내슈빌에서 구매한 바이올린을 제대할 때까지 손에서 놓는 법이 없었다. 그러나 정작 연주는 일절 배우지 않았다. 대신 바이올린 표면에 1863년 9월의 치커모가 전투, 1864년 6월의 케너소산 전투 등, 제87보병대 병사들이 싸운 30번의 기록을 빽빽하게 새겨

18세기에 만들어진 자일로테크(나무로 만든 책)의 사례들. 위는 오스트리아 릴리엔펠트 수도원의 소장품으로 책마다 다른 종류의 나무로 만들어졌으며 안에는 나무껍질, 나뭇잎, 씨앗 따위의 식물 표본들이 들어 있다.

1811년에 출간된 식물 표본집의 한 페이지. 식물 표본집은 책 페이지에 압착한 식물을 실어 모아둔 책을 일컫는다. 이 같은 고서에서 간혹 멸종된 식물종이 발견될 때도 있다.

미국 남북전쟁 당시 남부 연합군의 병사
솔로몬 콘이 자신의 바이올린에 새긴 전투 일지.

넣었다. 전쟁이 끝날 즈음, 제87보병대에선 총 283명이 전사한 것으로 밝혀졌지만 콘과 바이올린은 살아남았고 현재 이 책은 남북전쟁 당시 보통의 병사가 남긴 개성 넘치는 기념물로 찬사를 받고 있다.

노르웨이 저항군 페테르 모엔의 일기 또한 흔치 않은 전쟁 기록의 사례로 손꼽힌다. 제2차 세계대전 당시 독일군이 노르웨이를 점령했을 때, 모엔은 대형 보험회사에서 계리사로 일하고 있었다. 이후 그는 그 지역 저항군에 입대했고 지하신문《런던 뉘트》의 편집자로 일했다. 그러던 중 1944년 2월 독일군에 체포되었고 모진 심문을 받은 후 오슬로 교도소 독방에 수감되었다. 펜도 종이도 없는 어두컴컴한 감방에서 모엔은 암막 커튼에 달려 있던 핀 하나를 빼내선 네모

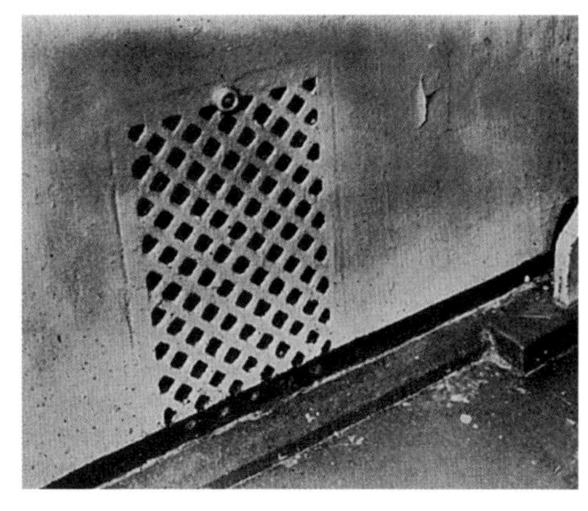

전쟁 포로 페테르 모엔이
휴지에 쓴 일기를 밀어 넣었던 환기구.

난 휴지 조각 여러 장에 단어 모양대로 구멍을 뚫어가며 유일무이한 일기를 써나가기 시작했다. 그마저도 발각되어 압수당하는 경우가 많았지만 그는 줄기차게 쓰고 또 썼다. 한 장을 다 쓰

권총을 품은 기도서. 이탈리아 베니스의 공작 프란체스코 모로시니(1619~1694)의 주문으로 제작되었다.
권총은 사적인 호신 용품이었던 것으로 추정되며, 책을 덮어야만 발사되도록 설계되었다.
방아쇠는 비단 실로 감싼 핀으로, 책갈피처럼 보이게 만들었다.

The Standard.

LONDON, WEDNESDAY, NOVEMBER 24, 1869.

ONE PENNY.

데이비드 리빙스턴이 1871년에 쓴 현장기가 담긴 폴리오들.
스코틀랜드의 탐험가 리빙스턴은 1869년 11월 24일 자 일간지《더 스탠더드》를 원고지로 썼다.
신문에 인쇄된 활자 위에 리빙스턴이 짙은 색 잉크로 덧쓴 내용은 오랫동안 희미하게 지워진 상태였으나
최근 데이비드 리빙스턴 스펙트럼 이미징 프로젝트의 최첨단 복원 작업 덕분에 빛을 보게 되었다.

책인 동시에 무기였던『캄프라이메』(1968).

면 휴지 원고들을 돌돌 말아 환기 구멍에 밀어 넣어 보관했다. 그러면서도 그게 출간은커녕 세상의 빛을 보게 될 거란 생각은 전혀 못했다. 이듬해 9월 독일 포로수용선 베스트팔렌으로 이송될 때 모엔은 동료 수감자 두 명에게 자신의 일기 얘기를 했다. 스웨덴 해안에서 기뢰에 부딪힌 포로수용선이 침몰하면서 모엔은 사망했지만 노르웨이 해방 후 생존자 다섯 명이 오슬로로 돌아와 환기구를 열고 그의 일기가 적힌 휴지를 찾아냈다. 1949년에 출간된 모엔의 일기 표지엔 다음과 같은 추천사가 적혀 있다. "이것은 한 인간, 아니 온 인류의 통렬한 자기 분석이다. 두려움, 고독, 죽음의 임박 앞에서만 우러나올 수 있는 정직함으로 써 내려간 기록이다." 모엔의 일기는 스칸디나비아에서 베스트셀러가 되었고, 1951년 미국에서 영어로 출간되었다.[15]

우베 반드라이가 1968년에 출간한『캄프라이메』(전투의 운율)는 신체에 상해를 가할 수 있는 책에 속한다. 실제로 무기로 사용하기 위해 특별히 고안된 명실공히 최초의 책이다. 1968년, 서독 학생들이 유혈 봉기에 쓰려고 주머니에 넣어 다닐 수 있는 '전투용 판형(62×117밀리미터)'으로 책을 만들었다. 테두리에 날카로운 금속판을 댄 표지 안쪽엔 '자기방어에 적합함 Notwehrtauglich'이라는 단어가 쓰여 있다. "펜이(나아가 책이) 칼보다 강하다는 말을 들었다. 그렇다면 책이 칼이라면 어떨까?" 이 책을 소개하며 어느 서적상은 이렇게 말하기도 했다. 금속판 표지는 자체로 가공할 무기가 될 수 있었지만 또 다른 용도로 쓰일 수도 있었으니, 포스터와 광고지를 긁어 떼어내는 데도 적합했다. 이 파괴적인 제작 의도 때문에『캄프라이메』는 기 드보르, 아스게르 요른, V. O. 페르밀이 함께 만든『회상록』(1959)과 같은 서가에 나란히 놓이게 되었다.『회상록』의 표지는 매우 거친 샌드페

15 이처럼 말 그대로 '화장실 책' 장르에 추가할 수 있는 또 다른 사례로는 유고슬라비아의 정치가 밀로반 질라스(1911~1995)의 작품이 있다. 요시프 브로즈 티토 대통령을 향해 반공산주의적 비판을 한 죄로 10년간 투옥되었던 그는 옥중에서 존 밀턴의『실낙원』을 세르보크로아트어로 번역했는데, 처음부터 끝까지 화장실용 휴지에 옮겼다. —지은이

이퍼로 만들어졌는데, 바로 옆에 꽂힐 책을 무차별적으로 훼손하기 위해서였다. 저자들은 "얼굴만 보고도 그가 이 책을 손에 들었는지 아닌지 구분할 수 있어야 한다"라고 설명했다.

스스로 파괴될 목적으로 만들어진 책도 있다. 2012년, 랜드 로버는 두바이 고객을 대상으로 사막에서 기계가 고장 날 경우에 생존을 도와줄 지침서를 발간했다. 이 소책자엔 피난처 만드는 법, 구조 요청 신호 보내는 법, 불 피우는 법, 현지 야생동물 사냥법, 북극성을 보며 방향 찾는 법이 삽화와 함께 실려 있다. 책 제본에 쓰인 금속 철은 빼서 요리용 꼬치로 사용할 수 있고, 반사판처럼 반짝이는 포장지는 구조를 요청할 때 쓸모가 있다. 최후 방편으로 책은 자길 먹으라고 조언한다. 랜드 로버의 이 먹을 수 있는 생존 지침서는 먹을 수 있는 종이와 잉크로 만들어졌다. 뿐만 아니라 치즈버거에 버금가는 영양가를 제공한다고 주장한다.

먹는 책 이야기를 하다 보니, 2018년 미시간 대학교가 딱 열 부만 구매한 『미국 치즈 20장』이 떠오른다. 뉴욕 출판인 벤 덴저가 발간한 이 책은 짙은 노란색 헝겊으로 감싼 표지와 개별 포장한 미국산 슬라이스 치즈 20장으로 구성되어 있다. 크라프트 아메리칸 치즈 슬라이스 24장들이 한 상자의 시판 가격이 약 3달러 50센트인데 20장들이 책의 정가는 200달러다. "이 치즈 책은 질문이 쇄도하길 간절히 바란다." 유당 불내증이 있는 사서 제이미 라우슈 밴더 브룩은

벤 덴저가 치즈로 만든 책
『미국 치즈 20장』.

벤 덴저의 『인공감미료 20봉』.

이렇게 썼다. "가령 '치즈 책을 펴낸 이는 도대체 어떤 인간이지?', '이 책의 주제는 뭐지?', '치즈로 만든 책이니 치즈에 관한 책인가?' 같은 질문들 말이다."

나는 이 책을 소장한 미시간대학교 도서관에서 일하는 에밀리 앤 버클러에게 물었다. "책 상태는 어떤가요?" "서가에서 지내도 안정적인 상태라고 확신합니다." 버클러는 단언하면서도 한 마디를 더 덧붙였다. "하지만… 얼마나 버틸지는 두고 봐야겠죠." 덴저는 이외에도 여러 책을 출간했다. 『200가지 운세』는 중국 식당의 포춘쿠키에 든 운세 쪽지들을 담은 책으로, 판형도 그 크기대로 맞추어 아주 조그맣다. 『가지런한 200달러어치』는 1달러 지폐 200장을 역시 동일한 크기의 판형으로 묶은 책이다. 이밖에 『플라자 호텔 냅킨 30장』, 『인공감미료 20봉』 등 제목만으로 책의 내용을 모두 말해주는 책들이 있다.

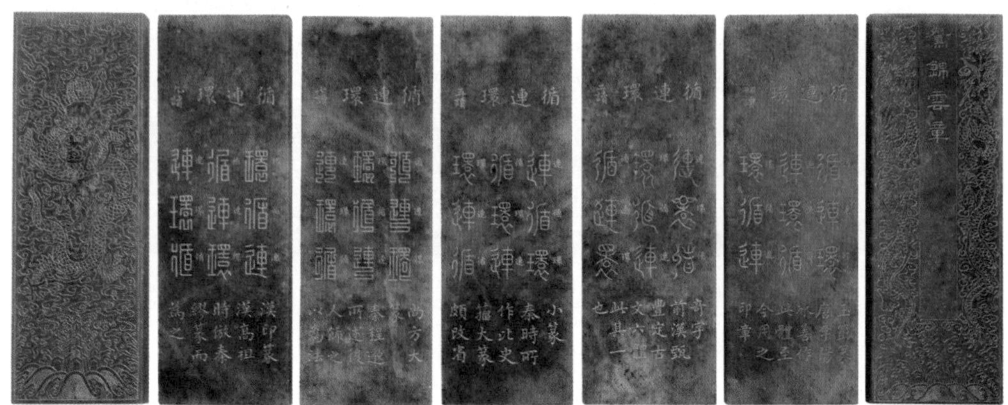

옥으로 만든 천부서天父書(천국의 책). 1743년 중국에서 제작되었다.
도교에선 옥으로 만든 책과 다섯 장章에 걸쳐 쓰인 고대의 문헌이 여러 개의 신성한 천국에 존재하며,
이 책들이 우주의 성스러운 체계를 창조하는 도구로 쓰였다고 설파한다.

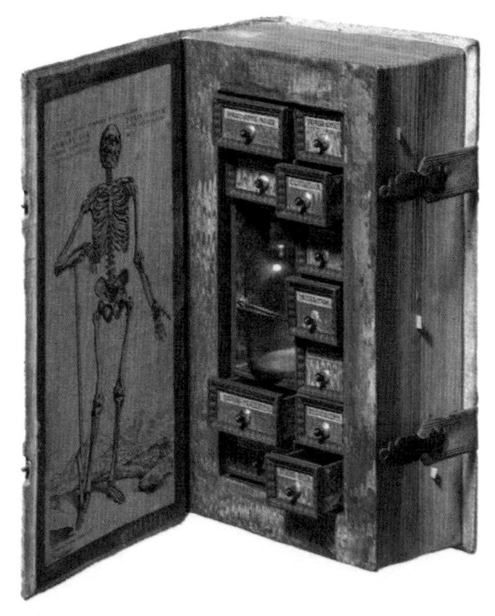

비밀 독약 수납장으로 사용된 속이 빈 책.
1600년경에 제작되었고, 서랍마다 갖가지
독초의 이름이 표시되어 있다.
2008년, 독일의 경매업체 헤르만 히스토리카에서 낙찰되었다.

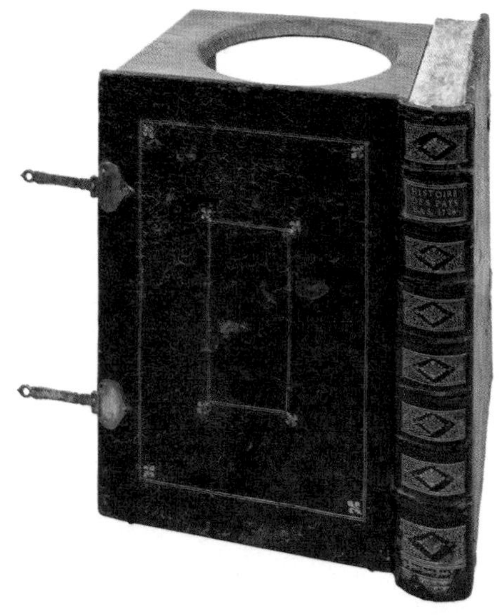

여행을 자주 다니는 애서가를 위해 만들어진
말 그대로 변기 책. 송아지 가죽 장정본을 펼치면
오크 재목으로 만든 휴대용 변기가 완성된다.
표지엔 금박으로 큼지막하게 '저지대 국가의 역사'라는 제목이
새겨져 있다. 1750년경, 프랑스에서 제작되었다.

에르수어족의 문자 체계 '에르수 샤바'로 쓰인 점성술 책.
에르수어는 색상에 의미를 부여해 문자로 활용했는데,
가령 검은색으로 표시한 '별과 달' 글리프는 '어둡다'라는 의미를,
흰색은 '빛나다'라는 의미를 나타낸다.

북아메리카 원주민의 그림 달력이자 역사적 문헌인 『겨울 세기Winter Count』 중
얀크토나이 나코타 부족의 『고독한 개의 겨울 세기』.
무두질한 버펄로 가죽에 1833년 사자자리 유성우 같은 사건을 포함해
1801년부터 1876년 사이에 있었던 주요 사건들이 기록되어 있다.

아그네스 리히터(1844~1918)의 자수 리넨 재킷.
재봉사였던 리히터는 1893년 하이델베르크 정신병동에 수감되어 사망할 때까지 26년간 갇혀 살면서 옷 조각에 문장을 수놓는 것으로 자신의 이야기를 남겼다.
"나는 보잘것없다." "책을 읽고 싶다." "나는 재앙 속으로 곤두박질친다."
그러나 이렇게 알아볼 수 있는 문장들은 거의 없다.

살과 피로 만든 책

행성 지구에 살면서 달리거나 뛰어오르거나 미끄러져 나아가거나 헤엄쳐본 피조물이라면 모두 그 살가죽이 책으로 만들어진 적이 있다. 가오리, 원숭이, 타조, 상어는 한때 모두 이야기의 '옷'이었다. 책의 속(내용)과 겉(표지)의 소재를 일치시키는 '교감형' 제본술의 이야기다. 일례로 영국 박물관에 소장된 『필립 총독의 보터니만[1] 항해』(1789)는 오스트레일리아 여행기라는 내용에 상응하는 소재인 캥거루 가죽[2]으로 표지를 제본했다.[3] 찰스 제임스 폭스의 『제임스 2세 통치 초기 역사』(1808) 사본은 여우 가죽으로 제본해 판매됐다. 지난 100년간의 경매 기록을 뒤지면 스컹크 가죽 장정의 『나의 투쟁』,[4] 보아뱀 가죽 장정의 『자본론』,[5] 고래 가죽 장정의 『모비딕』,[6] 미국 남부 연합군기로 장정한 『바람과 함께 사라지다』[7]를 만날 수 있다. 뱀 가죽 표지 장정은 1800년대부터 쉽게 볼 수 있었는데, 허영에 찬 맹수 사냥꾼들이 자신의 획득물을 과시할 방법을 모색하다 만들어낸 결과물이었다. 올리버 웬델 홈즈의 『엘시 베너: 운명의 로

간혹 피지로 만든 페이지에 하자가 있을 땐 이를 수선하는 것이 옳겠지만 귀찮다면 여기 보이는 클레르보의 성 베르나르도가 쓴 『솔로몬의 노래』 주석서의 필경사처럼 낙서로 때울 수도 있다.

1 오스트레일리아 시드니 남쪽의 만.

2 오스트레일리아는 캥거루의 주된 서식지로, 캥거루는 이곳을 상징하는 동물 중 하나다.

3 수컷의 긴 발톱에 긁힌 흔적이 없는 깨끗한 캥거루 가죽은 구하기가 어렵기로 악명이 높았다. 그래서 제본업자들은 교미 흔적이라고 알려진, 긁히거나 벗겨진 자국을 없애느라 진땀을 빼는 일이 많았다. —지은이

4 1925년에 출간된 나치당 지도자 아돌프 히틀러의 자서전.

5 카를 마르크스의 세 권짜리 경제학서. 제1권은 마르크스가 1867년에, 제2권과 제3권은 마르크스 사후 프리드리히 엥겔스가 유고를 정리해 각각 1885년과 1894년에 출간했다.

6 고래가 등장하는 허먼 멜빌의 장편소설.

7 남북전쟁을 배경으로 남부의 몰락과 재건을 다룬 마거릿 미첼의 장편소설.

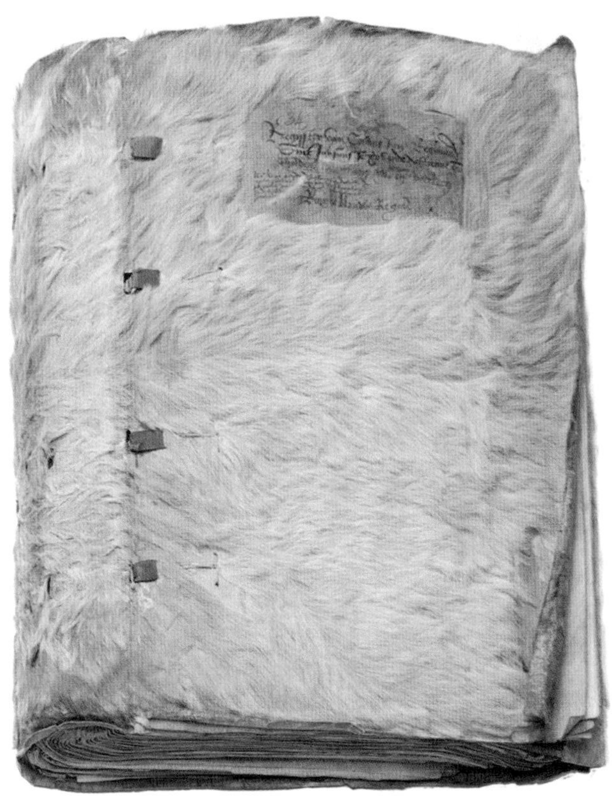

일명 '파란 털복숭이' 등록부. 1518년부터 1540년까지 네덜란드 법원에서 정부 부처에 배정될 예정인 사람들을 기록하는 용도로 썼다. 특이하게도 털이 수북이 붙은 소가죽으로 장정했는데 서가에 다른 책과 섞여 있어도 금세 눈에 띈다는 장점이 있다.

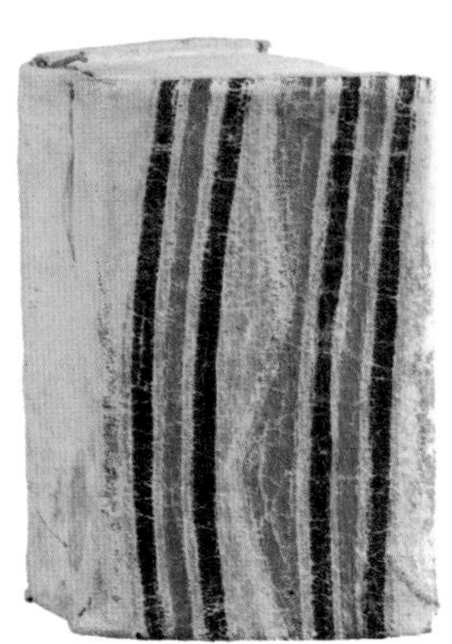

1645년 유럽에서 인쇄된 히브리어 사전. 미국 동부 삼림지대에 살던 북아메리카 원주민이 직접 채색한 수달 가죽을 이용해 제본한 것으로, 전설적인 기독교 복음 전도자이자 목사인 데이비드 브레이너드(1718~1747)가 한때 안장주머니에 넣어 다니기도 했다.

특이하게도 둥근 모양의 판형에 마그레브 활자체로 쓰인 15세기 코란. 이 필사본을 만든 서아프리카 사람들은 가까운 해안에서 손쉽게 구할 수 있는 소재로 이 책을 제본했는데, 그건 바로 생선의 비늘이었다.

1618년 밀라노 공국의 수석 정원사였던 디오니시오 미나조가 깃털만 써서 만든 깃털 책(1618).
총 156개 삽화 중 113개는 이탈리아 롬바르디아 지역 토착 새들의 깃털을 썼다.
맥길대학교 도서관의 카탈로그 담당자는 "왜 이런 책을 만들었는지 도저히 감이 안 잡힌다"고 말했다.

1760년 런던의 제본 장인 생고스키와 서트클리프가 뱀 가죽을 사용해 정교하게 장정한
존 밀턴의 『실낙원』, 『복낙원』 세트.

18세기 네팔의 전통 샤먼인 잔크리를 위한 안내서로 호신용 부적과 퇴마 주문 들이 수록돼 있다.
책 표지는 오감과 다섯 가지 열정을 상징하는
다섯 동물(버펄로, 닭, 개, 염소, 소)의 피, 가죽, 살 조각으로 뒤덮여 있다.

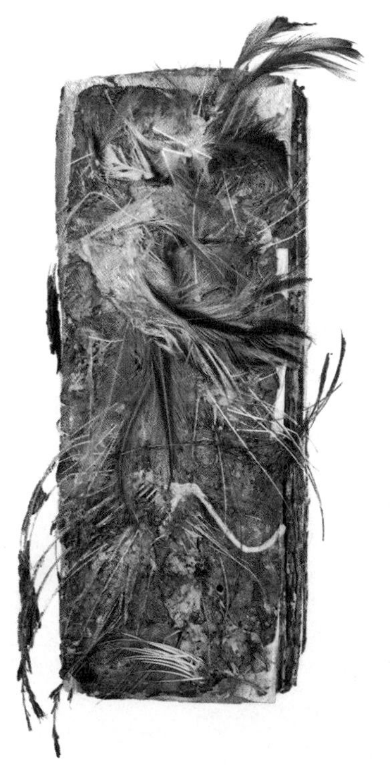

맨스』(1861)는 초판본이 한 권 정도 남아 있는데, 뱀과 인간 사이에서 태어나 사회의 떳떳한 일원으로 살기를 갈망하는 주인공의 이야기를 비단뱀 가죽으로 제본했다. 미국 탐험가 오사 존슨의 씩씩한 자서전 『나는 모험과 결혼했다』(1940)는 코끼리 가죽 장정이다. 그리고 1812년 록스버러 가문의 삼대 공작인 존 커의 장서가 매물로 나왔을 때 내가 앞뒤 안 재고 덥석 산 책이 있다. 18세기 영국을 떠들썩하게 했던 메리 토프트 사건의 개요가 담긴 소책자다. 자신이 토끼를 낳았다고 주장하는 여자의 이야기를 실은 책답게 이 책은 토끼 가죽 장정이다.

동물의 왕국을 들쑤신 건 제본업자만이 아니다. 종이가 개발되기 전까지[8] 양, 송아지, 염소 가죽으로 만든 피지皮紙가 사용되었다. 최고 품질

8 1860년 목재 펄프 종이가 등장하기 전까지 면이나 리넨이 종이 시장을 지배했지만 난관에 봉착할 때가 있었다. 1825년, 영국은 종이 수요의 반을 기계로 신속하게, 대량으로 생산하면서 제지 원료인 넝마의 재고가 바닥나게 되었다. 다급한 나머지 넝마를 대체할 다른 원료로 거름, 풀, 습지 아욱, 엉겅퀴, 비단, 아스파라거스, 심지어 말벌집까지 동원되었다. —지은이

7세기 『린디스판 복음서』에 수록된,
송아지 가죽 피지로 화려하게 장식된 페이지.

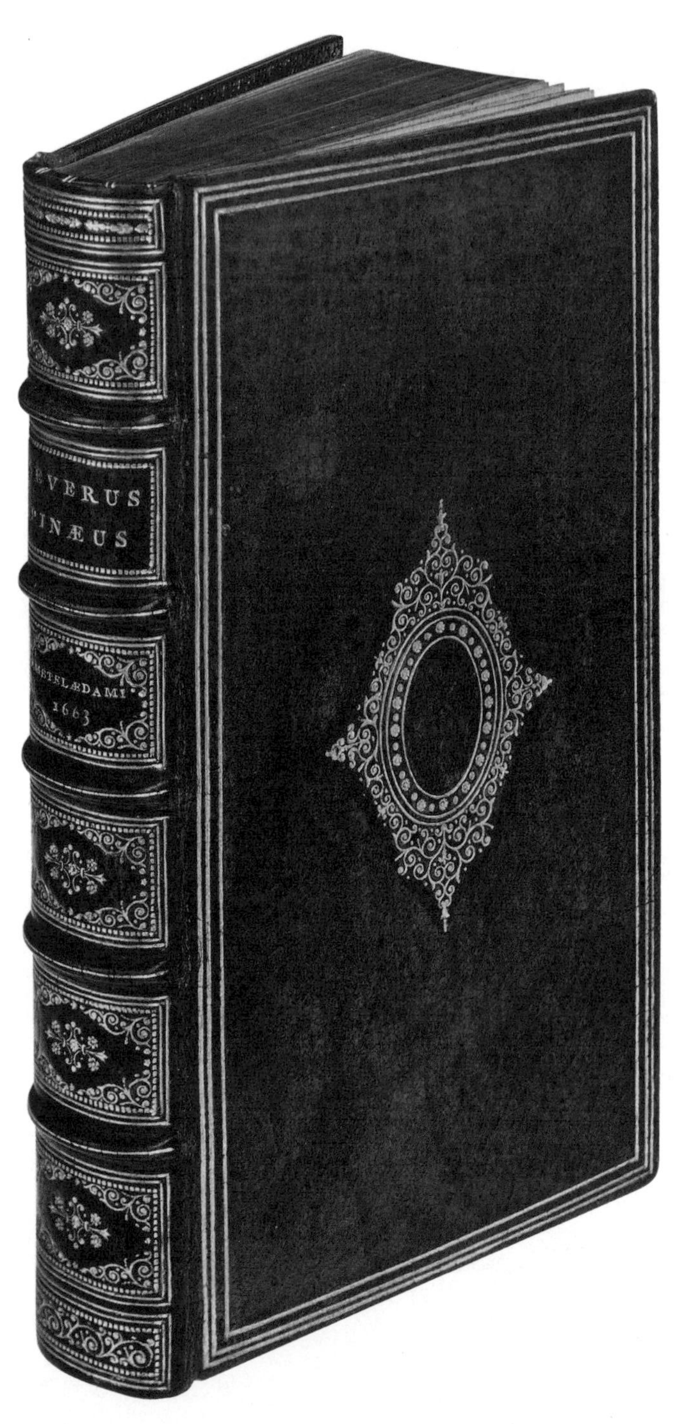

인간의 피부로 제본한 책. 1663년 암스테르담에서 인쇄된 『처녀의 순결과 타락에 관하여』로,
프랑스 외과의 세베랑 피노가 여성의 순결, 임신, 출산 관련 조약에 관해 쓴 책이다.
이 책의 주인이었던 뤼도비크 불랑 박사는 책의 첫 페이지에 다음과 같은 설명을 써놓았다.
"이 작지만 진기한 책은 … 내가 직접 무두질한 어느 여성의 피부 조각으로 표지를 덧입혔다."

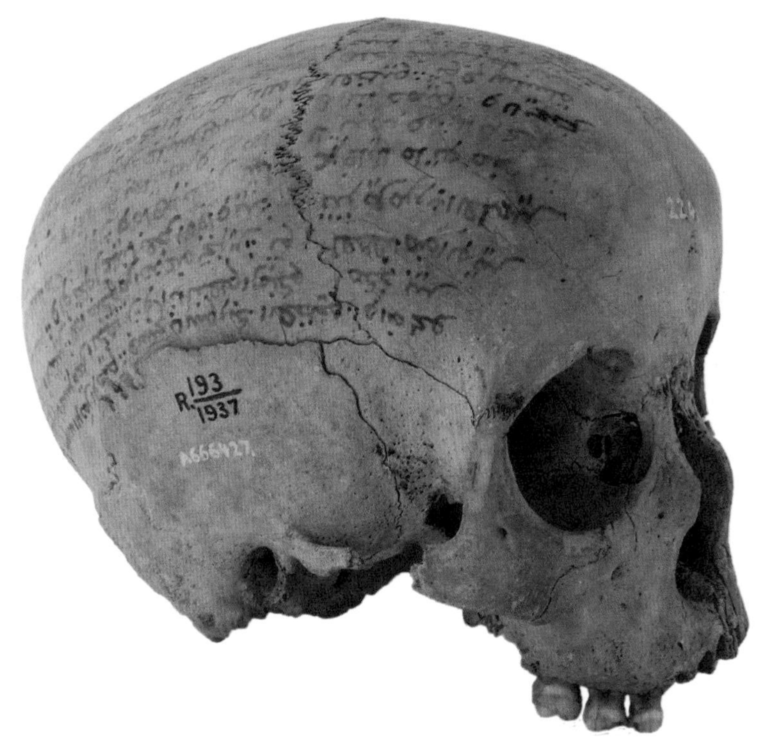

망자를 위한 기도문이 빼곡히 새겨진 해골.
1895년 영국의 군인이자 작가였던 로버트 베이든 파월이 이끈 아샨티(현재의 가나) 탐험대가 수집한 유물이다.

을 자랑하는 피지인 벨럼은 어린 송아지와 양의 부드러운 가죽을 썼다. 중세에 성경 사본을 만들려면 평균적으로 50에서 70마리의 양이 필요했고, 피지에 내용을 필사하는 데는 1년 가까이 소요되었다. 영국 역사에서 이 분야 최고의 볼거리는 『린디스판 복음서』(7세기 말 수도사 이드프리스가 집필하고 직접 장식까지 했다)로, 제본에 사용된 송아지는 128마리였지만, 미리 준비한 것까지 헤아리면 400마리로 추정되며, 페이지 채색엔 다람쥐 털로 만든 붓을 사용했다. 그 결과 8.7킬로그램의 무거운 책이 만들어졌다.

그러나 위에서 언급한 어떤 소재나 공정도 이제부터 소개할 흉악무도한 역사와 소름 끼치는 관행 앞에선 맥을 못 출 것이다. 앞으로 소개할 내용은 '인피人皮제본술', 그렇다. 인간의 살가죽으로 책을 만드는 기술이다.

인간의 살가죽으로 만든 책

좋은 책을 게걸스레 먹어 치우는 독자[9] 이야기야 흔히 들을 수 있지만 과거 몇몇 책이 독자를 먹어 치운 적이 있다는 사실은 생경하기만 하다. 지금까지 남아 있는 인피제본술의 실물 사례가 드문 건 둘째 치고 이것이 논의조차 되지

9 원문은 "readers devouring a good book"으로, 'devour book'은 관용적으로 '책을 탐독하다'란 의미로 쓰이기도 한다.

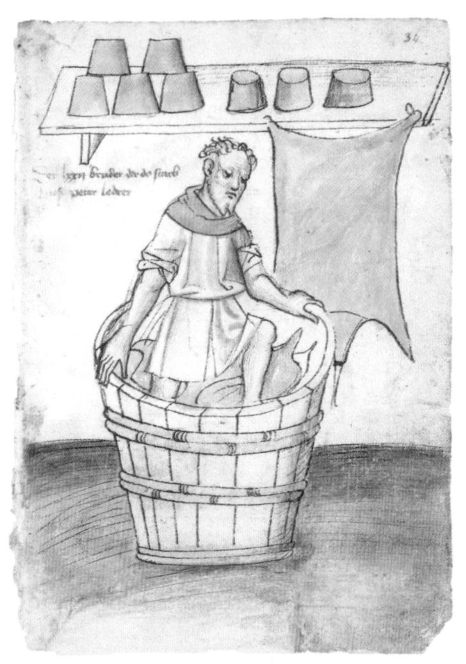

무두장이가 맨발로 욕조에 담긴 살가죽을 밟고 있다. 그의 뒤엔 넓게 펼쳐 말리는 중인 살가죽이 보인다. 콘라트 멘델의 가계부(1425)에서 발췌했다.

않는 현실 때문이다. 이런 책들을 소장하며 비판과 오명을 기꺼이 감수하기로 한 도서관이나 학회가 없진 않지만 거의 모두가 시체 팔이라는 소리를 들을까 두려워 이 사실을 비밀에 부치고 있다. 비밀주의 전통에 가려진 탓에 인간의 살로 만든 것이 확실한 책의 수효를 헤아리려면 역사적 루머, 거짓 허풍, 피비린내 나는 이변 들로 덕지덕지 뒤덮인 지하 세계를 탐사해야만 한다. 가장 먼저 떠오르는 건 당연하게도 '왜?'라는 질문이다. 왜 인간의 피부로 제본을 한 거지? 현대인의 감수성으론 재고할 여지 없이 괴이쩍지만 18~19세기의 유럽과 아메리카에서 인피제본술은 살인 범죄와 의학 연구 관련 문헌을 출판할 때 용인되는 부가적인 장식이었다. 그러다 19세기 말에 이르러 사뭇 낭만적인 은유로 탈바꿈했으니, 살에 담긴 위대한 글은 곧 필멸하는 육신이 영혼을 품는 것과 같다는 것이었다. 다른 한 가지 이유를 더 말하자면, 인간의 살가죽으로 제본한 책은, 까놓고 말해서 파티에서 자랑하기에 그만이었다. 만드는 방법도 일반 동물 가죽 제본처럼 두 가지 방식 중에 하나를 택하면 됐고, 특별히 어려울 것도 없었다. 전통적인 방식은 인간의 살가죽을 석회수에 담가둔 채 살점, 지방, 털을 손으로 직접 제거한 다음, 다시 석회수에 며칠 더 담가두었다가 타닌산으로 채운 욕조에 옮겨 담그고 타닌산의 양을 점진적으로 늘려주는 것이다. 다른 방식은 수천 년을 자랑하는 민간요법으로, 그냥 오줌에 담가두는 것이다. 오줌의 암모니아 성분이 살점, 지방, 머리털을 녹이는 가운데 살가죽의 주름은 펴지고 빳빳하게 건조된다(18세기 후반, 유럽 전역의 무두질 공장에서 가죽에 반짝반짝한 광택이 나도록 개와 비둘기의 배설물과 물을 혼합한 용액을 첨가하면서부터 안 그래도 코를 찌르는 냄새가 나던 공장에 구린내까지 가세하게 되었다).

인피제본의 역사는 적어도 13세기까지 거슬러 올라간다. 당시 관련 기록을 보면 신원을 알 수 없는 여자의 피부로 제본한 라틴어 성경이 존재했다는 사실과 나폴레옹 3세 재위기에 인피에 적힌 교령이 프랑스 소르본 도서관에서 발견되어 튀일리궁으로 옮겨졌다는 내용을 확인할 수 있다(두 책 모두 현재 프랑스 국립 도서관이 소장하고 있다). 그러나 확인된 인피제본서 대부분은 1600년대 후반부터 1800년대 후반 사이에 제작되었다. 영국에선 1605년 화약 음모 사건[10]이 일어나기 전에 주동자인 로버트 케이츠비가 예수회 사제 헨리 가닛(1555~1606)을 몇 차례 찾아가 고해성사를 했다는 설이 있다. 가

10 1605년 영국 잉글랜드에서 어느 가톨릭교도가 의사당 지하실에 화약을 묻고 제임스 1세를 암살하려다 미수로 끝난 사건.

닛은 이때 케이츠비가 제임스 1세를 암살하고 의사당 건물을 폭파할 계획임을 알게 됐지만 성사로부터 봉인[11]된 정보를 누설해선 안 된다고 생각했다. 결국 그는 공모죄로 1606년 5월 3일 교수형에 처해졌고, 그의 살가죽은 같은 해 제임스 1세의 직속 출판인 로버트 베이커가 펴낸 『고인이 된 가장 야만적인 반역자, 예수회의 가닛과 그의 일당에 대항하는 모든 절차에 대한 진실하고도 완전한 맥락』을 제본하는 데 쓰였다. 서지학자 토머스 프로그널 딥딘에 따르면 영국에서 인간의 피부로 만든 최초의 책은 외과의이자 장서가였던 앤서니 애스큐(1722~1774)가 펴낸 해부학 도감이다.

18세기, 영국 해협 건너편의 프랑스 의사들은 인간 살가죽의 용도를 넓히는 것에 맛을 들이고 있었다. 발몽 드 보마르[12]는 '무슈 쉬'(내 짐작엔 파리의 저명한 외과의 장조제프 쉬이지 싶다)가 왕의 내각에 인간의 피부로 만든 실내화를 선물했다고 전했다. 그즈음 프랑스에서 멀리 떨어진 북쪽의 네덜란드에선 박물학자 헤르만 부르하버(1668~1738)가 해부학적 기품奇品의 수집 목록을 늘려가고 있었다. 세 사람의 피부를 머리부터 발끝까지 통으로 벗겨 무두질한 가죽, 역시 사람의 내장으로 만든 셔츠 한 벌, 그리고 처형된 죄수의 살가죽으로 만든 여성용 하이힐 등이었는데, 이 하이힐은 젖꼭지로 구두 앞부분을 장식한 것이 특징이었다.

혁명기의 프랑스는 진즉 피비린내가 물씬했는데, 인피 실험을 한다는 소문 역시 흉흉했다. 그 가운데 자코뱅당 지도자 루이 앙투안 레옹 드 생쥐스트가 절도죄로 사형을 당한 어린 하녀의 피부로 브리치스[13]를 만들어 입었다는 소문이 떠돌았다. 생쥐스트는 이를 자기 입으로 지치지도 않고 떠들어댔는데, 이야기를 마무리할 땐 늘 자기 엉덩이를 기운차게 후려치며 이렇게 외쳤다고 한다. "이제 그 도둑년은 여기 있지. 바로 여기!"[14] '공포 정치'로 알려진 만큼 이 시기는 프랑스 혁명기에서도 특히 폭력적인 시절이었고 실제로 4만여 명이 처형되면서 나라 전체가 시체로 뒤덮이다시피 했다. 이에 공안위원회[15]가 이 '귀중한 자원'을 독점 가공하기 위해 파리 외곽 뫼동성을 비밀 무두질 공장으로 사용할 것을 허가했다는 소문이 돌았다(허가의 대가로 위원들은 인피 부츠를 뇌물로 받았다는 소문도 돌았다). 온 나라가 '인피 액세서리'에 혈안이 되어 있었다. 루이 필리프 조제프 도를레앙 공작 또한 인피 브리치스 차림으로 궁정 무도회에 참석했다는 기록이 있다. 이외에도 공화당의 장미셸 베세르 장군 또한 인피 쟁탈전에 뛰어들었으며 여타 군 장교들이 그 전범을 따랐다는 기록도도 함께 전해진다.

책 제본의 경우, 프랑스 헌법 총서 중 몇 권이 이 시기에 인간의 살가죽으로 제작되면서 유명세를 떨쳤다. 영국인 제본가 시릴 대븐포트는 『책』(1907)에서 파리 카르나발레 박물관의 바스티유 전시관에 한 혁명가의 살가죽으로 제본한 1793년 사본이 전시되어 있는 것을 보고 충격을 받았다고 썼다. 그러면서 연녹색의 가죽은

---

11 가톨릭 교리에 따라 사제는 고해성사를 통해 들은 모든 것에 대해 비밀을 지킬 의무가 있다.

12 프랑스의 식물학자이자 박물학자.

13 중세 유럽의 남성용 반바지로, 주로 궁정에 출입하던 남성들이 입었다.

14 또 다른 설에 따르면 생쥐스트는 자신이 흑심을 품은 하녀가 그를 거부하자 죽여서 그 살가죽으로 조끼를 만들었다고 한다. 인피제본술의 역사에서 이 음울한 전설의 진상을 밝히는 것은 쉽지 않을 것 같다. 어느 쪽이든, 생쥐스트가 구제 불능의 미친 놈임은 의심할 여지가 없다. —지은이

15 프랑스 혁명 시기 국민공회가 설치한 위원회로, 공포 정치를 펼친 통치 기구로 알려져 있다.

송아지 가죽과 비슷했지만, 체모를 완전히 제거하지 못해 애를 먹은 것 같다고 술회했다.

그러나 '인피서의 보고'라 할 정도로 인간의 살가죽으로 만든 책이 가장 많이 발견되는 분야는 의학이다. 사형수의 시체로 만든 의학서가 특히나 많은데, 이는 의학의 발전을 도모한다는 명분과 사형수는 죽어서도 처벌당해 마땅하다는 인식에서 자행된 것으로, 대중의 잔인한 취향을 반영한 소름 끼치는 복수의 일종이었던 셈이다. 범법자의 살가죽으로 문명의 표상인 책을 만드는 것은 시적인 정의 구현이었던 것이다(범죄 소탕을 위해 손에 피를 묻히는 건 불가피한 걸까?).

영국은 1832년에 해부 법령이 제정되면서 합법적으로 시신을 소유한 누구나 의학적 해부를 의뢰할 수 있게 되었지만, 그전까지는 살인자의 시신만 해부학자의 칼 아래 놓일 수 있었다. 실제로 1751년에 제정된 살인 법령은 "천인공노할 살인 범죄를 보다 효과적으로 방지하는 일환책으로 … 기존의 형벌에 공포와 가공할 불명예의 낙인을 가중하려는 목적"으로 해부가 허용됨을 명시하고 있다. 관련한 일화로 1821년, 브리스틀의 존 호우드가 일라이자 밸섬이라는 여자를 살해한 혐의로 기소된 사건이 있다. 밸섬에게 집착했던 호우드는 다른 남자와 함께 걷는 그녀에게 분노해서 자갈돌을 던졌고, 그녀는 관자놀이에 돌을 맞고 개울에 빠졌다. 영국 왕립병원 외과 과장 리처드 스미스는 밸섬의 상처가 감염됐다고 단언했고 두개골에 드릴로 구멍을 뚫어 뇌압을 완화하는 고대의 수술법인 천공술을 감행했다. 밸섬은 나흘 후에 사망했고, 필시 수술이 사망 원인이었음에도 '자갈돌을 던진 자'인 호우드가 체포되어 스미스의 법정 증언으로 살인죄 판결을 받은 뒤 교수형에 처해졌다. 스미스는 호우드의 시체를 해부했고 1828년 6

살인죄로 처형된 존 호우드의 살가죽으로 제본한 책.

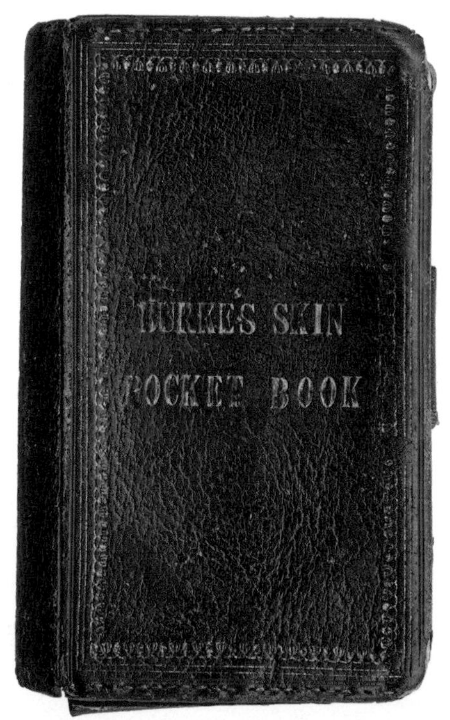

에든버러대학교의 교수 알렉산더 먼로가 공개 해부한 윌리엄 버크의 살가죽으로 제본한 수첩.
뒤표지에 "1829년 1월 28일 처형됨"이라고 새겨져 있다.

야경원에게 붙잡혀 시체를 담은 바구니를 떨어뜨리는 시체 도굴꾼과 도망가는 해부학자를 담은 삽화(1773).

월, 그 사건에 관해 기술한 책을 그의 살가죽으로 표지를 만들어 입혀 출간했다. 당시 책의 가격은 1.10파운드(지금 환율로 대략 130파운드)였고, 표지엔 "존 호우드의 진짜 살가죽Cutis Vera Johannis Horwood"이라고 새겨져 있었다. 이 책은 현재 브리스틀 공문서관에 스미스의 해부 테이블과 나란히 전시돼 있다(참고로 이 테이블은 스미스의 아들이 몇 년 동안 주방용 탁자로 쓰다가 기증한 것이다). 인피 의학 연구의 인기는 19세기가 되자 외과 의학의 발전과 맞물려 극적인 선풍을 일으켰다. 시체를 해부하고 싶어 안달 난 어린 의대생이 몰려들었고 얼마 안 가 해부용 시체 공급이 모자라게 되었다. 결국 수요에 부응하려고 시체 도굴꾼들이 무덤을 파고 시체를 강탈하는 행위가 만연하게 되었다. 칼질에 맛 들인 외과의에게 사랑하는 혈육의 시신을 쥐도 새도 모르게 강탈당할지 모른다는 두려움에 고인의 친지들은 매장 전까지 두 눈을 부릅뜨고 시신을 지키고 그 후엔 무덤 곁을 지키며 밤을 지새우기에 이르렀다. 시체 전쟁의 역사에서 가장 유명한 인물은 2인조 시체 강탈자, 윌리엄 버크와 윌리엄 해어다. 1828년, 두 윌리엄은 에든버러의 외과의 로버트 녹스가 요구한 실험용 시체를 제공하기 위해 무려 열여섯 명을 한꺼번에 살해했다(그 대가로 거금을 손에 넣었다고 한다).

버크와 해어의 일화는 대중문화사에서 열광적으로 회고됐지만 1829년 형장의 이슬로 사라진 버크의 살가죽이 걸어간 운명은 덜 알려져 있다(해어는 버크의 범죄 증거를 넘겨주는 대가로 면책권을 부여받은 후 쥐도 새도 모르는 운명 속으로 도망쳤다). 버크의 시신은 에든버러대학교의 올드 칼리지에서 공개 해부되었고, 집도한 알렉산더 먼로 교수는 버크의 피에 펜촉을 찍어가며 "에든버러에서 교수형을 언도받은 WM 버크의 두부에서 채취한 혈액으로 기록한다"고 썼다. 그는 버크의 시신에서 벗겨낸 살가죽에서 한 조각을 떼어내 지갑으로 만들어선 에든버러 대학교 해부학 강의실의 문지기에게 주었다. 더 크게 잘라낸 조각 하나는 수첩 제작에 쓰였는데, 해부 직후 경매에 부쳐진 이 수첩은 현재 에든버러 왕립외과대학교 외과의 홀에서 소장품의 하나로 보관되고 있다. 앞표지엔 "버크의 피부로 제본한 수첩", 뒤표지엔 "1829년 1월 28일 처형됨"이라고 새겨져 있다. 표지 안쪽엔 함께 쓰기 편리하도록 연필까지 꽂혀 있다.

인피제본은 한 세기를 줄기차게 살아남은 관습이었다. 제임스 존슨이라는 사형수의 살가죽은 처형 후 새뮤얼 존슨의 『영어 사전』 제본에 쓰였다. 1827년 서퍽에서 일어난 '붉은 헛간 살인 사건'의 범인 윌리엄 코더는 마리아 마튼을 살해한 죄로 사형에 처해진 후 해당 범죄의 보고서를 제본하는 데 그 살가죽이 쓰였는데, 당시 외과의였던 조지 크리드가 직접 무두질했다(코더의 해골은 재조립된 후 웨스트서퍽 병원의 보조 교재로 쓰였다). 이외에도 존 밀턴의 시 선집 판본 중에 당대의 출판인 윌리엄 테그가 제작한 1852년판 표지가 보드라운 흰색인데, 이는 데번의 꼽추 혹은 쥐잡이 사내라 불렸으며 아내를 독살한 죄로 교수형에 처해진 조지 커드모어의 살가죽을 정교하게 무두질해 제본한 것이다.

미국에선 브라운대학교, 하버드대학교, 필라델피아의과대학교, 클리블랜드 공립 도서관이 인간의 피부로 제본한 책을 다수 소장하고 있다. 보스턴 학술진흥원은 미국 역사에서 가장 오래된 사립 회원제 도서관답게 이 분야에서도 진기한 사례로 손꼽히는 책을 소장하고 있는데,

1544년 판본 『그리스어 외과학 라틴어 번역서』의 1863년 제본판. 표지 안쪽에 붙인 면지Paste-down에 금박으로 다음과 같은 라틴어 문장이 작게 음각되어 있다. "이 책은 여성의 피부로 제본되었다hic liber femineo corio convestitus es."

제목이 『제임스 앨런, 일명 조지 월턴의 인생 이야기 … 노상강도: 임종 당시 매사추세츠 주립 교도소장에게 털어놓은 고백』(1837)이다. 제목은 금박으로 찍었고 겉표지는 회색 사슴 가죽처럼 보이게 가공 처리했지만 실은 저자 본인의 살가죽이다. 제임스 앨런(1809~1837)은 19세기 초 매사추세츠의 노상강도로 악명을 떨쳤는데, 아이러니하게도 생전에 '내 피부의 주인은 나'[16] 라고 떠들었다고 한다. 매사추세츠 주립교도소에 복역하면서 쓴 회고록에서 앨런은 피해자 중 한 명인 스프링필드 출신의 존 피노 주니어에게 경의를 표했다. 피노는 앨런과 맞서 싸웠고 결

16 원문은 "master of my own skin"으로, 'skin'은 속어로 인생life을 뜻한다.

캐링턴 볼스의 연작「삶과 죽음의 대비, 남성에 관한 고찰과 여성에 관한 고찰」(1770년경) 가운데「남성에 관한 고찰」.

국 그를 정의의 심판대에 세운 공신이었다. 피노는 1833년, 세일럼 턴파이크[17]에서 처음 앨런과 마주쳤다. 그는 저항했고 앨런이 쏜 총에 맞았지만 총알이 멜빵 버클에 맞아 튕겨나간 덕분에 목숨을 부지했다. 1837년, 복역 중에 걸린 폐결핵으로 죽음에 임박하게 된 앨런은 써놓은 회고록을 자신의 살가죽으로 두 권 제본해서 한 권은 교도소 의사에게, 다른 한 권은 피노에게 찬사와 함께 전해달라는 유언을 남겼다(그가 이런 발상을 하게 된 건 인피제본의 역사를 알고 있어서가 아니라 한때 구두 수선 일을 했기 때문이다). 앨런의 유언은 이루어졌다. 회색으로 물들이고 금박으로 장식한 앨런의 살가죽 표지를 입힌, 40페이지짜리 책을 받아든 피노는 경악했다. 훗날, 피노의 딸은 이 책을 아테나이움[18]에 기증했다.

필라델피아의과대학교의 무터 박물관은 다섯 권의 인피제본서를 소장하고 있는데, 이는 세계 최대 규모다. 이 중 세 권은 1868년, 필라델피아 종합병원에서 스물여덟 살로 사망한 환자 메리 린치를 부검한 후 기생충 질환 역사상 최초로 '선모충증' 감염 진단을 내린 외과의이자 애서가였던 존 스톡턴 허프가 직접 제본했다. 허프는 인간의 살가죽이 "상대적으로 저렴하고, 내구성이 뛰어나며, 방수까지 되는 데다" 돼지가죽과 구분하기 힘들 정도로 흡사하다는 것을 발견했다. 그는 린치의 살가죽으로 여성 건강 관련 의학서 세 권을 만들었다.

인피제본술은 빅토리아 시대 후기까지 번성했다. 이 시기의 특이한 기록물 가운데에는 17세기, 해부학자이자 거인증 전문가였던 찰스 험버드 박사의 『뇌하수체 해부학 실전』이 있는데 곡예단 링글링 브라더스[19]의 일원이었던 거인

프랑스 작가 아르센 우세의 에세이 『영혼의 운명』의 사본으로, 신원 불명인 시신의 살가죽으로 제본했다.

(신장 2미터 60센티미터) 퍼키의 피부로 제본했다. 이 시기의 다른 사례들을 보면, 인피제본술 유행이 좀 더 낭만적인 테마를 담는 쪽으로 옮겨간 것이 두드러진다. 프랑스 시인 아르센 우세가 인간의 정신세계를 심도 있게 사유한 에세이집 『영혼의 운명』(1879) 사본은 하버드대학교의 호턴 도서관 소장품 중에서도 악명을 떨쳤다. 이젠 분실되고 없는 이 책의 비망록엔 "프랑스의 한 정신병원에서 뇌졸중으로 급사한 연고 없는 여성 환자의 시신에서 등 부위를 벗겨내 제본한 책"이라고 언급돼 있다. 우세는 이 책의 증정용 사본을 당시 스트라스부르의 애서가 뤼도비크 불랑(1839~1932) 박사에게 선물했다. 불랑은 그녀의 살가죽을 벗긴 장본이었고, 선물받은 증정본에 다음과 같은 문장을 새겼다. "이

17 매사추세츠의 107번 국도.

18 1814년에 지어진 필라델피아의 도서관 겸 박물관.

19 19세기 말부터 20세기 초에 미국에서 활동한 다섯 형제의 서커스 공연단.

안에 동봉된 라벨에 의하면 이 노트는 인간의 살가죽으로 제본되었다. 미국 독립전쟁(1775~1783) 당시에 만들어진 것으로 현재 런던의 웰컴 컬렉션이 소장하고 있다.

책은 인간의 피부로 만든 피지로 제본했다. 인피의 고유한 기품을 간직하기 위해 각인 같은 장식은 일절 하지 않았다."

2014년에 와서 『영혼의 운명』은 펩타이드 질량 분석을 받게 되었는데, 이는 단백질의 성분과 종류에 따라 배열을 달리하는 아미노산을 이용해 재료의 정체를 밝히는 검사였다. 검사 결과 이 책은 인간의 피부로 만들어진 게 맞는 것으로 확인되었다. 미국의 과학자와 사서 들이 참여한 '인피제본서 프로젝트'의 실험 중 하나였던 이 검사에선 오랜 기간 인피제본서로 여겨졌던 책 두 권(하버드대학교 소장품)이 알고 보니 양피지인 것으로 밝혀지기도 했다. 이 프로젝트에 참여했던 『어둠의 아카이브』(2020)의 저자 메건 로즌블룸은 검사한 책마다 모종의 충격적인 소재가 포함돼 있었다고 술회했다. 프로젝트의 과정을 묻는 나의 질문에 돌아온 답변은 다음과 같다. "이런 거죠. '아, 이 책은 그러기엔(인피제본을 하기엔) 너무 큰데, 설마 이런 책까지…?' 하지만 검사 결과는, 진짜 그것(인피제본)이었어요. 펩타이드 질량 검사 결과를 확인할 때마다 정말 짜릿해요. 전설의 진위를 확실히 밝혀낼 수 있으니까요." 내가 이 책을 쓰던 당시 '인피제본서 프로젝트'는 세계 곳곳의 공개 소장품 가운데 인간의 살가죽을 제본한 것으로 추정되는 책 31권을 검사했고, 그중 열여덟 권이 진본임이 판명되었다.

또 다른 알려진 사례로는 프랑스의 천문학 작가 카미유 플라마리옹의 저서가 있다. 플라마리옹은 젊고 단아한 용모의 한 백작 부인에게 피부가 아름답다고 극찬한 적이 있었다. 플라마리옹의 열혈 팬이었으며, 당시 결핵을 앓고 있던 백작 부인은 임종 직전 플라마리옹이 찬사를 아끼지 않았던 자신의 피부를 벗겨 그의 새 작품을 제본하는 데 써달라는 유언을 남겼다. 1882년, 백작 부인이 세상을 떠나자 파리의 저명한 의사 라보가 그녀의 유언대로 살가죽을 벗겨내 둘둘 말아선 직접 플라마리옹의 거처로 가져갔다. 그리고 플라마리옹에게 "눈부시게 매혹적인 젊은 숙녀"의 살가죽을 "죽은 지 몇 분 안 되어" 벗겨 가져왔는데, 그녀의 뜻에 따라 이름은 밝힐 수 없다고 말했다. 플라마리옹은 1877년에 발표한 과학 책 『천상의 세계』의 사본 한 권을 기꺼이 그녀의 피부로 제본했다. 책 표지에는 "이름을 밝히지 않은 분의 소망이 공손하고도 엄숙히 성취되었다. 인피제본(여성) 1882년"이라는 헌사를 새겼다.

이후 언론의 주목을 받자 플라마리옹은 의학잡지《라 크로니크 메디칼》편집자에게 보낸 편지에서 이 일이 사실임을 강조했다. "엥겔이 성공리에 제본을 마친 후 그녀의 피부는 불변의 존재가 되었습니다. … 인간의 아름다운 육신에서 취한 이 하나의 조각은 육신의 한계를 초월해 지금에 이르렀으며 흠결 없는 상태로 세기에 세기를 넘어 경의 속에서 보존될 것입니다." 현재 이 책은 프랑스 쥐비시 천문 관측소 도서관에서 찾을 수 있다.

인피제본술은 20세기 초에 와서야 마침내 사그라졌고 대중의 비위를 뒤집는 소름 끼치는 짓거리로 널리 인식되면서 그에 대한 기록 역시 당대의 보고문에서 제본가의 회고록으로 줄어드는 추세다. 일례로 미국의 출판 디자이너 다드 헌터의 자서전『책과 함께한 나의 인생』(1958)에 소개된 일화를 살펴보자. 오래전 헌터는 막 사별한 남편에게 바치는 서간집을 그의 피부로 제본해달라는 젊은 여성의 의뢰를 받은 적이 있었다. 의뢰인은 훗날 재혼했는데 헌터는 두 번째 남편이 두 번째 책이 될지 궁금해하며 다음과 같은 말로 마무리했다. "모쪼록 그 책이 한정판으로 끝나기를 우리 모두 한마음으로 응원하자."

피로 쓴 책

"모든 글 가운데 나는 피로 쓴 글만을 사랑한다." 프리드리히 니체의『자라투스트라는 이렇게 말했다』(1883~1885)에 등장하는 대목이다. "피로 글을 써보라. 피가 영혼임을 알게 될 것이다"라는 문장도 있다. T. S. 엘리엇은 니체의 강렬한 견해에 공감하며 "문학의 목적은 피를 잉크로 바꾸는 것이다"라고 썼다. 이때의 '피'는 분명한 은유이지만, 이 말을 문자 그대로 받아들인 사람들이 있다면 어떨까?

잉크의 역사 저변엔 피가 흐르고 있다. 가령 기원전 4세기 이집트에선 특수 잉크로 마법의 힘을 강화한 주문과 부적을 파피루스에 썼다. 몰약을 섞은 건 물론이요, 신성하게 여긴 개코원숭이의 피를 잉크에 섞어 쓴 부적도 있었는데, 이는 토트-헤르메스[20]를 소환하는 꿈의 마법을 얻기 위함이었다.

중국 불교에서는 사람의 피로 경전의 첫 페이지부터 마지막 페이지까지를 필사하는 전통이 오랫동안 유지되었다. 그 최초의 기록은 기원전 579년, 진숙릉 왕자가 자신의 피로 쓴『열반경』필사본이다. 진숙릉은 자신의 손가락 끝, 혀 밑, 심장 부근의 가슴을 얇게 베어내는 제의를 거쳐 피를 채취했다. 이곳은 모두 영혼을 상징하는 부위였고, 피의 색조가 밝을수록 저자의 됨됨이가 청렴하다는 뜻으로 통했다. 혈서라 불린 이 제의적 집필은 자신의 지극한 신심을 증명하고 이렇게 쌓은 공덕을 후세에게 물려주는 것이 목적이었다.

"이는 올바른 진리淨法에 경의를 표하는 행위이자 진리로써 부처에 공양하는 길이다. 보살

---

20 그리스 신 헤르메스와 이집트 신 토트를 합쳐놓은 신. 토트는 인간의 몸에 따오기나 개코원숭이의 머리를 한 모습으로 전해진다.

1480년에서 1490년 사이에 제작된 것으로 추정되는 영문 기도서로, 수난을 겪은 예수 그리스도의 몸에서 흐르는 피를 재현한 그림이 무려 열 페이지에 걸쳐 실려 있다. 일부 페이지는 신앙심이 지극한 독자들이 수없이 입을 맞춘 탓에 색이 바랬다. 영국 도서관 소장.

ཕྱུང་བ་ལས་ངས་རྒྱས་ཏེ། །བཅོམ་ལྡན་འདས་ཀྱིས་སྨྲས་ཀྱིས། །རིག་པ་འི་སྔགས་བྱེ་མ་ང་འགའ་ཡི

བསམ་མ་གཉན་སྨྲས་ཀྱིས། །ཕྱུང་བ་ལས་ངས་རྒྱས་ཏེའ། །བསམ་མ་གཉེན་སྨྲས་ཀྱིས་

རྟེའ་རིམ་པ་ལས་རབ་དུ་འཇུག། །ཤེས་རབ་སྨྲས་ཀྱིས། །ཕྱུང་བ་ལས་ངས་རྒྱ་ལས་ཏེའ

དུའ་སྐུ་ལུ་ཡལ་ང་ཐུགས། །སྐུ་རྟེའ་རིམ་པ་རབ་དུ་འཇུག། །ཅི་མི་བྱ་ཀ་བ་ཅ་ཀྱ་མ་པ་ར་ཅ

སྐུར་པ་ར་ཤུ་ཏེའ། དཔའ་མ་ཏེ་ཀ་ནུ་བའ་མ་སུ་དགའ་ཏེ་སྤྱ་བྷ་བ་ཤུ་ཏེའ་ཨ་ཀྵ་ཡའ། པ་ར

འཛག་ཏེ་ན་ད་དགུ་ཀ་འ་ཡོ་ཐམས་ཅད། བཅོམ་ལྡན་འདས་ཀྱིས་བསྒྲུབས་པ་བཞིན་དུ། ཀྱུ

༄། །སྭ་བྷ་བ་བི་ཤུ་ཏེའ་ཨ་ནུ་ཡའ། པ་ར་བྷ་དྲེའ་སྭ་ཧའ། །ག་ག་ན་ས་ཚེའ་ཙ་ར་ཀྱིར་པ་རི་མ

སྤྱན་པ་ར་མ་ཧཱ་ད་ཏེའ། །སངས་རྒྱས་སྟོང་ག་ཕྱག་གིས། །འཛིན་ར། །སངས་རྒྱས་ཀྱི་འབྱིང་ནས། །

ཨ་པ་ར་མི་ཏེའ། ཨ་ཡུར་ཛྙ་ན་སུ་བི་ནི་ཤྩི་ཏེའ། ར་ཛ་ཡའ་ཏ་ཐཱ་ག་ཏ་ཡའ་ཏ་ཏྱ་ཐཱ་ཨོཾ

པ་རའ་བྷུ་རེའ་སྭ་ཧའ། །ཀ་ཀ་ན་ཙ་ཚེར་ཀྱིར་པ་རི་མཻ་སྐྱའ་བརྡ་ཤུས་ས་མ་འཚུར་ཐུན

ཏའ་མི་ཏ་བ་ག་བ་ཏེའ། ཨ་པ་ར་མི་ཏེའ། ཨ་ཡུར་གཉན་ནའ་སུ་བི་ནི་ཤྩི་ཏའ། ར

ཛའ་ཡའ། ས་མུ་དྒའ་ཏེའ། །སྭ་བྷ་བ། བི་ཤུ་དྷེ། མ་ཧཱ་ན་ཡའ། པ་རི་བྷཱ་རེའ། སྭ་ཧའ།

『불설아미타경』의 티베트어 필사본.
9세기경 또는 그 이전에 피로 쓰인 것으로 추정된다.

의 가르침을 따르는 나, 지욱은 맹세하노니 내 혀를 찔러 흘린 피로 불교 경전과 율장을 필사할 것이다." 중국 명나라 말기에서 청나라 초기까지 살다 간 고승 우익지욱(1599~1655)이 어느 평신도의 피로 쓴 불경의 서문에 적은 대목이다. 우익지욱은 언젠가 어머니에게 보낸 서한 역시 자신의 피로 쓴 것으로 전해진다. 1578년, 떠돌이 승려 감산덕청(1546~1623)은 참회의 뜻에서 자신의 피로 『대방광불화엄경』을 필사했다. 그러면서 "위로는 지혜의 업에 의지하고, 아래로는 부모님의 자비에 보답하고자 쓴다"라고 덧붙였다.

현존하는 가장 오래된 혈서는 1900년 중국 서부 둔황 부근의 밀폐된 동굴에서 발견된 4만 폭의 두루마리 불경으로, 4세기 후반과 11세기 초 사이에 쓰인 것으로 추정된다. 사막의 건조한 기후 덕분에 완벽하게 보존된 두루마리 중 몇몇 개의 간기(동양의 간행본에서, 제작 시기와 장소, 간행자 등을 적은 부분)에는 이것이 피로 쓴 문헌임을 알리는 내용이 적혀 있다. 현재 영국 도서관에 소장된 『금강반야바라밀경』은 그 가운데 가장 웅장한 작품이다. 서력 868년에 제작되었는데, 현재까지 온전히 보존된 것 가운데 가장 오래된 간행 일자가 표시된 인쇄물이다. 영국 박물관의 요청으로 제일 먼저 『금강반야바라밀경』을 살펴본 라이어널 자일스 박사[21]는 이 문헌을 소개하는 소책자에다 이 문헌의 간기에 "천우天宇 3년, 얼음처럼 깨끗한 두 번째 달이 뜬 지 이틀째 되는 날, 여든세 살 노인이 자신의 손에서 직접 피를 내어 필사했다"는 내용이 있음을 언급했다.

대부분의 혈서는 잉크로 희석되어 쓰여져 보는 즉시 혈서임을 알기 어렵지만 둔황에서 발굴된 또 다른 문헌처럼 바로 알아차릴 수 있는 사례도 있다. 이는 『불설아미타경』의 티베트어 필사본으로, 극락세계에 머물며 법을 설파하는 무한한 빛의 부처, 아미타불에 바쳐진 작품이다. 이 문헌의 잉크는 철분 함량이 현저히 높은 것으로 밝혀졌으며, 빠르게 건조되면서 군데군데 엉겨 붙은 자국이 남은 것으로 보아 혈액이 틀림없는 것으로 확인된다. 같은 시기의 유럽에선 걸넛 잉크[22]가 널리 쓰였지만(레오나르도 다빈치가 특히 많이 썼다) 이는 시간이 지날수록 검게 변하는 반면, 이 '잉크'는 붉은 색조를 고스란히 유지했다.

혈서 수행은 더러 찬양받긴 했지만 대개는 불경하게 받아들여졌으며 수행자가 이를 극단까지 밀어붙이는 경우, 사람들은 두려움마저 느꼈다. 당나라 말기의 승려인 관휴(832~912)는 동료와 함께 '열 손가락에서 [피를] 뽑아 일곱 두루마리의 경전을 완성'했다고 전해진다. 승려 정란(?~852)은 자신의 피로 경전 한 권을 끝까지 필사하느라 '스스로 몸에 구멍을 내고 두 팔에 화상을 입히는 것도 모자라 야생의 새와 짐승들을 먹이기 위해 두 귀를 잘라내고 눈알을 파냈다'고 전해진다. 수행자들의 이런 기행은 얼마간은 경전이 권고하는 바였다. 감산덕청이 필사한 『대방광불화엄경』엔 비로자나불이 "자신의 살을 벗겨 종이를, 뼈를 부러뜨려 펜을, 피를 뽑아 먹을 만들었다"고 나와 있다.

유럽의 인피제본술과 마찬가지로 중국의 혈서 역시 20세기까지 계속되었다는 건 놀라운 사실이다. 서양의 역사에서 사람의 피로 기록한 사례는 알려진 바가 없지만, 아주 이례적으로 극적인 환경에서 탄생한 유럽산 혈서가 하나 있다. 1821년 7월 22일, 동인도 회사와 계약한

21 영국의 중국학자로, 영국 박물관 보조 큐레이터를 지냈으며 『손자병법』과 『논어』를 번역했다.

22 철염과 타닌산을 혼합한 잉크로 19세기 후반, 합성 잉크가 등장하기 전까지 2000년 가까이 쓰였다.

LITH. OF G. SNYDER 122 FULTON ST. N.Y.
The foraging Party,
attacking the Sea Elephant.

처음부터 끝까지 펭귄의 피로 쓰인 것으로 알려진
『블렌든 홀의 운명』(1847)의 권두 삽화.

450톤 대형 선박 '블렌든 홀'이 트리스탄다쿠냐 제도 남쪽으로 32킬로미터 떨어진 남대서양 해역에서 암초에 부딪혔다. 배가 우현 쪽으로 기울었을 때 선장은 승객들과 악수를 하며 미리 작별을 고하기 시작했다. 그러나 날이 개고 뭍이 가까이 있다는 것을 알게 된 그들은 엉성하게나마 뗏목을 만들어 탔고 그 덕에 꽤 많은 인원이 땅을 밟을 수 있게 되었다. 개중에는 처자식을 밀치고 혼자만 뗏목에 올라타 목숨을 건진 조타수 곰비도 껴 있었다. 결과적으로 선원 두 명을 제외한 모든 사람들이 살아서 땅을 밟았다. 사뭇 적대적으로 손님을 받은 이 무인도는 이후 전적에 걸맞게 '접근 불가 섬Inaccessible Island'이라고 불리게 되었다.

이 사건의 구체적인 정황과 생존자들이 겪은 시련을 알 수 있었던 건 선장 알렉산더 그레이그가 처음부터 끝까지 펭귄의 피로 쓴 일기 덕분이다. 뭍에 도착했을 때, 파도에 떠밀려 온《런던 타임스》한 묶음과 책상, 여러 자루의 펜은 다시 사용하는 데 문제가 없었지만 잉크는 그렇

사담 후세인의 피로 쓴 코란. 움므 알마아릭 모스크에 전시 중이던 2003년 3월 11일에 촬영된 사진이다.

지가 않았다. 기록하기 위해 그레이그는 현장에서 대체할 것을 찾아내야만 했다. 우여곡절 끝에 1847년에 출간한 에세이 『블렌든 홀의 운명』엔 '섬에 머물며 펭귄의 피로 쓴 일기'라는 부제가 달려 있다. 이 책 첫머리엔 '식량을 구하기 위해 바다코끼리를 사냥하는 표류단'을 그린 삽화가 실려 있는데, 바다코끼리의 간과 뇌는 여든두 명의 표류자들이 트리스탄다쿠냐 원주민에게 구조될 때까지 4개월 동안 매일 먹은 끼니였다.

비슷한 사례를 가까운 역사에서도 찾을 수 있다. 다름 아닌《마블 코믹스 슈퍼 스페셜: 키스》(1977)이다.《마블 코믹스 슈퍼 스페셜》은 마블 코믹스가 발행한 만화 잡지로, 발간호에서는 록 밴드 키스가 겪는 가상의 모험 이야기가 40페이지 분량으로 펼쳐진다. 책의 제작 과정에 공증인으로 참여한 이는 밴드 멤버들이 자신들의 피를 담은 유리병을 가져와선 인쇄용 빨간 잉크 통에 넣고 섞는 것을 두 눈으로 똑똑히 보았다고 주장했다. 출간된 만화책의 표지에는 "키스의 진짜 피로 인쇄함"이라는 문구가 떡하니 박혀 있다.

그러나 피로 쓴 책의 역사를 통틀어 가장 기이한 사례는 그보다 최근의 일이다. 이라크의 독재자 사담 후세인은 1997년 60세 생일에 서예가 아바스 샤키르 조우디 알바그다디를 불러선 자신의 피로 코란을 몽땅 필사할 것을 명했다. 그리고 2000년 9월, 책의 완성을 앞두고 이라크 관영매체에 기고한 서신에서 후세인은 다음과 같이 썼다. "파란만장한 삶을 살아온 나는 당연히 많은 피를 흘려야 했으나 실상 거의 흘린 적이 없다. 알라신의 은총이라 생각하며, 감사하는 의미에서 그의 언어를 내 피로 써달라고 청하였다."

조우디의 말에 따르면, 후세인은 자신의 아들 우다이가 암살 위기를 모면한 후 회복 중이던 이븐시나 병원으로 그를 불러 '피로 쓴 코란 프로젝트'에 임해줄 것을 명했다고 한다. 그 후 2년 동안 후세인에게서 직접 채취한 것이라 전해지는 약 27리터의 혈액과 기타 화학 물질을 혼합한 '잉크'가 만들어졌다. 33만 6000개의 단어로 구성된 6000개의 구절을 쓰기 충분한 양이었다. 이를 두고 당시 미국 혈액 센터의 임원이던 세우수 비앙쿠는 기자들에게 이렇게 말하기도 했다. "[수치가] 정확하다면 실로 엄청난 양이다. 사실이라면 후세인은 반드시 빈혈에 시달렸을 것이다."

정교하고 아름다운 『피의 코란』을 마침내 선보인 곳은 1차 걸프전을 기념하기 위해 후세인이 바그다드에 스커드 미사일 모양의 첨탑으로 지은 모스크, '움므 알마아릭'(모든 전투의 어머니)이었다. 호주 저널리스트 폴 맥기오는 잠깐이지만 용케 『피의 코란』을 본 소감을 이렇게 썼다. "피로 쓴 글자는 높이가 2센티미터 정도고, 널찍한 여백 위에 그려진 장식적 표현들(연한 파란색과 짙은 파란색, 붉은색 점무늬, 분홍색 점무늬, 그리고 검은색 소용돌이 모양으로 꾸며져 있다)은 눈부시게 아름답다." 바그다드 함락 후, 후세인을 본뜬 숱한 청동상은 구체제의 잔재가 되었고 담나티오 메모리아이[23]의 운명에 처해졌다. 『피의 코란』은 큐레이터들이 잽싸게 빼내 보관한 덕에 살아남았지만 정작 사후 처분 문제를 두고 딜레마에 빠졌다. 코란을 피로 필사하는 건 '하람'(금지된) 행위였지만, 파괴하는 것 또한 만들어진 경위와 상관없이 있을 수 없는 일이었다. 내가 이 글을 쓰고 있는 시점에도 딜레마는 해결되지 않았다. 2010년, 이라크 총리 대변인 알리 알무사위는 『피의 코란』을 "사담 후세인의 만행을 알리는 기록물"로 보존하자는 제안을 내놓았지만, 현재까지도 일반엔 공개되지 않은 채 지하 금고실에 보관되어 있으며 공무원 세 명이 각자 한 개씩 금고 열쇠를 맡아 관리하고 있다. 이 특이한 책을 어떻게 할지는 여전히 정하지 못한 채로 말이다.[24]

23 라틴어로 '기록 말살형'을 뜻하며 죄인의 이름과 출생, 가족 관계를 비롯해 관련한 모든 기록을 지우는 형벌.

24 2018년, 16세의 프랑스 소년 아드리앵 로카텔리는 자신의 허벅지에 성경과 코란의 구절을 주입한 최초의 인간이라는 기록을 세우며 『피의 코란』보다 한술 더 뜬 사례로 남았다. 생체 공학 기술을 이용해 인공 DNA 고분자물질로 번역한 성경 구절을 자신의 왼쪽 허벅지에, 코란 구절을 오른쪽 허벅지에 주입했는데, 성경은 가벼운 염증을 일으켰다고 한다. 로카텔리는 시련 끝에 완성한 역작(?)에 대해 "종교와 과학의 평화가 이루어졌음을 상징한다"고 말했다. 반면에 캘리포니아대학교 로스앤젤레스 캠퍼스의 생화학과 교수인 스리 코수리는 이 실험에 유감을 표하며 "2018년이 지금 당장 끝난다 해도 아쉽지 않다"고 덧붙였다. —지은이

암호로 쓴 책

mimi numinum niuium
minimi munium nimium
uini muniminum imminui
uiui minimum uolunt

고딕체 활자의 가독성이 얼마나 떨어지는지 보여주기 위해 14세기 필경사들이 농담 삼아 만든 라틴어 문장.
'mimi numinum niuium minimi munium nimium uini muniminum imminui uiui minimum uolunt.'
의미를 굳이 해석하자면 다음과 같다. '눈의 신들은 그들의 생이 다할 때까지 지탱해야 할 포도주 성벽의 가공할 무게를 조금이라도 잊을 수 있을 한순간의 무언극조차 바라지 않는다.'

16세기 이전부터 레몬주스로 투명 잉크를 만들어 글을 쓰고 그 종이에 열을 가하여 읽는 풍습이 널리 알려졌었다. 아랍에선 같은 방법으로 레몬 대신 나무 수액을 썼다. 전방위적으로 박식해 '비밀 교수'라는 별명이 붙었던 이탈리아 학자, 지암바티스타 델라 포르타(1535~1615)는 친구들이 스페인 종교 재판으로 투옥되자 두문불출한 채 비밀리에 메시지를 전할 신기술을 궁리했다. 그러다 간수들이 감옥에 도착한 물품들의 반입 여부를 결정하기 위해 이를 검사하는 과정에서 다른 모든 물품들은 철저하고 엄격하게 따지는 반면 달걀만은 예외로 처리한다는 사실을 알게 되었고, 달걀 껍데기를 깨뜨리지 않고 그 속에 메시지를 써넣는 방법을 고안해냈다. 명반(염색과 무두질에 쓰이는 무색의 화합물) 1온스와 식초 1파인트를 섞어 만든 잉크로 달걀 껍데기에 글을 쓰자 화학 혼합물이 껍데기의 무수한 기공을 통해 속의 흰자까지 스며들었다. 이윽고 달걀을 삶아 잉크에 화학반응을 일으킨 후 껍데기를 벗겨냈더니 단단하게 익은 흰자에 새겨진 메시지가 드러났다.

이처럼 메시지의 존재 자체를 적극적으로 위장하는 형식의 비밀 통신을 '스테가노그래피'라고 부르는데, 이것의 시초는 델라 포르타의 달

지암바티스타 델라 포르타의 저서 『인체생리학』(1586)에 등장하는 초상화.

델라 포르타의 1563년 저서 『비밀 문서 쓰기』에 언급된 볼벨(종이 바퀴) 형태의 암호 도표. 이 책은 메시지를 달걀 안쪽에 써넣는 방법뿐만 아니라 카드 한 벌의 가장자리에 메시지를 숨기는 방법까지 소개하고 있다.

걀보다 몇 세기는 앞선 과거로 거슬러 올라간다. 1세기 로마의 대大플리니우스는 티티말루스[1]의 유액으로 투명 잉크를 만들 수 있다는 내용의 광고문을 썼다. 유기 용액 태반이 그렇지만 이 잉크 역시 열을 가하면 탄소 성분이 타면서 글자가 보이게 된다(급한 경우, 오줌으로 글자를 써도 똑같은 효과를 낼 수 있다). 1641년, 영국 성공회의 주교이자 작가, 과학자였던 존 윌킨스는 비밀 문서를 작성할 때 양파즙, 명반, 암모늄염을 사용할 것을 추천했는데 여기에 반딧불이를 증류한 즙을 첨가하면 야광 잉크가 된다. 고대 중국에선 너무 길거나 복잡해서 외우기 힘든 비밀 메시지는 비단에 쓴 다음 이를 공 모양으로 단단히 뭉치고 겉면에 밀랍을 발라 보관했다. 그런 후 들키지 않을 만한 장소에 놓아두기도 했지만 메시지를 전달할 사람이 이를 직접 삼켜 자기 몸속에 숨기는 방법이 더 흔하게 쓰였는데, 입 말고도 숨기기 적당한 다른 구멍(!) 속에 감추기도 했다.

헤로도토스는 우리에게 고대의 '감춰진 글쓰기'에 관한 두 가지 사례를 들려준다. 첫 번째는 기원전 499년, 밀레투스의 아리스타고라스에게 페르시아의 왕 다리우스 1세를 향한 반란 계획에 동참해달라고 청한 히스티아이오스의 이야기다. 히스티아이오스는 이때 가장 신뢰하는 노예의 머리카락을 밀고 두피에 문신으로 메시지를 새기게 한 후 머리카락이 다시 자라면 완성되는 인간 성명서를 파견했다. 또 다른 비밀 문서는 페르시아의 그리스 정복 시도에 관한 것인

1 등대풀의 일종으로 아메리칸 대륙의 토종 식물이었다가 세계 여러 나라로 퍼져 나갔다.

프랑크 왕국의 베네딕트 수도회 수사 라바누스 마우루스(780년경~856)가
그림과 격자 모양으로 문자를 배열해 쓴 '패턴 시' 작품 중 하나로, 『성스러운 십자가의 어구들』에서 발췌했다.

기원전 500~400년, 페르시아의 침공 계획을 그리스에 알린 데마라토스의 비밀 메시지.
목재 서판의 틀 안쪽에 글씨를 새기고 그 위를 밀랍으로 덮어 메시지의 존재를 숨겼다.

라틴어로 재현한 스키테일(나무 막대기) 암호.
스키테일에 글자를 새긴 가죽 끈을 감아 만든 스파르타의 암호화·해독 방법으로
고대 그리스인, 특히 트로이군이 군사 작전 단계에서 안전하게 메시지를 전달하기 위해 사용했다.

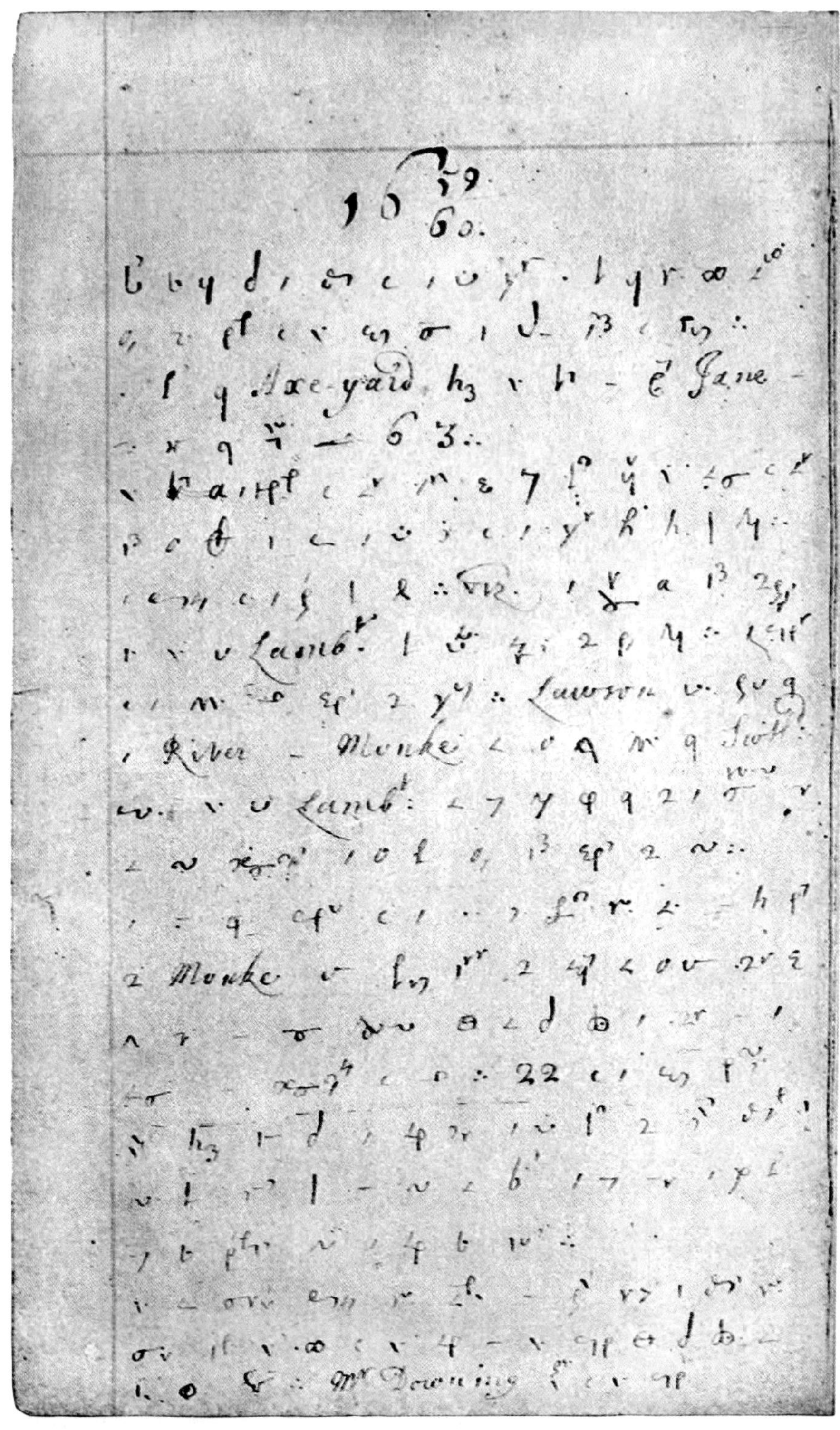

『새뮤얼 피프스의 일기』 첫 페이지. 암호를 속기로 작성했다.

데, 헤로도토스는 『역사』에서 이 은밀한 기술이 페르시아로부터 그리스를 지켜냈다고 썼다. 이야기는 다음과 같다. 페르시아 제국의 왕 크세르크세스가 그리스 원정을 도모하며 군대를 소집하기 시작한 당시, 유배되어 페르시아의 수사에 살고 있던 스파르타의 전왕 데마라토스가 풍문으로 크세르크세스의 그리스 침공 계획을 알게 되었고, 고민 끝에 이를 들키지 않고 그리스에 경고할 방법을 찾아냈다. 그는 나무판 두 개를 이어 접이식으로 만든 서판 안쪽에 밀랍을 바르고 그 표면을 긁어 크세르크세스의 계획을 적은 다음 그 위에 다시 밀랍을 발라 덮었다. 겉보기엔 영락없이 빈 서판이라 길을 따라 늘어선 호위병들 중 그 누구도 이를 문제 삼지 않았다. 데마라토스가 보낸 서판에 숨은 전갈을 읽은 그리스군은 대규모의 해군을 조직할 수 있었고, 기원전 480년 9월 23일 아테네 인근 살라미스 만에서 페르시아 함대를 격퇴했다.

비밀 문헌들을 본격적으로 살펴보기 전에 약호codes와 암호cipher의 차이를 분명히 밝혀둬야겠다. 먼저 약호는 특정한 단어나 어구를 다른 단어, 숫자, 또는 기호로 대체한 것이다. 반면에 암호는 단어만이 아니라 개개의 문자까지 새로운 문자나 기호로 대체하는 방식으로, 이를 사용하면 흡사 외계어 같은 문장이 완성된다. 이러한 방법들로 정치적이거나 사적인 비밀을 전달해온 암호문의 역사는 스테가노그래피와 마찬가지로 2000년이 넘는다.

인류사 최초로 '문자 치환식 암호'를 언급한 기록 중 하나는, 다소 의외지만 『카마수트라』다. 우리가 살펴볼 책은 기원전 4세기에 처음 제작되고 4세기 초에 삽화가 추가된 필사본이다. 이 책은 여성들에게 요리를 비롯한 가정 기술, 제본, 목공, 체스, 마술과 같은 활동을 권장하고 있다. 그중에서 우리가 주목할 내용은 45번째 항목에 등장하는 '믈레치타-비칼파'라는 기술인데, 책에서는 이를 "암호문을 독해하고 특수 문자로 글을 쓰는 법"이라고 소개하면서 불륜 관계를 감추고 싶은 이들에게 추천하고 있다.

율리우스 카이사르는 문자 치환식 암호의 예찬자였다. 로마 제국 시대의 사학자 수에토니우스에 따르면 카이사르는 비밀리에 전할 말이 생기면 무조건 암호문을 썼는데, 알파벳의 순서를 바꿈으로써 한 단어도 알아볼 수 없게 했다고 한다. 율리우스 카이사르는 기원전 58년부터 50년까지 갈리아 부족을 상대로 벌인 전쟁을 직접 회고한 책 『갈리아 전기』에서 당시 군사 작전과 관련된 극적인 사례 중 하나로, 포위되어 진퇴양난에 처한 키케로에게 암호 성명서를 보낸 일화를 소개한다. 그를 회유해 항복시킬 목적으로 작성된 메시지는 창에 달린 가죽끈에 동여매어진 뒤 포위되어 있는 키케로의 진영 깊숙이 던져졌는데, 안타깝게도 창이 탑의 높은 곳에 박히는 바람에 누군가 발견하고 키케로에게 전달했을 땐 보낸 지 이틀이 지난 후였다. 키케로는 이 메시지를 계속 싸우자는 뜻으로 받아들였다.

이처럼 사적인 비밀을 전달하는 암호문은 몇 세기를 거쳐 지금도 사용되고 있으며 특히 일기에서 애용되었다. 영국에선 새뮤얼 피프스(1633~1703)가 1660년부터 1669년까지 쓴 일기가 가장 유명한 사례다. 피프스는 속기사 토머스 셸턴이 1626년에 고안한 암호 속기 시스템으로 일기를 썼다. 그러나 『새뮤얼 피프스의 일기』가 처음 출간된 건 그보다 한참 뒤인 1825년이었고, 그마저도 원본의 절반 분량에 지나지 않았다. 이 일기 프로젝트의 암호 해독 담당자가 꼬박 3년을 들여 임무를 완수할 즈음에서야 애초에 이 책이 꽂혀 있던 피프스의 서가에서 고작 두어 칸 위에 있던 해독법을 발견했기 때문이다. 더불어 일기 내용의 상당량이 누락

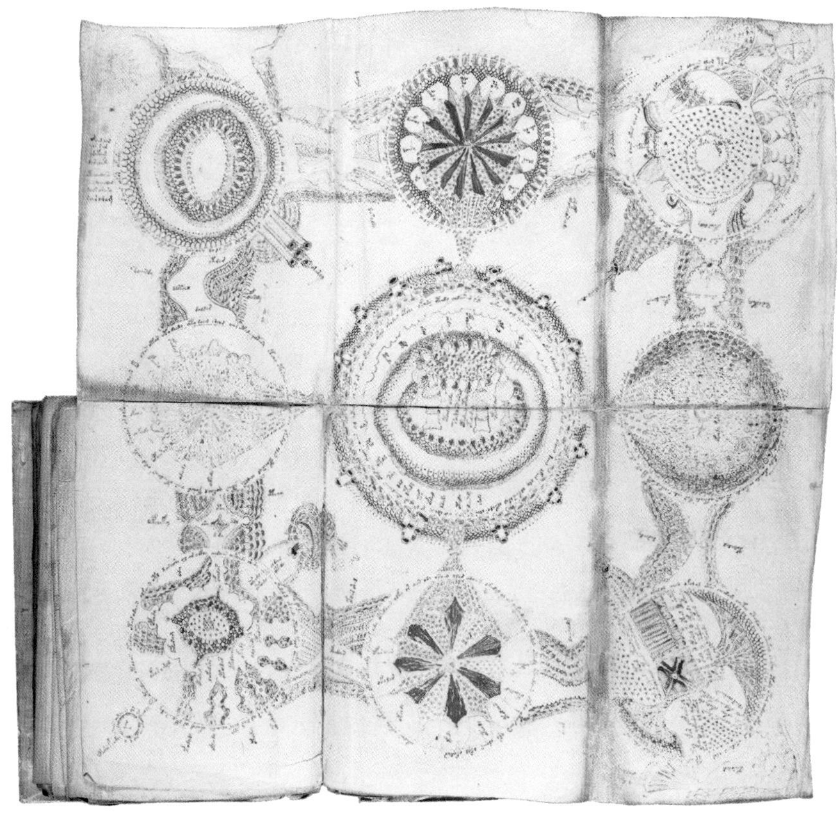

'수수께끼 문서'로 알려진 『보이니치 필사본』의 한 페이지. 접이식의 정교한 도표가 실려 있다.

된 데엔 또 다른 이유가 있었으니, 성행위와 관련한 갖가지 음란한 묘사를 쏟아낸 그의 일기를 외설 문학으로 규정한 당시 학자들이 이를 아낌없이 가위질했기 때문이다. 검열되지 않은 피프스의 일기 전문이 출간된 건 1970년에 이르러서였다(여기에 문제의 대목을 공개할 수도 있었지만, 솔직히 독자 여러분이 지금 머릿속에 떠올리고 있을 내용과 똑같을 터, 지면을 낭비하지 않는 게 좋겠다고 판단했다). 1893년부터 1899년까지 출간된 판본의 편집자 헨리 휘틀리는 서문에서 "공개가 불가한 대목을 삭제한 조처"에 대해 "독자들은 모쪼록 편집자의 판단을 믿어주길 바란다"고 썼다.[2]

중세 유럽에서 고대 서양과 이슬람 작품 속 암호 예술을 처음 재발견하여 발전시킨 이는 왕족도 군인도 아닌 수도원의 학자이자 필사본 제

2 2016년, 안네 프랑크의 일기장에서 암호문은 아니지만 덧붙인 갈색 종이 뒤에 숨은 비밀 페이지 두 장이 발견되었다. 네덜란드 연구진이 디지털 이미지 프로세싱 기술로 판독한 내용은 다음과 같다. "이 비밀 페이지는 '지저분한' 농담이나 하려고 만들었다. 아내가 못생겼다는 이유로 부부관계를 거부한 남자가 있었다. 어느 날 저녁, 집에 돌아온 남자는 아내가 자기 친구와 한 침대에 누워 있는 것을 보고 말했다. '저 놈이 할 수 있다면 나도 해야지!'" 이어지는 대목에서 안네는 매춘에 관해 이야기한다. "여자들은 거리를 걷다 저런 남자를 보면 좋아서 함께 어디론가 간다. 파리에는 그런 사람들이 갈 수 있는 커다란 집이 있다. 우리 아빠도 다녀왔다." —지은이

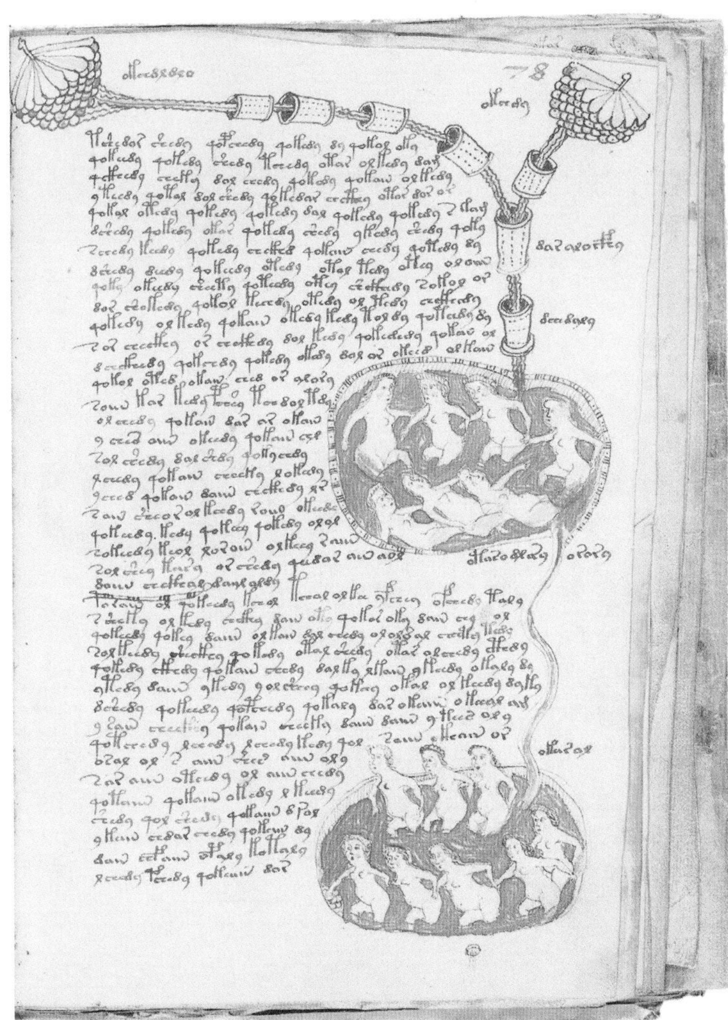

『보이니치 필사본』.

작자들이었다. 당시 영국 필경사들의 작품으로 알려진 수수께끼[3]가 인기를 끌자 이에 영감을 받은 수도사들은 필사본이 만들어진 배경과 저자에 관한 내용을 기록하려는 목적에서 콜로폰(책의 마지막 페이지에 저자에 관한 정보와 출판사의 문장紋章 등을 기록한 내용)에 그들만 아는 암호를 넣기 시작했다. 수도원이 암호에 관심을 갖게 된 건 성서의 일화들이 그 자체로 약속된 암호라는 점이 촉발한 면도 없지 않다.

또 다른 암호 체계인 아트바쉬는 히브리어 자모의 순서를 뒤바꿔 사용한 대체 암호다. 알파벳의 첫 글자를 마지막 글자로 바꾸고, 두 번째 글자는 뒤에서 두 번째 글자로 바꾸는 방식이다(아트바쉬라는 이름도 이 방식에서 유래됐다. 알레프Aleph, 타브Taw, 베트Bet, 신Shin은 히브리어 알파벳의 첫 번째, 마지막, 두 번째, 뒤에서 두 번째 글자다). 가

3 앵글로색슨 수수께끼Anglo-Saxon riddles라 불리는 이 수수께끼는 중세 초기 영국에서 인기를 끌었던 시문학의 일종으로 라틴어나 고대 영어로 쓰였다. 성서의 일화처럼 종교적인 것부터 불경하거나 외설적인 내용까지 다양한 질문과 해답들을 다뤘는데, 해답을 의도적으로 빼는 경우도 많았다.

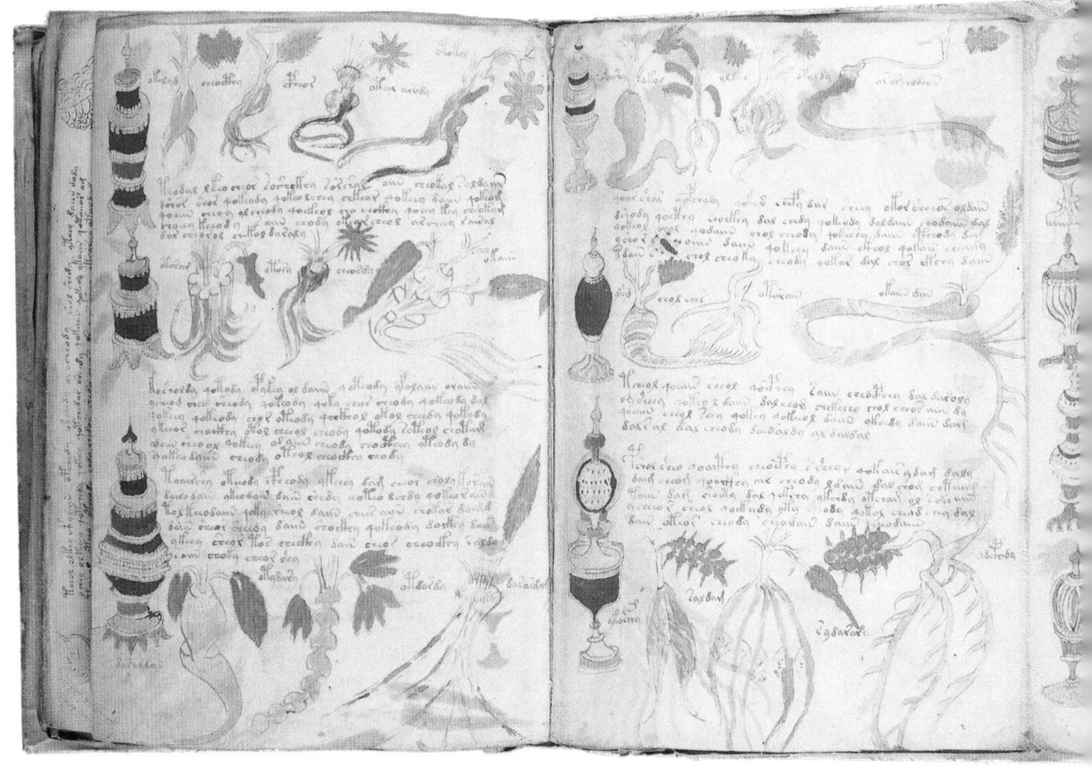

『보이니치 필사본』.

령 성경의 예레미야서 25장 26절 "세삭Sheshach 왕은 그 후에 마시리라"를 아트바쉬 암호 체계로 풀면 세삭이 의미하는 것은 곧 바빌론이다. 성경 암호를 고안한 목적은 영적 신비감을 조성하기 위함이었겠지만, 중세의 수도사들은 옛 암호 체계를 되살려 이를 다시 독자적인 체계로 개발하며 암호에 대한 열정을 키웠고, 그 결과 서양에서 암호 유행을 선도했다.

그러니 암호를 다룬 유럽 최초의 문헌을 쓴 작가가 수도사인 것도 당연하다. 프란치스코회 수사 로저 베이컨(1219년경~1292)은 '파리의 윌리엄'에게 보낸 『예술과 자연의 비밀스러운 작용과 마법의 허구성에 관한 로저 베이컨 형제의 편지』에서 메시지를 감추는 일곱 가지 방법을 설명하면서 강령술 대신 연금술 공식을 사용할 것을 제안했다. 이에 그는 "비밀 문서의 목적은 오로지 비천한 속세의 눈을 피하기 위함일 뿐 여타의 목적을 따르는 건 미친 짓이다"라고 썼다. 14세기에 이르러 암호는 마술사, 연금술사, 작가들이 미스터리를 풀기 위해 사용했는데, 그 가운데 영국 시인 제프리 초서(1343~1400)의 과학 입문서로 알려졌던 『플래니티스의 적도』(1952년이 되어서야 발견된 책으로, 진짜 저자를 가리느라 논란이 일기도 했다[4])에는 문자가 아니라 기호를 사용해 단순한 형태의 암호로 바꾼 단락이 몇 개 등장한다.

지금까지 우리는 공유되고 확립된 암호 체계를 살펴봤다. 하지만 중세 시대를 통틀어 (우리

4 이전까지 초서의 저작으로 알려졌으나 2014년에 이르러 영국의 수도원 세인트 올번스에서 수사를 지낸 존 웨스트위크가 쓴 것으로 밝혀졌다.

가 아는 한) 가장 유명한 암호 문헌은 지금까지도 저자 말고는 세상 누구도 이해하지 못하는 언어로 쓰여 있다. 1912년 폴란드의 희귀 서적상 빌프리트 보이니치가 이탈리아의 몬드라고네 별장에 쌓여있던 필사본 더미에서 발견한 암호문이 바로 그것이다. 알 수 없는 미지의 글자와 세상에 없는 식물들, 벌거벗고 목욕하는 사람들이 그려진 기묘한 삽화를 보자마자 그는 매혹되었다. 그리고 다른 책 스물 아홉 권과 함께 이 책을 사들였다(보이니치는 30년 넘게 모은 3800여 권의 책을 영국 박물관에 팔았는데 희귀서가 꽤 많아서 박물관 내에 '보이니치' 서가가 만들어지게 되었다).

『보이니치 필사본』이라고 불리는 이 암호문에 전 세계의 연구진이 집요하게 매달렸지만 전문가도 아마추어도 여기에 적힌 내용을 밝혀내지 못했다(세계대전 시기에 활약했던 영미의 암호 해독자들도 풀지 못하기는 마찬가지였다). 이는 잘 알려진 속기 기호의 모양과 감질나게 닮아 있는 암호문의 문자들이 자연어[5]의 특징과 복잡한 암호 체계의 특징을 모두 갖고 있기 때문이다. 보이니치 암호문은 당대에 쓰인 르네상스 다문자 암호 구조를 따르고 있지는 않지만, 나름의 고유한 내적 체계를 갖추고 있는 것은 분명하다. 바로 이 점, 이 비밀의 자물쇠를 풀 열쇠가 가까운 곳에 있을 거라고 생각하게 만드는 것이 보이니치 암호문의 영원한 매력이다. 언어학자든 암호 문외한이든 상관없이 끈기를 가지고 올바른 접근 방법만 알아낸다면 누구나 이 암호를 풀 수 있을 것이다.

물론 이것은 보이니치 암호문이 고도의 사기가 아니라고 가정할 때 성립되는 말이다. 보이니치 암호문의 언어가 7세기의 웨일스어·콘월어,[6] 고대 독일어, 중국 청 왕조(1616~1912) 시대의 만주어, 소리로 DNA를 생성하는 미래 기술이라며 로저 베이컨이 암호화한 히브리어라는 주장이 몇 년째 득세하는 중이다. 혹은 자연주의자이자 스페인 왕실의 주치의였던 프란시스코 에르난데스 데 톨레도(1514~1587)가 썼던 나와틀어(아즈텍 제국의 공용어)일 수도 있다. 그것도 아니면 천사들의 언어일 수도 있다. 에덴동산에 있었다는 식물들의 삽화를 실은, 존 디의 『리베르 로아게스』에 나오는 그 언어 말이다. 혹시 요리책은 아닐까? 일기는? 망원경을 통한 은하계 관측 입문서(이 또한 로저 베이컨이 썼다)일 수도 있고 프랜시스 베이컨이 만든 아무짝

5 인간이 일상에서 사용하는 언어로, 컴퓨터에서 사용하는 프로그램 작성 언어나 기계어와 구분하기 위한 개념이다.

6 켈트어 계열의 콘월어는 중세 초기 잉글랜드 남서쪽의 콘월반도에서 극소수의 사람들이 쓰던 언어다. 소멸됐으나 20세기 초부터 다시 쓰이기 시작했다.

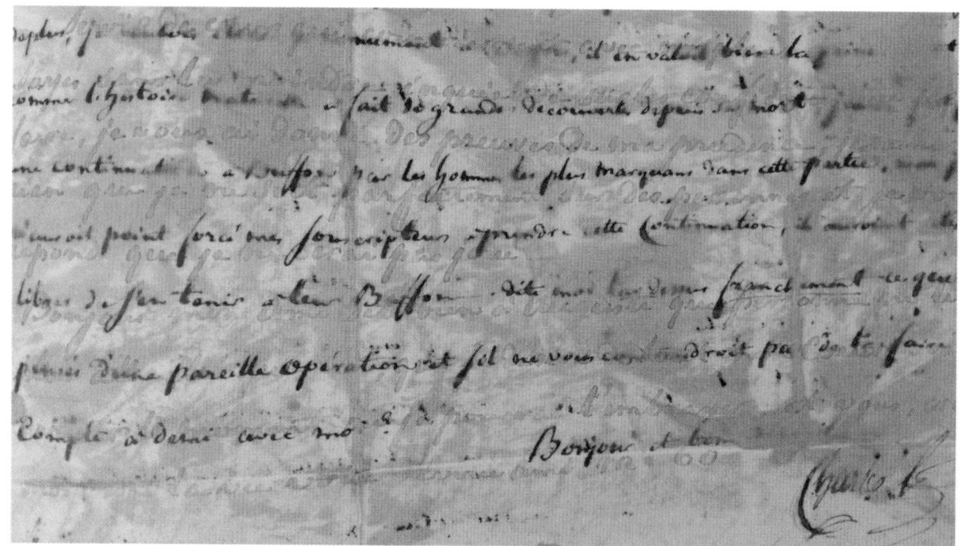

프랑스가 포르투갈을 침공하기 두 달 전인 1807년 9월 19일, 파리에서 찰스 맥마혼 대령이 영국의 외무장관 조지 캐닝에게 보낸 편지. 불에 쬐어야 글씨가 나타나는 '은현 잉크'로 쓰였고 '극비'라고 표시되어 있다. 은현 잉크는 19세기 후반까지 비밀 정보를 보낼 때 사용되었다.

에도 쓸모없는 무대 소품일 수도 있다. 레오나르도 다빈치의 초기 작품, 방언 기록, 이단의 예술품 등 모든 게 다 될 수 있다. 말이 난 김에 말인데, 빌프리트 보이니치는 뼛속까지 장사치다운 천연덕스러운 태도로 보이니치 암호문을 가리켜 '로저 베이컨의 필사본'이라고까지 말하고 다녔고, 그것도 모자라 존 디가 신성 로마 제국 황제 루돌프 2세(1552~1612)에게 이 암호문을 팔았었다는 근거가 희박한 믿음을 고수했다.

천상에서 보냈을 수도 있고, 허무맹랑한 잡소리일 수도 있는 이 필사본에 대해 우리가 정확하게 알고 있는 게 과연 있긴 있을까? 2009년, 이 필사본의 양피지를 방사성 탄소 연대 측정법으로 검사한 결과 1404년에서 1438년 사이에 만들어졌을 확률이 95퍼센트에 이른다는 사실이 밝혀졌다. 그러나 같은 시기에 글이 쓰였음을 증명할 방도는 여전히 찾지 못했다. 오른손잡이 저자가 막힘없이 술술 써 내려간 필체는 지금껏 1400년에서 1500년까지 이탈리아를 풍미했던 콰트로첸토 양식[7]과 비슷하다는 평가를 받고 있다. 또한 이 책에 실린 황도대 삽화 주변에는 글이 적혀 있는데, 이 글에 포함된 몇몇 철자로 미루어보아 『보이니치 필사본』은 한때 프랑스 남서부 지역에 있었던 것으로 추정되며, 책에 적힌 서로 다른 두 필체는 이 책이 1500년 이전에 쓰였을 확률이 높다는 것을 시사한다. 안 그래도 어려운 문제를 더 복잡하게 만드는 건, 이 증거물의 페이지 순서가 원래는 지금과 달랐다는 점, 그리고 폴리오와 콰이어에 표기된 번호는 훗날 추가되었다는 점이다.

1969년, 오스트리아의 서적상 한스 P. 크라우스는 이 필사본을 소장하고 있다가 예일대학교의 바이니키 희귀 문헌 및 필사본 도서관에 기증했다. 현재 이곳 사서들은 세계 도처의 애

7 미술사적으로 이 양식이 유행했던 시기는 1400년대 이탈리아 문예 부흥기에 속한다.

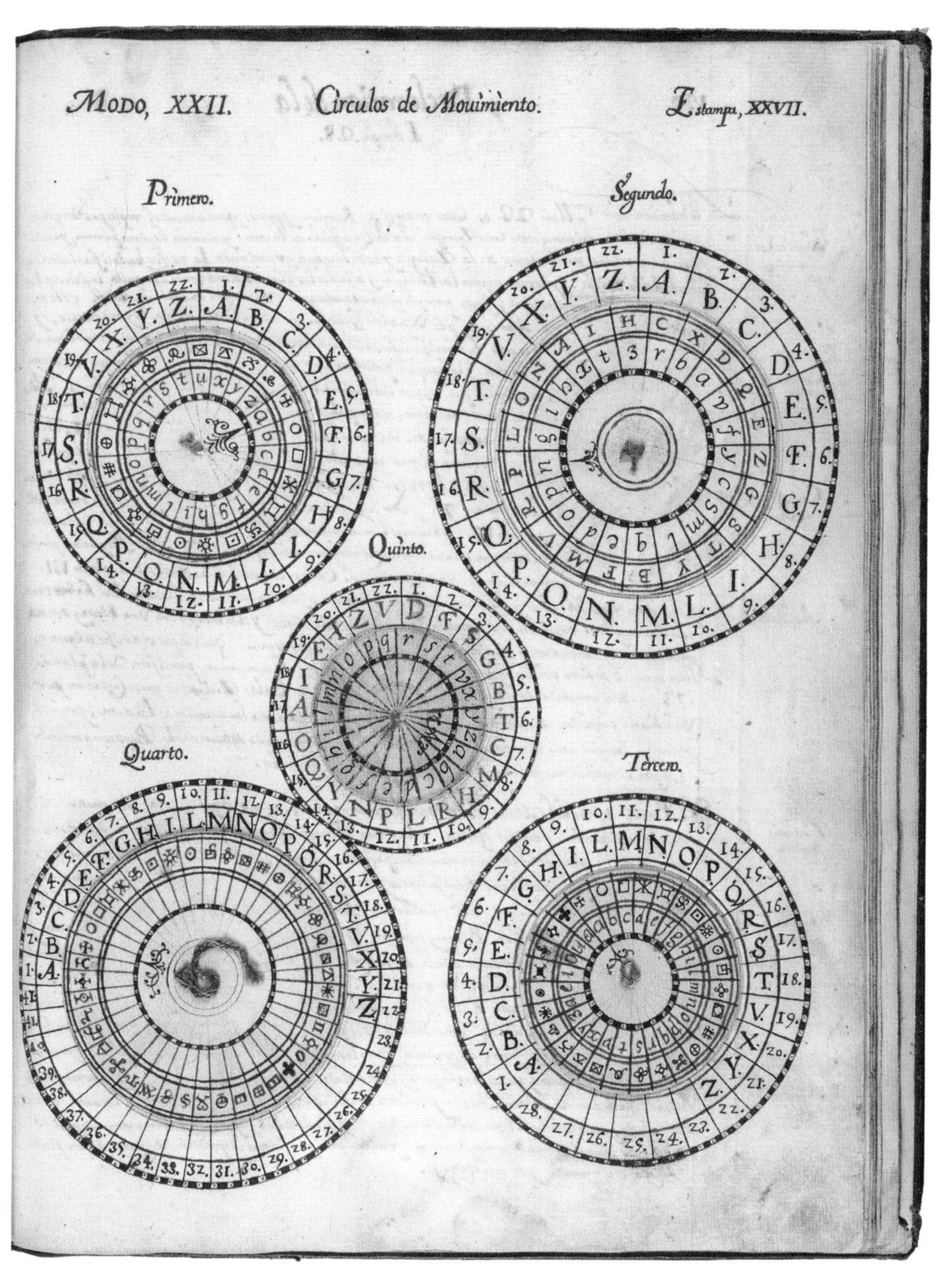

스페인어로 쓰인 암호문 작성 입문서의 한 페이지.
1600년경, 나바라 총독 마르틴 데 코르도바 밑에서 일했던 암호학자가 썼다.

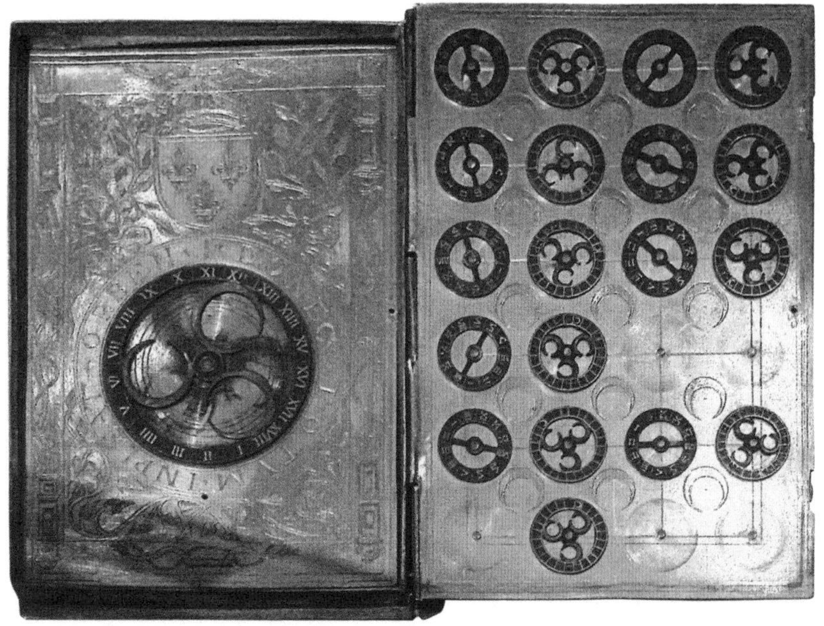

프랑스 왕 앙리 2세의 문장紋章과 함께 책 형태로 만든 25×11센티미터 크기의 암호 기계.
제작 시기는 1550년경으로 추정되며 현재 프랑스의 르네상스 국립 박물관이 소장하고 있다.
암호문에 사용된 로마 숫자 체계는 사전에 합의된 키에 따라 문자를 숫자로 변환하는 방식이었으나
패턴을 간파당하기 쉬워 곧 폐기되었다.

호가들에게서 한도 끝도 없이 몰려드는 열람 요청을 정중히 받아 처리하고 있다. 비밀을 밝혀냈다고 주장하는 사람들이 한 해도 빠짐없이 등장하지만 언제나 사실무근으로 끝난다. 『보이니치 필사본』에 정말로 이야기할 만한 내용(외계인이든 천사든 뭐든)이 있다 한들 현재로선 작가만 아는 이야기로 남아 있다.

보이기로는 『보이니치 필사본』보다 훨씬 어려워 보이는, 언어와 기호를 어지럽게 뒤섞어 쓰는 암호문은 오컬트 장르에선 몇 세기 넘게 인기를 끌어왔다. 관련해서 17세기의 종교와 관련된 사례가 흥미로운데, 이 책의 저자는 특이하게도 수사가 아니라 수녀였다. 전해지는 이야기에 따르면 팔마 디 몬테키아로 수녀원의 마리아 크로치피사 델라 콘체치오네(본명 이사벨라 톰마시) 수녀는 바알제붑[8]이 그녀를 악마의 종으로 삼을 셈으로 보낸 악령의 무리와 만났다. 그리고 곧 그들이 시키는 대로 암호 편지를 받아적다가 비명을 지르며 기절했다고 한다. 이후 깨어나 두 건의 지시를 더 받았지만 그녀는 저항했고 악령들이 얼굴에 잉크를 문지르고 잉크병으로 때리겠다고 위협했음에도 끝까지 버텼다. 그 일이 있고 난 후 그녀는 동료 수녀들에게 "부탁인데 그들에 관해 묻지 말아줘요. 어떤 식으로도 그들을 입에 담고 싶지 않아요"라고 말했다고 전해진다.

8 고대 가나안 일대에서 숭배되던 신 바알에 대한 유대인들의 멸칭으로, 성경에서는 마귀의 신 또는 악마의 이름 중 하나로 등장한다.

책입fore-edge에 그려진 비밀 그림들로, 책을 완전히 덮은 상태에선 안 보이지만 책입을 비스듬히 밀면 그림이 나타난다. 17세기 후반 런던과 에든버러에서 제작하기 시작했고 18세기에 대중화되었다.

몇 세기에 걸친 시도 끝에 2017년에 이르러 이 암호 편지가 해독되었다. 해독에 성공한 편지는 지금까지 유일하게 남아 있는 1676년 8월 11일 자 편지로, 시칠리아 루둠 과학 센터 연구원들이 무법천지 다크웹의 한가운데서 암호 해독 알고리즘을 발견해 풀어냈다. 고대 그리스어, 아라비아어, 룬 문자, 라틴어에 정통한 소프트웨어로 비밀을 파헤쳐낸 컴퓨터가 밝혀낸 내용은 과연 악마의 속삭임을 충실히 받아 적은 결과물다웠다. 저자는 하느님, 예수, 성령을 "무거운 짐"이라 일갈하면서 "신은 제 딴에는 인간을 해방할 수 있다고 생각하지만" 그 방법은 "기실 아무짝에도 쓸모가 없다"고 냉소적으로 비꼰다. 이어서 신과 조로아스터는 인간의 발명품일 뿐이라고 덧붙인다.

괴이하기로 둘째가라면 서러울 문헌으로 『코피알레 사이퍼』가 있다. 이 암호문은 2011년에 해독되면서 상상을 초월하는 비밀을 만천하에

A Sir L_e Dund

W consider w have ready done for my hoof, and t it may never again hap in r way ist my emissarys as erly not forb enting r late mis tune, re itulate r ser s would endless — In the y 6 grasped t oppor tunity get by the of thou s of ilys — In Ger y w Commis ry the y sent thou s the for w of since com cing Baro have n no less assiduous in ing my dom by N couraging ner of wickedness, by gaming false swea serve r & my ends, for which ser s may asure rself of ing made a of my dom and my priv coun- sellor for ever

am rs &c

The

L_e 던드 경에게 악마가 보낸 편지. 상형문자를 이용해 쓰였다.
존 케이의 『독창적인 초상 원화와 캐리커처 에칭 시리즈』(1837~1838)에 동판화로 실려 있다.

『코피알레 사이퍼』 16~17페이지.

드러냈다. 서로의 눈썹을 뽑는 의식을 수행한 독일 의사들의 비밀결사대가 처음으로 그 정체를 밝힌 것이다. 7만 5000개의 암호 문자로 쓴 105페이지 분량의 원고를 미국 학자 케빈 나이트, 스웨덴 학자 베아타 메위에시와 크리스티아네 샤에페르가 컴퓨터를 이용해 첫 1만 단어를 해독하면서 260년이 넘게 지켜진 비밀이 탄로났다. 동음이의 치환 암호[9]문에 해당하는 『코피알레 사이퍼』는 로마자와 그리스 문자를 활용해 문장의 의미와 기호와 강세, 띄어쓰기를 표현하고 있다. 1970년대 베를린에 있는 독일 과학 아카데미 소속 과학자들은 이 문헌이 1760년에서 1780년 사이에 쓰인 것으로 추정했지만 2011년의 연구팀은 더 앞선 1730년대에 볼펜뷔텔에서 '높은 깨달음을 얻은Hocherleuchtete 안과의 결사대'가 쓴 것임을 밝혀냈다. 이 결사대는 시력을 업으로 삼는 것을 넘어 지식의 은유로 여겼던 안과의사들의 비밀 단체였다.

이 원고의 첫 16페이지에는 지원자의 입회 의례가 담겨 있는데, 그중엔 가입을 희망하는 의사를 대상으로 아무것도 적혀 있지 않은 쪽지를 주고 내용을 읽게 하는 절차도 있다. 지원자가 이를 읽을 수 없다고 말하면 기존 회원들은 안경을 내주며 다시 도전해보라고 한다. 두 번째 시도에서도 읽지 못하면 헝겊으로 두 눈을 닦은 후 '수술'을 받게 되는데, 여기서 수술이란 눈썹을 한 올 뽑는 의식을 가리킨다. 『코피알레 사이퍼』로 인해 밝혀진 사실이 하나 더 있다. 프

9 평문의 한 글자에 복수의 암호문 글자를 대응시키고 그중 하나를 임의로 선택해 변환하는 암호 체계로, 암호문에서 특정 문자의 사용 빈도가 특별히 잦아지는 것을 방지하려는 목적으로 고안되었다.

『생제르맹 백작의 삼각형 책』(1750년경). 암호로 쓴 프랑스의 오컬트 문헌으로 생명 연장의 비밀을 담았다고 큰소리치고 있다. 신비로운 괴짜인 생제르맹 백작은 모험가이자 연금술사였는데 장수의 비밀을 밝혀냈다는 주장으로 18세기 유럽 상류층을 흥분에 몰아넣었다. 그러면서 자신은 예수가 물을 포도주로 바꾸었던 가나의 결혼식에 참석했을 정도로 나이가 많다고 주장했다. 호레이스 월폴은 그에 대해 "노래하고, 바이올린을 멋지게 연주하며 작곡에도 능한 미친놈"이라고 썼다.

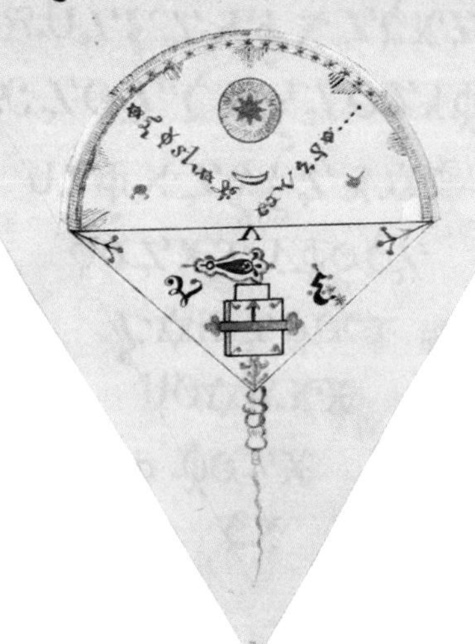

암호 바퀴. 셰익스피어의 작품을 페이지 순서대로 300미터 길이의 캔버스 천에 붙인 다음 커다란 바퀴 두 개에 감아 돌려가며 보면 이를 샅샅이 분석할 수 있다는데, 이 기계의 발명가인 미국인 외과의사 오빌 워드 오언(1854~1924)의 정신 상태부터 의심하게 된다. 오언은 이 기구로 작품에 감춰진 메시지를 해독한 결과 작품의 진짜 저자가 프랜시스 베이컨임을 밝혀냈다고 주장했다.

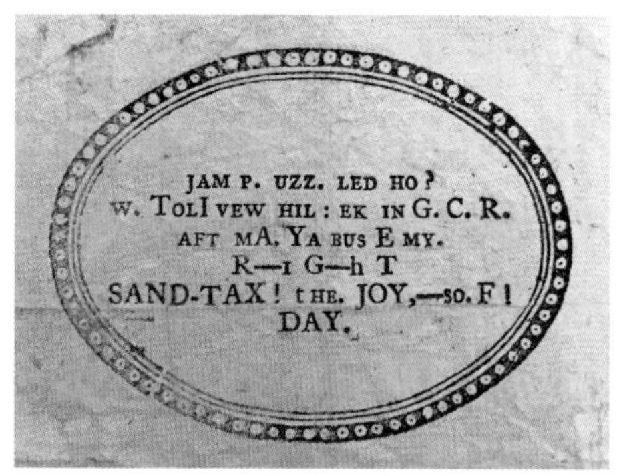

1792년 케닝턴의 혼스 여관 마루 널 밑에서 발견된 담배 마는 종이 샘플은 암호문의 전설이 되었다. 언뜻 보기엔 아무 의미 없이 섞어놓은 글자 조합 같지만 한참 들여다보면 다음과 같은 문장이 떠오른다. '왕이 나라를 잘못 다스려 나의 권리가 남용되고 소소한 도락에도 세금을 내야 하니 어찌 살아야 할지 모르겠다 I am puzzled how to live while kingcraft may abuse my rights and tax the joys of day.'

리드리히 아우구스트 폰 벨타임 백작이 이끈 이 비밀결사대는 1738년에 공포된 교황의 프리메이슨 금지령에 맞서 프리메이슨의 전통을 지키기 위해 창단되었다는 것이다.[10]

군사 통신이나 오컬트 장르 이외에, 일명 '보물찾기' 분야에서도 암호문은 성행했다. 가령 비일 암호문은 이를 해독하는 사람에게 4300만 달러의 상금을 약속한다. 1885년, 토머스 J. 비일이란 사람이 1820년대에 버지니아주 베드퍼드 카운티 내 아무도 모르는 곳에 금과 은을 묻었다는 내용의 소책자가 출간되었다. 비일은 1800년대 초반 버지니아에서 일확천금을 꿈꾸는 사람 서른 명을 이끌고 서부 평야로 갔고 물소를 사냥하던 중에 우연히 보물을 발견했다. 비일의 수기에 따르면, 일행이 북부로 향하는 도중에 도착한 샌타페이에서였다. "어느 작은 협곡에서 진을 치고 저녁밥을 짓는데 누군가 바위 틈새에서 금처럼 보이는 것을 발견했다. 진짜 금이란 걸 알게 되자 모두 쾌재를 불렀다."

그들은 18개월에 걸쳐 그곳을 파헤친 끝에 3톤에 이르는 귀금속을 캐냈다. 비일은 이를 배에 싣고 버지니아로 돌아가선 안전하게 땅에 묻었다. 그런 다음 보물을 묻은 지점을 알려주는 상세한 정보와 함께 각 보물의 주인과 그의 친지 이름을 기재한 문서를 암호로 기록했다. 문제의 장소는 버지니아주 베드퍼드 카운티의 몬트베일로 추정되는데, 떠도는 이야기론 비일이 암호문을 상자에 넣어 인근 여관 주인 로버트

10 '안과의사 비밀결사대' 못지않게 신비에 싸인 여성 비밀 단체 '미혼여성의 단결과 화목 증진 협회'와 관련해서는 유일한 자료인 규칙서가 남아 있다. 80페이지 분량의 암호문인 이 규칙서는 현재 영국 도서관이 소장하고 있다. 1835년 런던에서 'Ebpobes byo Utlub, Umgjoml Nýflobjof'라는 제목으로 출간되기도 한 이 책은 당시 석간신문《폴 몰 가제트》소속 기자로부터 "설명하기 어려운 수수께끼"라는 평을 듣기도 했다. "이 책을 펴내는 데 든 비용은 천하의 사기꾼이 기꺼이 지갑을 열어 꺼낼 만큼의 액수이거나 그래봐야 몇 푼 더 비쌀 것이다. 이 책에 나오는 단체가 지금 우리 사회에서 버젓이 활동한다는 게 과연 현실적으로 가능한 이야기인가? 이 책은 그냥 여자들이 비밀을 잘 지킨다는 망상에 사로잡힌 어떤 미치광이의 헛소리가 아닐까?" —지은이

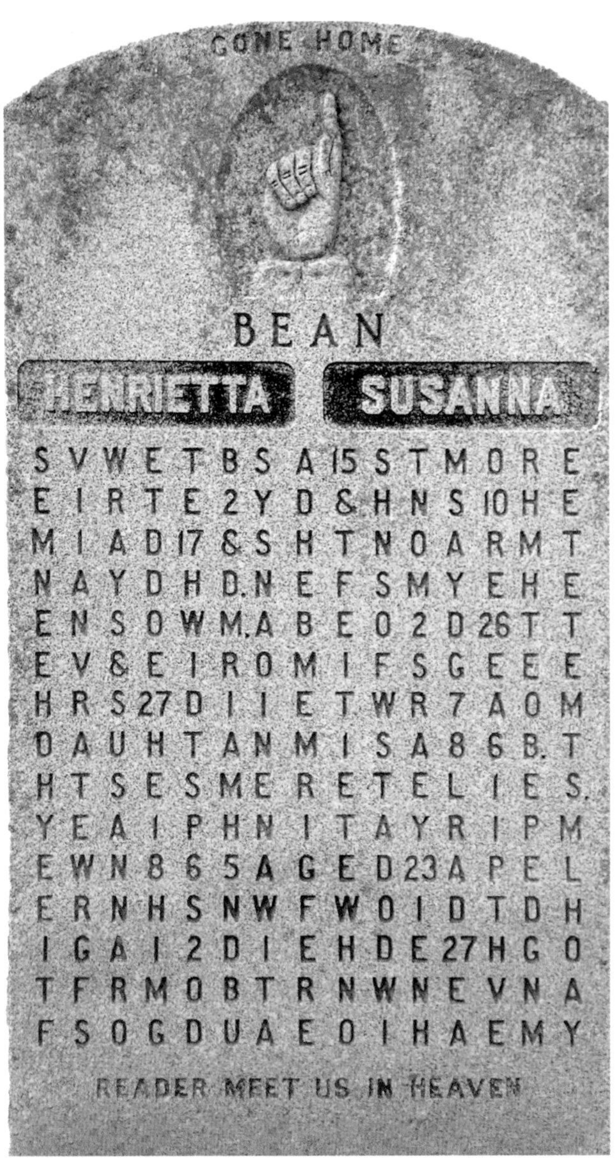

암호문 비석. 캐나다의 의사 새뮤얼 빈이 자신의 두 아내, 헨리에타와 수재나를 기리기 위해 온타리오주 웰즐리 타운십 크로스힐 부근의 러시스 묘지에 세운 것이다.
암호문은 일곱 번째 줄의 왼쪽에서 일곱 번째 글자부터 시계 반대 방향을 향해 나선형으로 읽어나가면 되는데, 한 바퀴는 일직선으로, 그 다음 한 바퀴는 지그재그로 읽기를 반복하면 다음과 같은 비문이 드러난다.
"1865년 9월 27일, 23년하고도 2개월 17일을 살고 떠난 의학박사 S. 빈의 첫 번째 아내 헨리에타, 그리고 1867년 4월 27일, 26년 10개월 15일을 살고 떠난 그의 두 번째 부인 수재나를 추모하며. 한 남자에겐 벅차고 과분했던 두 아내는 하느님이 주신 선물이었으나 이제는 천국에 있구나. 신께서 보우하사 나 S. B.[새뮤얼 빈의 머리글자]도 그곳에 가서 그들과 다시 만날 수 있기를
In memoriam Henrietta, 1st wife of S. Bean, M. D. who died 27th Sep. 1865, aged 23 years, 2 months and 17 days and Susanna his 2nd wife who died 27th April, 1867, aged 26 years, 10 months and 15 days, 2 better wives 1 man never had, they were gifts from God but are now in Heaven. May God help me, S. B., to meet them there."

71, 194, 38, 1701, 89, 76, 11, 83, 1629, 48, 94, 63, 132, 16, 111, 95, 84, 341,
975, 14, 40, 04, 27, 81, 139, 213, 03, 90, 1120, 8, 15, 3, 120, 2018, 40, 74,
758, 485, 604, 230, 436, 664, 582, 150, 251, 284, 308, 231, 124, 211, 486,
225, 401, 370, 11, 101, 305, 139, 189, 17, 33, 88, 208, 193, 145, 1, 94, 73,
416, 918, 263, 28, 500, 538, 356, 117, 136, 219, 27, 176, 130, 10, 460, 25,
485, 18, 436, 65, 84, 200, 283, 118, 320, 138, 36, 416, 280, 15, 71, 224, 961,
44, 16, 401, 39, 88, 61, 304, 12, 21, 24, 283, 134, 92, 63, 246, 486, 682, 7,
219, 184, 360, 780, 18, 64, 463, 474, 131, 160, 79, 73, 440, 95, 18, 64, 581,
34, 69, 128, 367, 460, 17, 81, 12, 103, 820, 62, 116, 97, 103, 862, 70, 60,
1317, 471, 540, 208, 121, 890, 346, 36, 150, 59, 568, 614, 13, 120, 63, 219,
812, 2160, 1780, 99, 35, 18, 21, 136, 872, 15, 28, 170, 88, 4, 30, 44, 112, 18,
147, 436, 195, 320, 37, 122, 113, 6, 140, 8, 120, 305, 42, 58, 461, 44, 106,
301, 13, 408, 680, 93, 86, 116, 530, 82, 568, 9, 102, 38, 416, 89, 71, 216,
728, 965, 818, 2, 38, 121, 195, 14, 326, 148, 234, 18, 55, 131, 234, 361, 824,
5, 81, 623, 48, 961, 19, 26, 33, 10, 1101, 365, 92, 88, 181, 275, 346, 201,
206, 86, 36, 219, 324, 829, 840, 64, 326, 19, 48, 122, 85, 216, 284, 919, 861,
326, 985, 233, 64, 68, 232, 431, 960, 50, 29, 81, 216, 321, 603, 14, 612, 81,
360, 36, 51, 62, 194, 78, 60, 200, 314, 676, 112, 4, 28, 18, 61, 136, 247, 819,
921, 1060, 464, 895, 10, 6, 66, 119, 38, 41, 49, 602, 423, 962, 302, 294, 875,
78, 14, 23, 111, 109, 62, 31, 501, 823, 216, 280, 34, 24, 150, 1000, 162, 286,
19, 21, 17, 340, 19, 242, 31, 86, 52, 88, 16, 80, 121, 67, 95, 122, 216, 548, 96,
11, 201, 77, 364, 218, 65, 667, 890, 236, 154, 211, 10, 98, 34, 119, 56, 216,
119, 71, 218, 1164, 1496, 1817, 51, 39, 210, 36, 3, 19, 540, 232, 22, 141, 617,
84, 290, 80, 46, 207, 411, 150, 29, 38, 46, 172, 85, 194, 39, 261, 543, 897,
624, 18, 212, 416, 127, 931, 19, 4, 63, 96, 12, 101, 418, 16, 140, 230, 460,
538, 19, 27, 88, 612, 1431, 90, 716, 275, 74, 83, 11, 426, 89, 72, 84, 1300,
1706, 814, 221, 132, 40, 102, 34, 868, 975, 1101, 84, 16, 79, 23, 16, 81, 122,
324, 403, 912, 227, 936, 447, 55, 86, 34, 43, 212, 107, 96, 314, 264, 1065,
323, 428, 601, 203, 124, 95, 216, 814, 2906, 654, 820, 2, 301, 112, 176,
213, 71, 87, 96, 202, 35, 10, 2, 41, 17, 84, 221, 736, 820, 214, 11, 60, 760

115, 73, 24, 807, 37, 52, 49, 17, 31, 62, 647, 22, 7, 15, 140, 47, 29, 107, 79,
84, 56, 239, 10, 26, 811, 5, 196, 308, 85, 52, 160, 136, 59, 211, 36, 9, 46,
316, 554, 122, 106, 95, 53, 58, 2, 42, 7, 35, 122, 53, 31, 82, 77, 250, 196, 56,
96, 118, 71, 140, 287, 28, 353, 37, 1005, 65, 147, 807, 24, 3, 8, 12, 47, 43,
59, 807, 45, 316, 101, 41, 78, 154, 1005, 122, 138, 191, 16, 77, 49, 102, 57,
72, 34, 73, 85, 35, 371, 59, 196, 81, 92, 191, 106, 273, 60, 394, 620, 270,
220, 106, 388, 287, 63, 3, 6, 191, 122, 43, 234, 400, 106, 290, 314, 47, 48,
81, 96, 26, 115, 92, 158, 191, 110, 77, 85, 197, 46, 10, 113, 140, 353, 48,
120, 106, 2, 607, 61, 420, 811, 29, 125, 14, 20, 37, 105, 28, 248, 16, 159,
7, 35, 19, 301, 125, 110, 486, 287, 98, 117, 511, 62, 51, 220, 37, 113, 140,
807, 138, 540, 8, 44, 287, 388, 117, 18, 79, 344, 34, 20, 59, 511, 548, 107,
603, 220, 7, 66, 154, 41, 20, 50, 6, 575, 122, 154, 248, 110, 61, 52, 33, 30,
5, 38, 8, 14, 84, 57, 540, 217, 115, 71, 29, 84, 63, 43, 131, 29, 138, 47, 73,
239, 540, 52, 53, 79, 118, 51, 44, 63, 196, 12, 239, 112, 3, 49, 79, 353, 105,
56, 371, 557, 211, 505, 125, 360, 133, 143, 101, 15, 284, 540, 252, 14, 205,
140, 344, 26, 811, 138, 115, 48, 73, 34, 205, 316, 607, 63, 220, 7, 52, 150,
44, 52, 16, 40, 37, 158, 807, 37, 121, 12, 95, 10, 15, 35, 12, 131, 62, 115,
102, 807, 49, 53, 135, 138, 30, 31, 62, 67, 41, 85, 63, 10, 106, 807, 138, 8,
113, 20, 32, 33, 37, 353, 287, 140, 47, 85, 50, 37, 49, 47, 64, 6, 7, 71, 33, 4,
43, 47, 63, 1, 27, 600, 208, 230, 15, 191, 246, 85, 94, 511, 2, 270, 20, 39, 7,
33, 44, 22, 40, 7, 10, 3, 811, 106, 44, 486, 230, 353, 211, 200, 31, 10, 38,
140, 297, 61, 603, 320, 302, 666, 287, 2, 44, 33, 32, 511, 548, 10, 6, 250,
557, 246, 53, 37, 52, 83, 47, 320, 38, 33, 807, 7, 44, 30, 31, 250, 10, 15, 35,
106, 160, 113, 31, 102, 406, 230, 540, 320, 29, 66, 33, 101, 807, 138, 301,
316, 353, 320, 220, 37, 52, 28, 540, 320, 33, 8, 48, 107, 50, 811, 7, 2, 113,
73, 16, 125, 11, 110, 67, 102, 807, 33, 59, 81, 158, 38, 43, 581, 138, 19, 85,
400, 38, 43, 77, 14, 27, 8, 47, 138, 63, 140, 44, 35, 22, 177, 106, 250, 314,
217, 2, 10, 7, 1005, 4, 20, 25, 44, 48, 7, 26, 46, 110, 230, 807, 191, 34, 112,
147, 44, 110, 121, 125, 96, 41, 51, 50, 140, 56, 47, 152, 540, 63, 807, 28, 42,
250, 138, 582, 98, 643, 32, 107, 140, 112, 26, 85, 138, 540, 53, 20, 125, 371,
38, 36, 10, 52, 118, 136, 102, 420, 150, 112, 71, 14, 20, 7, 24, 18, 12, 807,
37, 67, 110, 62, 33, 21, 95, 220, 511, 102, 811, 30, 83, 84, 305, 620, 15, 2,
10, 8, 220, 106, 353, 105, 106, 60, 275, 72, 8, 50, 205, 185, 112, 125, 540,
65, 106, 807, 138, 96, 110, 16, 73, 33, 807, 150, 409, 400, 50, 154, 285, 96,
106, 316, 270, 205, 101, 811, 400, 8, 44, 37, 52, 40, 241, 34, 205, 38, 16, 46,
47, 85, 24, 44, 15, 64, 73, 138, 807, 85, 78, 110, 33, 420, 505, 53, 37, 38, 22,
31, 10, 110, 106, 101, 140, 15, 38, 3, 5, 44, 7, 98, 287, 135, 150, 96, 33, 84,
125, 807, 191, 96, 511, 118, 40, 370, 643, 466, 106, 41, 107, 603, 220, 275,
30, 150, 105, 49, 53, 287, 250, 208, 134, 7, 53, 12, 47, 85, 63, 138, 110, 21,
112, 140, 485, 486, 505, 14, 73, 84, 575, 1005, 150, 200, 16, 42, 5, 4, 25,
42, 8, 16, 811, 125, 160, 32, 205, 603, 807, 81, 96, 405, 41, 600, 136, 14, 20,
28, 26, 353, 302, 246, 8, 131, 160, 140, 84, 440, 42, 16, 811, 40, 67, 101,
102, 194, 138, 205, 51, 63, 241, 540, 122, 8, 10, 63, 140, 47, 48, 140, 288

317, 8, 92, 73, 112, 89, 67, 318, 28, 96,107, 41, 631, 78, 146, 397, 118, 98,
114, 246, 348, 116, 74, 88, 12, 65, 32, 14, 81, 19, 76, 121, 216, 85, 33, 66,
15, 108, 68, 77, 43, 24, 122, 96, 117, 36, 211, 301, 15, 44, 11, 46, 89, 18,
136, 68, 317, 28, 90, 82, 304, 71, 43, 221, 198, 176, 310, 319, 81, 99, 264,
380, 56, 37, 319, 2, 44, 53, 28, 44, 75, 98, 102, 37, 85, 107, 117, 64, 88, 136,
48, 151, 99, 175, 89, 315, 326, 78, 96, 214, 218, 311, 43, 89, 51, 90, 75,
128, 96, 33, 28, 103, 84, 65, 26, 41, 246, 84, 270, 98, 116, 32, 59, 74, 66,
69, 240, 15, 8, 121, 20, 77, 89, 31, 11, 106, 81, 191, 224, 328, 18, 75, 52,
82, 117, 201, 39, 23, 217, 27, 21, 84, 35, 54, 109, 128, 49, 77, 88, 1, 81, 217,
64, 55, 83, 116, 251, 269, 311, 96, 54, 32, 120, 18, 132, 102, 219, 211, 84,
150, 219, 275, 312, 64, 10, 106, 87, 75, 47, 21, 29, 37, 81, 44, 18, 126, 115,
132, 160, 181, 203, 76, 81, 299, 314, 337, 351, 96, 11, 28, 97, 318, 238, 106,
24, 93, 3, 19, 17, 26, 60, 73, 88, 14, 126, 138, 234, 286, 297, 321, 365, 264,
19, 22, 84, 56, 107, 98, 123, 111, 214, 136, 7, 33, 45, 40, 13, 28, 46, 42, 107,
196, 227, 344, 198, 203, 247, 116, 19, 8, 212, 230, 31, 6, 328, 65, 48, 52, 59,
41, 122, 33, 117, 11, 18, 25, 71, 36, 45, 83, 76, 89, 92, 31, 65, 70, 83, 96,
27, 33, 44, 50, 61, 24, 112, 136, 149, 176, 180, 194, 143, 171, 205, 296, 87,
12, 44, 51, 89, 98, 34, 41, 208, 173, 66, 9, 35, 16, 95, 8, 113, 175, 90, 56,
203, 19, 177, 183, 206, 157, 200, 218, 260, 291, 305, 618, 951, 320, 18, 124,
78, 65, 19, 32, 124, 48, 53, 57, 84, 96, 207, 244, 66, 82, 119, 71, 11, 86, 77,
213, 54, 82, 316, 245, 303, 86, 97, 106, 212, 18, 37, 15, 81, 89, 16, 7, 81, 39,
96, 14, 43, 216, 118, 29, 55, 109, 136, 172, 213, 64, 8, 227, 304, 611, 221,
364, 819, 375, 128, 296, 1, 18, 53, 76, 10, 15, 23, 19, 71, 84, 120, 134, 66,
73, 89, 96, 230, 48, 77, 26, 101, 127, 936, 218, 439, 178, 171, 61, 226, 313,
215, 102, 18, 167, 262, 114, 218, 66, 59, 48, 27, 19, 13, 82, 48, 162, 119,
34, 127, 139, 34, 128, 129, 74, 63, 120, 11, 54, 61, 73, 92, 180, 66, 75, 101,
124, 265, 89, 96, 126, 274, 896, 917, 434, 461, 235, 890, 312, 413, 328, 381,
96, 105, 217, 66, 118, 22, 77, 64, 42, 12, 7, 55, 24, 83, 67, 97, 109, 121, 135,
181, 203, 219, 228, 256, 21, 34, 77, 319, 374, 382, 675, 684, 717, 864, 203,
4, 18, 92, 16, 63, 82, 22, 46, 55, 69, 74, 112, 134, 186, 175, 119, 213, 416,
312, 343, 264, 119, 186, 218, 343, 417, 845, 951, 124, 209, 49, 617, 856, 924,
936, 72, 19, 28, 11, 35, 42, 40, 66, 85, 94, 112, 65, 82, 115, 119, 236, 244,
186, 172, 112, 85, 6, 56, 38, 44, 85, 72, 32, 47, 63, 96, 124, 217, 314, 319,
221, 644, 817, 821, 934, 922, 416, 975, 10, 22, 18, 46, 137, 181, 101, 39, 86,
103, 116, 138, 164, 212, 218, 296, 815, 380, 412, 460, 495, 675, 820, 952

토머스 J. 비일이 만든 세 개의 암호문으로, 미국 버지니아주 베드퍼드 카운티 내 막대한 보물이 묻힌 위치가 숨겨져 있는 것으로 알려졌다. 두 번째 암호문은 미국 독립 선언문을 통해 풀 수 있었다.

모리스에게 맡긴 뒤 영원히 종적을 감추었다고 한다. 그 후 22년이 지난 어느 날 모리스는 비일과의 약속을 어기고 상자를 열었고, 암호문을 꺼내 그의 친구에게 건네주었다. 친구는 20년을 매달린 끝에 미국 독립선언서를 통해[11] 두 번째 암호문[12]을 해독해냈다. 다음은 그 내용이다.

나는 뷰퍼드에서 6킬로미터 남짓 떨어진 베드퍼드 카운티의 지표면 2미터 깊이의 구덩이(지하 저장실)에 공동소유의 물품들을 매장했다. 공동소유자의 이름은 세 번째 암호문에 적혀 있으며 물품 내역은 다음과 같다.

첫 번째 예치물은 금 1014파운드와 은 3812파운드로, 1819년 11월에 매장했다. 두 번째 예치물은 1821년 12월에 묻었는데, 금 1907파운드와 은 1288파운드, 그리고 세인트루이스에서 운송비를 절약한 대가로 받은 시가 1만

11 비일 암호문은 처음부터 끝까지 두 자리 수나 세 자리 수 숫자들의 나열로 되어 있는데, 두 번째 암호문은 이 숫자들을 독립선언서의 단어와 치환하면 해독된다. 이를테면 두 번째 암호문에서 가장 처음 나오는 숫자는 115인데, 이를 미국 독립선언서의 115번째 단어의 첫 번째 알파벳으로 대치하는 식이다.

12 상자 안에 들어 있던 비일 암호문은 총 세 개로 구성되어 있었다고 한다. 모리스의 친구는 그중 두 번째 암호문만을 겨우 해독했고, 첫 번째와 세 번째 암호문을 해독하는 데에는 실패해 또 다른 친구에게 이를 넘겨주었다.

키트 윌리엄스(왼쪽)과 그가 암호문을 숨겨놓은
보물 사냥 책, 『가장무도회』(1979).

3000달러어치의 보석류가 들어 있다.

상기 물품은 무쇠 뚜껑이 있는 무쇠 그릇 여러 개에 나눠 안전하게 포장했다. 지하 저장실은 내부가 돌로 되어 있으며 그릇들도 단단한 돌 위에 놓은 뒤 다른 돌멩이로 덮어놓았다. 첫 번째 암호문에 지하 저장실의 정확한 위치를 설명해놓았으니 찾는 데 어려움은 없을 것이다.

세 개의 암호문은 이름을 밝히지 않은 모리스의 친구로부터 1880년대에 전부 소책자로 출간되었고 이후 판매 광고까지 됐었다.

풀리지 않은 다른 두 암호문은 지금껏 누구도 해독하지 못했는데, 일각에서는 비일 암호문이 이 이야기의 유일한 증거인 1885년판 소책자의 존재를 세상에 알린 사람이자 프리메이슨 단원이었던 제임스 B. 워드가 저지른 사기라는 주장이 이어졌다. 문헌학자 조 니켈은 이 소책자에 적힌 'stampeding'(쇄도)과 같은 단어는 당대만 해도 쓰이지 않았기에, 1885년이라는 출간 시기는 사실이 아니라고 지적했다(그런 데다가 서른 명의 친인척을 열거했다는 세 번째 암호문의 분량은 턱없이 짧아 보인다). 물론, 이런 주장들이 베드퍼드 카운티로 몰려드는 보물 사냥꾼들의 발걸음을 멈추게 하진 못했다. 한 세기가 넘는 보물 수색의 역사에서 혹시나 간과되었을지 모를 미지의 단서를 찾느라 모두가 혈안이었다.

한편 대서양 건너편 영국에선 일러스트레이터 키트 윌리엄스의 그림책 『가장무도회』(1979)가 보물 사냥 문화에 불을 지폈다. 윌리엄스는 책 광고에 5000파운드(현재 시점의 환산 가치로는 2만 5000파운드) 상당의 액수를 들여 루비, 자개, 문스톤이 세팅된 18캐럿 황금 산토끼를 제작했고, 텔레비전 퀴즈 쇼의 진행자였던 뱀버 개스코인의 입회하에 이를 비밀 장소에 묻었다고 주장했다. 출판사에선 보도자료에 다음과 같이 명시했다. "책에 나오는 수수께끼와 퍼즐, 그림을 살펴보면 보물이 묻힌 곳의 단서를 찾을 수 있다. 옥스퍼드대학교 교수만이 아니라 열 살짜리 어린아이도 도전할 수 있다." 『가장무도회』는 센세이션을 일으켰다. 이틀 만에 초판이 다 팔렸고 해외 출간까지 이어지며 판매 부수가 100만 부를 넘겼다. 보물 사냥꾼들이 영국 전역을 공원이고 개인 정원이고 간에 닥치는 대로 파헤쳤다. 이 난리에 제일 몸살을 앓은 건 글로스터셔의 헤어스필드 비컨이었다. 결국 윌리엄스는 이 부지에 황금 산토끼를 매장하지 않았다는 표지판을 제작하는 데 비용을 부담하기로 했다.[13] 3년 동안 황금 산토끼의 위치를 아는 건 윌리엄스와 개스코인 둘뿐이었다. 하지만 1982년, 윌리엄스는 자기에게 온 편지를 펼쳐본 순간 정답자가 나타났음을 알아차렸다. 정답을 찾는 방법은 이러했다. 삽화에 그려진 동물의 눈이나 발부위에서 그 페이지 맨 가장자리의 한 글자까지 닿는 선을 긋는 것이다. 그러면 정답이 숨겨진 어구('앰트힐 근처close by ampthill')가 완성되었다. 정답자 켄 토머스는 정석대로 퍼즐을 푼 게 아니라 운이 좋아 우연히 맞힌 듯했지만 어쨌거나 보물을 손에 넣게 되었다.

그런 후 이야기의 반전이 등장했다. 1988년 12월 11일, 《선데이 타임스》는 이 우승 스토리 뒤에 또 다른 '가장무도회'가 있었다는 내용의 기사를 내보냈다. 켄 토머스의 진짜 이름은 두갈드 톰프슨이었다. 그리고 톰프슨의 동업자에겐 베로니카 로버트슨이라는 애인이 있었는데 이 여자가 과거 키트 윌리엄스와 동거하면서 보물이 묻힌 장소에 관한 대략적인 정보를 모은 사실이 드러난 것이다. 들통이 났지만 두갈드 톰프슨(켄 토머스)은 산토끼를 소더비 경매에 내놓았고 중동에서 온 수집가가 낙찰가 3만 1900파운드(현재로 치면 8만 4830파운드)에 매입했다.

책이 발간되고 세간의 뜨거운 관심을 받자 키트 윌리엄스는 두문불출하다시피 했지만, 그렇다고 다른 저자들이 비슷한 홍보 효과를 노리고 자신의 책에 있는지 없는지도 모를 보물에 관한 비밀 단서를 뿌려대는 사태가 주춤하는 건 아니었다. 이 현상은 이따금 치명적인 결과를 초래했는데, 2010년, 공군 조종사 출신의 미술상 포러스트 펜은 『추격의 희열: 회고록』을 출간하면서 200만 달러 상당의 보물 상자에 관한 단서가 책에 들어 있다고 주장했다. 보물 상자엔 200개의 루비와 사파이어가 박힌 팔찌, 재규어 발톱 모양의 황금 장식, 200년 된 수정 목걸이, 고대 중국의 옥 조각품이 들어 있다면서 그는 "보기만 해도 감동해 눈물을 흘릴 지경이 될 것"이라고 덧붙였다. "샌타페이 북쪽 산속 어딘가"에 숨겨져 있다는 주장에 뉴멕시코주, 콜로라도주, 와이오밍주, 몬태나주 등 미국 로키산맥 전역에서 때아닌 보물 사냥 열풍이 일었다. 펜의 보물 상자를 찾다가 콜로라도의 목사를 비롯해서 네 명이 사망했고, 부상자는 더 많이 발생했다. 당국의 촉구에도 이 백만장자 미술상은 여전히 보물 사냥 대회를 진행 중이다. "당연히 참사라고 생각합니다." 펜은 기자들에게 말했다. "하지만 우리는 자동차를 탈 때도 매번 목숨을 걸지 않나요?" 이어서 보물 상자는 위험하거나 접근하기 힘든 곳에 있지 않다고 말한 그는 이 이벤트로 사람들이 집을 벗어나 세상을 탐험하게 된 것에 자부심을 느낀다고 말했다. "요즘 사람들은 소파에 앉아 TV를 보거나 손바닥만 한 기계에 매달려 놉니다. 모든 게 예상 가능하기 때문에 대책 없이 늘어지는 겁니다."

13 '산토끼의 들'이라는 뜻의 지명인 헤어스필드Haresfield가 비밀 장소에 묻힌 황금 산토끼hare를 연상케 해서 일어난 소동이다.

GRUSS aus ISERLOHN
Der
hol' die
Ansichtskarten!
München, 12 Juli
February 14, 1985.

독일의 해커이자 IT 보안 전문가인 토비아스 슈뢰델이 고맙게도 이 책을 위해서 평생을 바쳐 수집한 암호문 엽서 235개 중 10개를 엄선해 제공했다. 암호문 엽서는 19세기에서 20세기 초까지 자신의 연애 사실을 숨기고 싶은 젊은이들 사이에서 유행했으며, 대개 기본적인 수준의 문자 치환식 암호를 썼다. 사연은 순진한 풋내기의 것부터 내밀한 토로까지 가지각색인데, 오른쪽 페이지 상단의 첫 번째 카드는 "몸을 타고 오르는 열기를 느낍니다"라는 문장으로 시작하는 음담패설로 채워져 있다.

출판 사기

독자를 속이기 위해 쓰인 책을 손에 들 때만 느끼는 묘한 희열이 있다. 목적이 풍자든 복수든 자기과시든 수익이든(앞으로 확인하겠지만 이것이 가장 큰 동기다), 출판 사기는 기본적으로 거짓말이되 남다른 거짓말이다. 물리적인 실체를 갖춘 비범한 거짓말이라는 뜻이다. 이 거짓말은 만질 수 있고 냄새를 맡을 수도 있다. 손으로 펄렁펄렁 넘겨볼 수도 있다. 거짓말이라는 전제를 의식하면서 용의주도하게 덫을 놓은 대목을 하나하나 음미하다 보면 스스로 대견해지기도 한다. 저자가 건네는 농담에 윙크로 화답하는 기분이다.

출판 사기를 현대의 산물로 생각한다면 오산이다. 이 방면의 선구자는 고대 스토아학파 철학자였고 '불꽃'이라고도 불렸던 배교자 디오니시오스(기원전 330~250)다. 디오니시오스는 그의 스승이자 '폼피쿠스'[1]라는 별명으로 통했던 헤라클리데스 폰티쿠스를 놀릴 목적으로 「파르테노파이오스」[2]라는 비극을 쓴 뒤 이를 소포클레스의 작품이라고 광고했다. 헤라클리데스는 제자의 사기극에 영락없이 걸려들었고, 소포클레스에 관한 글을 쓰면서 이 작품의 몇 구절을 인용하기까지 했다. 디오니시오스는 쾌재를 부르며 그제야 자초지종을 밝혔다.

『냇 테이트: 미국 화가 1928~1960』의 표지. 가상의 예술가를 다룬 가짜 전기로 윌리엄 보이드가 화단을 우롱할 작정으로 썼다. 1998년, 공범인 데이비드 보위가 주최한 파티에서 출간되었다.

1 그리스어로 '젠체하고 허영심 많은 사람'이라는 뜻으로, 그의 성(폰티쿠스)에서 착안하여 헤라클리데스의 성정을 비꼰 별명이었다고 전해진다.

2 그리스 신화에서 테베를 침공한 일곱 명의 장군 중 한 명의 이름이다.

반려 비버인 젤리 롤에게 먹이를 주는 그레이 아울.
북아메리카 원주민이자 환경보호론자로 알려졌던 그는 캐나다 황야에서의 삶을 다룬 책을 여러 권 펴냈다.
그의 관한 진실은 사후에 밝혀졌는데 알고 보니 그는 열여섯 살 때 모험을 찾아 가출해 캐나다로 건너간 백인 영국인이었고 진짜 이름은 아치볼드 스탠스펠드 벌레이니(1888~1938)였다.

헤라클리데스가 그의 말을 믿지 않자 디오니시오스는 본문에 숨겨둔 아크로스틱[3] 하나를 가리켰다. 완성된 글자는 헤라클리데스의 친한 친구의 이름 '팡칼루스'였다. 헤라클리데스가 우연일 뿐이라며 여전히 믿지 않자 디오니시오스는 본문 속에 묻어둔 또 다른 덫을 보여주었다. 다음은 그중 한 구절이다. "노회한 원숭이는 쉽게 잡을 수 없다. 잡는다고 해도 시간이 걸린다." 더 결정적인 문장은 이것이다. "헤라클리데스는 일자무식인데도 부끄러운 줄을 모른다."

그로부터 2000년이나 더 흐른 지금에도 출판 사기는 앙심을 품은 작가들에게 애용되고 있다. 2005년, 영국의 문학 평론가 A. N. 윌슨은 시인 존 베처먼의 전기를 출간했는데, 시인이 쓴 미공개 연애편지를 실어 주목을 받았다. 편지는 이브 드 하벤이라는 이름의 여자가 윌슨에게 보내준 것이었지만, 책이 출간된 후 진짜 출처가 밝혀졌다. 몇 년 앞서 윌슨은 역사학자 베비스 힐리어가 1988년에 펴낸 존 베처먼 전기를 가차 없이 깎아내리는 비평을 썼었는데, 이에 복수할 기회만 노리던 힐리어가 연애편지를 날조해선 윌슨에게 보낸 것이었다. 이브 드 하벤Eve de Harben은 '과연 그랬을까Ever been had'의 애너그램[4]이었고 편지 각 행의 첫 번째 글자만 모

3 각 행의 첫 글자를 이어 맞추면 의미 있는 어구로 완성되는 시나 글.

4 단어나 문장을 구성하는 글자를 재배열하여 새로운 단어나 어구를 만들어내는 글자 놀이. 예를 들어 'The eyes'를 'They see'로, 'Harry Porter'를 'Try trap hero'로, 'T.S. Eliot'을 'toilets'로 바꾸는 식이다.

고대 뱀 신 글리콘의 조각상. 2세기 후반에 제작된 것으로 추정된다. 사람들은 글리콘이 움직인다고 생각했으나, 실제로는 손으로 조작하는 꼭두각시였다. 이 대리석상은 루마니아 콘스탄차에서 팔라스 기차역이 있었던 장소를 발굴하던 중에 발견되었다. 루마니아는 이 발견을 기념하기 위해 1994년 글리콘이 그려진 1만 레이 화폐를 발행했다.

아 나열하면 'A. N. 윌슨은 상놈의 자식이다A. N. Wilson is a shit'라는 문장이 완성된다.

디오니시오스의 출판 사기로부터 3세기가 지난 그리스에선 신비주의자 아보노테이코스의 알렉산드로스(105~170)가 '예언하는 뱀'을 숭배하는 문화를 창시하며 그 명맥을 이어갔다. 시리아의 작가 루키아노스(125년경~180년 이후)가 처음 전한 이야기에 따르면 알렉산드로스는 고향 아보노테이코스에서 치유 신의 출현을 예언하는 가짜 서판 여러 개를 만들어 아스클레피오스[5]의 신전에 묻었다고 한다. 이후 이 '유물'이 발굴되자 신비주의자와 추종자 들은 너 나 할 것 없이 새 신전을 짓겠다고 아보노테이코스로 몰려들었다. 때맞춰 선지자의 옷차림으로 나타난 알렉산드로스는 마침 땅을 기어다니는 뱀(그가 직접 길들여 데려온 뱀이었다)을 가리키며 아스클레피오스가 뱀의 형상을 취해 돌아왔으며 그를 앞으로 '글리콘'이라 불러주길 바란다고 말했다. 알렉산드로스가 불러일으킨 뱀 숭배 열풍은 삽시간에 널리 퍼져나갔다. 알렉산드로스가 다른 사람의 운명을 섬뜩할 정도로 정확하게 예언했기 때문인데, 추종자들이 글리콘에게 봉인해 보낸 편지를 그가 미리 읽은 덕분이었다. 또한 가지, 알렉산드로스가 살아 있는 뱀을 겁 없

5 그리스신화에 등장하는 의술의 신.

조지 살마나자르(1679~1763). 이 가짜 포르모사인의 진짜 정체는 끝내 밝혀지지 않았다.

이 맨손(모르는 사람 눈에는)으로 다루며 명령을 하는 모습도 큰 몫을 했다. 루키아노스는 그 뱀이 아마포(리넨)로 만들어진 가짜였기 때문에 알렉산드로스가 두려워하지 않은 것이라고 설명했다. "말총으로 만든 끈을 움직여 뱀의 입을 열고 닫을 수 있었다. 그리고 끝이 갈라진 검은 혀 역시 그 끈을 움직이면 홱 하고 튀어나왔다." 고고학 자료에 따르면 170년 알렉산드로스가 사망한 후에도 글리콘 뱀 숭배는 100년 이상 이어졌다.

신출귀몰한 솜씨로 속속들이 날조된 책 『포르모사[6]의 역사적 지리학적 인상기』(1704)를 쓴 조지 살마나자르는 감쪽같은 사기로 한 시대를 풍미했다는 점에서 알렉산드로스의 정신적 후예라 할 만하다. 이 책은 처음부터 끝까지 '자전적인' 내용으로 이루어져 있지만 18세기 초 런던에 나타나선 자신이 유럽 대륙에 발을 내디딘 최초의 포르모사인이라고 주장한, 금발 머리에 눈은 파랗고 피부는 하얀 저자의 진짜 정체는 지금까지도 밝혀진 바가 없다. 살마나자르가 자신의 삶과 여행을 날조한 이 책은 인신 공양, 식인 풍습, 일부다처제, 영아 살해를 비롯한 포르모사인들의 소름 끼치는 생활상을 외설적인 삽화로 낱낱이 묘사해 출판계에 신선한 바람을 불어넣었고, 그는 단번에 영국의 명사가 되었다. 살마나자르의 눈으로 본 포르모사 사람들은 용무 때문에 외출할 때도 성기를 덮는 금 또는 은으로 된 판 말고는 실오라기 하나 걸치지 않았다. 일부다처제가 일반적이었고, 아내가 불륜을 저지를 경우, 남편은 아내를 먹을 권한을 가질 수 있었다(삼시 세끼 먹던 뱀고기에서 잠시나마 벗어나게 해주는 별미인 셈이었다). 살인자는 거꾸로 매달린 다음 온몸에 촘촘히 박힐 정도의 화살 세례를 받았다. 매년 소년들 1만 8000명의 심장이 석쇠에 구워져 제물로 바쳐졌는데, 나머지 시신은 포르모사 사제들이 먹었다.

살마나자르는 순회 강연을 다녔고 만찬의 식탁에 오른 날고기를 게걸스레 먹어대는 모습으로 손님들을 즐겁게 해주었다. 그는 또 뛰어난 기지로 의구심을 표하는 사람들을 놀려댔다. "하지만 살마나자르 씨, 당신이 진짜 포르모사인이라면 그 하얀 피부는 어떻게 설명하겠습니까?" "아, 그건 말이죠. 포르모사인은 빛 한 줄기 들어오지 않는 지하에 살기 때문입니다." 영국

6 1544년 대만에 도착한 포르투갈 선원들이 붙인 이름으로, 서구권에서 오랫동안 대만을 일컫는 명칭으로 쓰였다. Formosa(포르모사)는 포르투갈어로 '아름답다'라는 의미이다.

포르모사의 악마상(위)과 살마나자르가 책을 쓰기 위해 고안한 포르모사어 문자(옆 페이지).
살마나자르의 『포르모사의 역사적 지리학적 인상기』에 수록된 내용이다.

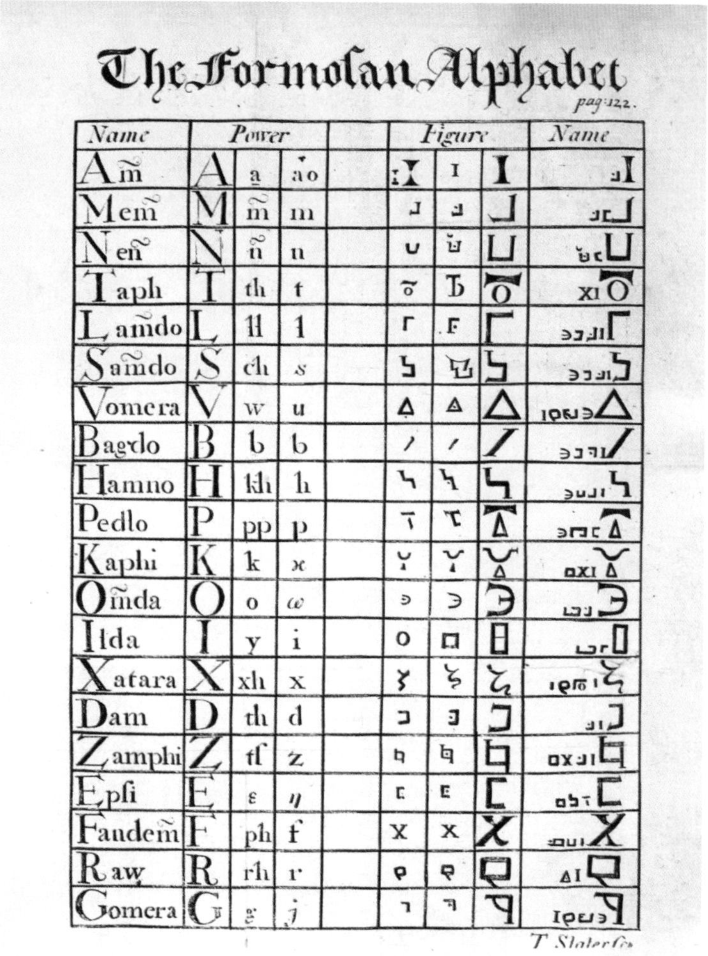

The Formosan Alphabet

pag:122.

Name	Power	
Am̃	A a	ȧo
Mem̃	M m̃	m
Neñ	N ñ	n
Taph	T th	t
Lam̃do	L ll	l
Sam̃do	S ch	s
Vomera	V w	u
Bagdo	B b	b
Hamno	H kh	h
Pedlo	P pp	p
Kaphi	K k	κ
Om̃da	O o	ω
Ilda	I y	i
Xatara	X xh	x
Dam	D th	d
Zamphi	Z tſ	z
Epſi	E ε	η
Fandem̃	F ph	f
Raw	R rh	r
Gomera	G g	j

T. Slater Sc.

학술원 회의에서 에드먼드 핼리[7]가 포르모사는 열대성 기후여서 상공의 햇빛은 직각으로 굴뚝을 비춘다고 지적했을 때도 이 가짜 포르모사인은 “탁월한 지적입니다”라며 오히려 맞장구를 쳤다. 그리곤 이렇게 덧붙였다. “당연히 그렇겠죠. 다만, 포르모사의 굴뚝은 코르크 따개처럼 나선형으로 휘어져 있어서 햇빛이 지하까지 비치지 못한답니다.”

살마나자르의 에세이는 전적인 허구로, 이 책은 베른하르두스 바레니우스[8]의 『일본과 시암 왕국 인상기』(1649)는 물론 신대륙의 아즈텍과 잉카 유적지의 여행기 등, 당대의 책들을 마음껏 베껴 짜깁기한 것이었다. 그런데도 미친 듯이 팔려나갔고, 이듬해에 출간된 증보판엔 저자를 의심하는 비판에 맞서는 반박문까지 실었다. 이 사기극의 전모는 1764년 살마나자르가 사망

7 영국의 천문학자이자 기상학자, 물리학자, 수학자.

8 17세기 독일의 지리학자.

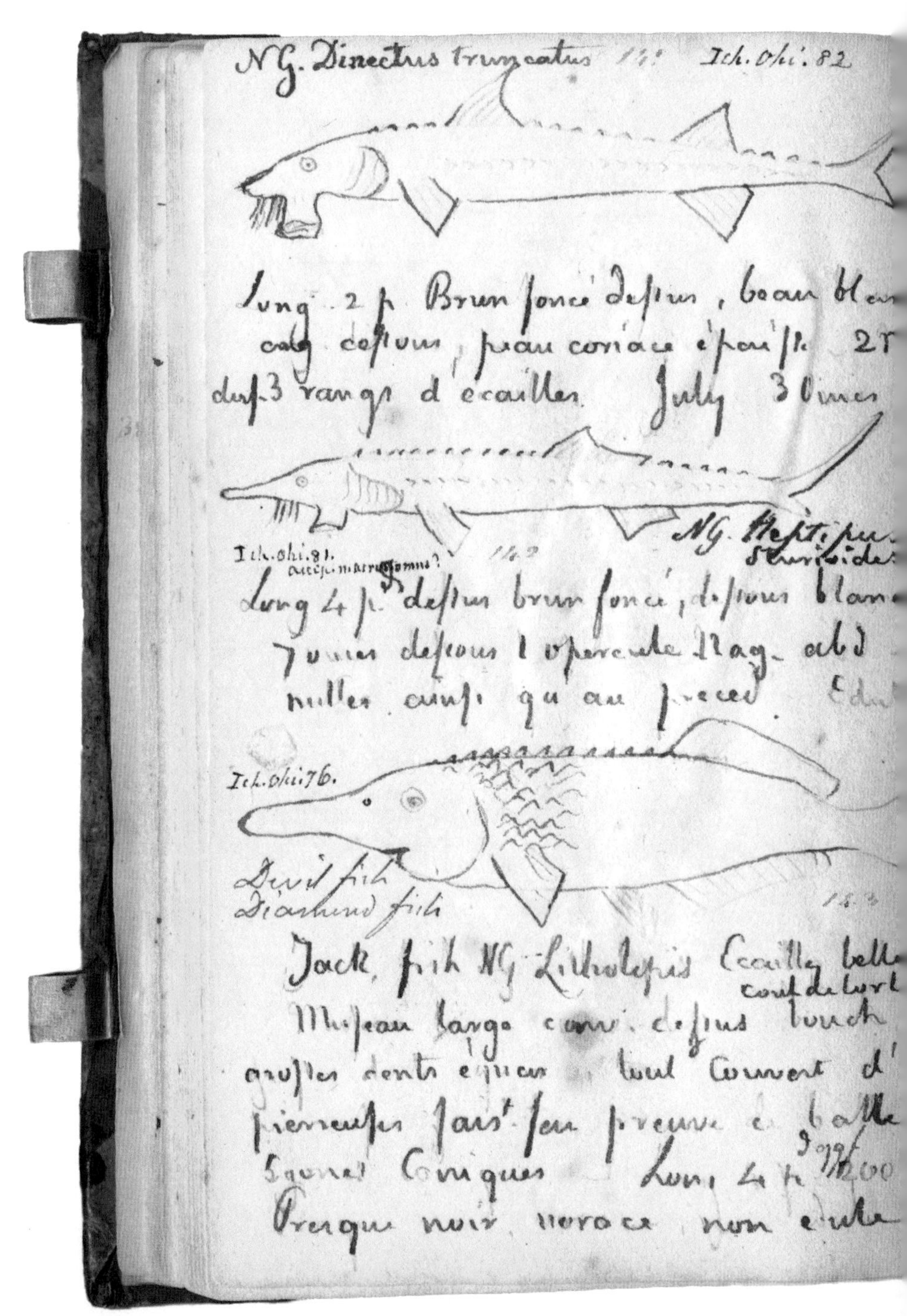

1818년, 프랑스의 자연사학자 콩스탕틴 사뮈엘 라피네스크는 자연학자 친구인 존 제임스 오듀본을 만나러 켄터키에 갔다.
함께 지내는 동안 라피네스크가 성가셔 죽을 지경이 된 오듀본은 그를 놀릴 셈으로
켄터키주에만 서식하는 가짜 동물을 지어내기 시작했고 프랑스 친구는 묻지도 따지지도 않고 이를 성실히 기록하고 스케치했다.
그중 네 종의 가짜 물고기 스케치를 이 여행 기간에 사용한 그의 '열일곱 번째 노트'에서 발췌했다.

이 페이지에 실린 네 종의 가짜 물고기는 각각 '납작코 쌍지느러미Flatnose Doublefin', '큰입 철갑상어Bigmouth Sturgeon', '버펄로 잉어 서커Buffalo Carp Sucker', 그리고 총알도 튕겨내는 비늘을 가진 '데빌잭 다이아몬드 물고기Devil-Jack Diamond fish'다.

한 후 그의 '진짜' 자서전인 『조지 살마나자르라는 이름으로 알려진 ****의 회고록』이 나오면서 비로소 밝혀졌다. 시인이자 평론가인 새뮤얼 존슨 박사는 살마나자르의 친구였다는 이유로 그의 사기 저술 행위를 직접 비판한 적이 있었느냐는 질문을 받았고, 이에 "주교에게 대들었을 때 알아챘어야 했는데"[9]라고 답했다.

살마나자르가 가짜 인상기를 홍보하러 영국을 순회하는 동안 런던에선 조너선 스위프트(어린이를 잡아먹는 소재로 악명을 떨친 그의 풍자극 『겸손한 제안』은 가짜 포르모사인이 쓴 식인 문화에서 영감을 받았다고 한다)가 돌팔이 점성술사 존 패트리지를 신나게 매질하고 있었다. 패트리지가 펴낸 『해방된 메를리누스』(1680년부터 해마다 다음 해를 예측하는 예언을 실은 일종의 연감)에 대해 『영국 인명사전』은 "모호한 어법을 … 완벽의 경지로 끌어올린 흔치 않은 사례"라고 평했다. 그러나 패트리지가 어디까지나 휘그당의 비위를 맞출 심산으로 쓴 글만큼은 모호함과는 거리가 멀었고, 바로 그 점이 스위프트를 분연히 떨쳐 일어나게 만들었다.

1707년, 출판 시장에 새로 등장한 연감이 패트리지의 명성에 도전장을 던졌다. 아이작 비커스태프라는 이름의 저자가 쓴 『1708년을 예언한다』였다(오늘날 장서 수집가들이 눈에 불을 켜고 찾는 책이다). 애매모호한 예측들 가운데 유독 구체적인 대목이 있었는데, 사기꾼 패트리지의 죽음이 임박했다는 예언이었다. "나만의 방법으로 패트리지의 별자리 운세를 점쳐 보았다." 비커

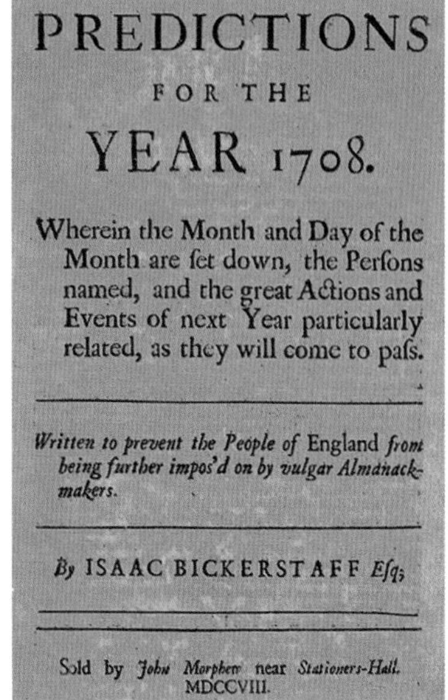
PREDICTIONS
FOR THE
YEAR 1708.

Wherein the Month and Day of the Month are ſet down, the Perſons named, and the great Actions and Events of next Year particularly related, as they will come to paſs.

Written to prevent the People of England from being further impos'd on by vulgar Almanack-makers.

By ISAAC BICKERSTAFF *Eſq;*

Sold by *John Morphew* near *Stationers-Hall.*
MDCCVIII.

조너선 스위프트가 존 패트리지의 죽음을
가짜로 예언한 책의 속표지.

스태프의 탈을 쓴 스위프트는 썼다. "그는 내년 3월 29일 밤 열한 시경, 극심한 열병으로 죽을 것이다." 얼마 후 비커스태프의 이름으로 두 번째 소책자 『비커스태프의 예언이 거둔 첫 번째 성취』가 출간되었다. 이 책에 실린 '임종에 이르러서야 머리를 조아린 패트리지와의 인터뷰'에는 패트리지가 임종을 맞이하는 침상에서 자신이 사기꾼임을 인정하는 유언이 있었다.[10]

스위프트의 책에 모두가 감쪽같이 속았다. 패트리지의 부인은 거리에서 마주친 지인들에게 애도의 말을 들었다. 직접 찾아와 장례식 준비를 도와주겠다고 제안한 사제도 있었다. 출판인 협회는 살아 있는 작가 명단에서 패트리지의 이

9 새뮤얼 존슨은 '인간의 본성'을 주제로 대화하는 자리에서 잉글랜드 엑서터의 주교에게 거침없이 논박한 적이 있었다. 그는 당시 상대가 주교라는 사실을 알지 못했었고, 알았다면 좀 더 깍듯하게 대했을 거라는 증평이 있다. 살마나자르에 대한 존슨의 이와 같은 답변은 그가 살마나자르가 사기꾼이었다는 사실을 전혀 알지 못했음을 재치 있게 드러내고 있다.

10 스위프트는 비커스태프 말고도 피즐럼프 백작 부인, 앤드루 트라이프, 그리고 설명이 필요 없는 리뮤얼 걸리버 등 많은 필명으로 글을 썼다. 하지만 이 분야의 일인자 대니얼 디포(출생명 대니얼 포)에 비하면 명함조차 내밀지 못한다. 디포는 베티 블루스킨, 뱃사공 트링콜로, 키드니 페이스 백작, 포플링 티틀태틀 경 등 무려 200개의 필명으로 활동했다. —지은이

름을 삭제했다(그런 가운데 스페인 종교 재판소가 비커스태프의 예언이 초자연적으로 정확한 건 마법의 힘이라며 책을 소각하라는 명을 내렸다는 소문이 돌았다). 급기야 묘석까지 만드는 중이라는 소식을 접한 패트리지는 미친 듯 소책자를 발행해 비커스태프의 주장을 부정하면서 자신이 살아 있음을 입증하는 사적인 일화를 공개했다. 그러나 스위프트가 그 즉시 출간한 『아이작 비커스태프 님의 변명』에서 패트리지의 소책자는 사기꾼이 쓴 것이라고 매도하자 경악을 금치 못하게 되었다. 스위프트의 사기극은 대성공을 거두었고 패트리지가 신뢰를 회복해 출간을 재개할 수 있게 된 건 그로부터 6년이 지나서였다.

내 생각에 완벽한 출판 사기는 연못에 던져진 돌멩이가 파문을 일으켜 쓰나미가 되는 것처럼, 처음엔 사소하고 단순한 기획이었던 것이 점차 몸집을 부풀려 결국 세상을 뒤흔드는 반전을 일으키는 것이다. 그런 의미에서 '포르사스 사건'은 가히 출판 사기의 역사를 다시 썼다고 할 수 있다. 1840년, 8월 10일 세상을 떠난 지 얼마 되지 않은 포르사스의 백작 장 니포뮈센-오귀스트 피쇼의 장대한 서재 장서 경매에 참석하려고 유럽 각지에서 장서 수집가와 희귀 서적상 들이 벨기에의 작은 마을 뱅슈에 몰려들었다. 입찰자들은 포르사스 백작의 서재에 자리한 엄청난 양의 장서를 엄선해 항목별로 목록화한 카탈로그를 하나씩 움켜쥐었다. 이렇게 난리를 친 건 카탈로그에 실린 132권의 책 중에서 52권이 이전

미국 건국의 아버지 토머스 제퍼슨이 '현존하는 가장 위대한 시인'이라고 칭송했고,
나폴레옹, 디드로, 볼테르 등이 존경을 표한 3세기 스코틀랜드의 시각장애 시인 오시안을 그린 작품(1810).
현대에 와서 오시안과 그의 서사시가 18세기 스코틀랜드 시인 제임스 맥퍼슨이 만들어낸 허구였음이 밝혀졌다.

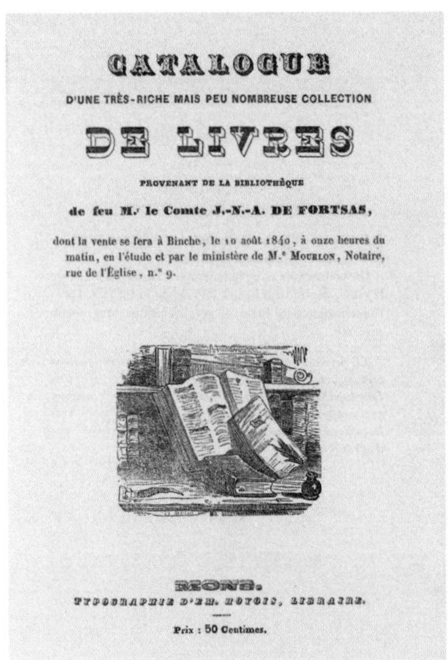

CATALOGUE
D'UNE TRÈS-RICHE MAIS PEU NOMBREUSE COLLECTION
DE LIVRES
PROVENANT DE LA BIBLIOTHÈQUE
de feu M.r le Comte J.-N.-A. DE FORTSAS,
dont la vente se fera à Binche, le 10 août 1840, à onze heures du matin, en l'étude et par le ministère de M.e Mourlon, Notaire, rue de l'Église, n.o 9.

MONS.
TYPOGRAPHIE D'EM. HOYOIS, LIBRAIRE.
Prix : 50 Centimes.

1840년, 포르사스 백작 서재의
가짜 카탈로그 원본의 표지.

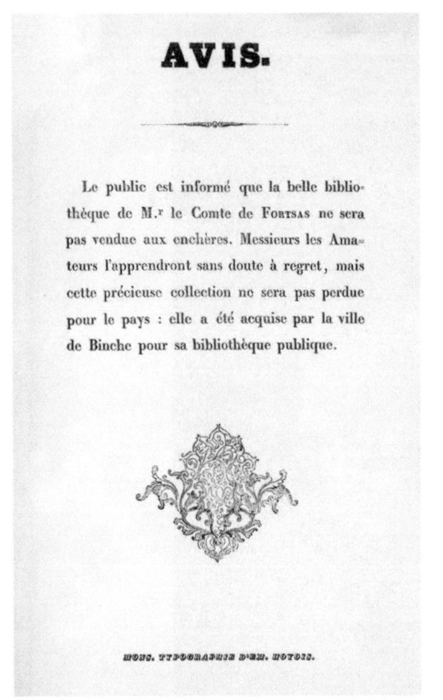

AVIS.

Le public est informé que la belle bibliothèque de M.r le Comte de Fortsas ne sera pas vendue aux enchères. Messieurs les Amateurs l'apprendront sans doute à regret, mais cette précieuse collection ne sera pas perdue pour le pays : elle a été acquise par la ville de Binche pour sa bibliothèque publique.

MONS. TYPOGRAPHIE D'EM. HOYOIS.

포르사스 경매 전날 배포된 공지문으로, 뱅슈시에서
(있지도 않은) 시립도서관을 위해 컬렉션을 일괄 매입했기
때문에 예정된 행사를 취소한다고 써 있다.

까지 세상에 알려진 적 없는, 가치를 헤아릴 수 없을 만큼 귀중한 책들이기 때문이었다. 카탈로그 서문엔 다음과 같이 소개돼 있었다. "포르사스 백작은 서지학자도 카탈로그 편집자도 알지 못하는 작품만 자신의 서가에 진열했다. 심지어는 그가 금으로 사들인, 세상에 알려진 적이 없던 책이 다른 카탈로그에 언급될 경우, 그 책을 목록에서 가차 없이 빼버릴 정도였다."

이 컬렉션에는 16~17세기 네덜란드의 출판 명가 엘제비르가 만든 미지의 책 두 권과 아렌트 데 카이제레[11]의 전설적인 출판사 아우더나르데에서 만든 인큐내뷸러incunabula[12] 『네덜란드 주요 가문의 혈통에 얽힌 미심쩍고 수상한 문제들』 같은 감질나게 외설적인 책, 그리고 호기심을 자극하는 『저지대 국가 국왕의 쾌락적이고 불편한 궁실들』(1686)이 포함되어 있었다. 카탈로그 제작자에 따르면 후자는 "명예훼손 감의 구역질 나는 유머"가 돋보이는 책으로, 루이 14세의 골칫거리 엉덩이를 해부학적 관점에서 구석구석 파헤친다. 부채꼴로 그려진 왕의 엉덩이를 빛줄기들이 에워싼 가운데 그 유명한 왕실의 금언인 "두루 공정하라Nec pluribus impar"가 적힌 삽화가 특히 인상적이다. 마차를 타고 이 작은 마을을 향해 돌진한 사람들 가운데엔 벨기에 왕립도서관장으로 앞서 포르사스에 급전을 보내 컬렉션 일부를 예약하게 해달라고 요구한 레이펜베르흐 남작과 대왕 할아버지[13]의 부끄러운 침실 비화를 다룬 책이 다른 이에게 넘겨질지 모른다는 두려움에 리뉴 공주가 급히 파견한 대리인이 있었다.

정작 방문객들은 도착하자마자 혼란에 빠졌

11 플랑드르의 인쇄업자로, '인큐내뷸러'의 거장으로 알려져 있다.

12 유럽에서 인쇄술 발달 초창기(1450~1500년)에 만들어진 책을 이르는 말로, 인쇄기가 유럽 대륙 전역에 보급되기 전에 제작된 활자본을 의미한다.

13 루이 14세를 의미한다.

다. 눈을 씻고 찾아봐도 판매를 진행할 공증인 사무실이 없었기 때문이다. 심지어 사무실 주소인 '에글리즈가'도 존재하지 않는 지명이었다. 제일 이상한 건 뱅슈에 사는 누구도 백작이나 서재, 경매에 관해 들어본 적도 없는 것 같은 분위기였다. 방문객들이 이 상황을 이해하려고 애쓰는 동안 경매는 이미 취소됐고 책은 마을 도서관이 인수했다는 소문이 퍼졌다. 점입가경이었다. 뱅슈엔 도서관이 없었다. 구매자들이 해명을 요구하는 가운데 백작도, 컬렉션도, 경매도 처음부터 거짓이었음이 분명해졌다. 카탈로그는 사기였다. 범인의 정체는 소동이 있은 지 16년이 지나서야 밝혀졌다. 카탈로그를 인쇄한 사람이 마침내 밝힌 이름은 르니에-위베르-지슬랑 샬롱이었는데 은퇴한 군 장교이자 애서가였다. 16년 후 누군가가 경매 당시 어리둥절한 무리에 섞여 못 견딜 정도로 즐거워하는 샬롱의 모습을 떠올렸다. 14페이지짜리 포르사스 경매 카탈로그는 몇 번이나 증쇄됐고 이후 수집가들이 손꼽는 소장품이 되었다. 2018년 7월, 크리스티 경매에서 초판이 1만 2000파운드에 달하는 가격에 낙찰되었다.[14]

샬롱이 이런 분란을 일으킬 작정을 하게 된 데에는 가짜 신문 기사를 좋아한 당시 사람들의 취향도 한몫했을 것이다. 현대의 신문은 4월 1일 하루로 이 전통을 제한하고 있지만 19세기를 살았던, 특히 권태에 빠진 기자들은 상상력을 한껏 발휘해 현란하게 지어낸 가짜 뉴스로 지면을 채우길 좋아했다. 1874년 11월 9일에는 《뉴욕 헤럴드》가 '야생동물 사기극' 또는 '센트럴파크 동물원의 동물 탈출 사건'으로 알려지게 될 별스러운 장난을 치면서 뉴욕은 신문이 쏘아올린 혼란의 배경지가 되기도 했다. "끔찍한 재난", "센트럴파크에서 탈출한 야생동물들", "찢긴 사지가 낭자한 참혹한 현장", "충격적인 죽음의 휴일", "멋대로 날뛰는 맹수들", "짐승과 시민 간의 처참한 전투" 등의 자극적인 헤드라인이 쏟아져나왔다. 목격자들은 센트럴파크 동물원을 탈출한 동물들의 공격으로 49명이 사망하고 200명 이상이 중상을 입었다고 증언했다. 맹수 열두 마리는 여전히 행방이 알려지지 않은 채 시내를 활보하는 가운데 딕스 주지사가 거리를 돌아다니는 벵골 호랑이를 직접 총으로 쐈다는 기사가 보도되었다.

기사가 나오자 뉴욕 시장 윌리엄 프레더릭 해브마이어는 시민들에게 외출을 삼가고 문을 잠근 뒤 집 안에 있을 것을 지시했다. 무장한 폭도들이 5번가와 브로드웨이에서 동물을 사냥하며 돌아다니다가 교회, 사무실, 백화점에 난입했다는 보도가 이어졌다. 《헤럴드》 신문사의 종군 특파원이었던 조지 W. 호스머 박사는 이 모든 게 장난이라는 건 꿈에도 모른 채 큼지막한 군용 리볼버 두 자루를 머리 위로 쳐든 채 신문사 사무실로 뛰어 들어가선 외쳤다. "자, 내가 왔다!" 한편 경쟁사 《타임스》 신문사의 편집장이었던 조지 F. 윌리엄스 소령은 곧장 경찰 본부로 달려가 노발대발하며 《헤럴드》에 특종을 넘겨준 것을 비난했다. 1893년 《하퍼스 위클리》와의 인터뷰에서 전 《헤럴드》 기자 토머스 코너리는 날조한 기사였음을 인정하면서, 동물원의 열악한 환경에 대중이 좀 더 관심을 기울이길 바라는 의도였고 "경각심을 일깨우고자 현실과 엇비슷하게 꾸며냈을 뿐 악의는 전혀 없는 소소한 사기극"이었다고 말했다.

---

14 개인적으로는 1860년대에 포르사스 카탈로그를 최초로 영어로 번역하고 출간한 사람이 나의 조상, 인쇄업자이자 서지학자인 윌리엄 블레이즈(1824~1890)임을 알고 전율을 느꼈다. —지은이

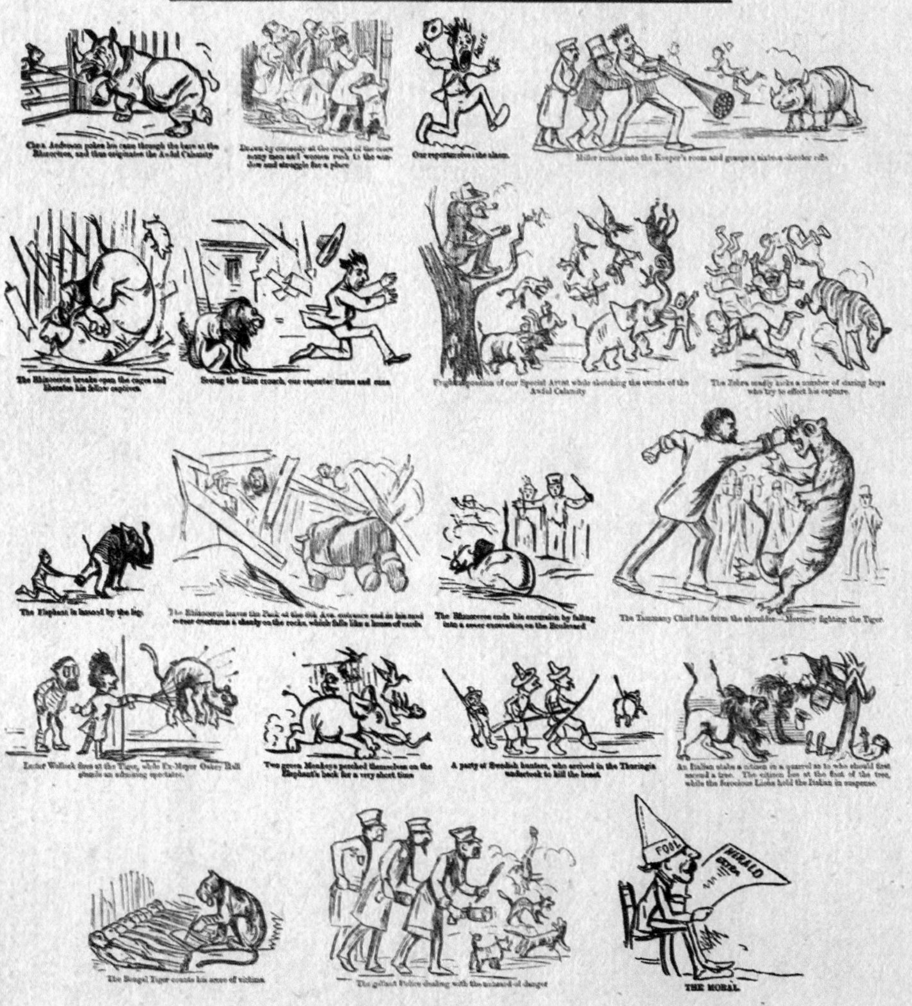

당시《하퍼스 위클리》에 실린 '위대한 동물원 사기'의 삽화.

'파투리바 새의 둥지', 그리고
기함할 정도로 주사위를 빼닮은 알.

역시나 책으로 사기 치는 일에 관심이 있던 미국 작가 조지 셰퍼드 셔펠 또한 1921년 당시 인기 있던 장르를 활용해 일을 벌일 궁리를 하고 있었다. 그가 노린 장르는 평소 경멸해 마지않았던 '해외 여행기'였다. '월터 E. 트랩록'의 웃기고 이상한 모험담 『카와호 항해: 남태평양 유랑기』는 태평양을 발견한 '실제' 항해 역사에 관한 에세이로 처음 소개되었는데, 이제는 탐사 역사학자들이 각별한 애정을 바치는 고전이 되었다. 훌륭한 카와호의 선원들이 '필버트 섬'까지 항해하는 과정을 그린 이 책은 처음부터 끝까지 완전히 허구이다. 저자이며 선장인 월터 E. 트랩록은 일찍이 『레 미제라블』을 뮤지컬로 각색한 〈점핑 진〉을 비롯해서 『알뜰한 살림꾼을 위한 저렴한 카레 요리들』, 『롤러스케이트로 러시아 일주하기』처럼 널리 세상을 이롭게 하는 책들을 펴낸 것으로 소개되었다.

트랩록은 필버트 섬에 도착하기 무섭게 문명이 닿지 못한 섬의 생태를 기록해나간다. 코코넛 밀크를 먹고 사는 순한 뱀 우자, 작은 배 정도는 능히 끌 수 있는 거대한 게, 그리고 섬의 토착종 가운데 가장 놀라운 생물로 "정육면체 모양의 알을 낳는 전무후무한 재능"을 가진 새 파투리바(셔펠이 책에 실은 정육면체 알 사진을 보면, 긴가민가할 것 없이 그냥 주사위다) 등이 그 내용이다. 카와호 선원들은 바아하아바아(잘 취하지 않는 술고래), 아불루티(끝없이 부는 돌풍), 잠바오-잠비노(가는 허리를 자랑하는 청년)와 조우하는데, 그 과정에서 트랩록은 필버트 섬의 원주민 여자와 결혼한다. '결혼의 추억' 장에서는 결혼 초기에 겪은 순탄치 않았던 일화를 소개한다.

『카와호 항해』의 저자 월터 E. 트랩록(조지 셰퍼드 셔펠).

가짜 여행서 『카와호 항해』(1921)의 표지.

결혼한 지 일주일이 넘었는데도 아내의 이름을 기억할 수 없었다.

"키피푸투오나아아." 아내는 노래하듯 중얼거렸다.

"타로 이티티 아아 모이에하 에파아 리하하?" 내가 물었다. 독자 여러분을 위해 기꺼이 통역하면 이 말의 뜻은 다음과 같다. "뭐?"

책은 베스트셀러가 되었다. 대놓고 가짜인 티가 나는 어조와 우스꽝스러운 요소들, 이를테면 선원과 원주민이 싸구려 세트장을 배경으로 촬영한 사진들에도 불구하고 꽤 많은 사람들이 이 책의 내용을 실화로 받아들였다. 심지어《내셔널 지오그래픽》편집부는 월터 트랩록을 초빙해 워싱턴에서 책을 주제로 강연회까지 열었다.

1917년 '뉴욕 작가 클럽'이 "미국과 러시아의 위인들이 문학으로 하나 되고 펜으로 친목을 다지기를 바라는 마음에서" 자비 출간한 얇은 책이『카와호 항해』와 나란히 한 서가에 꽂히지 않는다면 출판 사기 컬렉션은 결코 완성되지 못할 것이다. '러시아 문학의 할아버지'로 칭송받는 대작가의 업적을 기리는『표다르 블라디미르 라로비치: 그의 삶과 문학 비평』이 바로 그 책이다. 이 책의 출판기념회는 300명의 귀빈이 참석하면서 클럽 사상 최대 규모의 행사가 되었고, 주최자 리처드슨 라이트는 이 책의 출간을 "위대한 러시아 문호에 바치는 마땅한 존경의 표시"라고 말했다. 클럽 회원들이 책에 바치는 글을 낭독하는 순서도 있었는데, 가장 심금을 울린 건 최고령 회원이자 의사인, 타이터스 먼슨 코언의 헌사 '라로비치와의 대화'였다.

"아, 네, 라로비치와는 잘 아는 사이였죠." 코언의 헌사 낭독이 시작되었다. "50년이 지난 지금도 생생히 기억하고 있습니다! 그가 한 말, 그의 목소리, 미소, 번득이던 눈빛, 말할 때의 제스처까지 모두 말이죠." 이어서 그는 1860년대 후반 파리에 살 때 그와 자주 마주쳤던 일을 애틋하게 회상한다. 코언은 클럽이 회원들을 놀려먹을 속셈으로 가짜 러시아 작가를 만들어냈다는 건 끝까지 알아채지 못한 것 같다. "출판기념회 당시 코언 씨는 나이가 꽤 많았습니다." 라이트가 말했다. "라로비치가 파리의 미국 공사관을 방문했을 때 일어난 일이라는 이야기는 정말 감동적이었습니다."

허구의 예술가, 표다르 블라디미르 라로비치의 자서전 표지에 붙어 있는 라벨.

1943년 호주에서 가장 유명한 문학 사기 사건 역시 비슷한 맥락의 후발주자다. 당시 호주 육군본부였던 멜버른 빅토리아 막사의 제임스 매콜리 중위와 해럴드 스튜어트 상병은 시를 사랑하는 마음을 나누고 '시의 의미와 예술성이 쇠락하는 현실'을 우려하면서, 현대의 전위 시는 부조리에 둔감할 뿐만 아니라 예사로운 분별력도 없다는 것을 확신하게 되었다. 두 군인은 그들 손으로 현대 시인을 만들기로 의기투합했고, 그렇게 해서 시드니 태버너스 힐의 파머 정비소에서 일하는 '어니스트 랄로 맬리'가 탄생했다. 이후 이들은 매일 오후 일과를 마치고 월터 립먼이 쓴『영어 운율 포켓 사전』부터 어느

Angry Penguins

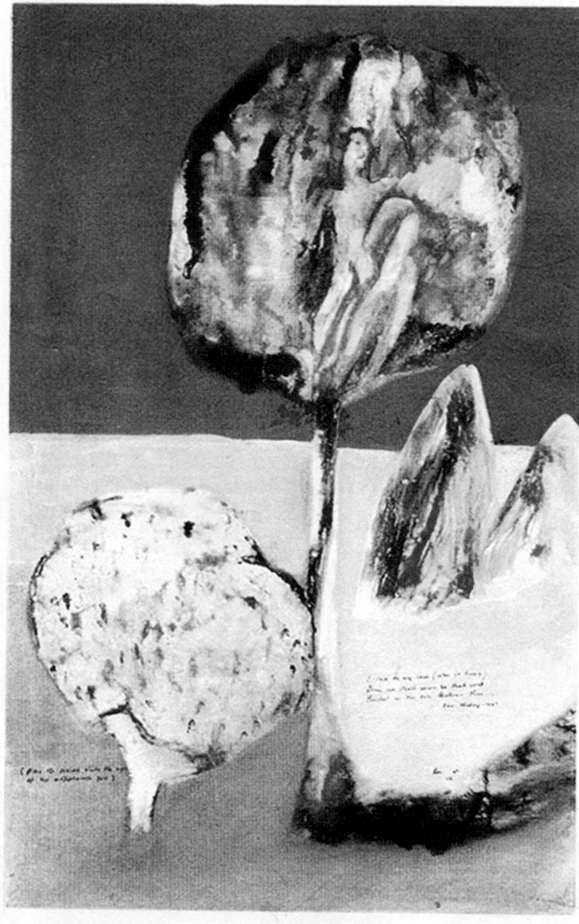

1944 Autumn Number
to Commemorate
the
Australian
Poet
Ern Malley

"I said to my love (who is living)
Dear we shall never be that verb
Perched on the sole Arabian Tree"

"(Here the peacock blinks the eyes
of his multipennate tail.)"

Painting by Sidney Nolan.

어니스트 맬리를 다룬《앵그리 펭귄》1944년 가을호의 표지.

미국인이 모기떼가 몰리는 늪의 배수 상태를 기록한 보고서 등에서 닥치는 대로 문구들을 뽑아 조합하는 방식으로 줄기차게 시를 써 모았다.

그렇게 완성된 처참한 운문이 꽤 마음에 든 그들은 두 편을 골라 당시 모더니즘 예술 운동의 최전선에 섰던 호주 문예지《앵그리 펭귄》에 투고했다. 잡지의 창간인이자 편집자이던 맥스 해리스는 맬리의 시를 읽은 순간 감동한 나머지 1944년 가을호를 온통 맬리에 대한 내용으로 채웠고, 시 열여섯 편이 수록된 시집을 증쇄하기에 이르렀다. 그러나 독자들의 열화와 같은 호응 대신 돌아온 건 조롱과 '자기가 쓴 시로 도배한 잡지를 내는 편집자'라는 비난이었다. 그는 황망한 심정으로 사설탐정까지 고용해 맬리를 찾았지만 그런 시인은 존재하지 않는 것 같다는 답변만 돌아왔다. 결국 시드니의 주간지《선데이 선》이 나서서 진상을 폭로했고 매콜리와 스튜어트는 의기양양하게 잘못을 인정했다. 이후 스튜어트가 출간과 관련해 외설죄로 구속되면서 이 무용담은 새로운 궤도에 진입한다. 하지만 주 정부는 정확히 어느 대목이 외설인지는 지적하지 못했다.

다만 검찰 측 증인이었던 보걸생 형사는 「밤의 조각」이 외설죄에 해당하는 이유를 다음과 같이 밝혔다. "정황상 한 사람이 어둠 속에서 호롱불을 든 채 공원 정문을 통과해 가고 있습니다. 이 사회가 허용하지 않는 모종의 목적을 수행하려고 가는 것으로 추정됩니다. … 밤에 공원에 가는 사람들은 부도덕한 의도를 품고 있음을 나는 경험으로 알고 있습니다."「원근법으로 읽는 사랑 노래」에 대해서도 그는 "'incestuous'(근친상간의)란 단어가 외설적이라고 느껴지지만 그게 무슨 뜻인지는 잘 모르겠습니다"라고 진술했다. 그는 또 "시에서 여성의 신체 부위를 묘사한 모든 대목"을 비판했다.

이어 해리스가 열과 성을 다해서 맬리의 시를 변호했음에도 치안 판사는 스튜어트가 "성적인 언급을 위험할 정도로 과도하게 좋아한다"고 판단했고 6년의 징역형 대신 5파운드의 벌금형을 선고했다. 다음은 보걸생 형사의 심기를 뒤틀리게 만든 문제의 시 「밤의 조각」 전문이다.

휘둘린 횃불이 씨앗을 흩뿌린다
산형화처럼 피어난 어둠 속에서.
그러나 개구리 한 마리가 쉰 목소리로
벌거벗고 침범하는 호수의 님프를 비난한다.
상징들은 자명하다.
그러나 공원 대문 위에 앉은,
녹슬어 부리가 뭉개진 금속 새들은 못마땅해 보인다.
수련 사이에서 물이 뿜어져 나오니—어둠 속에 이는 하얀 거품!
너는 흐느껴 운다
나의 떨리고 예민한 팔을 베고 누운 채.

한편, 미국의 저널리스트 마이크 맥그레이디는 재클린 수잔의 『인형의 계곡』과 해럴드 로빈스의 『모험가들』 같은 저급하고 선정적인 소설이 성공하는 미국 대중문화를 조롱하려는 목적으로 소설을 쓰기로 결심한다. 1966년, 의도적으로 말도 안 되는 설정과 처음부터 끝까지 성적인 묘사로 도배된 로맨틱 코미디 소설 『낯선 남자는 나체로 왔다』를 완성하기 위해 그는 스물네 명의 공동작가를 모집했는데,[15] 이

15 책의 진짜 저자는 이들이지만, 페넬로페 애쉬라는 가상의 인물을 한 명의 저자로 내세웠다. 출판사와 만남을 가지거나 사진을 찍을 일이 있을 때는 맥그레이디의 처제가 페넬로페 애쉬인 척 연기했다고 한다.

중엔 퓰리처상을 수상한 진 골츠도 있었다. 소설은 모 라디오 방송 토크쇼 진행자 질리언 블레이크가 남편의 외도를 알아차리고 복수심에 불타 뉴욕의 그레이트 넥에 사는 모든 유부남과 잠자리를 시도한다는 내용으로, 맥그레이디는 집필에 앞서 작가들에게 이렇게 말했다. "끝없이 섹스만을 강조하는 소설이 될 것입니다. 문장의 유려함 같은 건 찾아볼 수 없을 것입니다. … 글쓰기의 진정한 정수를 발휘한 것으로 판단되는 대목은 수정 표시와 함께 세상에서 영영 사라지게 될 것입니다." 공동집필팀은 2주 만에 소설을 탈고했다. '아빠Daddy'에게 바친 이 소설에서 몇 구절을 소개하자면 다음과 같다. "어둑한 방, 전에 없이 목이 마른 와중에, 질리언은 불현듯 그녀 옆에 누운 마리오 벨라의 존재를 의식했다. 그는 왼쪽 팔꿈치를 그녀의 몸에 대고 부드럽게 문지르고 있었다. 상황이 달랐다면, 아니 지금 이 상황만 아니었다면 질리언 블레이크는 품위를 잃는 법 없이 거리를 뒀으리라. 하지만 그녀는 그러지 않았다. 자신의 목적을 잊지 않은 그녀는 버텼고 그의 팔꿈치는 더 집요하게 그녀를 문질러댔다." 출간해줄 곳은 금방 찾을 수 있었다. 라일 스튜어트[16]는 이 소설이 사기라는 것을 인지했음에도 팔릴 가능성에 배팅하기로 결심, 홍보 예산에만 5만 달러라는 거액을 쏟아부었고 책 표지에 여성의 야한 누드 이미지를 내걸었다. 출판 계약을 성사시킨 것만으로도 맥그레이디는 목적을 달성한 셈이었지만 집필에 참여한 저널리스트들은 대중이 어떤 반응을 보일지 궁금해했다. 과연 깜짝 놀랄 만한 결과였다.

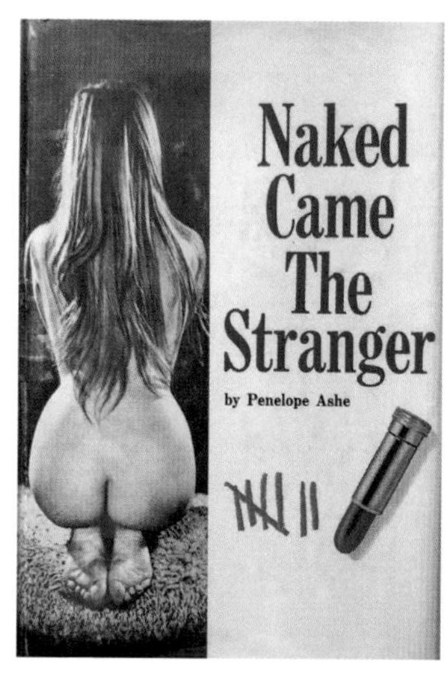

『낯선 남자는 나체로 왔다』(1969)의 외설적인 표지.

『낯선 남자는 나체로 왔다』는 첫 달에만 2만 부가 팔려나갔다. 비평가 사이에선 호불호가 나뉘었지만《롱아일랜드 프레스》가 "이 불타오르는 소설은 『포트노이의 불평』[17]과 『인형의 계곡』을 『서니브룩 농장의 레베카』[18]처럼 술술 읽히게 만든다"라고 호들갑을 떨자 팀원들은 쾌재를 불렀다. 사기임이 밝혀졌음에도 대중의 관심은 폭발적이었다. 관련 뉴스가 보도된 지 한 시간 만에 9000부가 팔려나갔고, 출판사 델은 이 책의 판권을 여섯 자리 숫자의 액수로 매입했다. 또 다른 출판사에서 후속편을 쓰는 대가로 50만 달러를 제안하자 맥그레이디는 식겁해 거절했다. 『낯선 남자는 나체로 왔다』는 12개 언어로 번역되었고, 맥그레이디는 영화 판권과 관련해 스무 건의 제안을 받았다. 그는 책의 성공에 굴욕감을 느꼈다. "모든 것이 너무 손쉬웠다. 일체의 잡음 없이 일사천리로 진행되었다. 미국, 이 요지부동한 채로 앉아 있는 육감적인 미

16 미국 작가로, 자기 이름의 독립출판사를 운영했다.

17 1969년 필립 로스를 미국 대표 작가로 자리매김하게 한 것으로 알려진 문제적 소설.

18 1903년 케이트 더글러스 위긴이 쓴 아동 소설로, 고전의 반열에 올라 미국 대중문화에 큰 영향을 끼쳤다.

인아, 여전히 길거리 보따리상에게서 넥타이를 사고, 어느 호두 껍데기 속에 완두콩이 들어있을지 노심초사하면서[19] … 미국, 가끔 난 너를 걱정한다."

출판 사기 경력이 많지 않은 사람이라면 가짜 자서전을 쓸 때 진실이 탄로 날 가능성을 최소화하기 위해 이미 세상을 떠난 인물을 주인공으로 골라야 한다고 생각할 것이다. 살아 있는 인물의 가짜 자서전을 두고 출판사와 수십만 달러의 계약을 논하는 건 고도의 후안무치를 겸비한 극소수의 사람만이 할 수 있는 일일 것이다. 여기, 은둔형 억만장자인 하워드 휴스의 허락을 받아 그의 자서전을 대필하기로 했다며 맥그로힐 출판사를 설득한 위인, 클리퍼드 어빙이 바로 그런 작자였다. 어빙은 휴스의 서명(잡지 기사에서 베낀)이 들어간 문서를 위조했고 휴스와 수차례에 걸쳐 내밀한 인터뷰를 했다고 주장했다.

맥그로힐 출판사는 10만 달러를 제시했다. 이에 어빙은 주저 없이 자기 몫으로는 65만 달러를, 휴스의 몫으로는 10만 달러를 줄 것을 요구했다. 거래는 성사됐고 어빙의 아내 이디스는 'H. R. 휴스' 앞으로 발행된 수표를 '헬가 R. 휴스'라는 명의로 개설한 스위스 은행 계좌에 입금했다. 1971년 말, 어빙이 보내온 원고엔 신통하게도 전문가의 인증을 받은 '휴스'의 친필 메모가 첨부돼 있었다.

한편, 휴스의 지인들은 하워드 휴스의 자서전이 그럴듯해 보일지언정 진짜일 리 없다고 주장했고, 비로소 의문을 품은 출판사 측은 어빙에게 거짓말 탐지기 테스트를 실시했다. 어빙은 몇몇 답변이 '일치하지 않는다'는 판정에도 용케 테스트를 통과했다(지금 와서 드는 생각이지만 어빙의 초기 저서 『가짜!』가 출간되었을 때 모두 알아차렸어야 했다). 그러나 어빙은 이후에 벌어질 예외 상황은 고려하지 못했다. 그는 휴스가 세상과 담을 쌓고 살기에 책에 관한 정보를 접할 길이 없을 거라고 생각했고, 알게 되더라도 정신이 온전치 않으니까[20] 넘어갈 거라고, 아니면 황당해하며 굳이 문제 삼지는 않을 거라고 믿었다. 안타깝게도 휴스는 그의 모든 추측을 벗어났다. 1972년 1월 7일, 하워드 휴스는 전화 연결로 진행한 기자회견에서 자신은 클리퍼드 어빙이라는 사람과는 만난 적도 없고 자서전 대필을 허락하는 어떤 양식의 승인서도 내준 적이 없다고 말했다. 어빙은 처음엔 전화 속 목소리가 휴스를 사칭한 사람이라고 우기려 했지만 이미 그의 운명은 정해진 터였다. 휴스는 출판사를 고소했다. 이후 스위스 은행이 이디스 어빙의 입금액을 포기하자 돈은 회수되었고 어빙 부부는 사기죄로 징역형을 살았다.

독일의 경범죄자 콘라트 쿠야우는 히틀러의 일기를 가짜로 펴낼 때 대량으로 출간할 생각은 꿈에서조차 하지 않았다(그저 사람들이 줄기차게 사댔을 뿐이다). 1980년대 초반, 독일 잡지《슈테른》의 기자인 게르트 하이데만은 나치 기념품 수집가의 집을 방문했다가 그가 슈투트가르트의 골동품 판매상에게서 산, 1932년에서 1945년 사이에 쓰인 것으로 추정되는 독재자의 일기를 발견하고는 자지러졌다. 히틀러의 일기가 뜬금없는 곳에서 발견된 사연은 이러하다. 제2차 세계대전이 끝날 무렵, 히틀러의 벙커에 있던 기밀문서들이 비행기로 이동되던 중에 동독에서 추락했는데(여기까진 '제랄리오 작전'이라 불리는 역사적 사실이다), 잔해를 발견한 현지 주민들

19 호두 껍데기 세 개 중에 완두콩이 들어 있는 한 개를 맞히는 돈내기 게임을 가리킨다.

20 하워드 휴스는 강박장애로 인한 편집증과 병적인 결벽증 때문에 할리우드 거물임에도 사교 활동을 거부하고 두문불출하는 괴짜로 유명했다.

이 문서를 빼내 아무도 모르는 곳에 숨겼다. 이 가운데 히틀러가 친필로 쓴 일기장이 가득 든 커다란 상자도 하나 있었다는 것이다.

하이데만은 그 골동품 판매상인 쿠야우를 찾아갔고 나머지 일기장들을 넘기는 대가로 200만 마르크를 제시했다. 쿠야우는 승낙했다. 여기서부터 이 이야기는 다단계 사기의 성격을 띠게 된다. 사실 쿠야우는 개인 수집가에게 진품 인증서를 가짜로 발급해주는 일을 본업으로 하고 있었고, 그에게 히틀러의 다른 일기가 있을 턱이 없었으므로(아직 쓰기 전이었기에), 하이데만에게 자신의 동생(본래는 철도 수화물 운반인이지만 이 일로 졸지에 육군 대장이 된)이 동독에서 일기를 한 권씩 몰래 빼내려면 시일이 소요된다고 둘러댔다. 한편 하이데만은《슈테른》을 설득해 일기를 구입하고 모든 절차를 책임지는 대가로 거액의 수고비를 받아냈다. 쿠야우에게는《슈테른》이 권당 8만 5000마르크에 합의했다고 말했지만, 실제로는 20만 마르크였고 차액은 고스란히 하이데만의 호주머니로 들어갔다. 쿠야우는 세계대전 당시에 쓰이던 종이와 잉크를 사용해서 60권짜리 전집을 만드는 기염을 토했고,《슈테른》은 마지막 권까지 총액 930만 도이체 마르크(233만 파운드, 약 370만 달러)를 지불했다. 이어서《슈테른》은 해외 판권 판매에 나섰다.《선데이 타임스》가 관심을 표했지만 무솔리니 일기 세트로 사기를 당한 과거의 아픔을 상기하며 전문가 휴 트레버로퍼에게 진품 감정을 의뢰했다. 트레버로퍼는 일기의 방대한 분량과 상세한 내용에 압도되었고 이를 진품이라고 확신했다.《슈테른》은 뛸 듯이 기뻐하며 세계 언론을 대상으로 기자회견을 열고선 트레버로퍼에게 다시 한번 말해줄 것을 요구했다. 그러나 정작 기자들 앞에 서자 생각이 바뀐 트레버로퍼는 책이 진품인지 확신할 수 없다고 공표했다. 얼굴이 시뻘겋게 달아오른《슈테른》관계자들은 독일 연방 문서 보관소에 책의 분석을 의뢰했고, 그 결과 위조로 판명이 났다. 하이데만과 쿠야우는 문서위조죄로 수감 되었는데, 그제야《슈테른》이 지불한 '진짜' 액수를 알게 된 쿠야우는 하이데만에게 불리한 증언을 했다.

히틀러의 가짜 일기는, 필적학자 케네스 W. 렌들의 말을 빌리면 "악질적인 문서 위조인 동시에 위대한 출판 사기"이다. 쿠야우는 빨리, 많이 써야 한다는 일념으로 머리에 떠오르는 족족 원고에 쏟아냈고, 덕분에 책은 페이지마다 "영국 것들이 날 환장하게 만든다", "스탈린은 도대체 뭔 수로 해낸 거지?" 따위의 히틀러답지 않은 푸념으로 채워졌다. 가령 1938년 12월에 쓴 일기를 보면 총통 각하의 사자후에 실린 허세도 엿볼 수 있다. "올 한해도 이렇게 저물어간다. 나는 독일 제국을 위해 세운 목표를 달성했는가? 별로 중요하지 않은 세부 사항 몇 가지를 제외한다면, 당연하지!" 총통 개인의 고민도 엿볼 수 있다. "에바를 위해 수단과 방법을 가리지 말고 올림픽 경기 티켓을 구해야 한다." 쿠야우는 여기서 그치지 않고 히틀러가 작곡했다는 오페라 전곡과 총 두 부로 구성된 히틀러의 자서전『나의 투쟁』의 세 번째 부까지 썼다. "어떻게 이렇게까지 할 수 있었는지 궁금해하는 독자들이 많습니다." 사건 이후《디 차이트》편집장 조반니 디 로렌초는《뉴요커》지와의 인터뷰에서 말했다. "만약 나의 동료가 뉴스룸에 들어와서 '좀 전에 괴링의 수집품[21] 중에서 프리드리히 2세의 목발을 샀다'고 말하면 난 그에게 심리상담을 받으라고 조언하겠습니다."

---

22 나치 총통 헤르만 괴링이 1936부터 1948년 사이 나치 점령지의 유대인 재산을 약탈하여 수집한 물품들을 일컫는다.

새로 매입한
보잉 육군 추격기 앞에 서 있는
하워드 휴스. 1940년 추정.

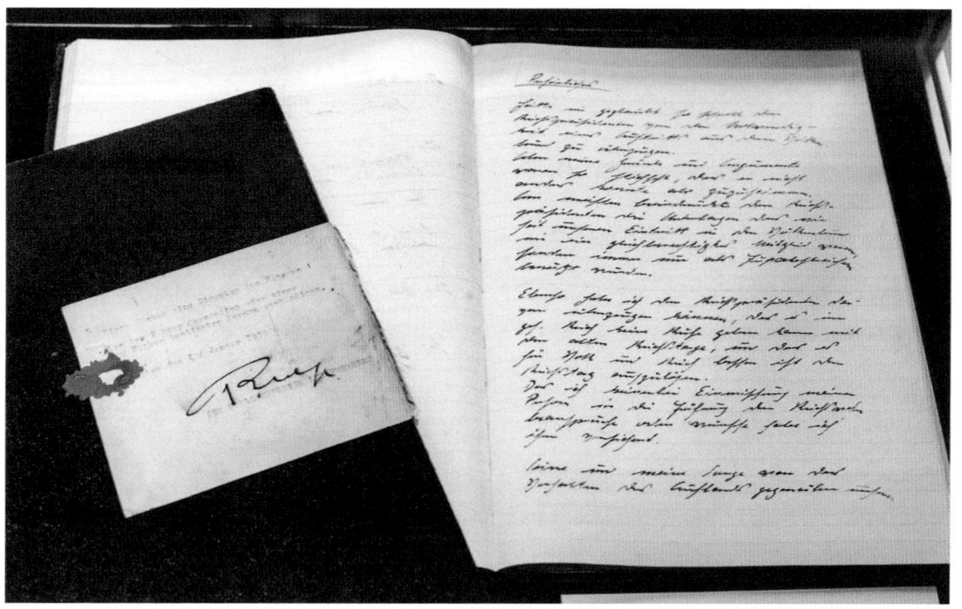

가짜 히틀러 일기 전집 중 한 권.

괴상한 사전들

존슨 박사의 『영어 사전』(1755)이 출간된 지 한 세기도 훨씬 더 지난 1879년 3월이었다. 당시 교사였던 제임스 머리는 영어 어휘를 새롭게 집대성하는 프로젝트를 맡아달라는 요청을 기꺼이 수락했다. 바로 『옥스퍼드 영어 사전』 편찬 프로젝트였다. 머리 앞에 놓인 도전은 실로 엄청난 것이었다. 스크립토리엄[1]이라고 불렀던 간이 건물에서 임무에 착수한 그는 우선 문헌학회가 수집한 초기 자료들을 검토했다. 그리고 얼마 안 돼서 필수적인 표제어의 극히 일부를 모으는 데에도 족히 몇 년은 걸릴 것임을 깨달았다. 그는 크라우드소싱을 결정하고, 대중에게 단어들의 정의와 예문을 모아서 보내달라고 청하는 안내문을 영국과 북미 전역의 서점과 도서관에 배포했다. 1880년까지 250만 개의 예문들이 모였고, 그 후로도 계속 도착했다.

그중에 수천 개가 넘는 인용 예문을 보낸 최다 기여자가 있었는데, 윌리엄 체스터 마이너 박사였다. 머리는 처음 듣는 이름이었다. 정신이상 범죄자를 수용한 브로드무어 병원에서 일하는 마이너 박사는 옥스퍼드 사전 프로젝트가 요청한 인용문을 모으기 위해 자신의 방대한 서재를 샅샅이 뒤지며 모든 시간을 바쳤다. 몇 년 동안 서신을 주고받으며 마이너와 친분을 쌓은 머리는 그에게 만나자고 제안했지만, 그때마다 마이너는 거절했다. 그렇게 10년이 지난 1891년 1월, 머리는 무작정 기차를 타고 버크셔 카운티의 크로손으로 향했고, 도착했을 땐 충격적인 진실이 그를 기다리고 있었다. 마이너 박사는 브로드무어 정신병원의 간부가 아니었다. 수감자였다.

미국 남북전쟁에 군의관으로 참전했던 마이너는 이후 18개월을 정신병원에서 지냈다. 퇴원 후 요양을 위해 런던으로 이주했으나 1871년 어느 날 밤, 행인 조지 머렛을 도둑으로 오인하여 사살했다. 그로 인해 브로드무어 정신병원에 감금되었지만, 직원들은 그가 위험한 인물이 아니라고 판단해, 비교적 편안한 병실에서 지내게 해주었다. 그는 미군 연금으로 책을 사서 읽으며 소일했다. 놀랍게도 머렛의 부인이 이따금 마이너를 방문했고 그때마다 책을 가져다주었다. 사전 편찬 프로젝트에 대중의 참여를 요청한다는 소식을 우연히 접한 마이너는 온 시간을 바쳐 이 일에 몰두했고, 그 노력의 결실로 사전

1 중세 수도원에 있던 필사본 제작실.

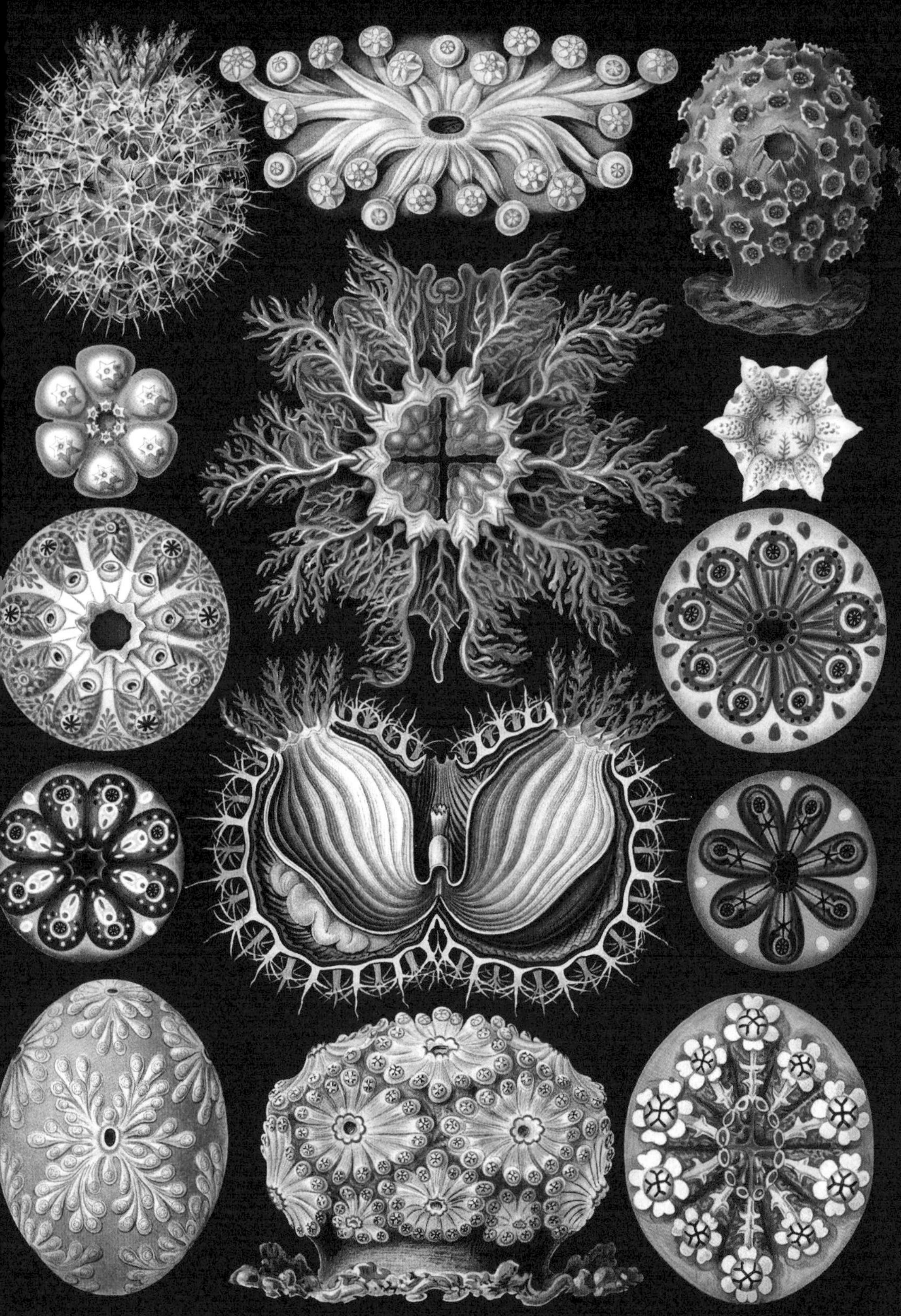

에른스트 헤켈의 『자연의 예술적 형태』(1904). 두 권으로 분권되어 출간된 이 책은 100편의 석판화로 구성되어 있다.
자연에서 발견한 좌우대칭, 수평 조직의 아름다움에 매혹된 독일 동물학자의 묘사력을 엿볼 수 있다.

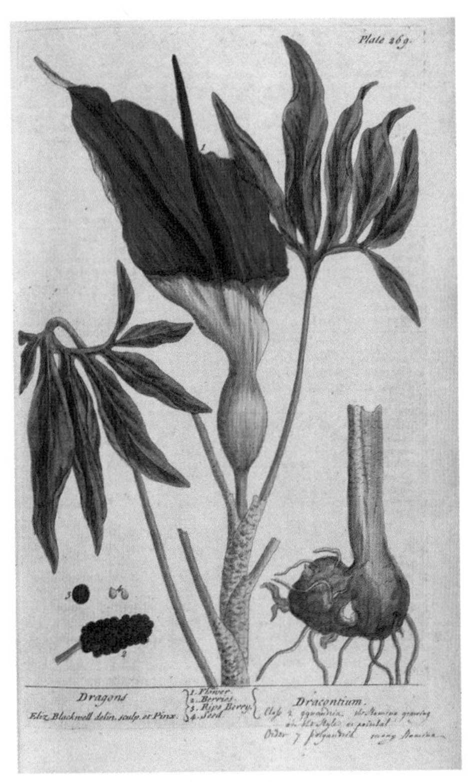

을 채웠다. 1899년, 머리는 마이너의 가공할 공헌에 경의를 표하며 "마이너의 인용문만으로 지난 4세기의 역사를 손쉽게 설명할 수 있다"라고 말했다.

지금으로부터 백 년도 더 전에, 『브리태니커 백과사전』을 처음 편찬한 사람들도 머리가 그랬던 것처럼 거대한 산과 마주했지만, 개인 도서관을 가진 박식한 미치광이(?)의 은혜는 기대할 수 없었다. 가장 처음 제작된 『브리태니커 백과사전』의 편집자는 스코틀랜드의 인쇄업자이자 자연주의자, 골동품 수집가였던 윌리엄 스멜

영국의 예술가 엘리자베스 블랙웰이 직접 그리고 채색한, 위대한 약초 삽화집 『신기한 약초』의 269번째 전면 도판 '드라코니움'(현재는 드라쿤큘러스 불가리스라는 이름으로 알려져 있다). 블랙웰이 채무 불이행으로 수감된 남편의 석방 기금을 마련하는 방편으로 1737년에 출간한 이 책은 사랑으로 빚은 약초 사전이라고 할 수 있다.

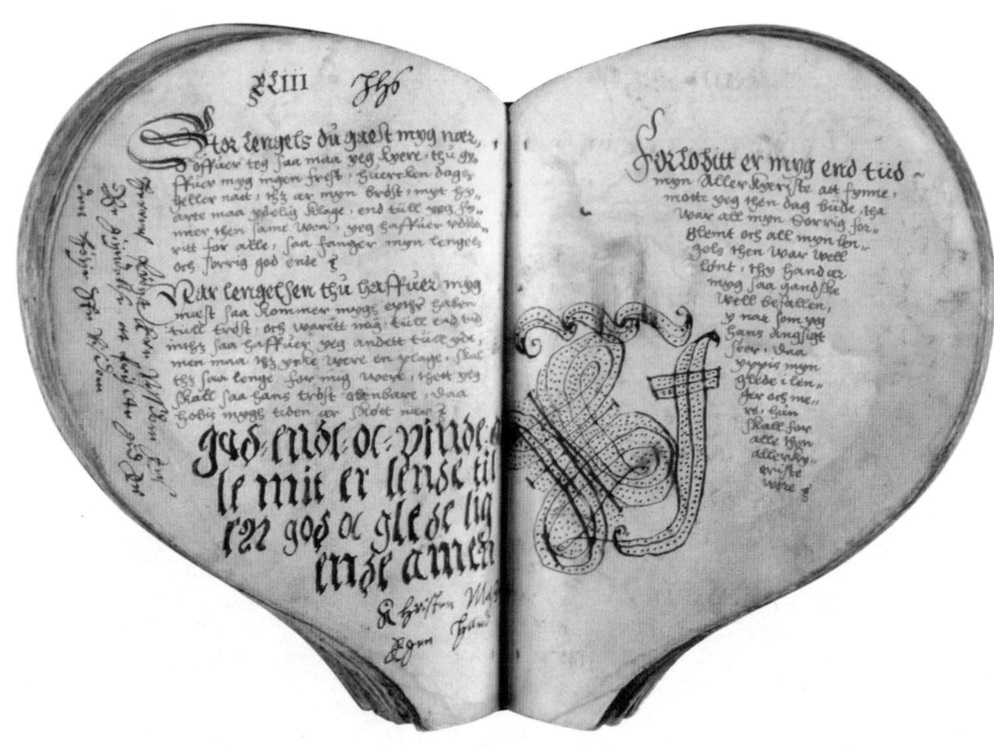

『에르테보겐』(하트 책). 1550년대에 출간된 83편의 사랑 시 모음집으로, 크리스티안 3세 왕실에서 편찬했다.

리(1740~1795)였고, 그를 프로젝트에 끌어들인 건 신장 137센티미터에 엄청나게 큰 코를 가진 조판공 앤드루 벨이었다. 벨은 자기 코를 두고 농을 거는 사람이 있으면 그 자리를 뛰쳐나갔다가 잠시 후 종이 반죽으로 만든 훨씬 더 큰 코를 붙이고는 돌아왔다. 『브리태니커 백과사전』 초판본은 1768년부터 1771년까지 100회에 걸쳐 발행되었고, 말도 안 되는 오류와 터무니없는 억측으로 악명을 떨쳤다. 예를 들어 과도한 흡연은 "수분을 빼앗아 인간의 뇌를 얇은 막에 싸인 작고 시커먼 덩어리로 쪼그라들게 만든다"는 식이었다. 캘리포니아 항목을 원문 그대로 옮기면 다음과 같다. "서인도 제도의 거대한 나라로, 섬이나 반도로 추정된다." 여성을 설명한 대목은 "남성의 여성형. 학명 '호모'를 참조할 것"이 전부다.

이후 증쇄를 거듭하며 부정확한 내용을 수정했지만, 여전히 완벽과는 까마득히 거리가 멀었다(그런 데다가 기묘한 뉘앙스 천지였는데, 가령 1956년판 『브리태니커 백과사전』은 '로큰롤'을 "집요한 야만성"으로 정의하고 있다). 1950년대 후반, 신빙성이 떨어지는 내용들이 용케 교정의 칼날을 피해온 것에 분노한 미국의 물리학자 하비 아인바인더(1926~2013)는 5년에 걸쳐 전권을 검토하며 오류를 추려냈다. 1964년에 출간된 아인바인더의 『브리태니커의 무근거성』은 장장 390페이지에 걸쳐 『브리태니커 백과사전』의 오류를 고발하는 분노의 장광설이다. 과학 잡지 《사이언스》는 아인바인더를 "우상 파괴에 한 몸을 바친 왕자가 대상을 모든 각도에서 파고들어 가히 파괴적인 결과를 끌어냈다"고 상찬했다. 비평가들은 『브리태니커 백과사전』 편집위원회에 아인바인더를 사실 확인 감수자로 고용하라는 제안까지 했지만, 열 받은 양측 어느 쪽에도 먹힐 아이디어는 아니었던 것 같다.

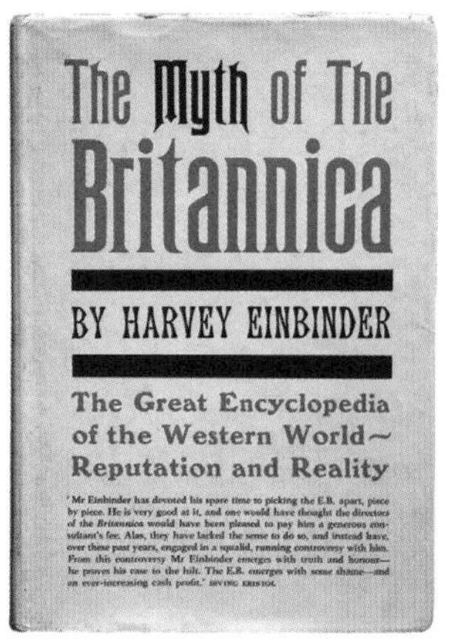

『브리태니커의 무근거성』(1964),
물리학자 하비 아인바인더가 390페이지에 걸쳐
『브리태니커 백과사전』의 오류를 지적한 책.

뮌헨에 위치한 『라틴어 용어 사전』 편찬 프로젝트의
기록보관소. 약 1000만 개 단어 쪽지들이 보관되어 있다.
이 라틴어 사전 편찬 프로젝트는 1890년대의 고전학자
에두아르트 뵐플린이 천 년에 걸쳐 완결할 목표로 시작했으며
125년이 지난 지금 학자들은 한창 알파벳 R을 연구 중이다.
잘하면 2050년까지 사전의 마지막 항목인 이집트 맥주 이름
'지툼zythum'을 완성할 수 있을 것으로 보인다.

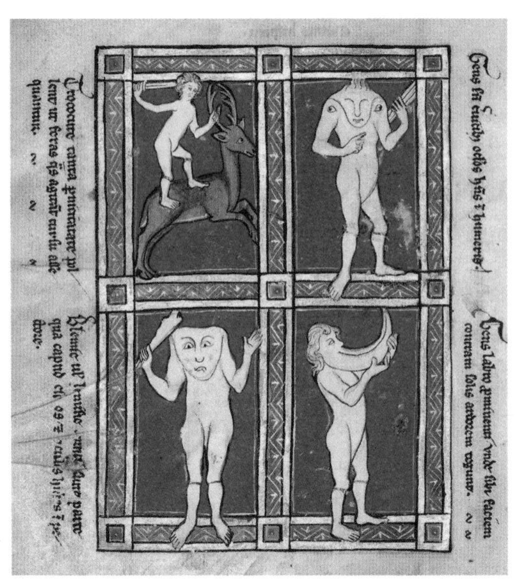

『새의 본성과 목자와 양에 관한 동물백과』에서 발췌.
이 책은 1227년 또는 그 이후에 출간된 것으로 추정되며,
작가는 프랑스계 네덜란드인이라는 점
말고는 알려진 바가 없다.

같은 책의 '불을 알지 못하는 사람,
악어를 탄 사람, 켄타우로스, 사티로스'.

이런 수준의 팩트 체크는 현대 백과사전의 조상인 중세의 동물백과bestiary 편찬자와 독자 들에겐 결단코 있을 수 없는 일이었다. 왜냐고? 맙소사, 그랬다간 특유의 환상적인 매력이 휘발되고 말았을 것이다. 옛 문헌에서 동물과 식물, 먼 나라 사람들에 대한 설명을 추려 모으고 삽화를 더한 '짐승들의 책' 컬렉션, 즉 동물백과는 1100년대와 1200년대에 가장 인기 있는 책 분야였다. 이는 세비야의 이시도루스(560~636년경)[2]가 펴낸 『어원학』 같은 초창기 백과사전이 그러하듯, 상상력은 무한한 반면 신빙성은 떨어지는 고대 작가들(대大플리니우스, 아리스토텔레스, 헤로도토스 등)의 작품을 바탕 삼아 자신이 살아가는 세계를 이해하려는 노력의 일환이었다. 책의 각 항목은 동물의 행동에서 도덕적인 측면을 이끌어내며 끝을 맺었다. 가령, 펠리컨은 죽어가는 새끼를 살리기 위해 부리로 제 가슴을 후벼 파 피를 내어 이를 먹이는 동물이라 설명되는 식이었다. 펠리컨은 그런 이유로 예수의 살아 있는 표상처럼 받아들여졌다.

오리와 거위는 나무에서 싹처럼 솟아오르고, 악어는 히드라를 통째로 집어삼키며, 피닉스는 불 속에서 튀어나온다. 이외에도 그리핀, 바실리스크, 용, 그리고 기기묘묘한 모양의 뿔을 자랑하는 유니콘 들이 저마다 생물학적으로 불가능한 모습으로 담겨 있다. 코끼리와 용이 싸우다가 흘린 피가 뒤섞여 붉은색 광물과 안료용 적색 황화수은이 만들어졌다는 플리니우스의 설화도 이따금 볼 수 있는데, 그가 자주 묘사하는 동물들 중에는 황소처럼 생긴 모습으로 고대 파이오니아 왕국(현대의 마케도니아)에 살았던 보나콘(또는 보나수스)이 있다. 이 동물은 안쪽

2 에스파냐 세비야의 대주교로 그의 저서 『어원학』은 소실된 고대 그리스 작가들의 작품들을 후세대에 알렸다.

'웨일스의 제럴드'가 펴낸『아일랜드의 지형학』(1188년경)에서 12세기의 동물 설화를 묘사한 삽화.
각각 악어의 위장에서 소화되기 전에 옆구리를 찢고 나오는 히드라(위), 그리고 전투에 동원되는 코끼리(아래).

신화 속 동물 보나콘이 앞에 선 두 명의 불운한 사냥꾼에게 화염 똥 세례를 퍼붓고 있다.

으로 말린 뿔로는 제 몸을 지킬 수 없어 대신 엉덩이에 의지했는데, 자길 건드리는 건 무엇이건 거기다 펄펄 끓는 똥을 싸서 불쏘시개로 만들었다(플리니우스는 이외에도 곰은 울퉁불퉁한 흰색 살덩이로 태어나며 어미 곰이 혀로 핥아lick 모양을 잡아줘야만 온전한 꼴을 갖추게 된다고 주장했는데, 여기에서 '제구실을 하게 하다lick into shape'라는 관용 표현이 생겼다).

작가들의 이러한 무지몽매함에 실소하긴 쉽다. 그렇지만 간혹 편향적인 관찰이나 문화 차이로 인해 왜곡되고 만, 가장 허황된 소문의 밑바탕에도 진실이 깔려 있기 마련이다. 대大플리니우스는 제 얼굴에 먹칠할 위험을 알면서도 괘념치 않았으며, 오히려 열과 성을 다했다. 『박물지』에서 그는 늑대 인간을 두려워한 그리스인 이야기를 하며 "이 아둔함에 과연 끝이 있을까"라고 비아냥거린다. 그러면서 같은 책에서 머리에 쥐똥을 바르면 탈모를 치료할 수 있다고 추천한다. 동물백과에 실린 황당한 내용들은 몇 세기를 지나서도 살아남았는데, 레오나르도 다빈치(1452~1519)도 '악어의 눈물'이라는 비유의 유래가 된 터무니없는 이야기를 반복하며 그 생명력을 연장시킨 인물 중 하나다. "악어는 인간을 사로잡으면 아래턱과 이빨로 즉살한 후, 그를 애도하며 흐느껴 울다 아예 곡을 한다. 애도가 다 끝나면 인정사정 보지 않고 집어삼킨다. 고로 위선자는 기쁠 때 우는 자다. 얼굴은 눈물에 젖어 있지만 흉포한 마음은 내내 환희에 차 있다."

이 분야에서 근대의 귀감은 그림책이라 해도 무방할 만큼 많은 삽화를 자랑하는 에드워드 톱셀의 『네발 달린 짐승의 역사』(1607)와 『뱀의 역사』(1608)다. 영국의 성직자이자 작가였던 톱셀은 이야기를 시작하기 전에 책임 소재부터 없애버린다. "독자는 … 내가 이 책에서 설명한 짐승들이 … 나와 하등 관련 없다는 점, 나는 어디까지나 입에서 입으로 전해진 이야기를 전할 뿐임을 명심하기 바란다." 이렇게 운을 뗀 후 동물과 관련한 세계 곳곳의 고대 미신을 남김없이, 반복해서 파헤친다. 톱셀이 바라본 자연계는 만화가 따로 없다. 족제비는 귀로 새끼를 낳고, 레밍은 구름을 뜯어 먹고, 코끼리는 해와 달을 섬기며, 맨드레이크를 씹으면 배 속에 아기가 들어선다. 두꺼비 머릿속에 든 두꺼비돌을 먹으면 독을 먹어도 죽지 않는다. 원숭이는 달팽이를 보면 겁을 먹고 달아난다. 실제 동물 말고도 페르시아 만티코어 같은 신화 속 동물도 언급하고 있다. "위턱과 아래턱에 무시무시한 이빨들이 줄줄이 박혀 있고 … 얼굴과 귀는 인간과 똑같이 생겼으며 눈은 회색과 붉은색이요, 빨간색 꼬리는 흡사 땅을 기어다니는 전갈 같으며 … 목소리는 작은 나팔이나 피리 소리 같다."

이렇게 끈덕지게 살아남은 미신, 신화, 민담을 한데 모은 다음 피도 눈물도 없는 과학적 근거를 들어 모조리 숙청한 최초의 인물이 있으니 과학, 의학, 종교, 비전秘傳을 망라하는 저작 활동을 펼친 영국 작가 토머스 브라운 경(1605~1682)이다. 오늘날 영어권 사람들은 매일 브라운 경이 만든 단어와 관용구를 사용하고 있다. 『옥스퍼드 영어 사전』이 그의 책에서 4156개의 문장을 인용한 덕분이다. 브라운 경은 또 700여 개의 단어를 최초로 사용한 인물로 인정받고 있는데, 몇 가지만 예를 들면 양서류amphibian, 대강의approximate, 매부리코의aquiline, 두발 달린biped, 시체 같은cadaverous, 인과관계causation, 공존coexistence, 혼수상태coma, 와해disruption, 엘리베이터elevator, 난포follicle, 환각hallucination, 예증하는illustrative, 이주자migrant, 참여participating, 심사숙고ruminating, 선정selection, 위반하기 쉬운transgressive, 기복undulation, 착색variegation, 유리질의vitreous가 있다.

뭐니 뭐니 해도 가장 유명한 건 그가 저급한 오류나 오해를 바로잡기 위해 쓴 넓은 의미로서의 백과사전 『사이비라는 전염병: 절대다수가 받아들인 교리와 보편적으로 당연시된 진실을 탐구하다』(1646)에서 '전기electricity'라는 단어를 처음 만들어냈다는 사실이다. 이 책에서 브라운 경은 은근히 익살맞은 어조로 "고대부터 이어져온 뿌리 깊은 오류들을 파헤쳤다"고 소회하며 그릇된 통념들을 겨냥한다. 몇 가지만 예를

페르시아 만티코어. 에드워드 톱셀이 1607년에 펴낸 책 『네 발 달린 짐승의 역사』에 실린 삽화.

들면 "다이아몬드는 염소 피에 담그면 물러지거나 부서진다", "맨드레이크는 뿌리가 뽑힐 때 날카로운 비명을 지른다", "백조는 죽기 전 아름다운 노래를 부른다", "공작새는 죽어도 썩지 않는다", "황새는 공화국과 자유 국가에서만 산다", "비버는 사냥꾼에게 붙잡히면 고환, 즉 불알을 물어뜯는다"가 있다.

신화 속 동물 '유니콘'에 대해서는 코뿔소와 일각고래가 실제로 존재하긴 하지만, 유니콘 그림에서와 같이 크고 쭉 뻗은 뿔이 말에게 달려 있다면 그 말은 풀을 뜯지 못해 굶어 죽을 수밖에 없다고 일갈한다. 하지만 브라운 경은 오류를 즉각 처분하는 것으로 손을 털진 않았다. 터무니없기 짝이 없는 개념일지라도, 기괴한 실험을 요하는 사례라도 몸소 검사하는 과정을 빼놓지 않았다. 죽은 물총새를 실에 매달아 놓으면 정확한 풍향계 용도로 쓸 수 있다는 믿음의 진위를 가려내기 위해서 천장 대들보에 죽은 새를 매달고선 오후 내내 관찰했다. 그리고 새가 뚜렷한 패턴 없이 이 방향 저 방향으로 빙글빙글 돈다는 사실을 전하면서, 진짜 풍향계를 사용하는 것이 최선이라고 결론지었다.

톱셀의 동물백과와 브라운의 백과사전이 자연계 전반의 경이에 집중한다면, 호기심을 자극하는 데 있어서 신의 경지에 오른 몇몇 사전은 그중에서도 딱 한 분야에만 몰두한다. 아드리안 쿠넌스에게 그것은 물고기였다. 네덜란드의 난파선 전문가이자 스헤베닝언 공식 어류 경매인, 아마추어 어류학자인 쿠넌스는 1577년 63세의 나이로 800페이지 분량의 『물고기 책』을 집필하기 시작했다. 3년 동안 바다와 연안 해역의 어

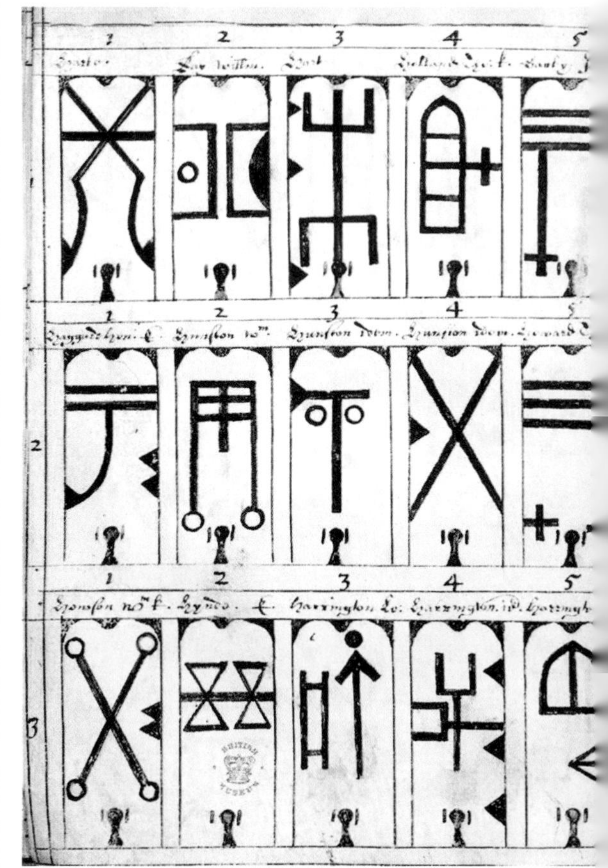

장과 해양 동물 관련 자료를 모아 물고기 도감이라고 해도 손색없을 데이터베이스를 구축했고, 올라우스 마그누스[3]의 『북방민족의 역사』[4] 같은 역사책을 비롯해 지역 민화에서 많은 소재를 얻었다. 그중 주목할 만한 예시로는 매혹적인 문신을 새긴 참치의 전설이 있다. 1561년 세우타[5] 부근의 지중해에서 잡힌 이 참치는 비늘에 수척의 배(참치가 바다를 떠돌다 마주친 것으로 추정된다)가 아름답게 새겨져 있었다고 한다.

이 책에 실린 또 다른 기상천외한 물고기 중에는 16세기 저작물에 자주 등장했고 일명 '바

---

3 스웨덴의 작가, 지도 제작자, 성직자.

4 1555년 올라우스 마그누스가 스칸디나비아의 관습과 민속을 소개한 백과사전. 북유럽 국가 역사서로 기념비적인 위상을 차지하고 있다.

5 아프리카 북부 지중해 연안의 작은 도시.

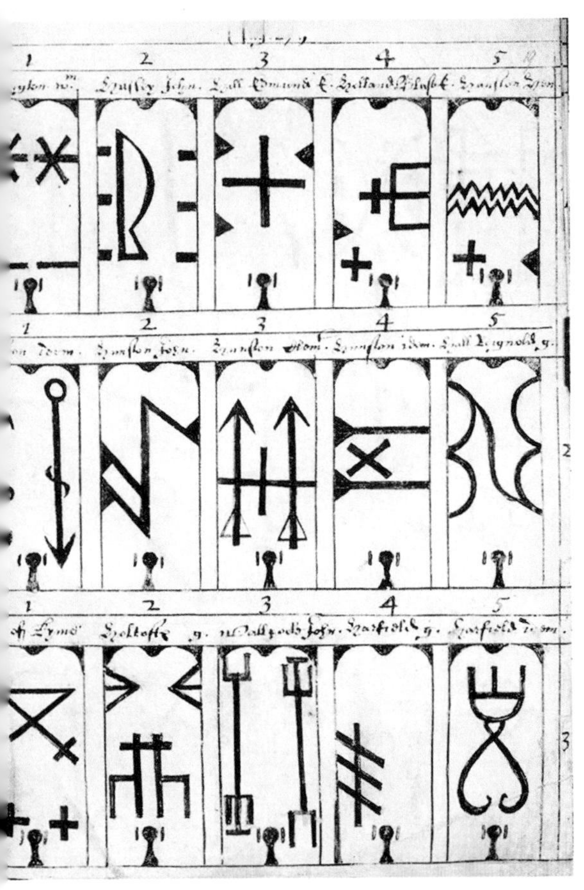

16세기에 출간된 어느 책의 페이지로, 백조에 새기던 표식들을 모아놓았다. 백조 표식은 영국 왕실로부터 혹백조를 소유할 수 있는 특권을 부여받은 사람들이 사용하던 일종의 문장紋章이었는데, 백조의 위쪽 부리에 새기거나 찍어 소유권을 표시했다.

다 주교'라 불렸던 해양생물이 있다. 주교관, 슬리퍼, 장갑, 지팡이에 제의복[6]까지 갖춘 이 물고기는 관련 설화에 따르면 한 어부에게 낚여 폴란드 왕에게 상납되었을 때, 가톨릭 주교들을 향해 석방해달라고 몸짓으로 간청한 끝에 자유의 몸이 되었다. 1583년 레이던 법정 회의 기록을 보면 쿠넌스는 이 책의 파급력을 일백 퍼센트 확신했다. 그래서 스헤베닝언에서 열리는 연례 무료 박람회와 도시 구호 축제에 자신의 원고와 건어물 컬렉션을 함께 전시해달라고 요청했다. 건어물 전시 입장료는 5센트, 원고 전시 입장료는 25센트였다.

그러나 화려한 바다 생물이 펼치는 장관들 가운데서라면 최초로 채색 인쇄된 어종 연구서를 능가하는 책은 없다. 1719년의 유럽은 인도네시아 야생 생물에 대해선 거의 아무것도 몰랐다. 암스테르담의 서적상, 루이 르나르도 숫제 백지 수준이었지만 개의치 않고 생동감 넘치는 책 『말루쿠 제도 남쪽 해안에서 발견된 현란한 색상과 기이한 형태의 물고기, 가재, 게』(1719)[7] 상하권 세트를 호기롭게 출간했다. 30년의 제작 기간을 거쳐 총 100부가 출간된 이 책에는 460개의 해양생물 삽화가 실려 있다. 그러나 이 책의 하권에서 과학적 정확성은 예술적 파격에 희생되고 만다. 르나르는 책 앞쪽에 실은 편집자 서문에서 이에 대해 다음과 같이 밝혔다. "하권의 삽화들은 솔직히 말해서 묘사의 정확성이 떨어짐에도 페이지가 펼쳐질 때마다 혁신성을, 삽화에 딸린 설명을 읽을 때마다 흔치 않은 참신성을 느낄 수 있을 것이다." 삽화에 소개된 물고기 상당수는 동인도 제도 바다에서 발견되는 실제 그것들과 조금 닮은 구석이 있지만, 나머지는 조류나 인간의 이목구비도 모자라 해, 달, 별, 심지어 모자 모양까지 자연적으로는 절대 생겨날 수 없을 형상을 띠고 있다. 삽화가의 소묘는 뒤로 갈수록 실험 정신으로 넘친다. 몇몇 삽화는 형광색으로 채색되었는데, 터무니없다는 생각이 드는 동시에 너무도 아름다워 찬탄을 금할 수 없다. 그 가운데 하이라이트 몇 가지만 소개

6 천주교의 사제가 옷 위에 걸치는 소매 없는 예복.

7 이 책은 최고의 희귀본으로 손꼽히는 동시에 필요 이상으로 긴 제목으로 악명이 높다.

Certificatu Ut
Gibralter

아드리안 쿠넌스의 호화로운 『물고기 책』(1580) 속 문신한 참치.

『개요서』. 2000페이지가 넘는 이 필사본은 2019년, 코펜하겐의 아르나막네안 컬렉션에서 발견되기 전까지 300년이 넘도록 미지의 책으로 방치돼 있었다. 크리스토퍼 콜럼버스의 아들 에르난도 콜론(1488~1539)이 존재하는 모든 책의 필사본을 소유한 방대한 도서관을 목적으로 수집한 책들을 일부 목록화한 책이다. 콜론은 2만 권가량의 필사본을 모았는데, 당대 최대 규모였다. 1552년부터 세비야 대성당이 보관한 콜론의 책들 중 현재까지 남아 있는 건 고작 4분의 1뿐이다. 그런 의미에서 이 책은 세상에서 사라진 많은 책들의 유일한 정보원인 셈이다.

하면 먼저 '파눌리루스 오르나투스'가 있다. 이 가시 돋친 바닷가재는 바다보다 산에서 사는 것을 더 좋아하고 나무를 타고 올라가 "비둘기만큼 큰" 붉은 점무늬 알을 낳는 것으로 알려져 있다. 크렙베-크리아르데[8]는 울 때 고양이 소리를 낸다고 한다. 등딱지에 완연한 십자가 무늬를 가진 게도 있다. 전설에 따르면 성 프란시스 사비에르[9]가사람들에게 복음을 전하며 십자가를 보여주고 있을 때 일국의 왕이 불쾌해하며 이를 빼앗아 바다에 던졌다. 그때 십자가가 새겨진 이 게가 던져진 십자가를 집게발로 집어든 채 뭍으로 올라와 성 프란시스 사비에르에게 돌려주었다고 전해지며 이후 그 지역 사람들에게 성스러운 존재로 추앙받았다고 한다. 네 발 달린 물고기의 삽화에는 작가가 "암본[10]의 걷는 물고기, 또는 달리는 물고기"라는 설명과 함께 다음의 말을 덧붙여 두었다. "나는 바다에 덫을 놓아 이 게를 잡았고 집으로 가져가 사흘 동안 함께 지냈는데 마치 다정한 강아지처럼 내가 가는 어디나 따라다니는 것이었다. 스콧 씨도 똑같은 게를 암스테르담에서 와인에 담가 보관하고 있다." 화려하게 채색된 크렙베 임페리알레는 진정 눈부시지만 진짜 멋진 건 맨 나중에 나오는 법. 이 책의 마지막 삽화에는 생포된 인어의 매혹적인 모습이 자세히 묘사되어 있다. 이 인어는 울 때 쥐처럼 찍찍댔다고 한다.

『말루쿠 제도 남쪽 해안에서 발견된 현란한 색상과 기이한 형태의 물고기, 가재, 게』 덕분

8 루이 르나르의 도감에만 등장하는 등딱지에 붉은 점이 찍힌 (아마도 허구의) 게. 카트양루퍼르라는 별칭이 있다.

9 스페인의 성자.

10 말루쿠 제도에 속하는 섬 중 하나이다.

에 유럽인들은 동인도의 바닷속에 사는 생물에 관해 (잘못된 정보일지언정) 어느 정도 알게 되었다. 그렇다면 한 권의 책으로 지구 반대편의 특정 문화를 보고 만지고 냄새를 맡는 일도 가능할까? 1787년에 출간된 『쿡 선장이 세 번의 남반구 항해에서 수집한 헝겊 견본 카탈로그』가 그런 경험을 선사한다. 제임스 쿡 선장은 남태평양을 탐험하면서 방문한 원주민 사회에서 드레스, 침구, 그 밖에 전통적인 목적으로 사용했던 (나무의 속껍질로 만든) 타파 천을 여러 형태로 깔끔하게 잘라 이 책에 모아놓았다. 쿡 선장의 '타파 천 아틀라스'(도해서)를 펼치는 건 뉴질랜드, 사모아, 통가타푸, 피지, 솔로몬 제도에 이르기까지 타파를 가공해 썼던 18세기 태평양 건너편 섬들로 여행을 떠나는 것과 같다. 하와이에선 타파를 카파라고 불렀는데, 하와이는 쿡 선장이 이 책을 위해 모은 자료 상당량의 출처이자 그가 섬뜩한 최후를 맞이하게 된 곳이기도

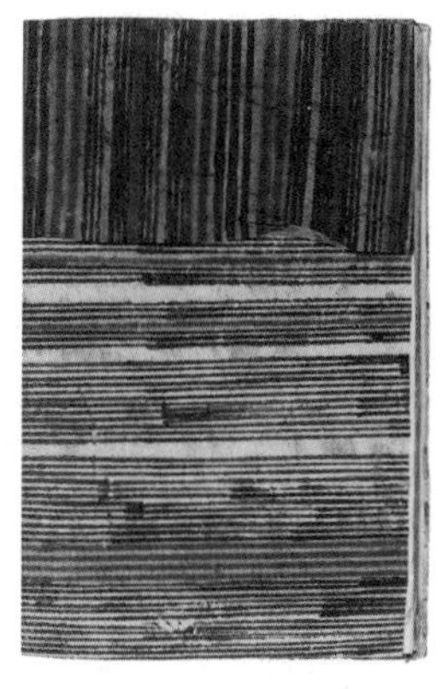

1787년 출간된 탐험가 쿡 선장의 타파 천 모음집.
태평양을 여행하며 다양한 문화권에서 수집한
이국적인 천들을 모아놓았다.

하다.

쿡의 타파 책이 희귀서라는 건 두말하면 잔소리다. 현재 고작 마흔다섯 권 남아 있는 이 책의 사본은 저마다의 개성을 자랑한다. 편집자 알렉산더 쇼는 런던 스트랜드에 낸 작은 가게로 들어오는 주문 수요에 맞춰 그때그때 소량의 책만

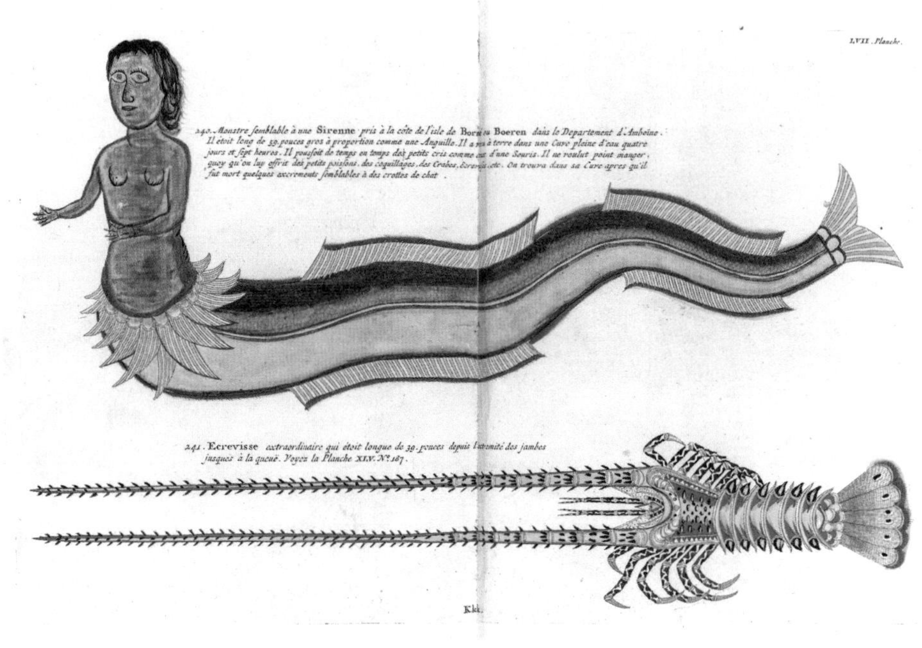

『말루쿠 제도 남쪽 해안에서 발견된 현란한 색상과 기이한 형태의 물고기, 가재, 게』의 삽화 중
특이한 해양 생물의 정점을 보여주는 인어. 원서엔 "사이렌을 닮은 괴물"이라는 설명과 함께
"길이 59인치로, 뱀장어와 같은 크기다"라고 부연되어 있다(이는 아마도 그것이 큰 뱀장어였을 것임을 암시한다).

Septieme Planche.
30
Macolor. Très-bon fort grand et très rare. Il pese quelquefois
30. Livres: mais je n'en ay vû que deux en douze ans à Hila.
31
Sosor. Perche panaché d'Arokoe, commune, delicieuse, et propre à être
conservée dans les Etangs. Je l'ay dessinée après l'avoir écaillée; car
alors elle est plus belle qu'avec ses écailles.
Espece de Carcasse dont
on a parlé N.º 29.
32
Sambia. Loop visch. ou Poisson courant d'Amboine. Je l'ay
atrapé sur le Sable et l'ay gardé trois jours en vie dans ma
maison comme un petit chien qui me suivoit par tout fort familiere:
ment. Mr. Scott en a un à Amsterdam dans
l'esprit de vin.
33
34
Snavelaar. Très-bon et joly poisson du Mont rouge.
G

우측 하단의 네 발 달린 물고기는 처음 발견한 사람을 "강아지처럼" 졸졸 따라다녔다고 한다.
루이 르나르의 『말루쿠 제도 남쪽 해안에서 발견된 현란한 색상과 기이한 형태의 물고기, 가재, 게』(1719)에서 발췌.

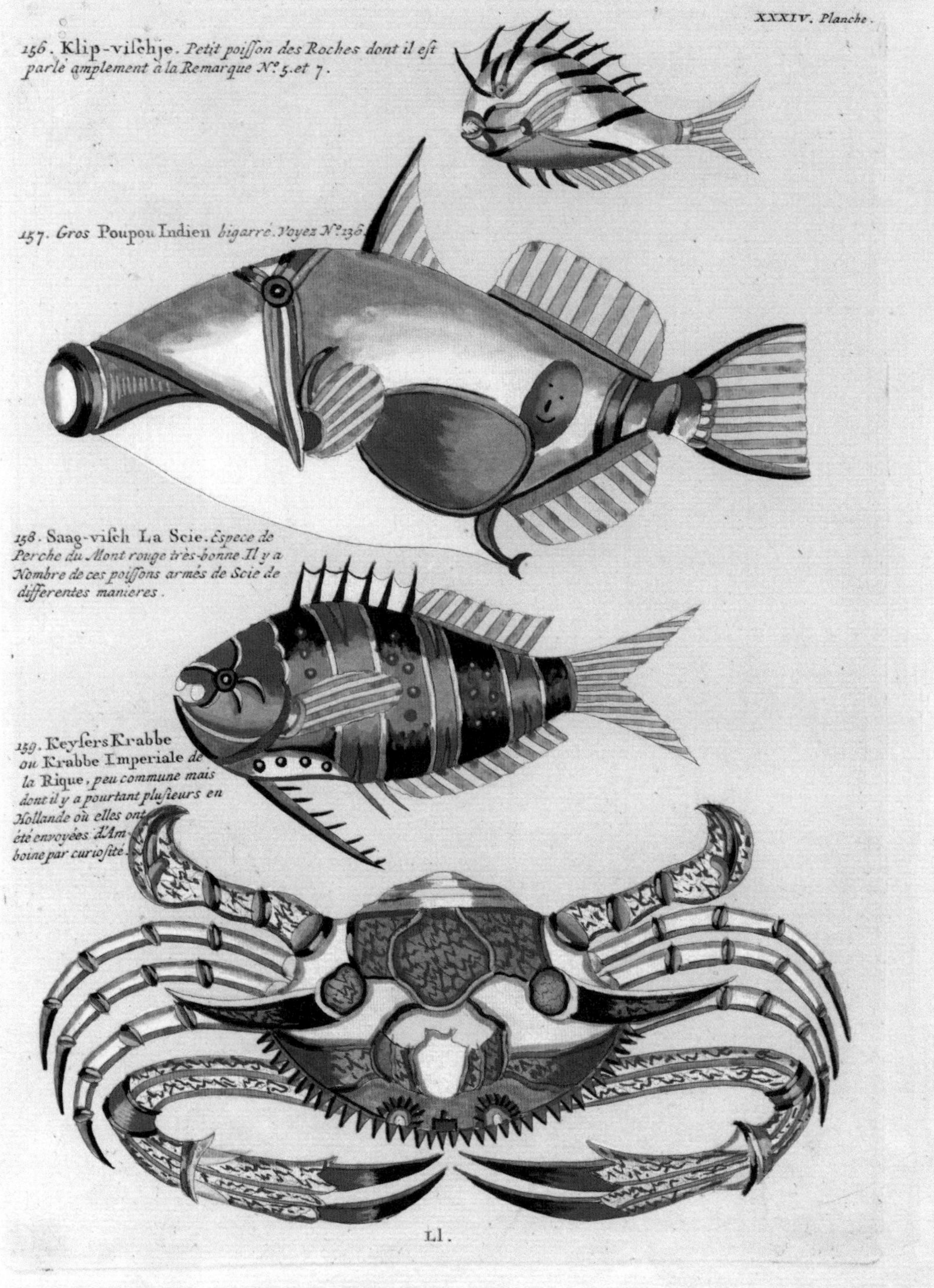

XXXIV. Planche.
156. Klip-visſchje. Petit poiſſon des Roches dont il eſt
parlé amplement à la Remarque N°. 5. et 7.
157. Gros Poupou Indien bigarré. Voyez N°. 136.
158. Saag-viſch La Scie. Espece de
Perche du Mont rouge très-bonne Il y a
Nombre de ces poiſſons armés de Scie de
differentes manieres.
159. Keyſers Krabbe
ou Krabbe Imperiale de
la Rique, peu commune mais
dont il y a pourtant pluſieurs en
Hollande où elles ont
été envoyées d'Am-
boine par curioſité.
LI.

같은 책에서 발췌한 크렙베 임페리알레와 다른 두 종의 어류. 자연계에 존재할 리 없는 색깔로 채색됐다.

을 맞춤 제작한 것으로 보인다. 그러던 중 웨일스의 자연주의자 토머스 페넌트가 이 책을 보자마자 쇼가 가진 이국적인 천의 재고 전량을 사겠다고 제안하면서 책은 또 다른 길로 나아간다. 그는 쇼가 쓴 본문과 쿡의 승무원 인터뷰, 그리고 페이지 크기에 맞춰 자른 92장의 타파 견본을 제본해서 자기만의 불룩한 판형을 만들어냈다. 현재 이 책은 유럽 탐험 역사가 탄생시킨 인공 유물 가운데 가장 공감각적인 작품으로 평가받고 있다.

영국이 하와이에서 영웅적인 최후[11]를 맞은 쿡 선장을 애도하는 동안, 런던을 떠나지 않고서도 독자적인 탐험의 장을 연 사람이 있었으니, 야심한 시각에 수첩과 긴장한 조수 한 명으로만 무장한 채 런던에서 가장 추저분한 세계에 몸을 던진 그는 프랜시스 그로스(1731~1791)다. 그로스는 본인 스스로 말한바 "말을 타기엔 너무 뚱뚱하고 마차를 타려니 돈이 없었"지만 저속하고 범죄와 관련한 속어(존슨의 사전에선 모종의 이유로 지워진 어휘들)를 총망라하겠다는 일념에 겁도 없이 심야의 런던에서도 제일 깜깜한 거리를 돌아다니며 자료를 수집했다. 그렇게 그의 작가 인생에서 가장 유명한 『고전 통속어 사전』(1785)이 탄생했다. 그는 조수 톰 코킹과 함께 빈민가, 허름한 술집, 조선소를 뻔질나게 드나들며 "오랜 행군 중인 군인, [원문 그대로 옮기면] 캡스턴의capstern[12]의 뱃사람, 생선을 손질하는 아낙, 그레이브젠드[13] 배의 선원들이 주고받는 일상어"를 수집한 끝에 비어卑語, 또는 비표준어 사상 가장 위대한 사전이자 언어학 분야에서 전례를 찾을 수 없는 괴서를 만들어냈다.

프랜시스 그로스의 초상화.
그의 책 『시골 용어 사전』에서 발췌.

1785년에 출간된 초판에는 9000개가 넘는 항목이 실렸는데, 영국이 저속한 분위기의 조지 왕조 시대에서 새침 떠는 빅토리아 시대로 넘어가면서 이후 판본에선 100개 가까운 항목이 무단으로 삭제되었다. 이를테면 "불타는 수치심Burning Shame: 여체의 은밀한 부위에 박힌 불붙은 양초"(그로스는 이 항목에 직접 쓴 문안을 추가했다. "자연의 여신이 촛대를 이렇게 사용할 생각을 한 적은 추호도 없을 것이다") 같은 항목을 실어놓고 무사히 넘어갈 수 없게 된 것이다. 같은 이유로

11 세 번째로 태평양을 탐험하던 1779년 2월 14일, 하와이에서 원주민들에게 살해됐다.

12 닻을 감아올리는 장치를 뜻하는 capstan을 잘못 표기한 것으로 보인다.

13 영국 잉글랜드 켄트주의 항구 도시.

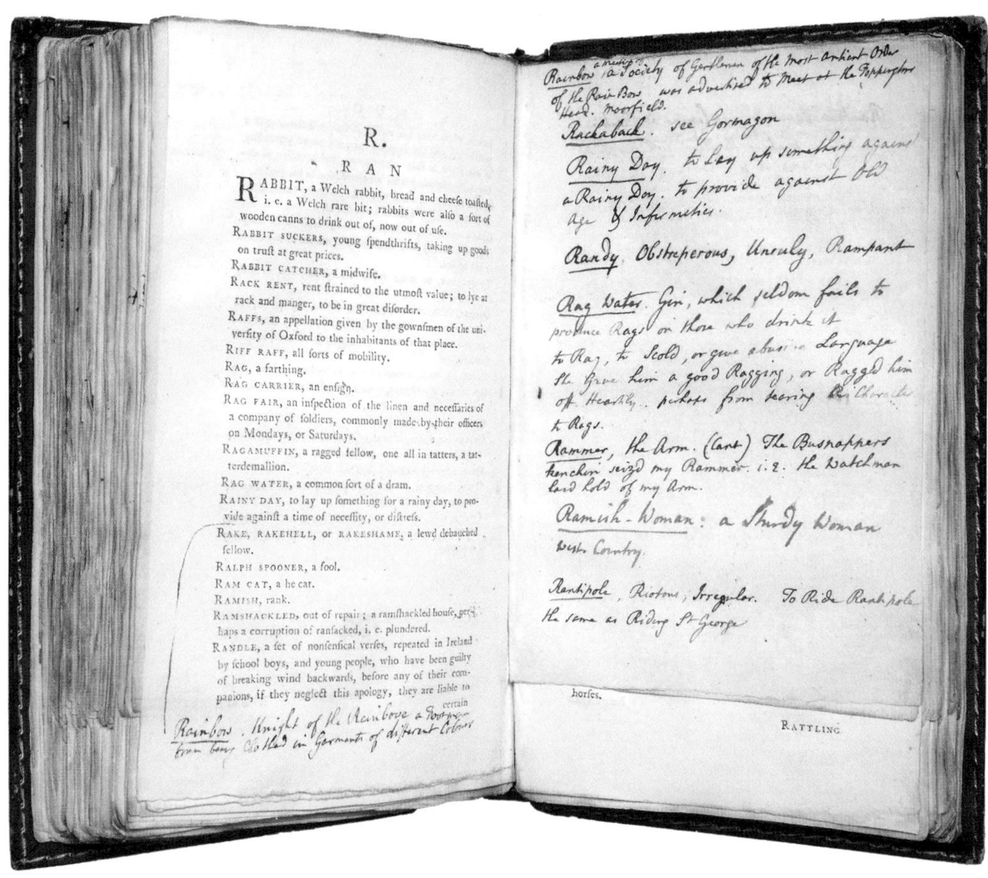

R.

RAN

RABBIT, a Welch rabbit, bread and cheese toasted, i. e. a Welch rare bit; rabbits were also a sort of wooden canns to drink out of, now out of use.
RABBIT SUCKERS, young spendthrifts, taking up goods on trust at great prices.
RABBIT CATCHER, a midwife.
RACK RENT, rent strained to the utmost value; to lye at rack and manger, to be in great disorder.
RAFFS, an appellation given by the gownsmen of the university of Oxford to the inhabitants of that place.
RIFF RAFF, all sorts of mobility.
RAG, a farthing.
RAG CARRIER, an ensign.
RAG FAIR, an inspection of the linen and necessaries of a company of soldiers, commonly made by their officers on Mondays, or Saturdays.
RAGAMUFFIN, a ragged fellow, one all in tatters, a tatterdemallion.
RAG WATER, a common sort of a dram.
RAINY DAY, to lay up something for a rainy day, to provide against a time of necessity, or distress.
RAKE, RAKEHELL, or RAKESHAME, a lewd debauched fellow.
RALPH SPOONER, a fool.
RAM CAT, a he cat.
RAMISH, rank.
RAMSHACKLED, out of repair; a ramshackled house, perhaps a corruption of ransacked, i. e. plundered.
RANDLE, a set of nonsensical verses, repeated in Ireland by school boys, and young people, who have been guilty of breaking wind backwards, before any of their companions, if they neglect this apology, they are liable to certain

horses.

RATTLING

『고전 통속어 사전』에
프랜시스 그로스가 직접 쓴 주석.

"웃기는 쑤시개Fun Thruster: 항문성교자", "사과 경단 가게Apple Dumpling Shop: 여자의 젖가슴" 등도 삭제되었다. 이 밖에 초판에만 실린 항목 중에 주목할 만한 사례는 다음과 같다.

엉덩이부터 거꾸로Arsy Varsey[14]: 엉덩이부터 거꾸로 떨어지는 것, 즉 완전히.

여자의 음모를 가르는 사람Beard Splitter: 매음굴을 제집 드나들듯 하는 남자.

장님의 휴일Blindman's Holiday: 밤, 어둠.

블로사벨라Blowsabella: 헝클어진 머리가 얼굴 주변에 드리운 여자.

꼬꼬댁 소리를 내는 방귀Cackling Farts: 달걀.
정산 완료Casting Up One's Accounts: 구토.

컵에 담긴 신의 창조물Cup Of The Creature: 좋은 술 한 컵.

14 arsy는 'anus, ass'(엉덩이, 항문), varsey는 'vice versa'(거꾸로)의 비속어이다.

커튼 강의Curtain Lecture: 잠자리에서 아내가 남편에게 바가지를 긁는 것. 남편에게 한바탕 '커튼 강의'를 늘어놓는다는 식으로 쓰임.

팔다리 공작Duke Of Limbs: 키가 크고 동작이 어줍고 머리가 나쁜 놈.

네덜란드 축제Dutch Feast: 손님을 즐겁게 해줘야 할 사람이 손님보다 먼저 술에 취할 때 쓰는 말.

프랑스화된Frenchified: 성병에 감염된.

이蝨의 땅Louseland: 스코틀랜드.

결혼식 음악Marriage Musick: 아이들의 째지는 듯한 울음소리.

비둘기 젖 짜기Milk The Pidgeon : 불가능한 일에 열중하는 것.

바람 넣은 창자Puff Guts: 뚱보.

인조 털가방Shag Bag: 소심하고 비굴한 놈. 패기가 부족한 사람.

불알 꼬인 놈Slubber De Gullion[15]: 무뢰한.

장선腸線[16]으로 고문하는 사람Tormentor Of Catgut: 피들fiddle[17] 연주자.

『고전 통속어 사전』엔 별도로 모아놓은 관용구 목록이 있다. 런던의 특정 지역에서 쓰이는 비속어인 "코번트 가든의 한기Covent Garden Ague: 성병"과 "코번트 가든의 대수녀원장Covent Garden Abbess: 포주[매음굴의 마담]", 그리고 "코번트 가든의 수녀Covent Garden Nun: 매춘부" 등이 그 내용이다. 18세기 당시 코번트 가든은 성매매의 악명 높은 중추였고 그로스와 같이 학문적 관심에서가 아니라 다른 목적으로 밤마다 그곳을 배회하던 남자들은 가이드의 도움을 받았다. 『해리스의 코번트 가든 여성 거주자 목록』은 1757년부터 1795년까지 매해 발간된 150페이지가량의 소형 책으로, 런던의 코번트 가든과 웨스트엔드에서 성매매에 종사하는 여성 120~190명의 명단을 수록했다. 한 부당 2실링 6펜스를 받은 이 정보지는 매해 8000부 가까이 팔렸지만, 저자의 실명은 한 번도 밝혀진 적이 없다(물론 유력한 용의자로 두 명이 지목되긴 했다. 그럽 스트리트의 야경꾼 새뮤얼 데릭과 코번트 가든의 포주 잭 해리스였다).

이 섬뜩한 리스트가 못 견디게 눈을 끄는 이유 중 하나는 18세기 후반을 살다 간 이 여성들의 실제 정보(비단 이름, 나이, 신체 특성만이 아니라 가무 능력을 포함해 침실 안팎에서 펼치는 특기와 재능, 남다른 면, 개인적 배경에 관련한 단편적인 사실들까지)를 밝혀놓았기 때문이다. 일례로 1788년판에 기재된, 프리스 스트리트 28번지에서 일했던 '다정하고 호감 가는' B-nd 양의 소개를 살펴보자. "고약한 천연두의 흔적만 아니었어도 '참아줄 만한' 목록에 올랐을 법한 인물. 용모보다 우아한 드레스가 더 볼만하지만 그래도 나름

15 어원은 '무뢰한coyon' 또는 '고환couille'을 뜻하는 옛날 프랑스어.

16 동물의 창자로 만든 선. 현악기의 현에 쓰인다.

17 중세에 사용된 바이올린의 별명.

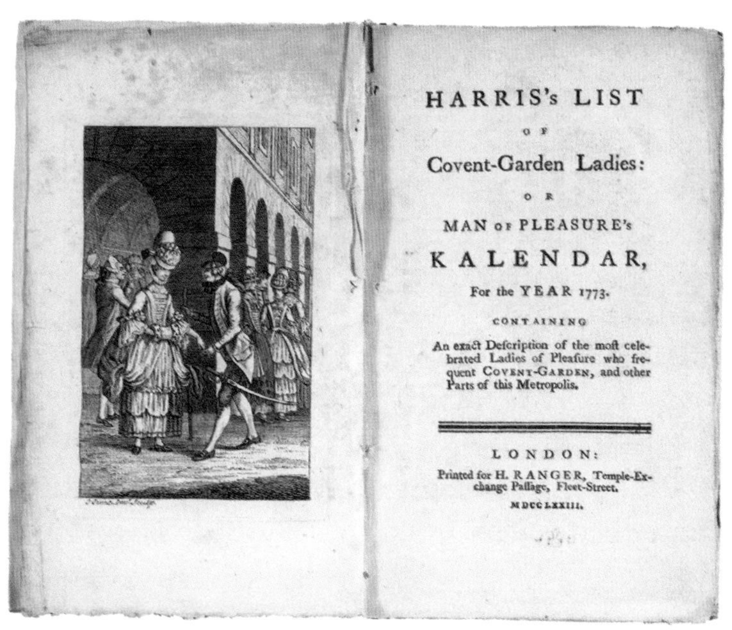

『해리스의 코번트 가든 여성 거주자 목록』 1773년판의 표지.

의 매력을 가진 숙련된 상품."

다음은 대븐포트 양[18] 항목의 마지막 단락이다. "치아 상태가 흠잡을 데 없다. 키가 크고 몸의 비율이 썩 좋아서 네 번째 카리스[19] 또는 생명을 받아 현현한 메디치의 비너스[20]로 착각할 사람도 있을 것이다(정말인지 알고 싶어서 그녀의 벗은 몸을 살피고자 한다면 유능한 사제처럼 아프로디테에게 바치는 제의를 치러라. 그녀는 흔쾌히 옷을 벗을 것이다)." 미들섹스 병원 근처 요크 스트리트 2번지에서 일했던 미스 클리캠프 양에 관해서는 다음과 같이 썼다. "인간의 무궁무진한 환상이 심심풀이로, 농담 삼아 머리부터 발끝까지 빚어낸 결과물 중 가장 탁월하고 가장 뚱뚱한 몸이다. … 푸짐한 여체를 진심으로 사랑하는 남자라면 이 터질 듯 무르익은 미녀의 품으로 던져지는 운명을 받아들여야 마땅하리."

그러나 그로스의 『고전 통속어 사전』이 삭제·편집되는 과정을 지켜보며 외설에 대한 대중의 태도도 바뀌어갔다. 성매매에 대한 아량 없는 불관용과 인식 개선에의 요구가 이어졌고, 내용 면에서 가장 노골적이었던 『해리스의 코번트 가든 여성 거주자 목록』 1795년판은 인쇄 책임자들이 벌금을 물고 징역을 살게 되면서 마지막 판본이 되었다.

프랜시스 그로스와 『해리스의 코번트 가든 여성 거주자 목록』의 저자가 야간의 런던에서 벌어지는 부정 행각을 기록하는 동안, 「대학 일탈 기록」(1788)로 알려진 동시대 미국의 비망록 또한 한 세계의 실상을 담아내고 있었으니, 그 대상은 어느 모로 보나 런던의 밤거리보다 훨씬 더 위험한 교육계라는 곳이었다. 이 일기는 1785년, 전직 교사에서 하버드대학교 히브

18 침대 겸용 대형 소파라는 뜻이 있다.
19 그리스 신화에서 아름다움을 담당하는 세 여신.
20 기원전 1세기 헬레니즘 시대, 그리스 아테네에서 만들어진 것으로 추정되는 대리석 조각상.

엘리벨렛 피어슨.
제자들의 일탈 행위를 감내했던 스승.

리어 및 동양어 교수로 부임한 엘리벨렛 피어슨(1752~1826)이 쓴 것으로, 하버드대학교가 소장하고 있다. 피어슨은 학생들이 대학 교수를 대상으로 벌이는 잔혹하고 폭력적인 반항, 총칭해 '일탈' 행위를 자신의 일기에 절망에 찬 문장으로 기록했다. 음식, 장작, 양초, 성경을 비롯해 바닥에 볼트로 고정이 안 된 물건들이라면 모조리 훔쳐가는 학생, 만취해 행패를 부리는 학생, 흉기를 뽑아 든 학생, 개를 우물에 빠뜨려 죽이는 학생, 자물쇠를 부수는 학생, 강의실 벽에 자갈로 낙서하는 학생, 심지어 교내 식당 주방의 백랍 접시를 녹이고 이를 학교 종에 부어 망가뜨리는 학생 들 때문에 하루가 멀다고 진퇴양난에 빠지는 교직원들의 실상을 소상히 묘사했다. 그중에서도 내 눈길을 끈 내용을 아래에 발췌해 소개한다.

1788년 12월 4일: "오후. 무질서하고 험악한 소음이 계속되자 웨버 씨는 학생들에게 정숙을 요청했다. 그러나 그가 자리를 뜨자마자 소음은 전보다 더 격렬해졌고, 결국 웨버 씨가 돌아왔다. 그는 학생들에게 각자의 방으로 들어가라고 지시했지만, 누구 하나 꿈쩍하지 않았다. 이에 그는 한 명씩 호명하며 재차 명했다. 설리번이라는 성을 가진 두 학생은 그의 지시를 거부했고, 제임스라는 학생은 자기가 내킬 때 들어가겠다고 말했다. 그런 후 두 설리번은 스미스 씨에게 예의에 벗어난 행동을 보였고 제임스 씨가 교칙을 근거로 들며 명했을 때도 따르지 않았다."

1788년 12월 5일: "저녁 기도 시간에 책상에 앉아 있던 웨버 씨가 누군가 던진 눈덩이에 맞았다. 그가 불만을 제기하자 12월 6일, 회의가 소집되었다. 변론 단계에서, 이전 사건의 다른 학생들의 경우와 마찬가지로 설리번 2세 역시 자신이 음주 상태였다고 항변하자 공개 반성을 하는 것으로 처벌을 대신하게 되었다. 공개 반성은 12월 8일에 이루어졌다."

1788년 12월 9일: "설리번 2세가 공개 반성문을 낭독하는 동안 3학년생 교실에서 뭔가 긁어대는 소리가 너무 커지는 바람에 총장은 낭독 내용을 제대로 들을 수 없었다. 그가 조용히 하라고 지시했으나 소용이 없었다. 예배당에서 자행되는 일탈 행위였다."

1788년 12월 9일: "그런 데다가 … 아침 식사 시간에 … 학생들은 교직원들에게 비스킷과 차, 그리고 칼을 던졌다."

1788년 12월 12일: "그 밖에도 예배당 창문 여러 장이 깨졌다."

1788년 12월 16일: "위걸즈워스 박사의 공개 강연에서 학생들은 훨씬 더 큰 일탈을 저질렀다. 박사가 좌석 사이의 통로로 걸어가는데 그의 양편에서 하나씩 총 두 개의 돌멩이가 동시에 날아왔다. … 박사가 다음번 좌석 열을

지나기 전에, 통로 북쪽에서 또 한 차례 돌멩이가 날아왔다. … 박사와 교직원 두 명이 통로를 따라 걸어가는 동안 … 이번 돌멩이는 창문을 깨고 예배당 안으로 날아 들어왔고 그 바람에 세 신사 중 한 명이 유리 파편 세례를 받았다."

피어슨은 마침내 확실한 안도감을 느끼며 다음과 같이 기록한다.

1789년 1월 7일: "방학이 시작되었다."

그러나 찾아본 책들 가운데 이제까지 언급한 모든 책을 제치고 가장 큰 즐거움을 주는 모음집은 훨씬 나중인 19세기 중반에 탄생했다. 포르투갈 작가 페드루 카롤리누는 지금까지 보지 못했던 포르투갈어-영어 관용구 모음집을 만드는 위업을 시작했다. 가히 박수를 보낼 만한 야심이었다. 그도 그럴 것이 카롤리누는 영어를 단 한마디도 못 했기 때문이다. 대신 그에겐 포르투갈어-프랑스어 관용구 책과 프랑스어-영어 사전이 있었다. 그는 포르투갈어 문장을 프랑스어 문장으로 하나씩 차례대로 번역한 다음 두 번째 사전을 참고해 영어로 바꾸었다. 그 결과는, 여러 개의 소화기관을 거친 모든 것이 그렇듯 완전히 개판이었다.

카롤리누는 관용어의 뉘앙스를 남김없이 날려버린 결과물을 1855년 파리에서 '새로운 포르투갈어-영어 회화 입문서'라는 당치도 않은 제목으로 출간했다. 이로써 그는 세계 최악의 언어 입문서를 세상에 선보이는 위업을 달성하고야 말았다. 이후 이 책은 '책 세상의 불구경꾼들' 사이에서 서서히 입소문을 타고 추앙을 받

O NOVO GUIA

DA

CONVERSAÇÃO,

em Portuguez e Inglez,

OU

ESCOLHA DE DIALOGOS FAMILIARES

SÔBRE VARIOS ASSUMPTOS;

precedida

d'um copioso Vocabulario de nomes proprios,
com a pronuncia figurada das palavras inglezas,
e o accento prosodico nas portuguezas, para se poder aprender com perfeição
e a inda sem mestre, qualquer dos dous idiomas.

OFFERECIDO

Á ESTUDIOSA MOCIDADE PORTUGUEZA E BRAZILEIRA

por JOSÉ DA FONSECA
E PEDRO CAROLINO.

PARIS.

Vª J.-P. AILLAUD, MONLON E Cª.
Livreiros de suas Magestades o Imperador do Brasil
e el Rei de Portugal,
RUA SAINT-ANDRÉ-DES-ARTS, Nº 47.

1855

『새로운 포르투갈어-영어 회화 입문서』(1855)의 표지.
이 책은 이후 『그 여자는 말하였지는 영어』라는
영어 제목으로 번역·출간되었다.

더니 급기야 런던과 보스턴에서 동시 출간되기에 이르렀다. 새롭게 손본 제목은 '그 여자는 말하였지는 영어English as She is Spoke'[21]였다. 이 책의 열혈 팬이었던 마크 트웨인은 미국판 서문에서 단언했다. "누구도 이런 책을 만들겠다는 생각은커녕 꿈조차 꿀 수 없을 것이다. 이 책은 완벽하고 장담컨대, 아니 마땅히 그러할진대, 독야청청하리라. 영원히 살아남을 것임은 두말할 여지가 없다. … 시공을 불문하고 이 책을 펼치는 자는 풍요를 찾게 될 것이니 … 영어가 살아 있는 한, 작지만 고명한 이 관용구 모음집 역시 죽지 않을 것이다." 그의 말대로 이 책은 지금 읽어도 충격을 금할 수 없다. '일상적인 어구' 부문에서 이해가 가지 않는 표현 중에는 "어느 것에 이 모자가 있나?At which is this hat?"부터

21 책 전체의 번역이 잘못됐음을 풍자한 제목이어서 그에 맞게 번역했다.

"하나는 그 여자가 못생긴 것, 적어도 그 여자는 호의적이다One she is ugly, at-least she is gracious", "모든 나무는 매우 많은 곰을 갖고 있다All trees have very deal bear", "너의 머리를 입어라Dress your hairs", "스스로 더러워지도록 조심하라Take care to dirt you self", "너의 부모는 아직도 살아있느냐?Yours parents does exist yet?", "그 남자는 자신과 결혼하는 걸 거부한다He refuse to marry one-self" 등등이 있다. 이를 읽은 독자들은 아마 큰 혼란을 겪었을 것이다. 그 밖에도 "넌 내 머리를 깼다You break my head", "넌 춤을 못 추는구나You don't dance well", "기타 조율은 한 거니?Your guitar is it tuned?", "내 말을 가로채네You interompt me"처럼 의도와 무관하게 쌀쌀맞은 대화 표현을 당시 독자는 어떻게 받아들였을지 궁금하다. 그래도 "넌 웃음을 만든다You make grins" 같은 표현은 근사하다. 문장들을 배치한 방식도 별나다. 예를 들어 "9시가 다 됐다It is almost nine o'clock"라는 문장 뒤에는 "그들은 모두 죽었다They are all dead"가 온다. "나는 지금까지 프랑스어를 배웠다I have learned the French language" 앞에는 "머리가 아프다My head is sick"가 나온다. 언뜻 영국의 흔한 관용표현처럼 보이는 "명주원숭이를 으스러뜨리다To craunch the marmoset"는 "누군가 문을 열어줄 때까지 참을성 있게 기다리다"라는 뜻의 프랑스 관용어 'croquer le marmot'가 언어파괴자 카롤리누의 손을 거친 결과물로 보인다.

심지어 상황에 따른 대화 예문까지 있다. '세탁부와의 대화Dialogue with a Launderess' 편에는 "당신은 내 셔츠를 구부리게 될 것이다You shall bend my shirts"라는 지시문이 나온다. 한편 '말을 타기 위하여For to ride a horse'라는 제목의 대화문에서는 환불을 요구하며 총을 겨누는 방법을 소개하고 있다. "여기 상태가 안 좋은 말이 한 마리 있소Here is a horse who have a bad looks. 다른 말을 주시오. 나는 이 말을 안 탈 거요Give me another; I will not that. 이 말은 행진할 줄 모르고 너무 뚱뚱해서 숨을 헐떡이고 병까지 앓고 있소He not sall know to march, he is pursy, he is foundered. 이렇게 비실비실한 말을 내게 팔다니 부끄럽지도 않소?Don't you are ashamed to give me a jade as like? 편자도 없고, 편자 못이 위로 삐져나와 있잖아. 편자공에게 먼저 보내야지he is undshoed, he is with nails up; it want to lead to the farrier." 이에 말을 판 남자가 초조한 기색으로 대답한다. "그 총은 장전돼 있습니까?Your pistols are its loads?"

미국에서 출간된 아름답고도 치명적인 책 『죽음의 벽에 드리운 그림자』(1874).
19세기에 제조된 비소가 다량 함유된 벽지를 모아놓은 책으로, 미시간주 보건국에서 유독성 벽지에 대한 경각심을 높이고자 100부 이상 인쇄해 공공도서관에 배포했다.

Leo rex bestiarū porcus

Leo

Rotarū timet strepitꝰ. sed magis ignes. et cū dormit. eius uigilant oculi. Circa hominē leonū natura ē. ut nisi lesi, nequeant irasci. Captiuos obuios repatriare permittunt

Est in potestate leo...
aptis oculis et dormi...
qui cum uoluerit
excitatur a somno
significans dormition...
xpi dicentis. potestat...
habeo ponendi animā
meā et iterū sumendi
eam. Et alibi. Ego dor...
miui et somnum cepi. et
exsurrexi sicut uolu...

Leo qui annis febricitat et cū porcello et catulo ieiunando febres amittit. Cū leena parit catulos. tribus diebus et tribus noctibus catulꝰ dormire fertur. deinde patris fremitu et rugitu tremefactꝰ cubilis locū adiens. suscitare catulū dormientē ;

Cauda sua ...

중세 백과사전의 하나인 『꽃 책』에서 '동물백과' 장을 지키는 사자.
이 책은 1090년에서 1120년 사이에 생토메르의 대주교 랑베르가 편찬했다.

THE FATHER OF ETERNITY'S TEN LOST TRIBES-

KETTLE-ED

NEW JERUSALEM ETERNAL CITY O'ERSHADOWMENT.

THE WAS AND IS

AND IS TO COME

KETTLE

THE SUN

THE ALL-MIGHTY

ALL

ALL.

THE MAGNETIC WEAK POINT AND CHRONIC MELANCHOLY

INDIVIDUALITY

SUPPRESSED THE

EUROPES WAR-SAIL

OF CONFUSION OF TONGUES.

POINT OF ENDURANCE

REACHED

THE DESPERATION

DRIVEN TO THE VERGE

CELESTIAL CHINA

CELESTIAL FROM AND LOVE

LOVE.

EACH RAY

LIGHT

EUROPE'S

WISE MEN OF EAST

FULBORN

GOD'S PURE WATER WORK

THE

LONG DEFERRED'S PATIENT

CREATION'S NEW GENITAL

SEXUAL

DEGENERACY THE

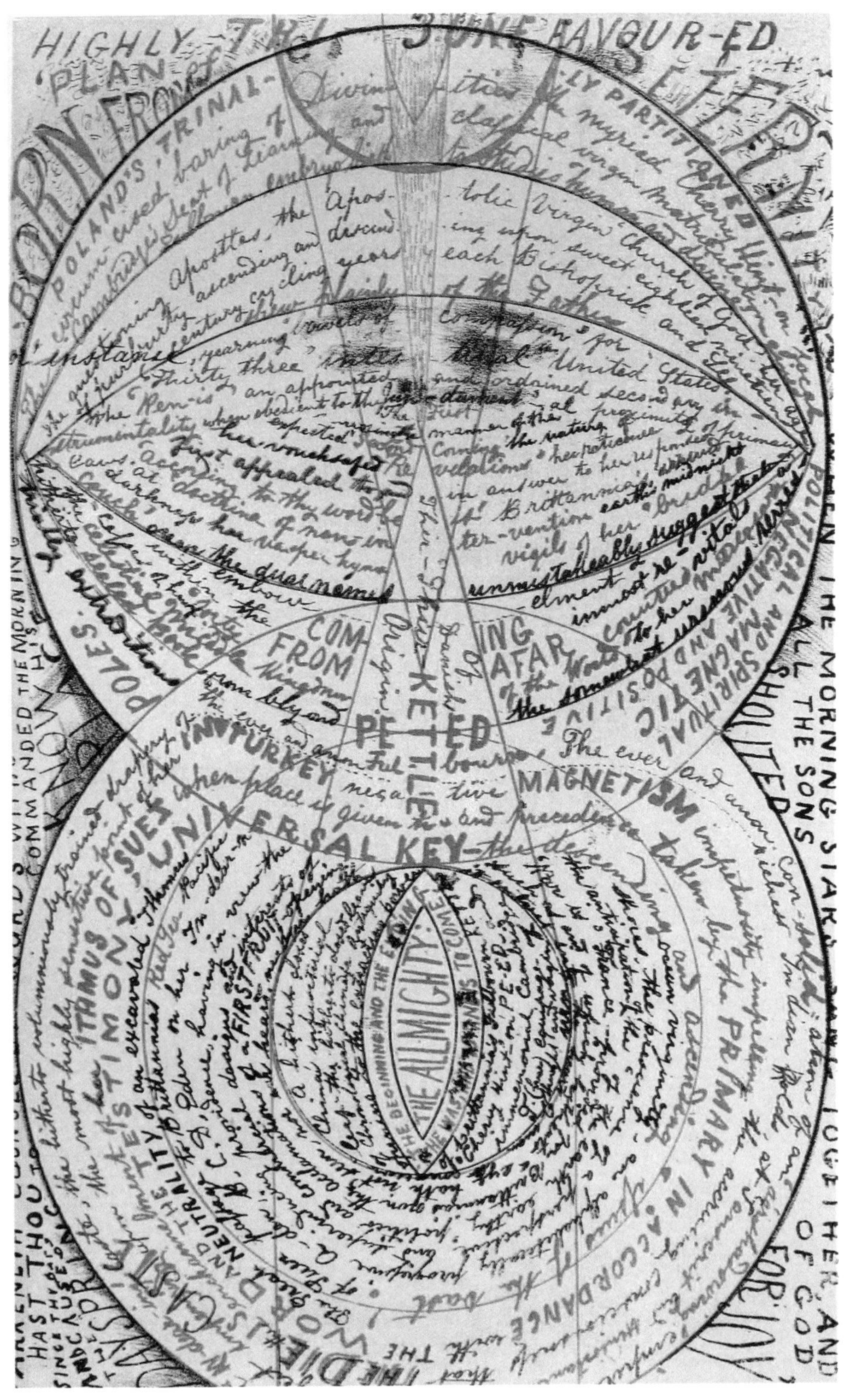

영국 케임브리지 부근 정신병원 원장이었던 G. 매켄지 베이컨의 책『정신이상자의 글에 관하여』(1870)에 실린 두 장의 삽화로, 그가 "상당한 지성을 갖춘 훌륭한 장인"이라고 설명한 환자가 그렸다. 19세기엔 의사가 쓴 정신질환 관련 책이 꽤 많이 출간됐는데, 대중에게 올바른 정보를 제공함으로써 정신질환자에 대한 오해를 바로잡는 것이 목적이었다.

개성 만점 타자기

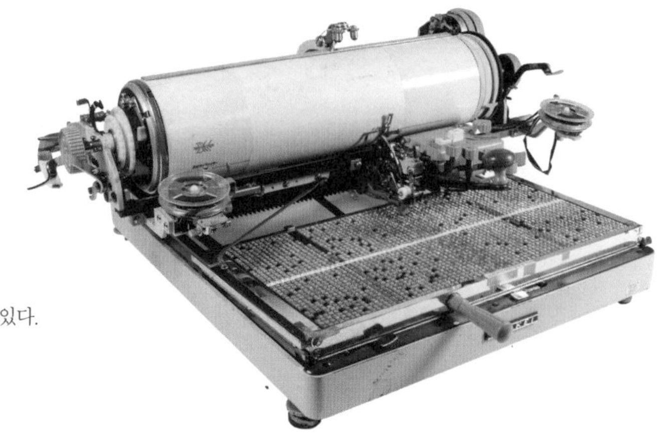

일본의 닛폰케이에이이키사에서
1976년에 출시한 타자기로, 일본어 한자를
개별적으로 양각한 수천 개의 인쇄용 슬러그가 있다.

램버트 타자기. 1896년에 시장에 출시된 후 특유의
개성과 아름다움으로 수집가들의 특별한 사랑을 받고
있다. 원반을 회전시켜 타이핑하려는 글자에 맞춘
다음 아래로 누르면 원반 전체가 종이에 닿을 때까지
기울어지며 글자가 찍히는 방식이다.

일명 인덱스 타자기(글자판을 포인터로
찍고 입력하는 방식의 타자기)의 어머니 격인
AEG 미뇽 타자기 모델 4. 1905년에 등장해
1934년에 마지막으로 생산될 때까지 인기를 유지했다.
포인터를 교체 가능한 인덱스(글자판) 위에서
원하는 문자로 이동하고 엔터 키를 누르는 방식으로 작동한다.
얼마간 연습하면 대부분 분당 평균 100타를 입력할 수 있었다.

빅터 타자기.
1889년 미국에서 특허를 받았다.
미뇽 타자기와 마찬가지로 포인터와 엔터 키가
있는 인덱스(이 사진에서는 반원형 모양이다)를
사용했다.

키튼 음악 타자기. 1936년, 샌프란시스코의 로버트 H. 키튼이 최초로 특허를 획득했다. 빠른 속도로 많은 분량을 기보할 수 있다.

한센 라이팅 볼(공 모양 타자기). 1865년 덴마크에서 발명된 초기 타자기이자 상품으로 제작된 최초의 타자기로, 희귀품이다. 큼지막한 황동 반구체에, 왼쪽에 모음, 오른쪽에 자음, 총 52개의 키가 달려 있는 독특한 디자인을 자랑한다.

초현실세계를 다룬 책

수 세기 동안 중세 유럽의 마술사들이 마술 상자에서 꺼내 보일 때 관객의 반응이 가장 좋았던 물건이 있었으니, 바로 성경이었다. 성경에서 뜯어낸 낱장의 종이 조각은 치유력을 발휘하는 부적처럼 쓰였고 기도문과 문구는 제의 때 마법의 주문으로 낭독되었다. 성경 자체를 호신용 부적으로 여겨, 베개 밑에 몰래 깔아두면 마녀와 악령을 물리칠 수 있다고 믿었다. 그러나 가장 기이하게 활용된 사례는 성경의 단어와 낱장을 '말 그대로' 먹고 마신 것이었으니, 이는 신성한 치유력을 고스란히 흡수하겠다는 바람에서였다. 중세 때 편찬된 다수의 종교서 필사본에는 잉크를 용해해 마시려고 책을 물로 씻어낸 흔적이 남아 있다. 복음서를 채색해 꾸민 필사본으로 650년에서 700년 사이에 제작된 『더로우[1]의 서』는 어느 농부가 병든 소를 고칠 마법의 약을 만들겠답시고 물이 담긴 양동이에 통째로 담근 적이 있었음에도 17세기 후반까지 살아남아 더블린 트리니티대학교 도서관에 기증되었다.

서아프리카의 무슬림 국가에서도 병을 치료하고 주술로부터 몸을 지키기 위해 코란의 일부를 물에 헹궈 먹는 비슷한 풍습이 지금까지도 남아 있다. 북부 다르푸르[2]의 베르티족의 파키(교사이자 치료사)는 환자가 찾아오면 코란의 잉크가 용해된 하루치 병을 주고, 바탁 다투[3]의 제자들은 스승이 외는 주문을 쌀밥 위에 얹어둔 대나무에 새기고 이후 밥 위로 떨어진 대나무 파편들을 먹으며 '글의 영혼'을 섭취한다.

성경 이전의 기이한 마법 문헌을 찾다 보면 아득히 먼 고대 이집트 왕국(기원전 2686~2181)까지 거슬러 올라간다.[4] 문자를 달의 신 토트가 만들었다고 믿었던 이집트인은 상형문자에 마력이 흐른다고 생각했다. 이집트 문헌 가운데 가장 유명한 『사자의 서』는 망자가 두아트(하계)를 거쳐 저승까지 안전하게 도달할 수 있도

1 아일랜드의 작은 시골 마을.

2 수단의 주.

3 바탁은 인도네시아 북수마트라에 살며 동명의 언어를 사용하는 부족들을 가리키며, 다투는 바탁족의 사제를 뜻한다.

4 이 시기가 얼마나 오래됐는지 감 잡으라는 뜻에서 말하자면 당시 이집트인은 멸종 전의 매머드와 지구를 나눠 썼다. 매머드는 6000년 전 빙하기에 대부분 멸종했지만, 기원전 1650년까지 극동 시베리아 북쪽 연안의 랭겔 섬에 소수의 개체군이 존재했었다. —지은이

1880년 파리에서 출간된 루이 피기에의 『과학의 신비』에 실린 삽화.
심령술사 영매 D. D. 홈이 공중 부양하는 모습을 담았다.

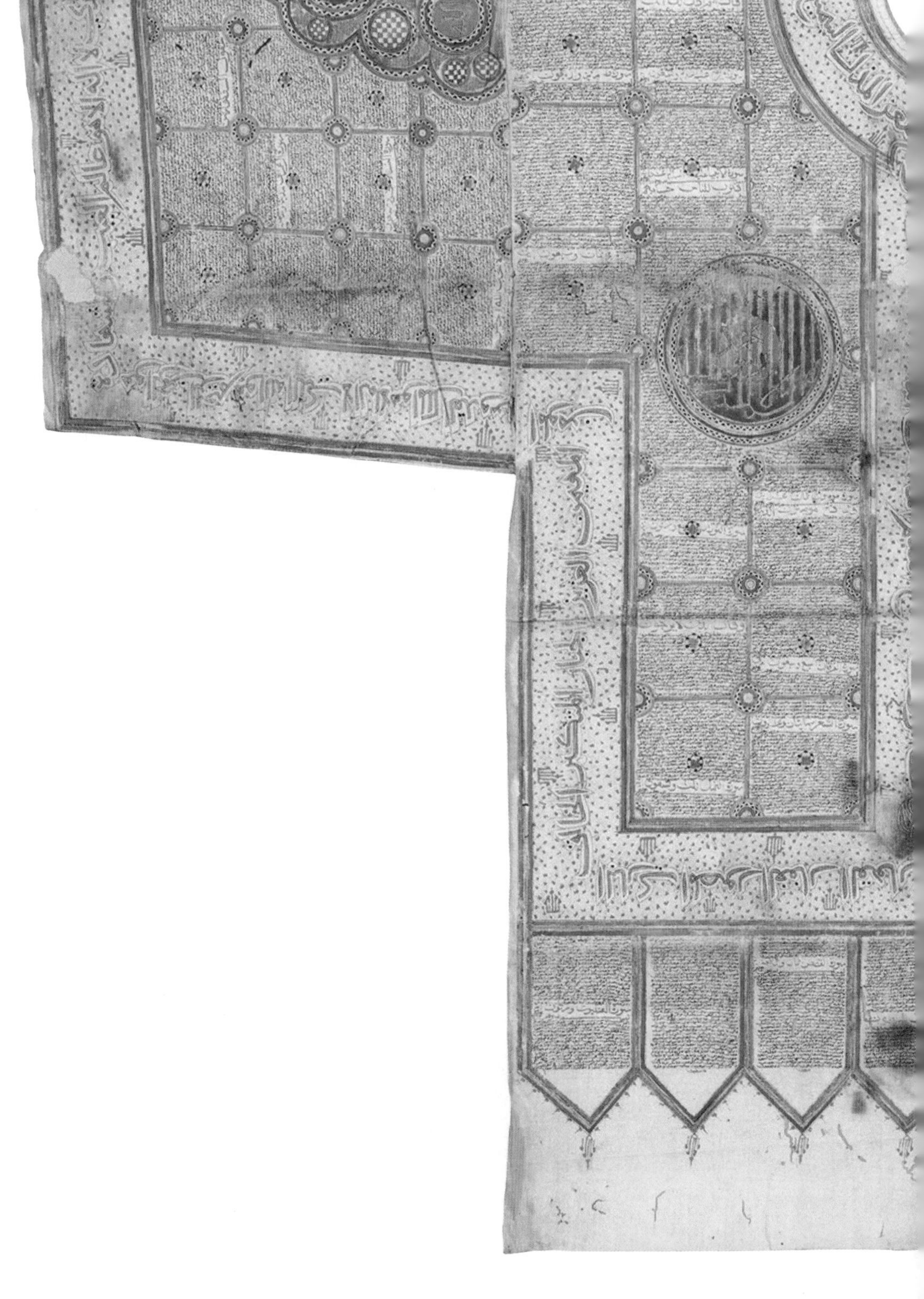

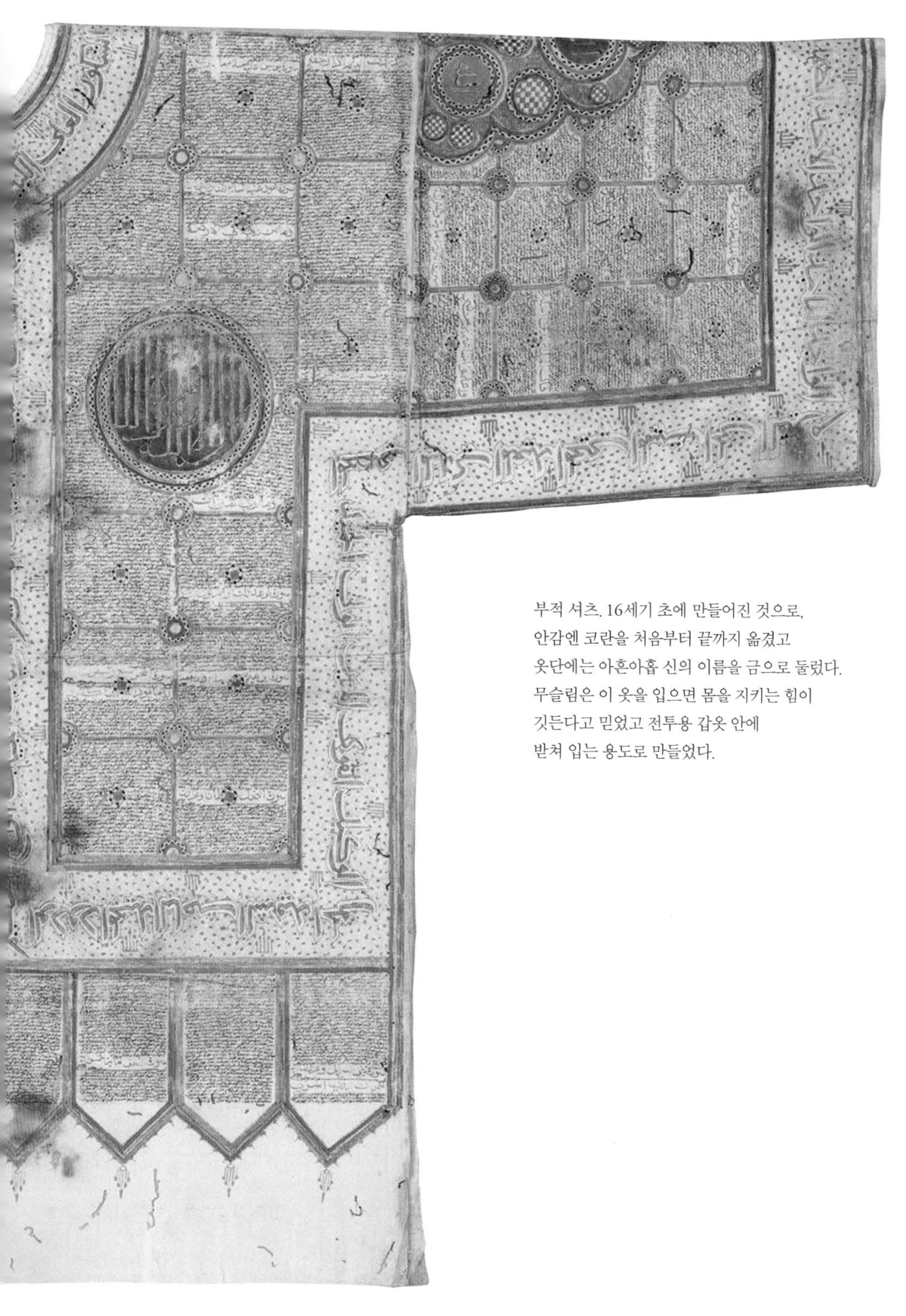

부적 셔츠. 16세기 초에 만들어진 것으로, 안감엔 코란을 처음부터 끝까지 옮겼고 옷단에는 아흔아홉 신의 이름을 금으로 둘렀다. 무슬림은 이 옷을 입으면 몸을 지키는 힘이 깃든다고 믿었고 전투용 갑옷 안에 받쳐 입는 용도로 만들었다.

록 장례식 때 외운 마법의 주문을 수천년이 넘는 세월에 걸쳐 수많은 사제들이 기록하고 편집한 마법의 주문서다. 하지만 『사자의 서』(원래 명칭은 '어디선가 나타나 빛 속으로 스며드는 책'으로, 좀 더 생기 있는 편이었다)의 첫 번째 문헌이 등장하기 전까지 이집트에서 가장 오래된 것으로 인정받았던 마법 문헌이 있었다. 바로 '피라미드 텍스트' 중 하나로, 제목부터 놀라운 『식인 찬가』였다.

『식인 찬가』는 파라오 우나스(이따금 '웨니스'라고도 불린다. 기원전 2378~2348)의 무덤 곁방에 새겨진 두 개의 주문으로 각각 '제273 발언'과 '제274 발언'이라 불리며, 저승에 간 파라오가 신들의 신체 부위를 찾아 먹을 때 바치는 찬미의 시다. 파라오는 죽은 후 '초월'을 상징하는 의식을 치르게 되는데, 쉐즈무[5]의 도움을 받아서 황소 형상을 취한 다른 신들을 살육한다. 이 희생제의를 통해 신의 성스러운 힘을 흡수한 파라오는 사후세계로 가는 경로를 협상할 수 있게 되고 하늘을 다스리는 천상의 신으로 거듭나게 된다. 『식인 찬가』의 내용 중에 한 대목을 소개하자면 다음과 같다. "하늘은 물줄기를 쏟아내고 별들은 빛이 어두워지니 … 우나스는 하늘의 황소, 다스리는 지상에서 분노하는 자, 모든 신에 깃들어 사는 자, 신의 내장을 먹는 자다. 당도하는 신들은 '불의 섬'에서 받은 마법의 기운으로 가득하다." 이 마법의 찬가는 후대에 이르러 관구문[6]의 '제573 주문'으로 재현되었지만 그즈

5 와인과 피의 신으로, 다른 신을 죽이고 그의 신체를 분해시킬 수 있는 권능을 가진 것으로 알려져 있다.

6 관棺 벽에 쓰인 장례 주문을 가리키며, 피라미드 텍스트에서 파생되었다. 장례 주문은 원래 왕의 무덤인 피라미드에만 새겨졌지만 고대 이집트 제1중간기부터는 관을 살 여유가 있는 일반 이집트인들도 이를 이용하면서 더 이상 왕이 사후세계에 대한

마력이 깃든 탄원문. 발트 문명의 운명의 신에게 번개를 거둬달라고 호소하는 내용이다.
명칭은 '자작나무 껍질 편지 292번'이며 13세기 초 카렐리아어/발트어, 핀란드어로 쓰였다.
1986년 러시아 언어학자 유진 헬림스키는 "신의 화살, 당신의 이름 열 개(들)/화살이 번쩍하고, 화살이 날아간다/
운명의 신이 안내하고/지휘한다"라고 번역했다.

음『사자의 서』(기원전 1550년경)가 널리 퍼지기 시작하며 무덤 속 먼지 구덩이에 버려졌다.

유럽에선 기독교가 부상하면서 성경과 무관한 마법서는 당국의 탄압과 소각의 표적이 되었다. 난감한 건 과학이나 종교가 마술의 영역과 결합되어 있을 때, 여기서 마술만을 따로 깔끔하게 분리해낼 수 없다는 점이었다. 예를 들어, 후기 앵글로색슨 시대 영국에서 유행한 '리치북'은 과학에 근거한 지침과 함께 주문과 부적을 제공하는 의료 안내서였다. 이 책은 마술서인가, 의술서인가? 스페인 태생의 리옹 대주교 아고바르(779년경~840)가 선택한 접근 방식은 이성적인 논증으로 미신을 돌파하는 것이었다. 아고바르는 이교도 관례에 반대하는 여러 권의 저서를 썼다. 1605년에 재발견된 흥미로운 책 『우박과 천둥에 관하여』에서 그는 날씨에 대한 대중의 믿음, 특히 구름 속엔 배들이 날아다니고 그 배엔 사악한 하늘 해적이 타고 있어서 때만 되면 (폭풍을 일으키는 마법사 '템페스타리'의 힘을 빌려) 폭풍을 일으킨 후 손상된 농작물을 훔쳐선 그들이 사는 나라 '마고니아'로 돌아간다[7]는 굳센 믿음을 체계적으로 논박했다.

독점권을 가지지 못하게 되었다. 천상의 영역에 집중하는 피라미드 텍스트와는 달리 관구문은 저승길의 위협으로부터 고인을 보호하는 것이 주 내용이다.

7 하늘 위에도 바다가 있다는 기상천외한 생각은 훗날 영국 작가 '틸버리의 제르바즈'가 1214년경, 자신의 후원자였던 황제 오토 4세를 위해 쓴 책에도 반영되었는데, 이 책은 일명 '경이의 서'라 불렸던 『황제의 재창조』다. 책에 나오는 내용을 요약하면 다음과 같다. 하늘 배의 닻이 교회 마당에 떨어져 선원들이 닻줄을 타고 땅으로 내려오지만 이를 보고 경악한 교인들을 마주하자 황급히 공중에 뜬 배로 올라간다. 와중에 교인들은 선원 한 명을 생포한다. 그러나 그는 땅에 발이 닿은 지 얼마 되지 않아 익사하고 만다. —지은이

교황 실베스테르 2세와 악마. 1460년경의 삽화.

마법서는 교황 두 명을 포함한 가톨릭 교회 거물들의 명예를 훼손하는 혐의로도 활용되었다. 프랑스의 초대 교황 실베스테르 2세는 아라비아 문헌 연구를 승인했고, 본인도 다수의 저서를 쓴 학자였으나 어느 날 영국의 수사 '맘즈버리의 윌리엄'과 반역자 추기경 베노가 널리 퍼뜨린 기괴한 전설의 주인공이 된 자신을 발견했다. 전설에 따르면, 실베스테르는 무슬림 도시 코르도바와 세비야에서 수학하던 청년 시절, 아라비아어로 쓴 주술서를 훔쳤고 독학으로 마법에 통달했다고 한다. 또 그의 질문에 대해 우렁찬 목소리로 '그렇습니다' 혹은 '그렇지 않습니다'라고 예언해주는 청동 로봇 머리를 갖고 있으며 파우스트와 계약을 맺고서 마법을 얻어 교황 자리에 올랐다는 것이었다.[8]

반면에 교황 보니파티우스 8세는 그의 사후인 1303년부터 1311년까지 재판에 회부됐다. 죄목은 마도서[9]로 흑마술을 집전하고 악마

8 교황 실베스테르 2세의 묘비엔 "여기 주 예수 그리스도가 강림하는 날 '최후의 나팔' 소리에 자리를 내어줄 실베스테르 2세의 사지가 묻혀 있다Iste locus Silvestris membra sepulti venturo Domino conferet ad sonitum"라는 문장이 새겨져 있는데, 여기서 "최후의 나팔 소리에 자리를 내어주다"가 대대손손 '소리가 날 것이다'라고 오독되는 바람에 교황들이 죽을 때가 되면 실베스테르 2세의 묘지에서 그의 뼈가 덜커덕거린다는 기묘한 전설이 탄생했다. —지은이

9 마법 교과서. 부적 제조법, 주문 및 주술, 혼령이나 악마를 소환하는 의식 따위를 따위를 설명하는 책이다.

복갑(거북의 배를 감싼 단단한 껍질)에 새겨진 신탁. '진실한'이란 뜻의 단어 '전真'을 고대어의 형태로 새겨놓았다.
기원전 1200년경 중국 상나라의 제22대 왕 무정 때의 것이다.

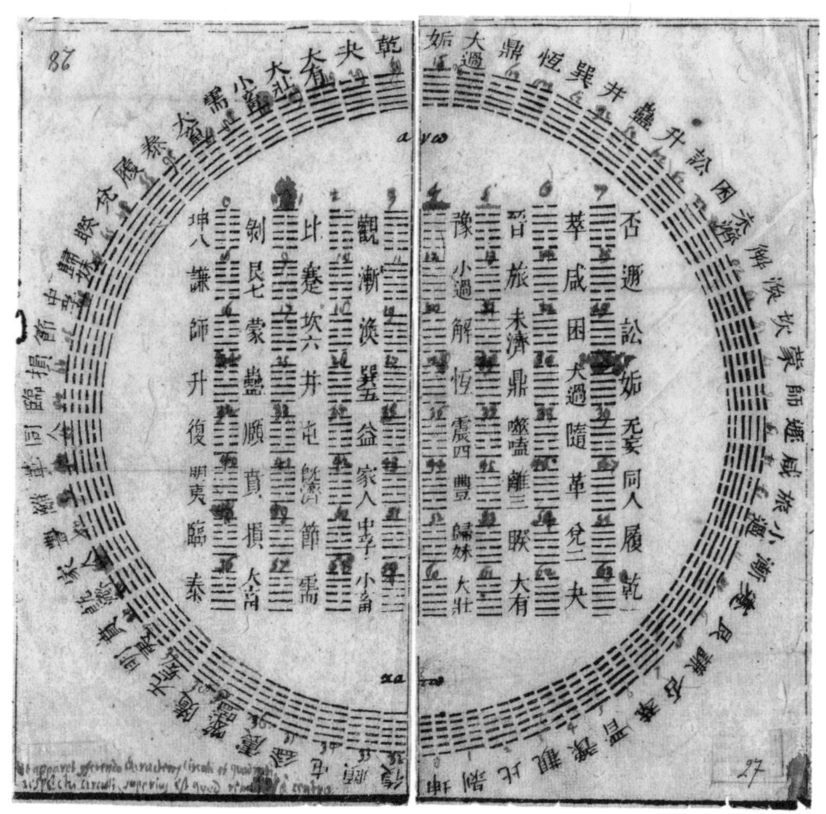

『주역』은 고대 중국의 점술서이자 서주 시대(기원전 1000~771년)부터 읽힌
중국에서 가장 오래된 고전 중 하나다. 점술의 일종인 육효점을 다루는데, 무작위로 뽑은 여섯 개의 숫자를
각각 그림에 있는 육십사괘 중 해당하는 괘에 맞춘 다음, 각 괘에 대한 책의 풀이를 조합해 그 의미를 해석한다.

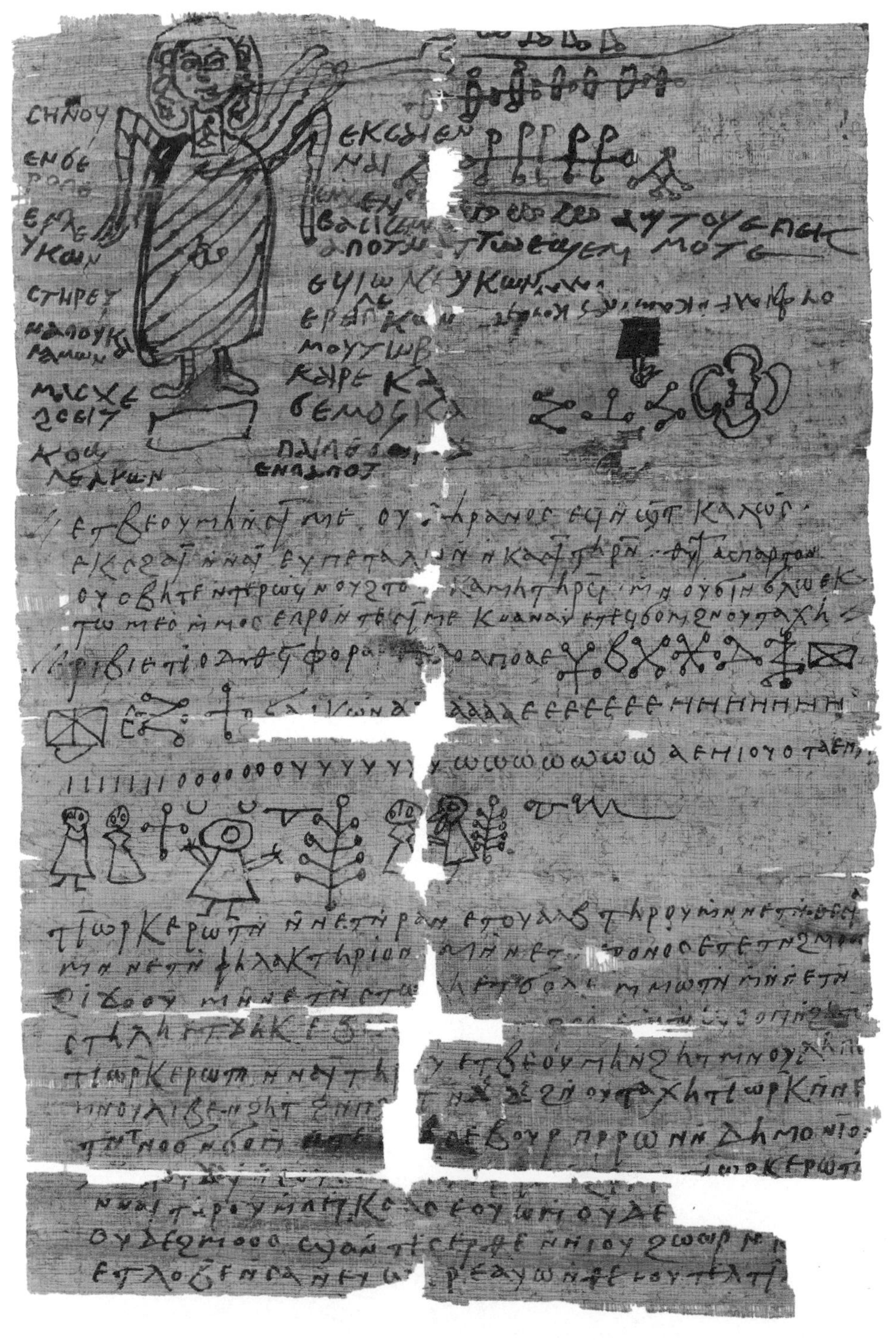

6세기 또는 7세기 이집트에서 파피루스에 콥트어로 쓴 마법서로, 두 개의 주문이 적혀 있다. 첫 번째는 아름답게 노래할 수 있는 목소리를 얻는 주문이다. 두 번째는 칠흑처럼 검은 말의 게거품과 박쥐의 몸을 합쳐 만드는 사랑의 주문으로, 이 주문만 있으면 욕망의 대상이 "새끼를 위해서라면 물불 가리지 않는 어미 개처럼" 당신을 사랑하게 된다.

세 명을 직접 키우고 거느렸으며 (목격자의 증언에 따르면) 자신의 정원에 있는 마법의 고리 안에 수평아리를 희생양으로 던져넣는다는 것이었다. 이 혐의에 제일 신이 난 쪽은 당연하게도 개신교 개혁가들이었다. 수학자 존 네이피어(1550~1617)는 역대 가톨릭 교황 중 스물두 명이 "혐오스러운 강신술사"였다고 썼다.

마법서는 종교적 화염, 특히 마녀사냥이 이루어지던 16세기와 17세기의 화염 속에서 자주 재가 되어 사라졌다. 자신의 필사본 또한 화염 속에 던져질 운명이라는 위기감 속에서 필경사들은 당연하게도 책을 필사해 배포하기를 꺼렸다. 이런 시기였음을 감안하면 지금까지 살아남은 초창기 마법서가 극히 드문 것은 전혀 놀랄 일이 아니다. 그런 데다 중세 때 마법서를 제작한다는 건 더더욱 희귀한 재료를 구해야 한다는 뜻이었다. 책의 순결성을 위해서 성징이 나타나기 전의 동물, 즉, '생식 이전'이나 '태어나기 전' 양막에 든 동물의 피지를 쓰는 것이 규정이었기 때문이다. 이러한 행태는 훨씬 더 저렴하고 비위를 거스르지 않는 종이가 등장한 근대에 와서도 한동안 계속되었다.

그럼에도 구사일생으로 살아남은 기서奇書 가운데 수집가가 반길 법한 걸출한 작품이자, 사탄과 연루되어도 눈 하나 깜짝하지 않았던 몇 권 안 되는 책이 엄연히 존재한다. 먼저 『피카트릭스』는 마법과 점성술을 다룬 400페이지짜리 백과사전으로 연금술사라면 기본적으로 숙지해야 할 자료였다. 원본은 '현자의 목표'라는 제목의 아랍어 책으로, 10세기 전반기에 쓰인 것으로 추정된다. 역사적 아우라를 전무후무하게 뿜어내는 필사본이 궁금하다면, 16세기의 신비주의자 사이먼 포먼이 잠시 소장했었고 현재는 영국 도서관이 소장하고 있는 『피카트릭스』를 찾아보기 바란다. 엘리자베스 시대의 의사이자 점성가였던 포먼은 이 필사본 외에도 셰익스피어 시대를 살아가던 영국인의 생활상에 관한 유쾌한 혜안을 던져주는 소상한 사례집(현재 케임브리지대학교 소장)도 가지고 있었다. 『피카트릭스』 같은 마법서로는 신체의 은밀한 부위에 작은 칼이 꽂힌 환자, 강아지에게 젖을 빨린 여자, 평소 점잖은 성격이었음에도 악귀에 들리자 거리를 지나는 모두에게 "내 똥구멍에 입을 맞춰다오"라고 고함친 신사 등의 고충을 해결해주었다. 포먼은 마술을 매개로 천사를 만나 조언을 구했고, 새의 배를 가른 다음 이를 환자의 발에 붙여 치료하는 '비둘기 슬리퍼'[10] 같은 기괴한 시술을 행했다.

유럽 대륙에 널리 퍼졌던 『엡타메론』은 천사를 소환하는 법을 알려주는 악명 높은 마도서다. 이 책은 향수, 검, 호루라기를 준비해 일주일을 각각 하루씩 담당하는 일곱 천사를 불러내는 마법의 의식을 안내한다. 또한 하루 24시간을 각각 한 시간씩 세분화해 담당하는 천사들을 소개한 표도 실려 있다. 가령 하루 중 세 번째 시간은 나스니아 천사가 지배하고, 밤 여덟 시에 의식을 거행하는 마법사는 타프락 천사를 소환해야 최상의 결과를 얻을 수 있다는 식이다. 『엡타메론』의 저자는 이탈리아의 점성가로 인기 있는 작가이기도 했던 피에트로 다바노(1257~1316)라고 알려져 있지만 근거는 없다. 파도바 의과대학에서 교수를 지냈던 다바노는 우유를 극렬히 싫어해서 다른 사람이 마시는 것만 봐도 그 자리에서 토했다고 한다.

10 이는 비둘기가 사후세계의 메신저(환자를 비둘기의 깃털로 묶으면 죽지 않는다)라는 믿음에서 비롯된 것이다. 포르투갈 왕녀로 잉글랜드 왕 찰스 2세와 결혼한 '브라간사의 캐서린'이 중태에 빠졌을 때 포르투갈 궁정 의료진도 다급하게 시도한 치료법이지만 왕비는 1705년 12월 31일에 사망했다. —지은이

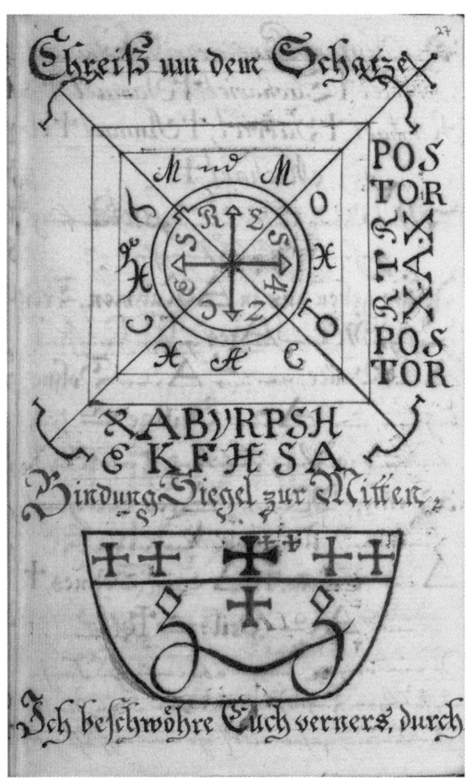

마법서 『엡타메론』의 독일판. 1750년에서 1799년 사이에 필사된 것으로 추정된다. 일주일을 하루씩 담당하는 일곱 천사를 소환하는 마법 안내문, 마법의 원圓, 악마나 영혼을 불러낼 때 읊는 기도문에 관한 정보가 수록돼 있다.

다바노는 점성술은 마술이 아님을 증명하기 위해 두 번이나 종교 재판에 출두했지만 1315년(일부 자료에 따르면 1316년), 두 번째 출두를 앞두고 감옥에서 사망했다. 17세기 프랑스의 학자 가브리엘 노데는 "저자들 대부분은 다바노가 당대 최고의 마법사라고 생각했다. 그는 수정 구슬 안에 사는 우의가 돈독한 일곱 정령에게서 일곱 가지 학예[11]를 배웠고, 이미 지불한 돈을 다시 제 호주머니에 돌아오게 하는 기술을 터득했다"고 썼다. 학자 다바노가 죽은 시점과 가장 오래된 『엡타메론』의 발간 추정 시기(16세기 중반) 사이에 250년이라는 세월의 간극만 없었어도 다바노는 『엡타메론』의 유력한 저자 후보가 되었을 것이다.

아이러니한 건 당시 마법서를 누구보다 큰 목소리로 비판했던 자들 덕분에 지금도 그런 책들의 주요 내용을 소상히 알 수 있다는 사실이다. 네덜란드의 의사였고 회의론자였던 요한 베이어르는 『악마의 속임수에 관하여』(1563)에서 여러 가지 주술과 악령 소환 사례를 이성적으로 분석한다. 그가 『엡타메론』을 "해롭고 하찮은 책"이라고 일축하면서도 이젠 소실된 책의 내용을 여러 차례 인용해준 덕분에 그 책의 부록 '악마의 사이비 군주 정치'에 지옥에 사는 예순아홉 악마를 서열별로 나열한 목록이 있다는 것도 알려지게 되었다. 하지만 이런 식의 비판은

11 중세 시대 일곱 학문으로 문법, 논리학, 수사학, 산수, 기하학, 음악, 천문학을 의미한다.

악마를 소환해 보물을 가져오도록 명하는 방법.
존 리드게이트의 『인간의 삶을 순례하는 여정』(15세기 중반) 원고에서 발췌.

비판한 사람에게 오히려 불리하게 작용할 소지가 있다. 개신교도 베이어르는 혹세무민하는 주문, 부적, 제의, 액막이의 허점을 논증하고자 이를 시시콜콜히 묘사하는 바람에 본의 아니게 신교파와 가톨릭 양쪽으로부터 맹렬한 지탄을 받았다. 프랑스 법관이자 가톨릭 신자였던 장 보댕은 베이어르를 주술 유포죄로 기소했고 교회는 그의 책을 출판 금지했다.

바티칸은 적이 누군지 알고자 했다. 바티칸 비밀 문서고는 1세기부터 어떤 형태로든 존재해온 기록사무소였다. 거기엔 온갖 밀매된 문헌들이 그득했으며, 이 소장품들은 19세기 후반 교황 레오 13세(1810~1903)의 조처로 학자들에게만 공개됐다.[12] 고문서 보관자들이 서가에 꽂혀 있는 것을 두 눈으로 똑똑히 확인한 문헌 중에는 『숭고한 마도서』가 있었는데, 이 책은 지옥에서 악마의 국무총리를 지내는 루키푸게 로포칼레를 소환하는 안내서다(이후 선풍적인 인기를 끌며 대량 출판되었다). 중세의 신화적인 인물 '테베의 호노리우스'가 악마에 빙의된 상태에서 쓴

12 바티칸 소속 학자들 역시 학문적 호기심을 충족했다. 바티칸 도서관 관장 레오 알라티우스(1586~1669)의 「그리스인의 일반적인 신념에 관하여」는 뱀파이어에 관해 체계적으로 논의한 최초의 문헌이자 서신인데, 특히 그리스의 뱀파이어로 크리스마스 시즌에 활동하는 '칼리칸자로스'에 주목하고 있다. 하지만 알라티우스에게 가장 큰 명성을 안겨준 건 출간하지 않아 입소문으로만 존재하는 에세이 「우리 주 예수 그리스도의 포피에 관한 담론」인데, 이 책은 당시 막 관찰된 토성의 고리가 예수 그리스도의 포피에서 형성되었다고 단언한다. —지은이

디다코 고메스 로도사가 스페인어로 쓴 퇴마술 안내서
『루시퍼를 향한 강력한 명에 또는 무시무시한 퇴마술』(1676)의 속표지 판화.
사제가 악령을 성공적으로 추방하는 장면이다.

마도서를 각색한 것으로 악마 소환과 오컬트 주술의 실증 사례와 함께 새로 선출된 교황들이 사탄의 위대함에 서서히 마음을 빼기는 과정이 서술되어 있다고 한다.

루키푸게를 마법의 고리 안으로 불러들인 후 소원을 말하는 의식이 특히 구미를 당기는 이유는 그가 보물이 묻혀 있는 곳을 알기 때문이다. 속설에 따르면 불길에 던져넣어도 타지 않는다는 『숭고한 마도서』는 1520년 솔로몬 왕의 무덤에서 발견되었다는 주장이 유력하지만 처음 문헌에 기록된 건 1750년경으로, 당시에는 유럽 전역에서 보물사냥꾼들이 루키푸게에게 바치는 노래 「위대한 부름」을 들을 수 있었다고 한다. "루시퍼 황제, 세상을 거역하는 모든 영혼의 지배자여, 이렇게 애원하노니 당신의 위대한 봉사자 루키푸게 로포칼레와의 계약을 원하는 저에게 호의를 베풀어주오." 이 악마적인 책 『숭고한 마도서』는 19세기 파리에서 '붉은 용'이라는 제목으로 재출간되었다. 영국의 장서가 토머스 프로그널 딥딘이 "옛날에 출간된 기서는 뭐든 좋다"는 말과 함께 이 책을 두 권 구입했던 서점에 가면 아직도 이 책이 진열창에 떡하니 펼쳐져 있는 것을 볼 수 있다.

마도서의 저자나 독자나 모두 악마에게 도움받을 생각만 했다면, 영국에서 가장 유명한 오컬트 철학자 존 디 박사는 천사와 교신하는 것에 주안점을 두었다. 그 한 가지 방법은 수정 구슬 같은 것을 들여다보며 유령의 응답을 해석해주는 영매의 도움을 받는 것이었다. 1582년, 그는 에드워드 켈리에게서 천사를 발견했다. 당시 켈리는 화폐 위조 전과를 숨기려고 에드워드 탤벗이라는 가명으로 활동하고 있었다.[13] 켈리를 만난 뒤 디 박사는 집착에 가깝게 매달리고 있었던 마법서 『소이가의 서』를 해석하는 과업에 천상의 원조를 받을 수 있게 되었다. 147페이지에 걸쳐 수록된 주문, 점성술 지침, 악마 숭배 연구, 28수[14]와 천사의 계보에서 디가 집착했던 것은 마지막 36페이지에 걸친 불가사의한 내용이었다. 페이지마다 36행 36열의 정사각형 표가 실려 있었는데, 단 한 글자도 해독할 수 없었다.

다행히, 켈리는 그를 대천사 우리엘과 연결해주었고, 디 박사는 천사에게 다짜고짜 "제가 『소이가의 서』에 관해 쓴 책에서 한 군데라도 탁월한 것이 있습니까?"라고 물었다고 직접 쓴 일기에 기록했다. 이에 켈리를 거친 우리엘은 라틴어로 "하나님의 선한 천사들이 에덴동산의 아

1820년경 인쇄된 『붉은 용』 사본
속표지에 그려진 악마 삽화.

담에게 계시를 통해 그 책을 전했다"고 말했다고 한다. "아주 탁월하다는 뜻이군요"라고 답한 디는 재차 물었다. "그렇다면 어떤 가르침도 좋습니다. 어떻게 하면 제가 그 책의 표를 해석할 수 있을까요?" 그러자 이런, 우리엘의 답변은 실망스러웠다. "대천사 미카엘만이 해석할 수 있다"고 했기 때문이다. 『소이가의 서』는 1994년 미국 학자 데버라 하크니스가 한 권도 아니고 두 권(각각 영국 도서관의 MS 슬론[15] 8, 보들리언 도서관의 보들리 MS 908)을 발견하기 전까지 소실된 것으로 여겨졌었다. 두 권 다 A 서가에 꽂혀 있었는데, 책의 제목이 아니라 인시피트(본

13 디는 켈리를 거쳐 주문을 건 천사에게 몇 년 동안 지배받았다. 1587년, 천사(마디미라는 이름의 혼령)가 켈리와 디에게 서로 배우자를 바꿔 성관계를 맺으라고 했을 때도 마찬가지였다. 천사의 명령에 고뇌하던 디는 그것으로 혼령과의 회담에 종지부를 찍었다. 그러나 1587년 5월 22일 자 디의 일기에 '크로스매칭'이라고 기록된 것을 볼 때 당시 서른두 살이었던 아내 제인을 켈리와 공유(?)한 것으로 짐작된다. 디와 켈리는 1589년에 결별했다. —지은이

14 달이 지구 주위를 공전하는 주기가 27.32일인 데 착안하여 적도대를 28개 구역으로 나눈 것.

15 18세기 영국 총독 주치의이자 장서가였던 한스 슬론의 이름에서 따온 명칭이다. 영국 도서관의 전신이었던 영국 박물관은 매입한 슬론의 책들을 MS 슬론 1부터 MS 슬론 4100까지 번호를 매겨 분류했다.

죽은 사람의 혼령을 주문으로 불러내는 에드워드 켈리.
에버니저 시블리의 『새롭고도 완전한 점성술 천체과학 도해』(1784)에서 발췌.

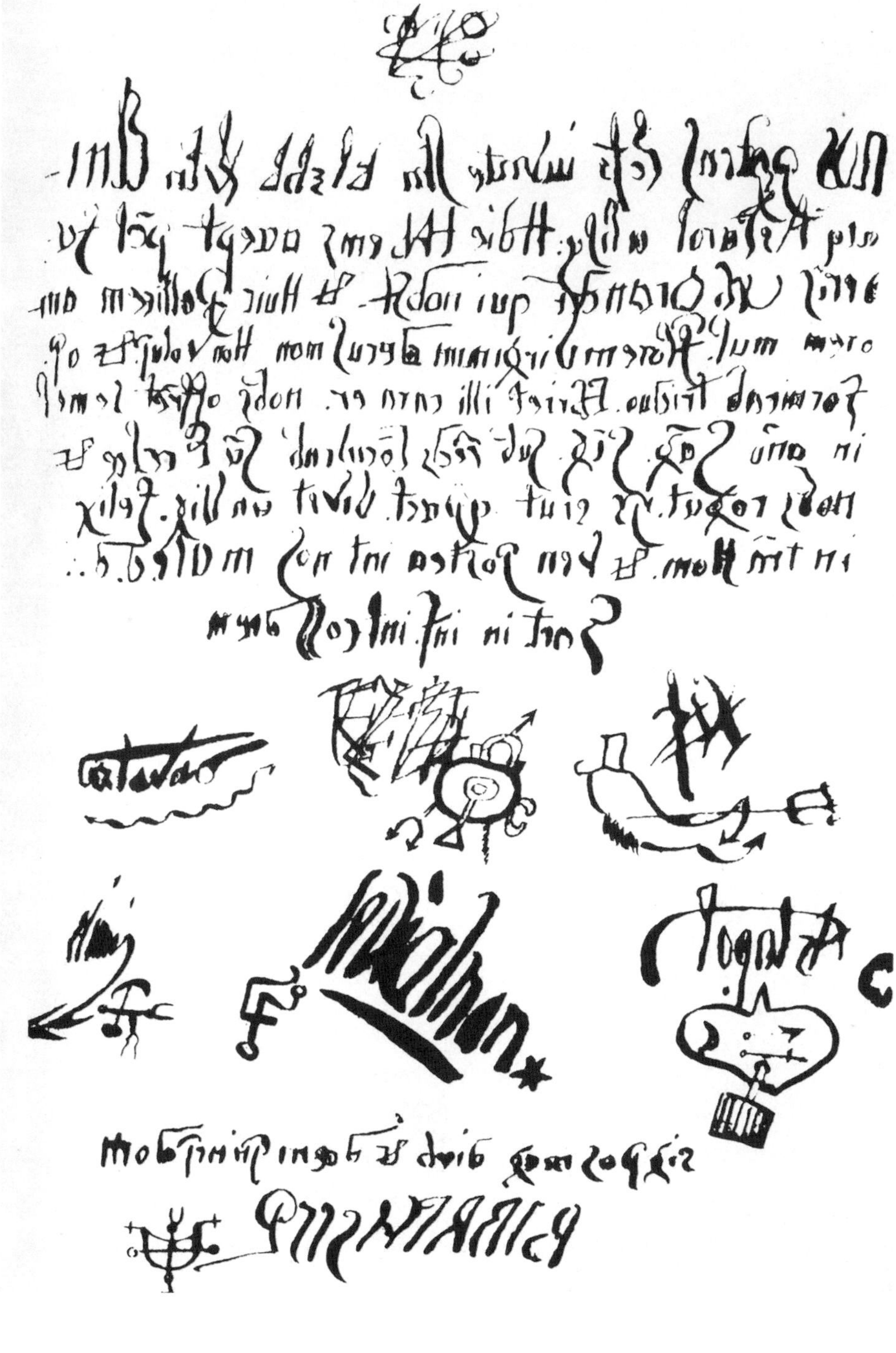

마왕 루시퍼와 프랑스 가톨릭 사제 위르뱅 그랑디에가 서명한 조약서. 그랑디에는 1634년에 악령을 소환해 우르술라회 수녀원을 점령하게 한 일명 '루덩 점령 사건'을 주도한 혐의로 기소된 후 마법 사용 죄목으로 처형되었다. 루시퍼와 그의 휘하 악마들이 라틴어를 거꾸로 작성하고 서명한 조약서는 이후 증거로 공개되었다.

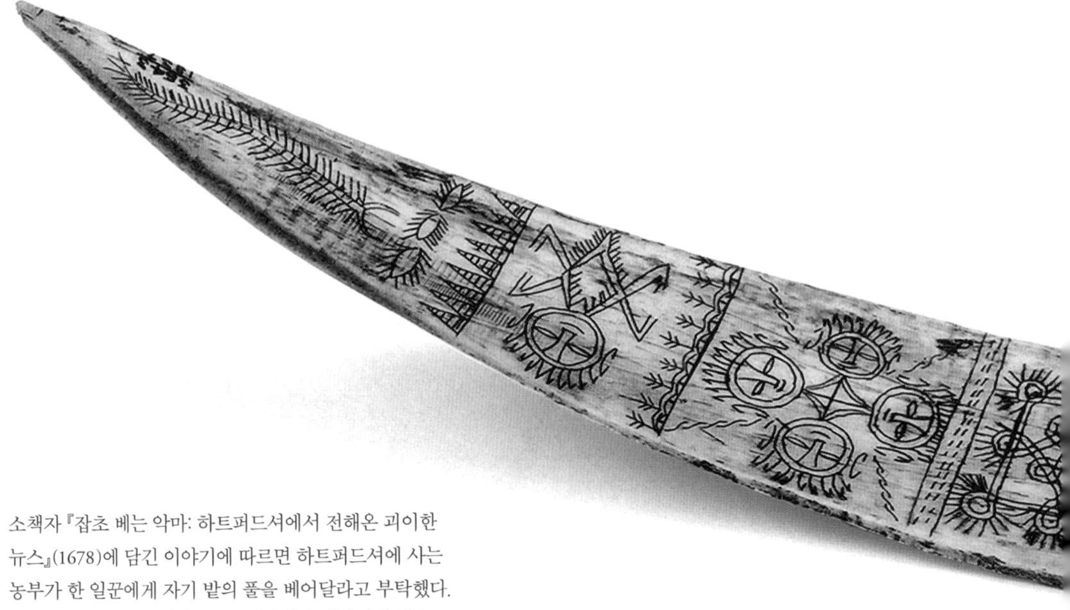

소책자『잡초 베는 악마: 하트퍼드셔에서 전해온 괴이한 뉴스』(1678)에 담긴 이야기에 따르면 하트퍼드셔에 사는 농부가 한 일꾼에게 자기 밭의 풀을 베어달라고 부탁했다. 일꾼이 품삯을 요구하자 농부는 "차라리 악마에게 풀을 베어달라고 부탁하겠다"고 화를 냈다. 그날 밤 잠에서 깨어난 농부는 밭이 불길에 휩싸인 것을 보았고, 다음 날 아침이 되어선 흠잡을 데 없이 말끔하게 손질돼 있는 것을 확인했다. 사람의 손으론 가능하지 않은 경지였다. 논이나 밭의 풀들이 큰 원형 모양으로 쓰러져 있는 현상인 크롭서클을 연구하는 이들은 이를 관련한 초창기 기록으로 여긴다.

The Mowing-Devil:
Or, Strange *NEWS* out of
Hartford-ſhire.

Being a True Relation of a Farmer, who Bargaining with a Poor *Mower*, about the Cutting down Three Half Acres of *Oats*; upon the *Mower*'s asking too much, the *Farmer* ſwore, *That the Devil ſhould Mow it, rather than He:* And ſo it fell out, that that very Night, the Crop of *Oats* ſhew'd as if it had been all of a Flame; but next Morning appear'd ſo neatly Mow'd by the Devil, or ſome Infernal Spirit, that no Mortal Man was able to do the like.
Alſo, How the ſaid *Oats* ly now in the Field, and the Owner has not Power to fetch them away.

Licenſed, *Auguſt* 22th. 1678.

각 행성의 정령을 불러내는 밀교의 인장.
17세기 중반에 발행된『발레민의 서』사본에서 발췌.

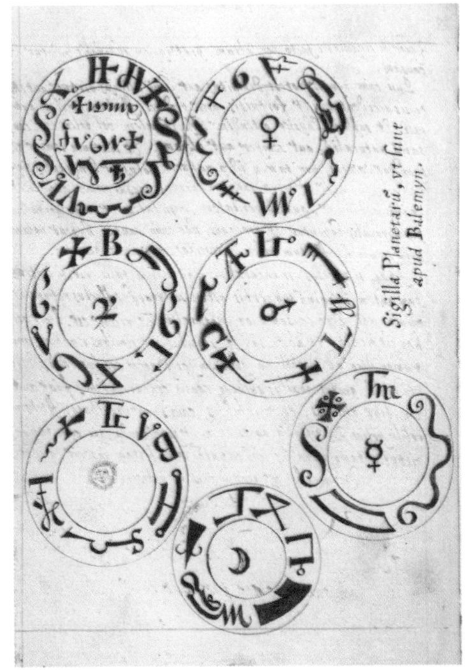

총알을 막아주는 바탁족의 부적.
물소의 갈비뼈에 새긴 것으로, 뒷면에는
마법의 그림이 그려져 있다.

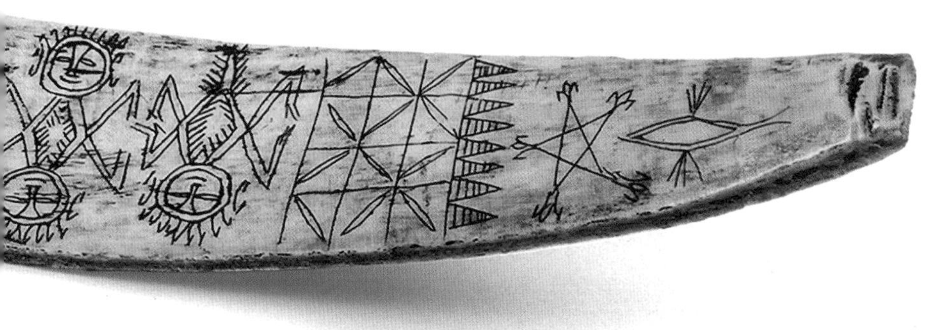

문의 첫 단어)인 'Aldaraia'라는 명칭으로 분류되어 있었던 탓이었다. 수많은 마법서 가운데에서 나는 개인적으로 런던의 웰컴 컬렉션에 소장된 MS1766을 가장 좋아한다. '악마 연구 및 마법 개론서'란 약칭으로 더 유명한 이 책은 라틴어와 독일어로 쓰였으며, 저자와 작성 연도는 현재까지 밝혀지지 않았다. 책 표지에 ('나를 건드리지 말라Noli me tangers'는 문장과 함께) 1057년이라고 새겨져 있지만, 이는 출간 년도를 실제보다 훨씬 더 옛날로 기재하는 마법서의 전통을 따른 것으로, 실제 출간 시점은 1775년쯤으로 추정된다. 이 무렵엔 마녀사냥의 광증이 가라앉았던 터라 예술가들은 자신의 상상력을(짐작하기로는 액막이에 관한 것까지도) 눈치 보지 않고 펼치고 있었다.

저자는 무려 서른다섯 페이지에 걸쳐 악령을 소환하는 장면, 인간의 팔다리를 게걸스레 뜯어먹으며 가랑이 사이에서 불꽃과 뱀들을 뿜어내는 악마, 잉크로 찍어낸 밀교적 기호, 불가사의한 상징을 그려놓았고 한 페이지에는 그 페이지가 꽉 차게끔 붉은빛이 나는 악마 캐릭터를 그려놓았는데, 이는 17세기 『아브라멜린의 서』[16]와 아그리파의 『오컬트 철학이 담긴 세 개의 서』[17] 등의 초기 마법서에서 영향받은 것이다.

16 이집트의 마법사 아브라멜린(1362~1458년경)의 일대기를 담은 책으로, 아브라멜린은 독일 보름스의 유대인 아브라함에게 마술을 가르친 스승으로 알려져 있다.

17 독일의 박식가인 하인리히 코르넬리우스 아그리파의 1531년 저서.

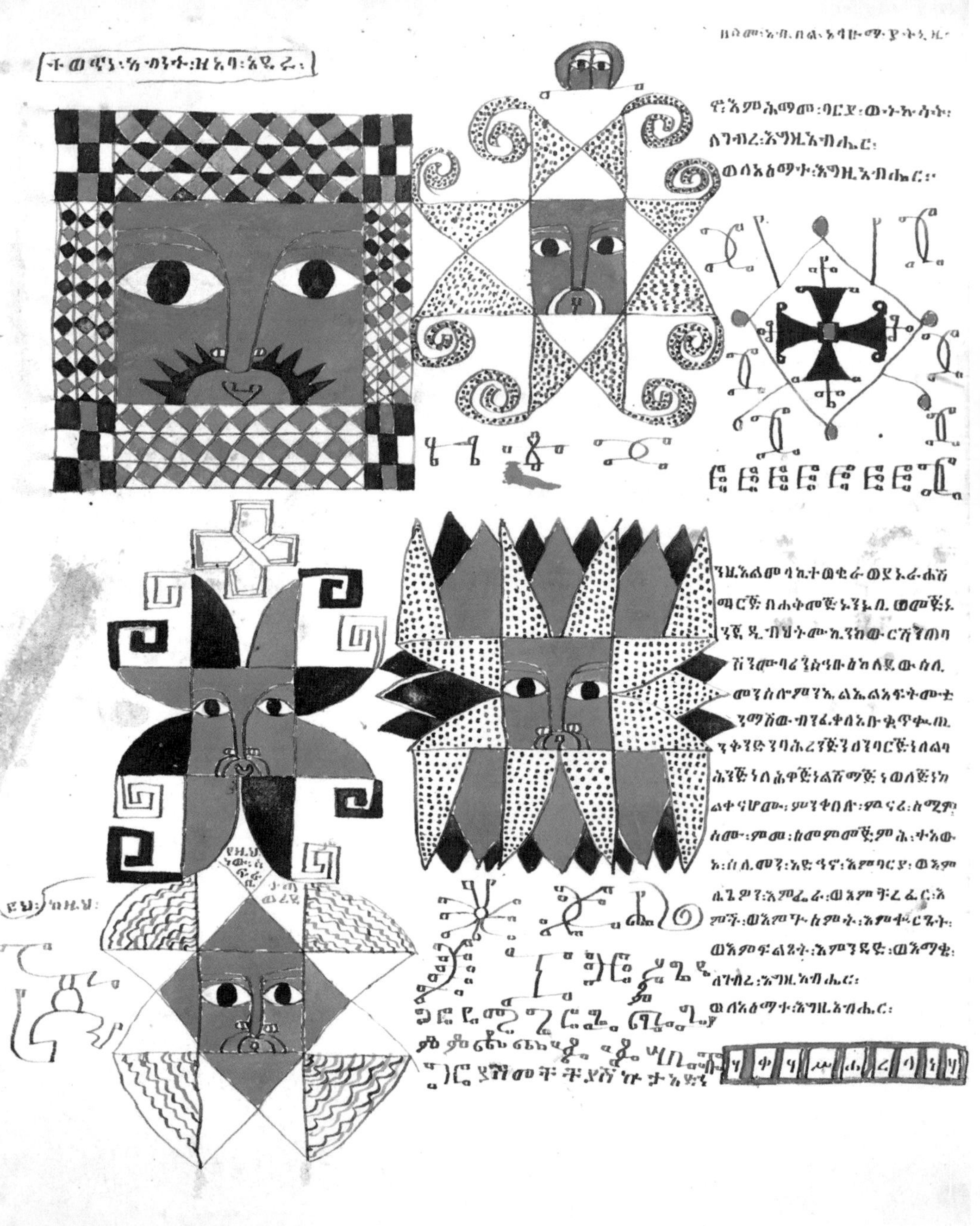

1750년 에티오피아의 마법 교과서.
몸을 지켜주는 호부를 비롯한 부적, 각종 주문이 들어 있다.
짐작이지만, 주술사나 퇴마사를 위한 지침서로 쓰였을 것이다.

인도네시아 수마트라 섬 북부 토바바탁 부족(바탁족 중 규모가 가장 큰 부족)의 마법사들이 사용하던 접이식 주문 설명서 『푸스타하』. 바탁족에게 글쓰기는 주로 마법의 지식을 보존하기 위한 것으로, 바탁족의 사제이자 마법사인 다투가 앨림 나무 껍질에 글을 쓴 다음 아코디언처럼 접은 책 형태로 보관했다. 네덜란드 국립 박물관 소장.

한 삽화는 호신 기능을 하는 마법의 원 안에서 강령술을 행하는 한 남자를 묘사하는데, 남자의 옆에는 마도서와 교수형을 당한 사람의 시신이 놓여 있다. 또 다른 삽화는 보물을 찾으려고 땅을 파던 마법사 앞에 보물 대신 나타난 악마를 묘사한다. 2미터 7센티미터의 키에 어린 수탉의 머리를 한 악마는 마법사의 동료를 붙잡은 채 땅에 놓인 등불에 태연하게 오줌을 싸고 있다. 한때 유럽 전역에서 유행한, 마법을 이용해 보물을 찾아내려 했던 범죄를 적시한 경고다.

그러나 땅에 묻힌 보물을 찾으려 마법서의 도움을 받아온 역사를 통틀어 15세기부터 이집트에서 사리사욕에 눈이 먼 현지 도굴꾼들을 '안내'해 중세 아랍의 무덤을 파헤치게 한 책만큼 극악무도한 사례도 없을 것이다. 그 원흉은 『계시로 전해진 지식과 번잡한 자연과학의 진정한 의미를 알려주는 지식의 보고, 그리고 정연히 보관된 진주들』, 줄여서 '매장된 진주의 서'라고 불린 책이었다. 보물이 묻힌 곳의 목록과 함께 매장된 보물을 꺼내는 법, 보물의 비밀을 수호하는 진djinn[18]과 혼령을 물리치는 방법 등의 초자연적인 정보를 제공하는 이 책 때문에 수 세기에 걸쳐 무덤들에 벌집처럼 구멍이 숭숭 뚫리고 말았다. 20세기에 들어서도 인기리에 팔려온 이 책의 파괴적인 부작용을 막기 위해서 1907년, 이집트 고고국 국장인 가스통 마스페로는 아랍어와 프랑스어 번역판을 염가로 출간하도록 지시했다. 어디서든 누구나 손쉽게 구할 수

18 아라비아 종교와 이슬람 문화에서 말하는 일종의 신으로, 서구권에선 지니genies로 널리 알려진 초현실적인 존재.

지금부터 연속 네 페이지에 걸쳐 『악마 연구 및 마법 개론서』(1775년경)의 삽화를 실어두었다.
차례대로, 죄인의 팔다리를 게걸스레 뜯어 먹는 악마, 보물을 찾는 현장에 나타난 악마,
상대적으로 친절해 보이는 박쥐 귀 악마, 앞으로 달려오는 뱀 달린 악마를 담은 삽화이다.

Frevelhaftes Schaz= Graben.
ohne Kantnis der Operation. Ao: 1668.
zu N.

So erscheinet der Belzebub.
Seine Rauch ist: Mandragora mit Mäusen Harn.
Magots.
Carusar
Drisop.
Turitel.
Nelion
Eloson.

So pflegt der Astharoth zu erscheinen.
Oriens. Baimon. Ariton. Gogaledon. Zugula.
Asa
Vezol
Chez

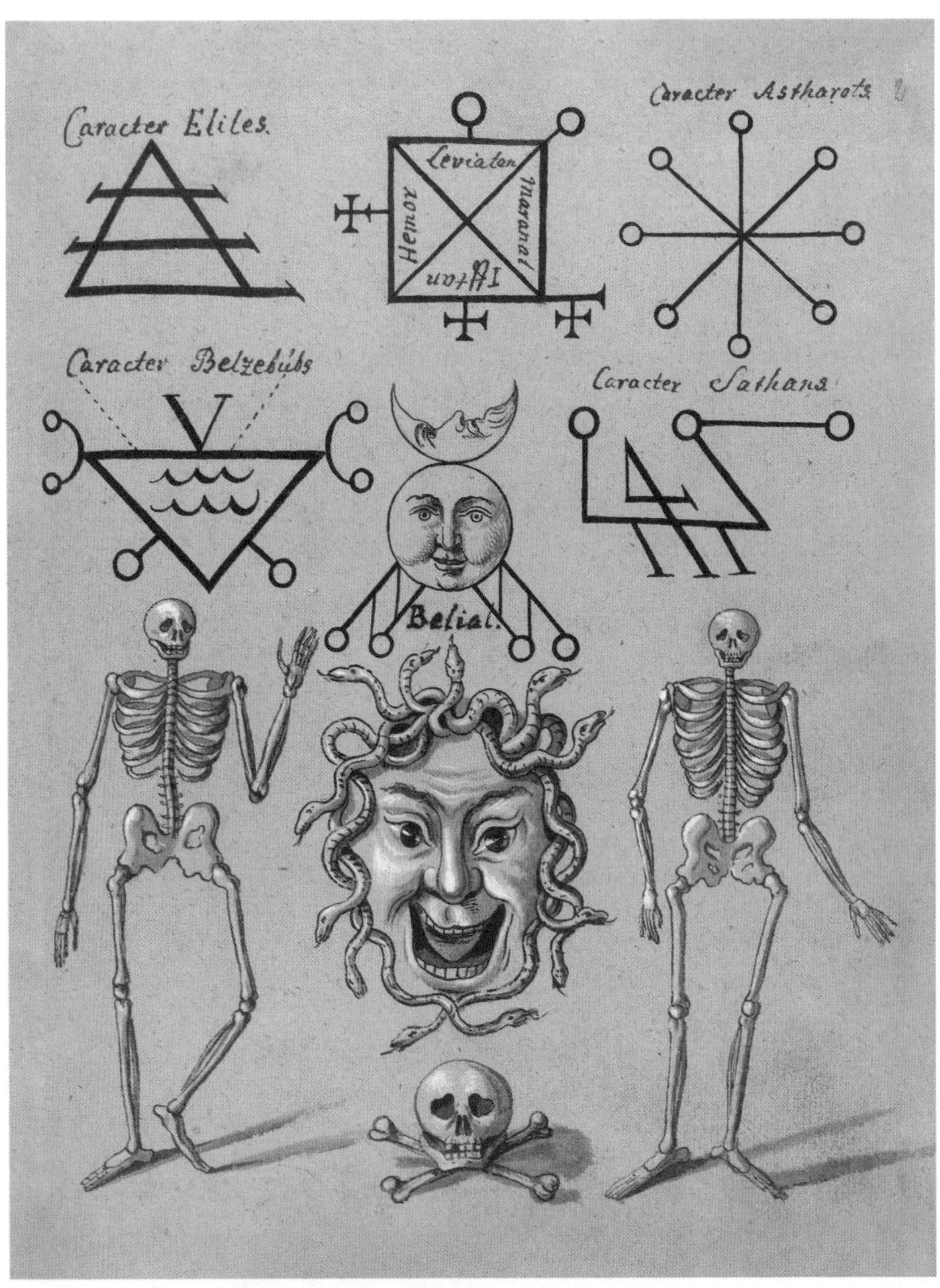

『악마 연구 및 마법 개론서』의 또 다른 삽화.
뱀의 형상을 한 악마와 해골이 그려져 있다.

프랜시스 배럿의 『마구스』(1801)에 실린 아볼루온(또는 아바돈)의 초상화.
아볼루온은 죽음의 천사, 메뚜기 군대의 왕, 타락 천사 벨리알, 즉 악마다.

Adramelech, grand chancelier des enfers

'불의 왕' 아드라멜렉. 열 명의 대천사 중 여덟 번째이자 지옥의 대법관이다.
1818년에 처음 출간된 악마 연구 개론서로, 알파벳 순서대로 항목을 나열한 것이 특징인 책 『지옥의 사전』에 수록된 삽화.

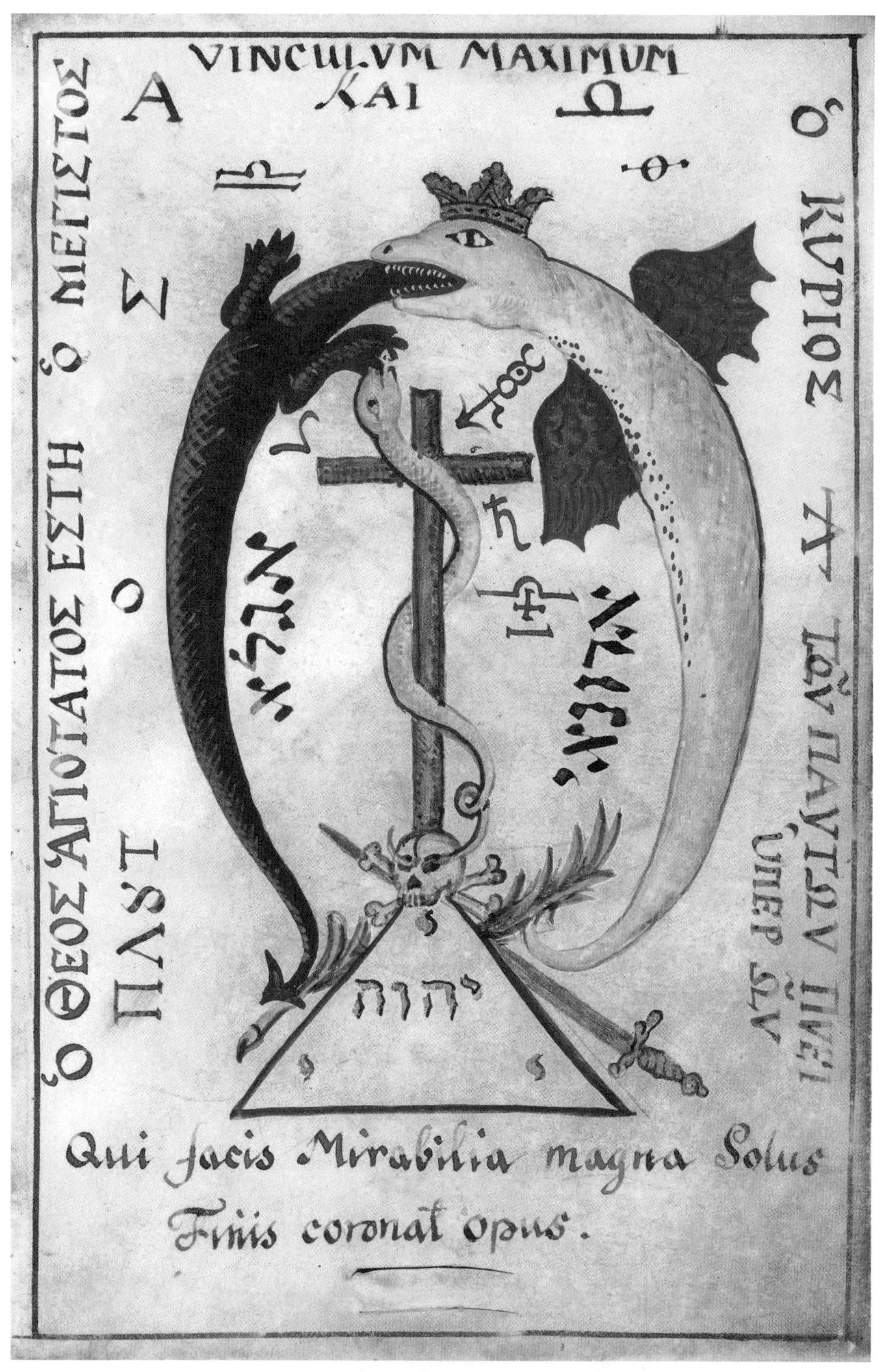

18세기 후반에 등장한 흑마술 문헌으로 흔히 '키프리아누스'라는 별칭으로 불리던 『지옥의 열쇠』는 독일 비텐부르크에서 흑마술을 가르치던 학교의 교과서로 쓰였다. 위 삽화에는 왕관을 쓴 붉은 날개 용이 도마뱀을 잡아먹고 있다.

역시『지옥의 열쇠』에 실린 삽화로, 각각 북쪽, 남쪽, 동쪽, 서쪽을 통치한 왕과 관련 짐승들이 그려져 있다.

있는 책이 되면 이 책을 둘러싼 애초의 신비와 신빙성에 금이 갈 것이라는 희망에 기댄 조처였지만 거대한 실수로 끝나고 말았다. 증쇄판을 담당한 편집자 아메드 베이 카말은 염가판『매장된 진주의 서』가 이집트 고대 유산을 훼손한 정도는 전쟁과 자연재해로 인한 훼손보다 더 막대하다고 말했다.

거의 모든 마법서가 저자에 관해선 '의도적으로' 극히 일부만 밝히고 있는데, 이는 익명성 보장과 신비주의 마케팅이라는 두 마리의 토끼를 잡기 위해서다. 반면에 우리가 지금부터 살펴볼 문학 장르는 저자가 가장 주된 관심사다. 저자가 죽어서도 필사적으로 써낸 일명 '유령의 글'이기 때문이다. 영매는 초자연계의 문장가가 이끄는 대로 메시지, 예언, 심지어는 책 한 권을 낱낱이 받아 적는데, 플랑셰트(연필이 수직으로 꽂혀 있고 밑면에 작은 바퀴 두 개가 달린 판)나 펜 같은 도구를 사용하거나 조수가 받아쓰기도 한다. 문학의 거장은 산 자와 운 좋게 접선하는 데 온 힘을 발휘하느라 정작 문장력은 누구랄 것 없이 사후에 퇴락한 것이 분명하다. 1955년 서적사학자 월터 하트 블루먼솔은 이 점을 심드렁한 어조로 논평했다. "문체가 괴이하게 변질되고 조잡해진 점이 두드러진다. 내용도 진부하고 민망할 정도로 감상적이어서 문학 유령들에게 사후세계는 딱히 창의적인 자극을 일으키지 못하는 곳이란 의심이 든다."

영국 도서관과 미국 도서관 협회가 준수하는 권위 있는 지침서『필수 목록 작성: 기본 사항』(2002)에 따르면 저자의 유령이 쓴 책은 기록한

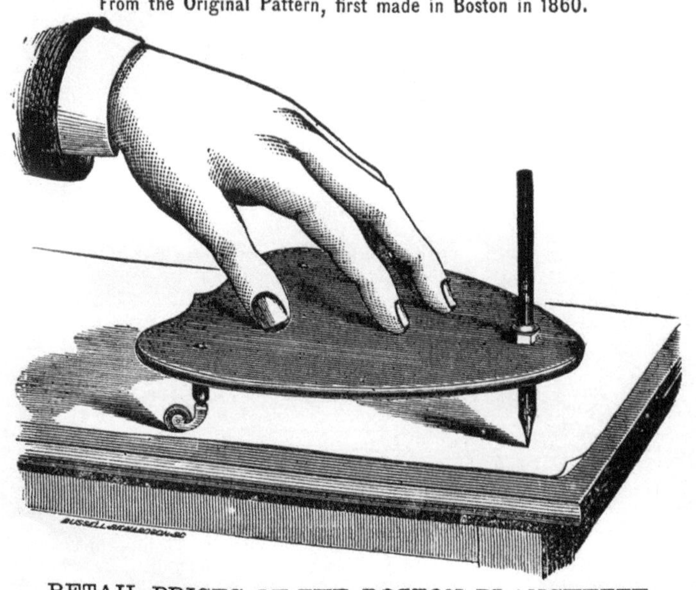

플랑셰트 광고. 바퀴 달린 목재판에 연필을 꽂을 수 있게 구멍이 뚫려 있다.
많은 유령 가운데 죽은 작가와 교신하던 영매들이 사용했다.

영매가 아니라 죽은 저자의 이름으로 목록화해야 한다. 그렇게 따져볼 때 가령 셰익스피어의 마지막 작품은 『두 귀족 친척』(1613~1614)이 아니라 『예수를 위하여 내가 이름하는 이 책, 셰익스피어의 유령 씀』(1920)이다. 실제로 도서관의 목록을 찾아보면 '셰익스피어, 윌리엄(유령)'이라고 명시되어 있음을 확인할 수 있다. 찰스 디킨스는 『에드윈 드루드의 미스터리』를 절반가량 쓴 시점인 1870년에 죽었다. 그러나 얼마 지나지 않아 그의 유령이 미국 버몬트주 브래틀버러의 소규모 출판사의 대표 T. P. 제임스의 의식에 스며들었고, 그에게 소설의 후반부를 마무리해달라고 부탁했다. 그렇게 해서 1873년, 찰스 디킨스의 영혼 펜The Spirit Pen of Charles Dickens이 쓴 『에드윈 드루드의 미스터리』 후반부가 출간되었다. 비록 무정한 세상의 냉대 속에 묻히고 말았지만.

1884년, 미국의 작가이자 '신의 겸허한 도구'인 올리브 페티스는 성심성의를 다해서 『나사렛 예수의 자서전』을 썼다. 책을 읽다 보면 도대

A DRAWING FROM LIFE
BY JOHN CECIL CLAY

JAP HERRON

A NOVEL WRITTEN FROM
THE OUIJA BOARD

WITH AN INTRODUCTION
THE COMING OF JAP HERRON

Mark Twain

NEW YORK
MITCHELL KENNERLEY
MCMXVII

마크 트웨인이 사망 7년 후에 쓴 『잽 허론』의 표지.

체 언제 마침표가 나올지 알 수 없는 길고 지루한 문장을 구사하고 '오병이어의 기적' 빰치는 물량으로 느낌표를 남발하는 저자를 무한히 감싸는 예수의 아량에 새삼 숙연해진다. 마크 트웨인이 사망한 후 출간된 『잽 허론: 위저보드[19]로 쓴 소설』(1917)은 저자가 '마크 트웨인(유령)'으로 등록돼 있다. 한편 초자연적 현상을 맹신해서 세상의 웃음거리가 되었고 귀족 작위까지 잃었던 아서 코넌 도일 경은 사후인 1983년, 영매를 통해 『죽음 너머의 삶, 그 거대한 신비』를 연재했다(말이 난 김에 말하자면 도일은 1927년에 아내가 영혼과 대화한 내용들을 엮어 『피니어스가 말하다』라는 책을 출간하기도 했다. 그러나 그 책에서 정작 도일 여사에 대해 언급한 건 '감사의 말'에서가 전부다). 이쪽 세계를 더 파헤치고 싶다면 '제인 셔우드가 자동기술법으로 기록한' T. E. 로런스의 『사후 일기』(1964), 그리고 오스카 와일드가 자신의 작품을 심도 있게 토론하려는 기미만 보여도 어떻게든 빠져나가면서 대신 제임스 조이스에 대한 뜬금없고 장황한 공격을 개시하는 『오스카 와일드의 심령 메시지』(1930)[20]를 찾아보길 권한다.

20세기가 가까워지면서 SF소설이 인기를 끌고 천문학상의 발견에도 관심이 높아지자 출판계는 한층 치열해졌다. 이 시기에 출간된 매혹적인 책 중에 제네바대학교 심리학 교수 테오도어 플러노이가 쓴 『인도에서 화성까지』(1899)가 있다. '심령 위성 안테나'로 죽은 사람(마리 앙

19 프랑스어 'Oui'와 독일어 'Ja'(둘 다 예Yes라는 뜻)에서 따온 이름으로, 일종의 심령 대화용 점술판이다. 죽은 이의 영혼에게 궁금한 것들을 물어보는 놀이에서 유래해 현재는 운세 게임용 상품으로 판매되고 있다.

20 죽은 지 약 20년 된 오스카 와일드의 유령과 영매의 인터뷰 형식으로 전개된다.

투아네트와 15세기 인도의 공주가 서로에게 '안녕하세요'라고 인사를 건넨다)만이 아니라 살아 있는, 숨을 쉬는 화성인들에게도 주파수를 맞춘 프랑스의 영매, 엘렌 스미스의 사례를 기록한 보고서다. 스미스는 1894년부터 1901년까지 60회가 넘게 연 강신술회에서 화성의 언어와 생태를 중계하고 화성의 교통에 대해서도 묘사했다. "이 차들은 정말 재미있는데요!" 스미스는 말한다. "말도 사람도 거의 움직이지를 않아요. 모양이 제각각인 안락의자들이 스르르 미끄러져 가는데 바퀴는 없다고 상상해보세요. 불꽃이 튀는 건 작은 바퀴들이에요. … 사람들이 걷는 것도 볼 수 있습니다. 그들은 우리와 신체 구조가 비슷하고 손을 잡는 대신 서로 새끼손가락을 걸고 있습니다."

1940년대 후반, 캘리포니아의 메리 스티븐슨 반스는 로버트 브라우닝[21]이 4차원 공간에서 읊은 신작 시를 투청력을 이용해 받아쓰는 것으로 '빙의 저작' 전통을 계승했다. "브라우닝이 날 공저자로 택한 것이 이상하다는 생각은 합니다." 반스는 선수 치듯 인정하면서도 "하지만 이미 일어난 일이니 달리 할 말이 없습니다"라고 덧붙였다. 1953년, 플로렌스 앤스패처라는 미국 여성은 『수수께끼: 루이스 K. 앤스패처 부인이 받아 적은 시적 미스터리』에서 죽은 남편이 전송한 시를 위저보드를 이용해 옮겨 적었다. 빙의 구술은 앤스패처 부부의 친구 조지프 오슬랜더와 오드리 부르데만(우연이겠지만 오슬랜더는 컬럼비아대학교의 시학 교수였고 부르데만은 퓰리처상 수상 시인이었다)의 도움으로 몇 차례에 걸쳐 이루어졌다.

현대로 접어들며 도덕적 공황 속에서 흑마술에 맞서는 데 소용이 될 책들이 하루가 멀다 하고 쏟아져 나왔다. 그중에서 콜로라도의 주부, 메리 앤 해럴드의 소책자 『경찰기관을 위한 오컬트 기본 지침서』(1986)는 구하기가 하늘의 별 따기여서 보물 사냥 전문 악마에게 도움을 요청하는 것이 한 권이라도 손에 넣을 수 있는 유일한 방법처럼 느껴질 정도다. 신을 두려워했던 저자 메리 앤 해럴드가 경찰관에게 건넨 조언은 말라붙은 피와 인간의 두개골(양초가 장식되어 있건 아니건)이 있는, "방을 개조해 만든 감옥이나 고문실 같은 장소는 의심하고 또 의심하며 살피라"는 것이었다. 문신, 어두운 색조의 짙은 화장, 빡빡 민 머리 또한 그가 악마파 살인자라는 것을 암시하는 결정적인 증거라고 한다. 그러면서 한 가지 바람을 전한다. (나 역시 이와 같은 소망을 갖고 있는데) "나의 바람은 이 지침서에 소개된 정보가 여러분 개인을 음해하려는 시도를 사전에 막고 일반 대중을 지키고 보호하는 데 도움이 되는 것입니다. 단 한 명의 무고한 어린이일지언정 인신 공양의 희생양이 되는 것을 막을 수 있다면 … 나의 목적은 이루어진 것입니다."

21 영국 빅토리아 시대를 대표하는 시인.

OCCULT CRIME:

DETECTION, INVESTIGATION, AND VERIFICATION

BY
WILLIAM EDWARD LEE DUBOIS

『오컬트 범죄: 탐지, 수사 및 검증』.
1992년 미국 법집행기관을 위해 쓰인, 초자연적인 범죄에 대한 내용을 담은 문헌이다.

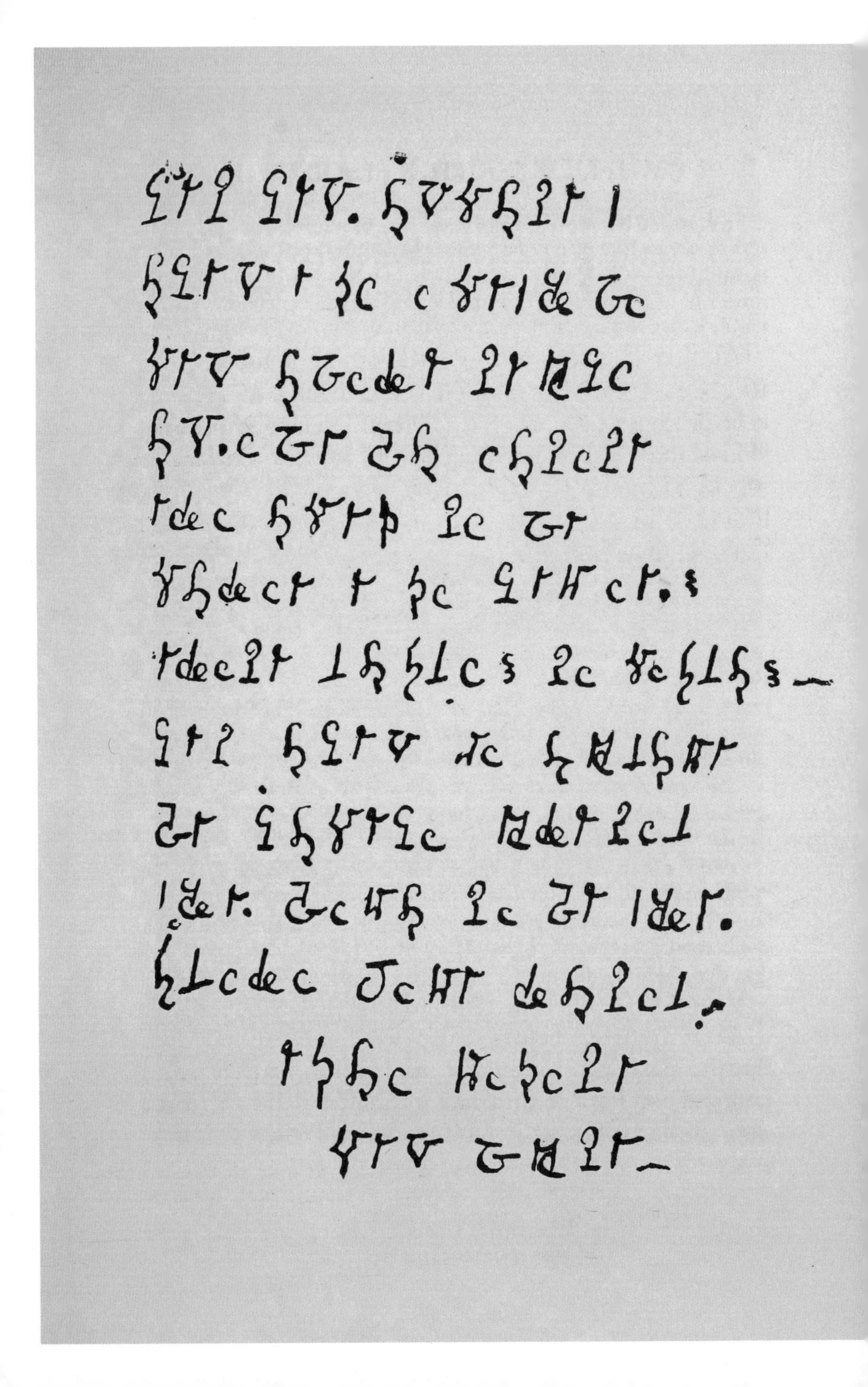

[illegible]
[illegible]
[illegible]
[illegible]
[illegible]
[illegible]
[illegible]
[illegible]
[illegible]
[illegible]
[illegible]
[illegible]
[illegible]
[illegible]

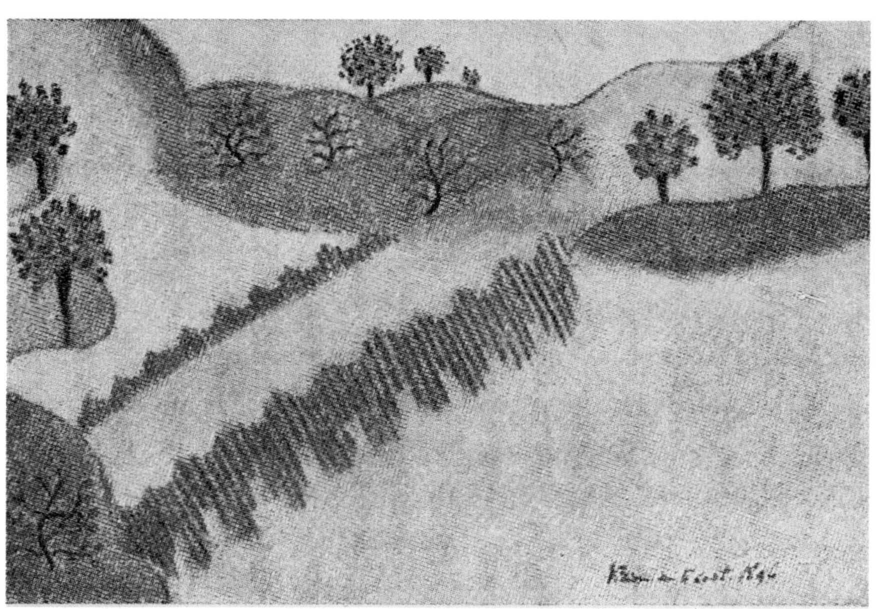

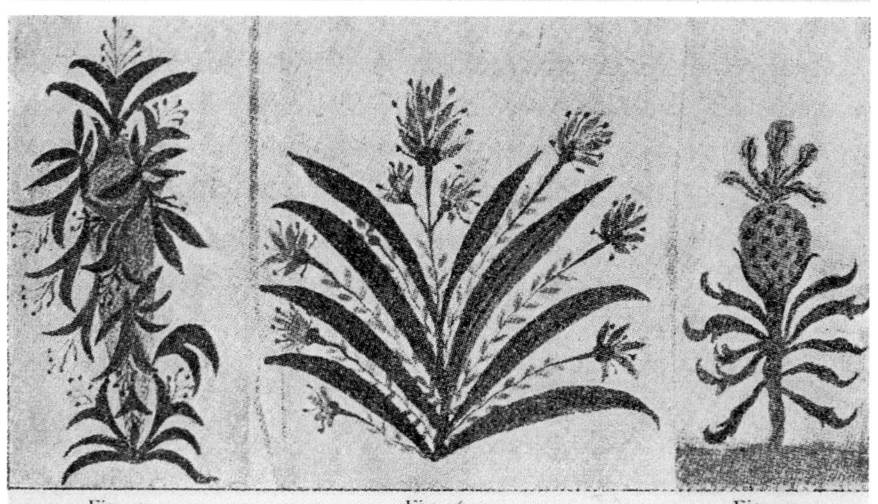

프랑스의 영매 엘렌 스미스의 손을 거쳐 전해진
화성인의 글 한 구절(왼쪽 페이지)과 엘렌이 그린 화성 스케치(위).
『인도에서 화성까지』(1899)에 수록.

종교계 괴서들

1626년 6월 23일, 케임브리지 시장에서 수상하리만큼 배가 불룩한 대구 한 마리가 대소동을 일으켰다. 여자 생선 장수가 대구의 배를 갈랐을 때 돛에서 잘라낸 듯한 꼬깃꼬깃한 천 뭉치가 밀려 나온 것이다. 내장을 발라낸 다음 천 뭉치에 달라붙은 질척한 막을 벗겨내자 안에 든 것의 정체가 밝혀졌다. 작고 얇은 책이었다. 평범함을 거부한 증정 케이스에서 흘러나온 즙에 거의 다 삭아 알아보기 어려웠지만, 이내 신학 논문 세 편을 모아놓은 흥미로운 책 『십자가에 매달리기 전에』임이 밝혀졌다. 나중에 영국 박물관이 입수하게 될 편지에서 크라이스츠 케임브리지대학교의 조지프 미드 박사는 마틴 스튜어트빌 경에게 이 발견이 사실임을 흥분에 차서 전했다. "처음 보았을 때, 젤리로 변질되었나 의심했습니다. … 그 정도로 완전히 흐물흐물해진 줄 알았죠. … 모든 걸(생선, 생선의 위장, 돛 조각, 책) 내 눈으로 똑똑히 보았습니다. … 누구건 어제 아침의 나만큼 그 물건에 코를 바짝 들이댄 사람이라면, 다른 목격자 없이도 이것이 절대 거짓말이 아니라는 것을 확신했을 겁니다."

15세기의 '거들girdle 책'.
중세 유럽 수도복의 액세서리. 작은 휴대용 책에 달린 가죽 띠를 터번 매듭모양으로 꼰 다음 벨트 안쪽으로 밀어 넣어 책이 허리에 대롱거리게 했다.

이 책은 알려지기론 발견된 시점으로부터 100년 가까이 거슬러 올라간 과거에, 신교 사제 존 프리스가 죄수로 복역하는 동안 토머스 울지 추기경의 명을 받아 쓴 것이다. 그가 갇힌 곳은 지하 생선 저장고였고, 유해하기 그지없는 환경에 함께 갇혀 있던 포로 중 몇몇은 버티지 못하고 사망했다. 그 직후인 1533년 7월 4일, 프리스는 "영혼을 구원받을 수 있도록" 화형에 처해졌다. 그러나 한 세기가 지난 후 그의 책이 어시장에서의 발견된 사연이 알려지며 『십자가에 매

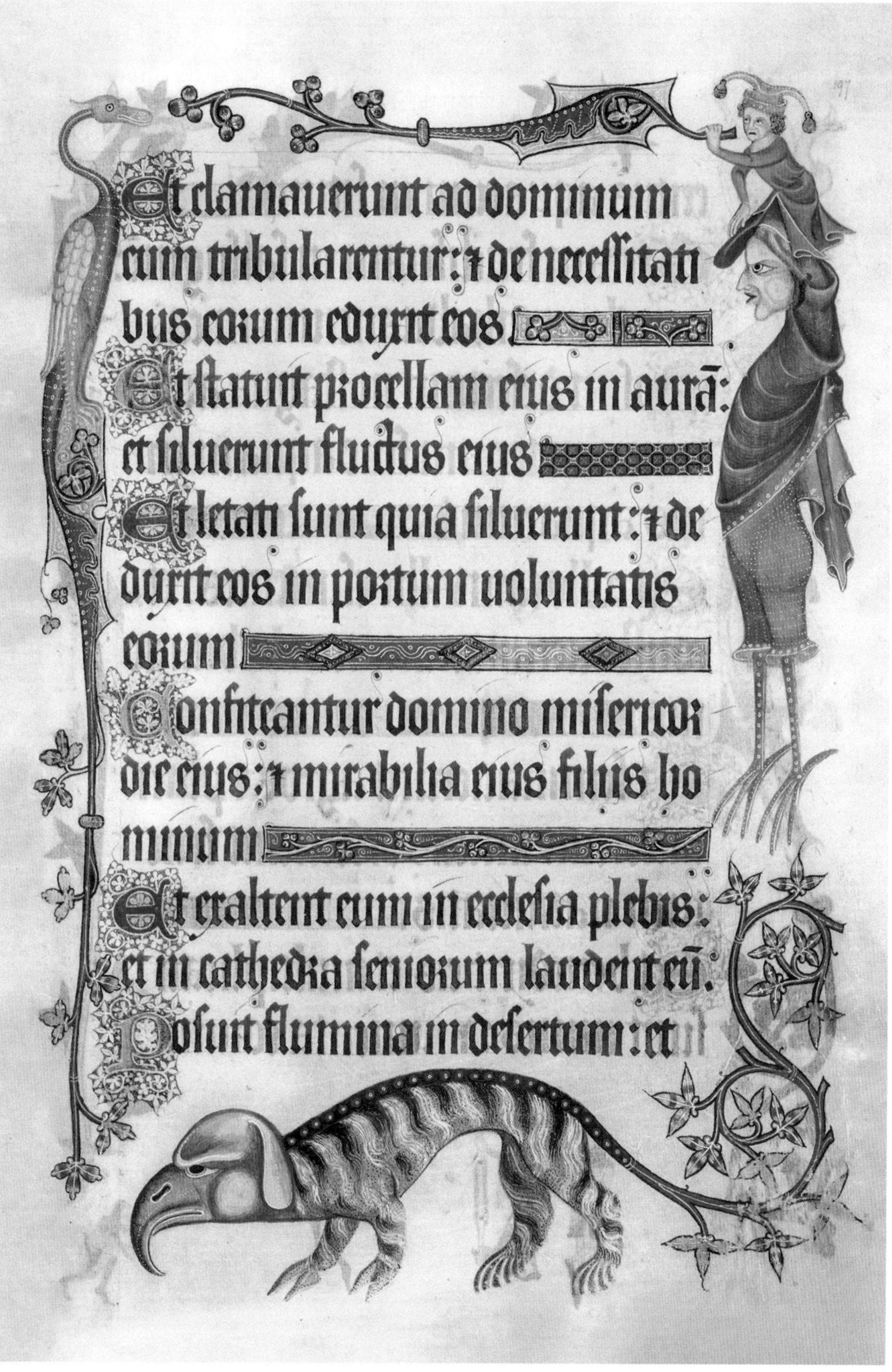
Et clamauerunt ad dominum
cum tribularentur: ⁊ de necessitati
bus eorum eduxit eos
Et statuit procellam eius in aurā:
et siluerunt fluctus eius
Et letati sunt quia siluerunt: ⁊ de
duxit eos in portum uoluntatis
eorum
Confiteantur domino misericor
die eius: ⁊ mirabilia eius filiis ho
minum
Et exaltent eum in ecclesia plebis:
et in cathedra seniorum laudent eū.
Posuit flumina in desertum: et

1320년에서 1345년, 부유한 지주 제프리 러트럴 경을 위해 만들어진 시편집(영국 도서관의 add MS 42130).
14세기의 일상을 비일상적으로 기이하게 그려낸 삽화들은 가히 초현실적이고
그로테스크하기까지 한데, 삽화가의 종잡을 수 없는 생각이 반영된 결과물이지 싶다.

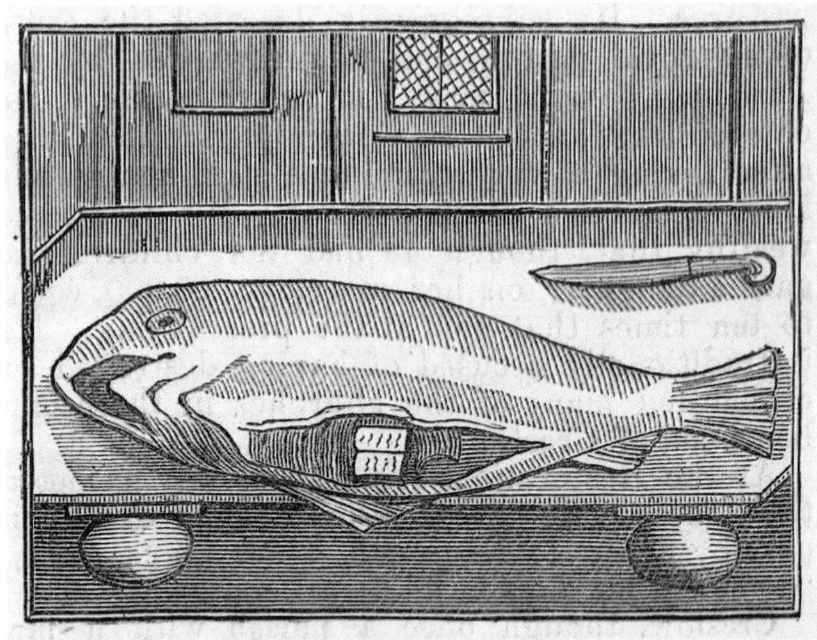

『물고기의 목소리 또는 책-물고기』(1627)의 삽화.

달리기 전에』는 새 생명을 얻었다. 가판대 위의 생선과 책, 생선 장수의 칼을 새긴 목판화와 함께 『물고기의 목소리 또는 책-물고기: 지난 여름 케임브리지 시장에 있는 대구의 배 속에서 발견된 세 가지 논문』(1627)이라는 제목으로, 난데없이, 순식간에 재출간된 것이다. 다만, 생선의 배 속에 들어 있던 책이 기적적으로 세상의 빛을 보게 된 경위는 제대로 해명된 적이 없다. 《기록과 의문》[1]에 게재된 기사에서 케임브리지대학교의 젊은 학자는 이 책이 "사료 목록 속에선 찾아질지 몰라도 정전에 들어갈 일은 결코 없을 것이다"라고 말했다.

많은 작가들이 『물고기의 목소리 또는 책-물고기』의 저자처럼 자신의 책에 헌신하지만 독자가 그런 경우는 내가 아는 한 딱 한 번뿐이다. 사바타이 제비(1626~1676)는 합법적인 절차를 거쳐 책과 결혼할 만큼 책에게 빠진 인물이었다. 그는 세파르디[2] 랍비로 스물두 살 때부터 자신이 유대교의 메시아라고 주장했다. 이를 입증하기 위해서 욤 키푸르(속죄의 날)[3]에 예루살렘 성전에 갔고, 유대인 대제사장 외에는 누구도 입에 올려선 안 되는 금지어, 즉, 이스라엘 신의 네 글자 이름인 테트라그라마톤[4]을 입 밖으로 꺼냈다.

그는 또 추종자들에게 자신은 하늘을 날아다닐 수 있지만 일반인은 이를 볼 자격이 없기 때문에 공공장소에서 증명할 수 없다고도 말했다. 그러면서 아인소프(한계가 없는 자라는 뜻으

1 1949년에 런던에서 출간되었고 현재 옥스퍼드대학교 출판사에서 발행 중인 학술 잡지로, 영어, 문학, 사전학, 역사, 고고학 관련 짧은 기사를 모아 게재한다.

2 1000년부터 스페인, 포르투갈 지역에서 살아온 유대인 집단.

3 유대교 최대 명절로, 유대인들은 이날 일을 쉬고 단식을 한다.

4 거룩한 네 글자라는 뜻으로, 이스라엘 신 야훼의 4자음 이름 YHWH를 가리키는 학문적인 명칭이다.

고대 아일랜드 미사 전서인 『스토 미사 전서』(발간 시기는 792년 이후로 추정)가 들어 있던 쿰다크의 복제품.

사바타이 제비(1626~1676).
합법적인 혼인으로 맺어진 토라의 남편.

로, 그가 스스로를 칭하는 이름이었다)의 권위를 강화할 셈으로 율법이 적힌 두루마리 토라와의 혼인을 직접 주재했다. 혼례는 1653년에서 1658년 사이에 살로니카(당시에는 오스만 제국의 일부였다)에서 엄숙히 거행되었다. 토라는 신부 예복을 걸쳤고, 유대인의 전통 혼례 절차에 따라 증인들 앞에서 예식이 치러졌다. 사바타이 제비는 토라를 감아 놓은 나무 롤러 위에 애정이 넘치는 동작으로 반지를 올려놓았다. 그리고 신랑답게 환히 미소 지었다. 군중은 환호했고 살로니카의 랍비들은 제비를 지체 없이 도시 밖으로 추방했다.

일신의 안전을 위해 축소본 코란을 갑옷 안에 품거나 군기軍旗에 붙인 역사에서도 확인할 수 있듯, 헌신적인 신앙심과 책의 마력은 강력하게 결합되어왔다. 중세 초기 아일랜드 지역에선 중요한 기독교 위인을 다룬 문헌을 쿰다크cumdach로 보호했다. 호사스럽게 장식한 금속 상자이자 '책의 성소聖所'였던 쿰다크는 표지 한가운데 십자가를 배치한 금속 공예 디자인이 일반적이었으며, 보석들로 정교하게 장식되는 경우가 많았다. 사람들은 거기에 끈이나 사슬을 달아 목에

걸고 다녔는데, 심장 가까운 곳에 쿰다크를 지니고 있으면 위험으로부터 몸을 보호하고 병이 치유된다고 믿었기 때문이다. 같은 이유로 전장에 나갈 때에도 쿰다크와 '전장에 가지고 가는 성경'을 착용했다. 현재까지 남아 있는 쿰다크는 다섯 점뿐인데, 이 중에 가장 유명한 건 구리에 은도금으로 장식한 쿰다크로, 그 안에는 성 컬럼바의 『카타크』가 들어 있다. 『카타크』는 597년, 성 컬럼바 사망 직후에 만들어진 역사적인 시편이자 현존하는 가장 오래된 아일랜드 책이다. 이 역사적인 문헌과 쿰다크는 고대 게일 왕족이었던 오도널 가문의 소유였고 문중의 남자들은 전쟁 때 이를 깃대 높이 달아 전기戰旗로 삼았다('용맹한 전사들Battler'이란 뜻의 '카타크'는 구호로도 쓰였다). 보호의 마력을 펼치려면 수도사가 쿰다크를 목에 걸고 오도널 군대 주변을 세 번 도는 것이 관례였다.

필사본 시대엔 큰 판형의 성경은 일반적으로 생각하는 것과 달리 단권이든 여러 권이든 비교적 드문드문 제작되었다. 주의를 기울여 필사한

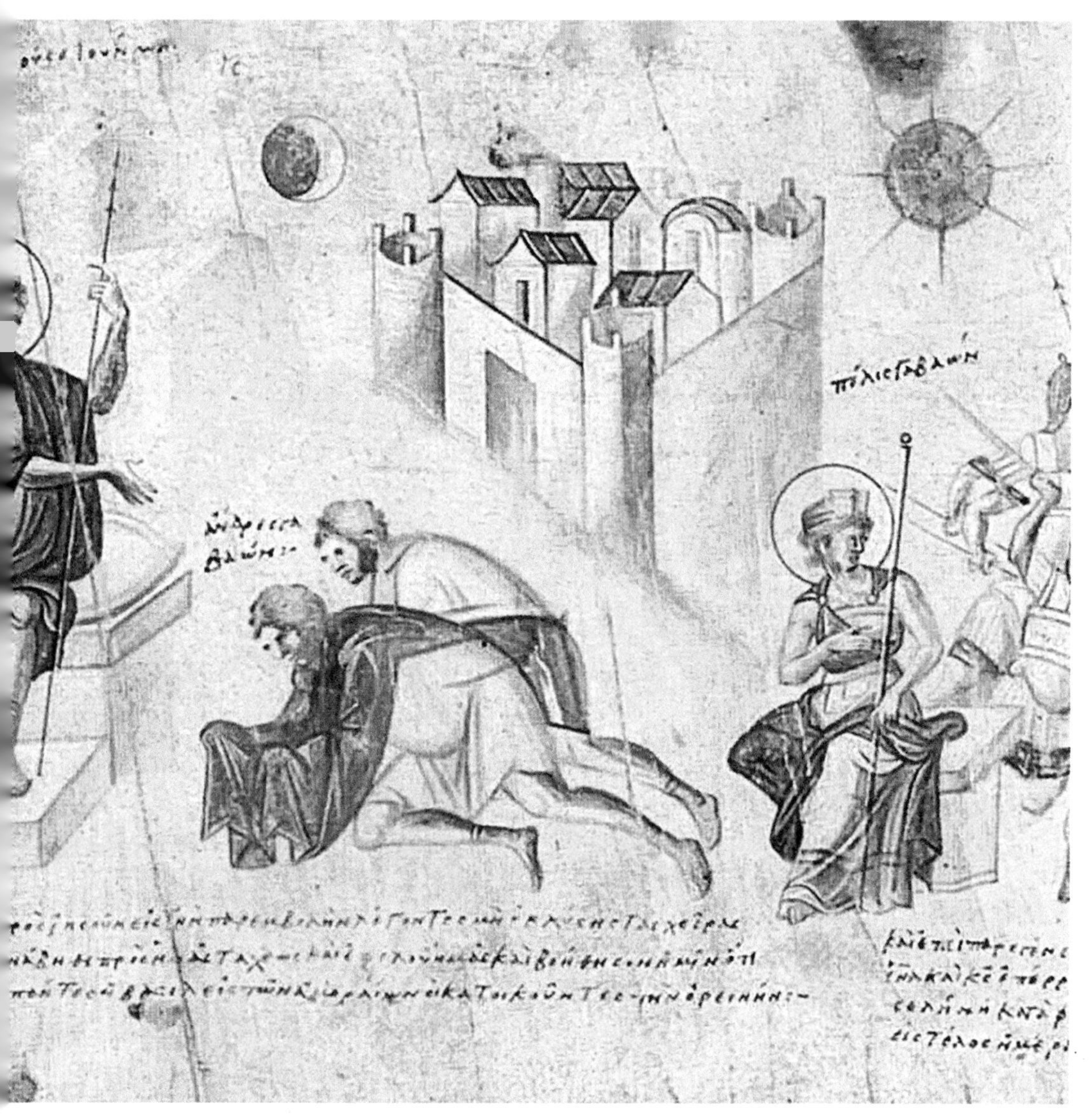

『여호수아 족자』.
10세기경 비잔틴 시대에 제작된 채식 필사본으로, 10미터 길이의 가로로 긴 두루마리 형태 때문에 기독교 필사본 가운데 독창적인 작품으로 통한다. 그러나 중국 미술에서는 이러한 형태가 일반적이다.

책을 만들려면 엄청난 노동량과 비용을 감수해야 했기 때문에 가장 많이 사용되는 문헌이 우선시되는 것이 당연했다. 그러니 1500년 동안 장인들이 제작한 필사본은 주로 4복음서(정경으로 채택된 마태, 마가, 누가, 요한의 복음서)였다. 여기에 아무리 꼼꼼한 필경사(그리고 훗날의 인쇄업자)라 해도 오류에서 완전히 자유로울 수는 없는 법이었다(신의 말씀은 한 점의 오류도 없을지언정 한낱 인간인 필경사는 그럴 수 있을 리 만무했다). 필경사는 교정 중에 누락된 단어와 문장을 발견하면 틀린 문장 위나 옆에 빠뜨린 내용을 적어 넣었다. 누락의 정도가 심각할 경우, 그 부분에 기호(일반적으로 선이나 교차된 선, 점을 사용했다)를 표시하고 페이지 여백에 누락된 내용을 추가

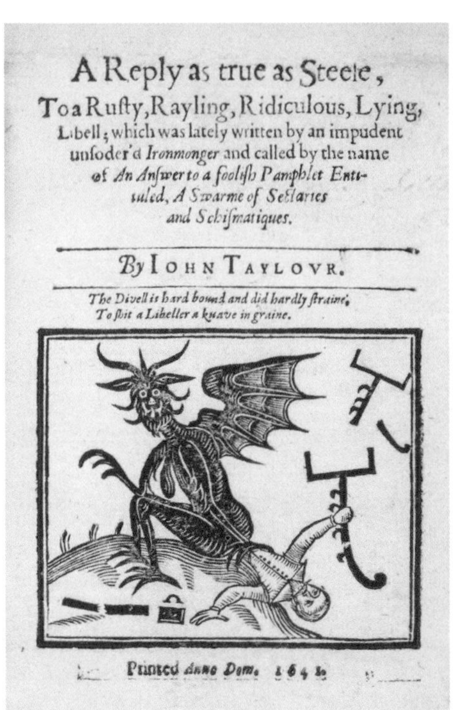

A Reply as true as Steele,
To a Rusty, Rayling, Ridiculous, Lying,
Libell; which was lately written by an impudent
unsoder'd Ironmonger and called by the name
of An Answer to a foolish Pamphlet Entituled, A Swarme of Sectaries
and Schismatiques.
By IOHN TAYLOVR.
The Divell is hard bound and did hardly straine,
To shit a Libeller a knave in graine.
Printed Anno Dom. 1641.

1641년부터 1643년까지, 런던의 작가 존 테일러는 경쟁 관계의 작가, 헨리 워커와 서로 모욕할 목적으로 일명 '소책자 전쟁pamphlet war'을 벌였다. 위는 존 테일러가 발행한 소책자 『진부한 욕쟁이, 볼썽사나운 거짓말쟁이, 험담을 좋아하는 자에게 보내는 강철만큼 진실한 답변』(1641)으로, 워커를 '악마와 내통하는 자'라고 비방하고 있다.

해 본문과 이어지도록 했다(이것이 지금 쓰이는 '각주'의 조상인 셈이다). 엉뚱한 단어가 끼어 들어가 있으면 칼로 양피지 표면에서 글자를 긁어내(라틴어 시대엔 문자 그대로 '긁어냈다') 지운 다음 그 위에 다시 적어넣었다.

미처 잡아내지 못한 오류를 살펴보는 데엔 은근한 재미가 있다. 500~900년경 영국 제도British Isles의 수도원이 탄생시킨 보물로, 숨이 턱 막힐 정도의 화려한 삽화로 명성이 높은 『켈스의 서』(800년경 제작) 같은 책조차 고급 송아지 가죽으로 된 340페이지 사이사이 인간의 실수가 남긴 흔적을 보여준다. 이 책을 필사한 사람은 예수의 열두 제자에 한 명을 더 추가하는 오류를 범했다. 누가복음 3장 26절에서 'QUI FUIT MATHATHIAE'를 실수로 'QUI FUIT MATHATH IAE'라고 옮긴 것이다. 여기에 나오는 IAE(성 마태 이름의 라틴어 어미)를 전혀 다른 인물이라고 가정한다면 이는 실수가 아니라 의도적 기록으로 볼 수도 있다. 곤혹스러운 건, 내로라하는 필경사도 오류를 범할 수 있다는 가능성이다. 이러한 가능성은 악마의 형상으로 의인화되곤 했다. '필경사 전담 악령'으로 알려진 티티빌루스는 루시퍼의 명으로 노고에 지친 필경사를 괴롭히고 속여서 필사 중에 실수하게 만든다고 전해지며, 1285년경 요하네스 갈렌시스('웨일스의 요한'이라고도 불린다)의 『참회록』에서 최초로 언급된다. 티티빌루스와 관련해서는 또 그가 수도사들이 별생각 없이 내뱉은 말과 예배 때 불분명하게 전달한 설교 내용을 훔쳐선 지옥으로 가져간다는 이야기도 전해진다. 티티빌루스의 임무는 거기서 멈추지 않는데, 마크 드로

종말의 날, 성모 마리아는 사탄의 뱀을 밟고 오른다. 하인리히 키르허의 『사도 요한의 묵시적 예언』(1676)이라는 독일의 희귀서에 실린 삽화.

필경사 전담 악령 티티빌루스가 그려진 소형 채색 삽화.
1510년경 발행된 프랑스 필사본 수록.

긴[5]은 『중세의 필적: 그 역사와 기법』(1980)에서 이렇게 지적한다. "지난 반세기 동안 편찬된 『옥스퍼드 영어 사전』의 모든 판본에서 특정 참고문헌의 페이지가 잘못 기재됐는데 하필이면 티티빌루스를 최초로 언급한 문헌의 각주였다."

필경사들은 내용을 정정하거나 설명하는 주석을 다는 것으로만 페이지 여백을 활용한 것이 아니라, 작은 삽화를 넣어 화려하게 장식하는 것, 즉 채식을 하기도 했다. 교황 그레고리우스 9세(1227~1241)의 주석 달린 교령집(교회법의 핵심 사항 관련 교황령을 수집해 모아둔 것으로, 어떤 종류의 글은 법적인 성격을 띠기도 했다)의 현재까지 남아 있는 필사본 675여 권 중에는 '스미스필드 교령집'이라는 이름의 사본이 있는데, 책에 생기를 부여하려고 시작한 일이 어디까지 갈 수 있는지를 보여주는 특별한 사례다. 626페이지 모두 삽화로 꽉꽉 들어찬 이 책은 14세기 초 프랑스 남부의 한 지역에서 처음 필사되었고, 1340년에 런던 시민이 매입한 후에 예술가 팀을 고용해 페이지 여백에 내용의 이해를 돕는 삽화와 기호를 채워 넣은 것이 오늘날 책의 정보를 밝히는 데 큰 도움이 되었다. 중세 시대 때 교령은 법률을 연구하는 데 꼭 필요한 문헌이었다. 삽화 덕분에 단조로운 문자에서 한눈을 팔 수 있었을 독자들이 얼마나 고마웠을지 쉽게 상상할 수 있다. 글 자체의 훌륭함 또한 간과해선 안 된다. 이 책의 314번째 폴리오의 오른쪽 페이지엔 그전까지 (동료들과 함께) 310여 개의 폴리오에 걸쳐 교황의 서한 1971편과 동봉된 문서를 필사하느라 진이 빠진 필경사가 은근슬쩍 사적인 심회를 토로해놓았다. "다 끝났도다." 그는 사뭇 득의양양하게 외친다. "노고를 바친 자 모두에게 술을 한 잔씩 돌려라."

인쇄술이 도입되자 성경 인쇄업자의 오식(오탈자를 비롯한 인쇄 과정에서의 오류) 사고로 뜻하지 않게 특별해진 판본에 관심을 갖게 된 수집가들이 이를 찾아 소장하기 시작했다. 사고에서 비롯된 별명까지 붙은 이 성경들은 지금도 큰 인기를 끌고 있는데, 자신의 실수를 자각하고 공포에 휩싸였을 업자를 떠올리면 의도치 않게 웃음이 터지기도 한다. 1631년 런던의 출판업자 로버트 바커와 마틴 루커스가 출간한 성경책도 그런 예다. 이 책은 '간특한 성경', '간음하는 성경' 또는 '죄인의 성경'이라고도 불리는데, 하필이면 출애굽기 20장 14절에서 '하지 말라not'라는 중요한 단어가 누락됐기 때문이다. 이 때문에 일곱 번째 계명인 '간음하지 말라'를 '간음하라'로 선포하는 꼴이 돼버렸다. 이 실수로 바커와 루커스는 300파운드의 벌금을 물었고 문제의 판본 대부분을 폐기했다. 살아남은 건 열한 권뿐인 것으로 알려져 있다. 마찬가지로 1716년에 출간된 일명 '죄악의 성서Sin On Bible' 에서도 요한복음 8장 11절의 "다시는 죄를 범하

5 미국 작가, 일러스트레이터.

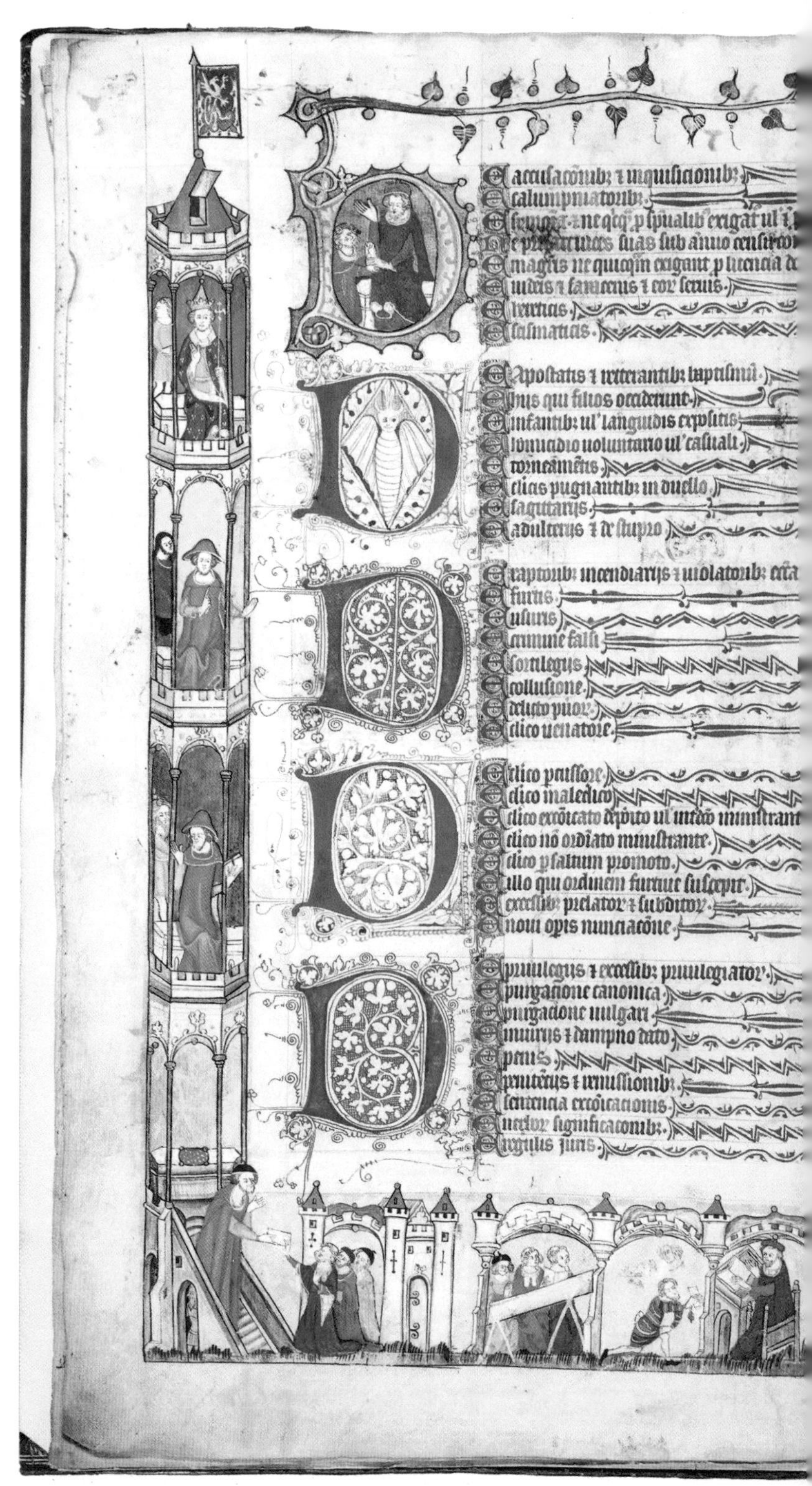

『스미스필드 교령집』. 오른쪽 페이지 중앙에 교황 그레고리우스 9세가 추기경들에게 둘러싸여 교령집을 배분하는 모습을 그린 삽화가 보인다.

"다 끝났도다. 노고를 바친 자 모두에게 술을 한 잔씩 돌려라." 『스미스필드 교령집』을 필사하느라 진이 빠진 필경사의 심회.

지 말라 하시니라sin no more"가 "더 많이 죄를 범하라 하시니라sin on more"가 됐는데, 실수를 알아챘을 땐 이미 8000부가 인쇄된 뒤였다.

16세기 성공회 신학 저술가, 에드먼드 베키가 1549년에 펴낸 성서는 그가 직접 주해를 단 것으로 잘 알려졌다. 그중에서도 제일 유명한 건 베드로전서 3장 7절의 남편은 아내를 존중해야 한다는 내용 뒤에 베키가 직접 추가한 다음 대목이다. "그리고 만일 아내가 남편에게 순종하여 돕지 아니하면 그 머리를 두드려 하나님을 경외하는 마음을 심어서라도 자신의 의무를 알고 행하게 하라." 이 문장 하나 때문에 이 성경은 '마누라를 패는 남자를 위한 성서'라는 낙인이 찍히고 말았다. 1613년에 출간된 '유다 성경'에선 "내가 저기 가서 기도할 동안에 너희는 여기 앉아 있으라"(마태복음 26장 36절)라는 말을 예수가 아니라 유다가 하고 있다. 이 문장은 제임스 1세 왕실 출판업자였던 로버트 바커가 인쇄한 두 번째 판본에 남아 있는데, 영국 데번주 토트네스의 마리아 교회에 보관된 사본은 이 오자를 작은 종잇조각으로 덮어 오랫동안 감추었다. 마지막으로 언급할 사례는 '올빼미 성경'이라고 불리는, 1944년에 출간된 책이다. 이 책은 인쇄 당시 활판의 n 자가 망가지는 바람에 베드로전서 3장 5절에서 '자기own'라고 쓰여야 하는 부분이 '올빼미owl'로 찍혔고 다소 알쏭달쏭한 대목이 되고 말았다. "전에 하나님께 소망을 두었던 거룩한 부녀들도 이와 같이 올빼미 남편에게 순종함으로 자기를 단장하였나니"라는 문장을 보라.[6]

중세 필사본이 묘사하는 지옥, 고문, 악마에

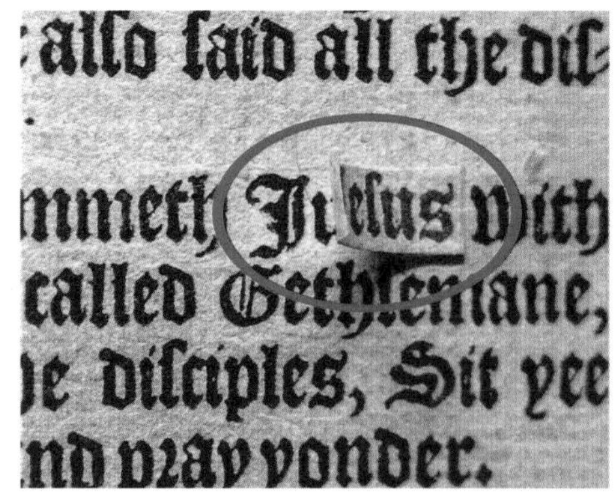

인쇄상의 오류를 그 부분만 덮어 교정한 '유다 성경'.

게 복속하게 된 일꾼들의 풍경은 지옥의 개념을 다소 식상해하는 우리에게도 생경하고 섬뜩하게 다가온다. 그 예가 거대한 짐승의 아가리처럼 생긴 '지옥의 입'이다. 사탄의 지하 왕국으로 통하는 이 무시무시한 입구에서 고문받은 영혼과 악령 들이 고통에 못 이겨 손을 뻗고 있다. 지옥에 대한 이런 상상은 앵글로색슨 시대까지 거슬러 올라가는 것으로 추정되며, 지금까지 남아 있는 문헌에선 지옥의 입구를 이처럼 흉포한 광경으로 묘사하고 있다. 때로는 악마의 입 자체가 지옥이 되기도 한다. "그들은 뱀으로 가득한 구렁텅이와 사탄이라는 이름을 가진 용의 목구멍에서 결코 헤어 나오지 못했다". 10세기 후반 『베르첼리 시선집』[7]이라는 종교서 중 4장 46절부터 48절까지의 대목이다. 12세기의 『윈체스터 시편』(영국 도서관의 코튼 MS 네로 C IV)은 이 분야에서 가장 현란한 묘사를 자랑한다. '최후의 심판'을 묘사한 장면에서 대천사 미카엘은 비늘 돋은 용(사탄)의 쩍 벌린 아가리를 봉인한다. 그 안쪽엔 갇힌 비참한 영혼들(그 중엔 창에 몸이 꿰인 왕과 왕비도 있다)과 감독관

6 성서를 제외하면 인쇄 오류의 역사에서 가장 안타까운 사례는 로버트 포비가 1830년에 펴낸 『이스트 잉글랜드 어휘집: 쌍둥이 자매 카운티 노퍽과 서퍽에서 세속적인 혀놀림을 기록하는 시도』일 것이다. 이 책은 펼치자마자 오류가 있는데, '머리말PREFACE'의 철자 중 두 번째 R과 마지막의 E가 바뀐 것(PEEFACR)이다. ―지은이

7 영어 시선집 역사에서 가장 오래된 네 작품 가운데 하나. 이탈리아 베르첼리 수도원 도서관에 소장되어 있다.

대천사 미카엘이 지옥의 아가리를 봉인하는 모습.
영국 도서관에 소장된 『윈체스터 시편』의 축소형 삽화(코튼 MS 네로 C IV, f. 39r).

DESENGANNO
DOS
PECCADORES
Descendant in infernum uiuentes Ne descendant morientes S. Bern.

예수회 사제 알렉상드르 페리에가 쓴『죄인의 각성』(1724)의 표지와 삽화.
악마가 금속 볼트를 인간의 눈알에 박아 넣는 장면부터 사탄의 나팔 소리와 지옥의 개가 짖는 소리가 끊이지 않는 장면까지 지옥에서 죄인을 기다리는 오감 공략형 고문을 생생히 묘사한 책이다.

TORMENTO DOS OVVIDOS

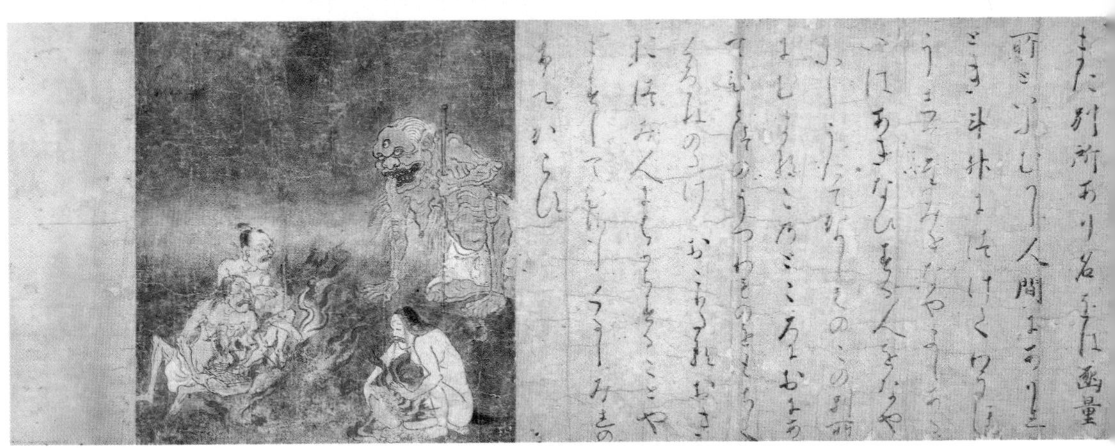

일본 작품 「지옥초지」의 네 번째 단(위)과 두 번째 단(아래).
위는 열여섯 지옥(「지옥초지」의 바탕인 『기세경』에는 총 열여섯 개의 지옥이 나온다) 중
열한 번째 지옥인 '불타는 수탉 지옥', 아래는 열 번째인 '타오르는 무쇠함 지옥'이다.

악마들이 뒤섞여 꿈틀대고 있다. 이것이 천국의 낙원에 들어가지 못한 자들을 기다리는 영원의 광경이었다. 이 그림들이 주는 인상은 현대의 독자도 놀랄 정도다.

비슷한 시기에 유럽 건너편 일본에선 무명의 필경사가 역시 지옥의 경고를 담은 필사본 두루마리로 희대의 걸작을 완성하는 중이었다. 지금은 나라 국립 박물관이 소장하고 있는 일본 공식 국보 「지옥초지」가 그것이다. 지옥의 광경을 묘사한 「지옥초지」엔 『기세경』(세계의 성립을 설한 경전이라는 뜻)에서 언급된 일곱 가지 소小지옥이 그림과 글로 소개돼 있는데, 여섯 지옥에 관한 글의 첫머리는 모두 "이어서 또 다른 지옥이 있다"라는 문장으로 시작한다. 이 지옥도는 우리에게 '배설물(분시니) 지옥'에 해당하는 형벌에 관해 소상히 알려준다. 그 외에도 '타오르는 무쇠함(함량) 지옥', '강철 절구(철애) 지옥', '불타는 수탉(계) 지옥(불을 내뿜는 거대하고 젊은 수탉이 주재한다)', '검은 모래 구름(흑운사) 지옥', '고름과 피의(농혈) 지옥', '여우와 늑대의(호랑) 지옥'이 있다. 두루마리를 모두 펼치면 4미터 55센티미터의 길이로 압도해오는 악마의 파노라마가 펼쳐진다.

이 주제를 가지고 이탈리아로 눈을 돌리면

주교이자 교회법 학자였으며 세도가 팔라디니의 일원이었던 야코부스 팔라디누스 데 테라모(1349~1417)를 만나게 된다. 그는 피터 롬바르드[8]의 해설서 『네 권의 명제들』(1472년 아우크스부르크에서 인쇄)처럼 온건한 저술로 유명하지만, 나는 개인적으로 그가 1382년경에 발표한 괴이쩍은 소책자 『죄인의 위로, 또는 예수 그리스도에 맞선 루시퍼의 경주』를 좋아한다.

'벨리알[9]의 서'라는 제목으로도 잘 알려진 이 책은 루시퍼와 지옥 군대가 예수 그리스도를 상대로 제기한 소송의 형식을 취하는데, 여기서 악마는 지옥에 침입한 하느님의 아들을 고소하며 손해배상을 청구한다. 솔로몬 왕이 재판의 진행을 맡고 모세가 예수 그리스도를 변호하며 사법 재판 훈련을 받은 마귀 벨리알이 악마 편에 선다. 두 번째 공판에선 요셉이 판사로 활약하고 아리스토텔레스와 이사야가 예수 그리스도 측 법무팀으로 등장해 아우구스투스 황제와 예레미야로 구성된 악마 측 법무팀과 대결한다. 두 번의 평결 모두 예수의 손을 들어주지만 최후 심판의 날, 저주받은 영혼들의 소유권을 악마에게 넘기는 양도가 이루어졌다.[10] 1461년의 필사본에서 181페이지에 실린 삽화는 전면 컬러 채식을 내세운 것으론 유일무이하며, 중세 후기 독일 라인강 중부 지역을 통틀어 가장 유명했던 필사본 채식사이자 그래픽 아티스트 단체였던 '마이스터 데스 하우스부흐'와 연관이 있다. 이 책은 중세 시대를 거쳐 교회법이 요구하는 형식을 준수하며 대중적으로 읽혔고 증쇄를 거듭하였을 뿐만 아니라 여러 언어로 번역되기도 했다.

태국 문학에서 지옥 배경은 사뭇 코이Samut khoi라고 불리는 첩책 형태의 필사본에 두드러지게 등장하는데, 이런 책은 18세기 초반부터 제작된 것으로 추정되며 사망한 지 얼마 되지 않은 친지가 사후세계에서 편히 지낼 수 있도록 대신 공덕을 쌓는 방편으로 의뢰하며 만들어진 것으로 알려져 있다. 필사본을 만드는 장인의 솜씨가 좋고 제작 비용이 높을수록 망자에게 좋다고 여겨졌다. 본문에는 아름다운 삽화와 함께 프라 말라이의 전설을 기록하는 것이 일반적이었다. 전설에 따르면 소승 불교 승려인 프라 말라이는 명상을 하고 선업을 쌓은 끝에 신통력을 얻었고 그런 후엔 지옥으로 날아가 만나는 사람에게 자비와 위안을 베풀었다. 그리고 살아 있을 때 최선을 다해 명상하고 불교의 가르침에 따라 도량을 쌓아 지옥을 면하라는 망자들의 경고를 전하기 위해 이승으로 돌아왔다(이 전설은 고대 팔리어[11] 문헌에 등장하며, 그런 점에서 현존하는 사뭇 코이 중 가장 오래된 18세기 필사본보다 훨씬 오래전부터 전해 내려왔을 가능성이 높다).

이 필사본은 대개 코이 나무의 껍질로 만든 억센 원고지에 검은 잉크로 쓰였는데, 고급판은 화려한 금박을 입히고 옻칠을 한 표지에 황

8 11세기 프랑스의 스콜라 신학자이자 파리의 주교.

9 유대교 외경에 등장하는 '사악한 자' 또는 '가치 없는 자'. 악마와 동일시된다.

10 관련해서 현대사를 장식한 비슷한 일화로, 기독교의 신과 악마 둘 다 실제 소송 대상이 된 적이 있다. 첫 번째는 제럴드 메이오 대 사탄과 그의 부하 간의 소송이다. 1971년, 미국 피츠버그 웨스턴 교도소에 복역 중이던 제럴드 메이오는 자신을 꼬드겨 '헌법상의 권리를 박탈'당하게 한 악마를 기소했다. 법원은 사탄이 '외국의 왕자' 자격으로 주권면제를 요구할 수 있다는 점을 명시한 후 소송을 기각했다. 두 번째는 1970년, 미국 애리조나주의 변호사 러셀 T. 탠시가 그의 비서 베티 펜로즈를 대신해 신을 고소한 사건이다. 신의 '과실'로 펜로즈의 집이 번개를 맞아 파손되었다는 주장이었다. 피고가 법정에 출두하지 않으면서 펜로즈는 부전승을 거두었다. —지은이

11 산스크리트어와 계통이 같은 언어로 불경에 쓰였다.

야코부스 데 테라모의 『벨리알의 서』 1461년판 사본의 한 페이지. 지옥에 돌아와 예수 그리스도를 상대로 제기한 소송 판결문을 의기양양하게 흔드는 악마와 그를 보고 기뻐하는 부하들.

태국 사뭇 코이의 첩帖 몇 장. 프라 말라이의 지옥 여행기를 담고 있다.

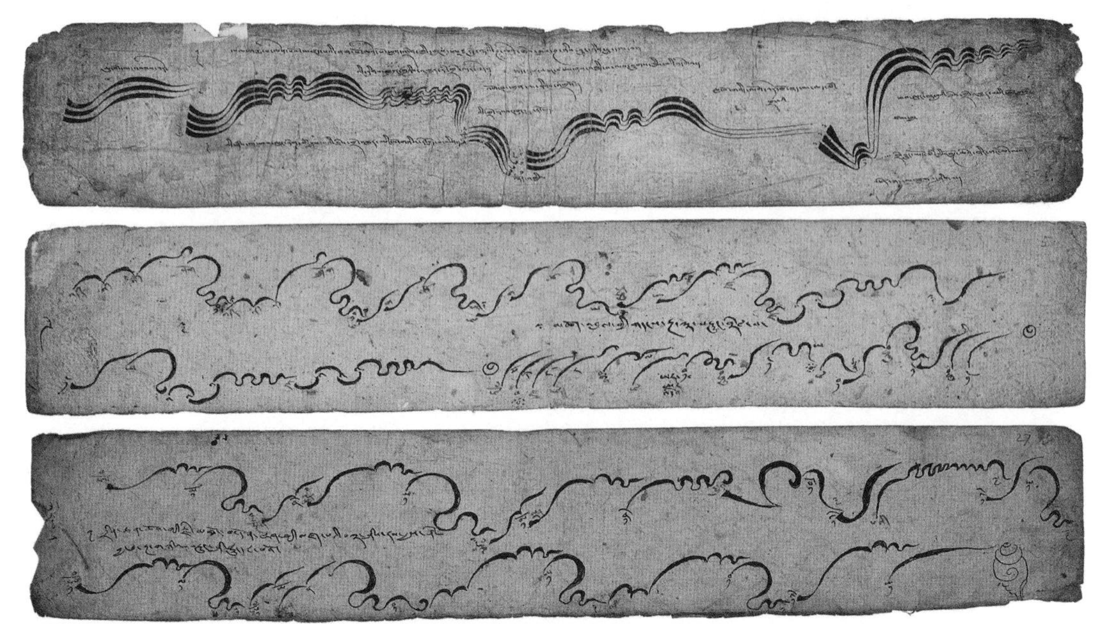

불교 사찰 의식 때 사용된 티베트 악보.
보컬, 드럼, 트럼펫, 호른, 심벌즈의 악보를 표기해놓았다.

금 잉크를 쓰기도 했다. 사뭇 코이는 완전히 펼쳐야 그 놀라운 진가가 제대로 발휘된다. 대개 세로 14센티미터, 가로는 69센티미터의 크기이지만 완전히 펼치면 13미터 41센티미터에 이른다. 태국 승려들은 엄격한 행동 수칙을 지켜야 했지만 이 책을 낭독할 때만큼은 전통적으로 큰 목소리를 내며 프라 말라이의 전설을 재미있고 극적인 공연으로 만들었다. 그러나 19세기 말, 품격을 떨어뜨리는 오락 행위라는 이유로 낭독이 공식 금지되면서 책의 인기도 허망하게 사그라들고 말았다.

사후세계의 상상도는 대개 신자들에게 옳고 비좁은 길을 걸어야 할 당위를 설득하는 데 주력하지만, 신심 깊은 사람들을 위해 보다 더 실용적인 조력자 역할을 하고 '진주의 문'[12]이 잘 열리도록 경첩에 기름칠을 해주는 기서들도 존재한다. 그 방면에서 특기할 만한 책이 『복음서 전도자를 위한 암기법』(뉘른베르크, 1470년경)이다. 일종의 암기 도구였던 이 책은 도미니크회 수사들의 각별한 사랑을 받았다. 교육 수준이 상대적으로 낮은 사람들도 쉽게 암기할 수 있도록 복음서의 내용을 상징적인 표현으로 재현했는데, 책에 수록된 그림들은 경이와 당혹감을 동시에 불러일으킨다. 네 명의 복음 전도자[13]는 각각 천사, 독수리, 사자, 소로 표현되었고, 그 주변에는 예수의 생애에서 특기할 사건을 암시

12 천국의 문을 비유하는 말.
13 마태, 마가, 누가, 요한.

복음서를 쉽게 암기하는 비법을 제공한 책
『복음서 전도자를 위한 암기법』에 실린 삽화의 생경한 상징들.

24 Nouvelle Mé

N'avoir pas demandé au Penit le nombre de ses péchez.

N'avoir pas eu égard aux ci stances.

Avoir donné l'absolion sans pouvoir.

Avoir sacrifié sans préparati

Sans avoir eu les ornemens n saires.

Avoir dit la messe en péché tel.

A mauvaise intention.

Sans une science suffis Cérémonies.

Etant excommunié, interdit, ou irrégulier.

N'étant pas à jeun.

Avoir célébré sans permission en lieu qui n'étoit pas consacré.

Avoir

pour se Confesser. 25

Avoir célébré avec scandale des assistans.

Avoir mal administré les Sacremens.

S'être confessé sans la préparation requise.

Sans un suffisant examen.

Sans une vraye repentance.

Sans un ferme propos de ne plus pécher mortellement.

S'être enfin confessé par respect humain.

Avoir obmis par honte un péché mortel.

L'avoir celé quelques années, ou quelques mois.

Avoir exprimé un péché mortel d'une façon peu intelligible.

Avoir recherché un Confesseur que l'on croyoit moins sçavant, ou plus doux.

C

고해성사를 위한 작은 책 『고해성사실』(1721년 판본)에서
따로 뜯어낼 수 있게 만든 죄목들.

하는 상징들이 제시되어 있다. 그림 바로 옆 페이지에는 해설을 달아 상징들을 해독할 수 있게 했다.

17세기에 프랑스의 성직자 크리스토프 뢰테르브뢰베르가 '암기를 돕기 위해' 만든 작은 책 『고해성사실: 특정한 혹은 일반적인 고해성사를 쉽게 준비하는 방법』도 여기 포함될 것이다. 1677년에 처음 등장한 이 책은 한참 뒤인 1751년까지 증쇄를 거듭할 정도로 인기를 끌었다. 자신이 지은 죄를 자꾸만 잊어버리는 죄인에겐(그리고 본인은 고결하지만 일 때문에 죄악과 관련해 대화 소재가 필요한 고해신부들에겐) 하나님의 선물과 같았는데 과연 이 책은 17세기에 상상할 수 있는 죄란 죄는 빠짐없이 망라한 방대한 목록을 십계명에서 따온 열 개의 장에 고루 분배해놓았다. 각각의 악행 목록은 책에서 쉽게 떼어낼 수 있도록 칼집이 난 채로 인쇄되어 있다. 이 책만 있으면 사람들은 고해성사를 미리 준비할 수 있고 고해성사 중에도 책장을 넘겨가면서 자신의 행동에 해당하는 죄목을 재빨리 찾아볼 수 있다. 이 성스러운 책의 중고 필사본은 과거 독자들의 개성을 생생히 드러낼 뿐만 아니라 그들이 무엇에 대해 속죄하는 마음을 가졌는지를 엿보게 해주어 흥미롭다. 내가 가진 1721년 판본을

보면 이 책의 원래 주인은 다음과 같은 죄목을 골라놓았다. "허영만 배우고 실천하다", "금식을 어기다", "줄기차게 죄를 저지르다", "신성모독적인 언행".[14]

앞으로 살펴보겠지만 인쇄술의 확산과 함께 종교학자나 변두리 사상가 들은 너 나 할 것 없이 문해력과 호기심이 존재하는 곳이라면 어디에서나 그들만의 괴이한 이론을 설파할 기회를 누리게 되었다. 하지만, 인쇄술이 없던 시절에도 이상한 주제에 매달린 필사본 사례들은 얼마든지 찾아볼 수 있다. 여기에서는 '수염 신학'을 예로 들어 보면 어떨까? 영국 도서관에 가면 프랑스 벨보 수도원의 부르카르두스 수도원장이 1160년경에 쓴 수염을 주제로 한 사상 최초의 책 『수염에 대한 변론』의 단 하나 남은 필사본을 찾을 수 있다. 부르카르두스는 당시 깔끔하게 면도한 시토회 수사들과 수염을 기른 하급 평신도 형제들 간의 격하지만 소모적인 언쟁을 잠재우기 위해 이 책을 썼다. 책을 쓰기 전에 그는 품행이 좋지 않은 일부 평신도 형제들에게 보내는 편지에서 선지자 이사야를 인용해 수염 기른 남자를 '불쏘시개'에 비유하며 온건히 질책했었다. 그러나 이를 말 그대로 수도원장이 자기들의 수염을 불태우겠다고 협박하는 것으로 받아들인 평신도 형제들이 폭동을 일으켰고, 이에 수도원장은 『수염에 대한 변론』에서 화난 형제들을 달랠 심산으로 수염의 미덕을 민망할 정도로 높이 상찬했다. "수염은 남성의 올바름을 적합하게 드러내는 표시다." 이런 알랑방귀가 또 있을까. "남성의 힘을, 지혜를, 원숙함을, 나아가 신심을 나타낸다." 이렇게 나오면 면도를 한 수사들은 또 어쩌란 말인가? 수도원장은 즉각 머리를 굴렸다. 답은 '마음의 수염'이었다. 그는 내면에서 자라는 수염이야말로 겉모습보다 더 중요하다고 썼다. 믿음이 있는 것처럼 행동하는 것보다 믿는 것이 더 중요하듯, 수염이 있는 것보다 수염 기른 자의 미덕을 갖는 것이 더 낫다는 것이었다.

스웨덴의 과학자 올라우스 루드베크(1630~1702)는 그만의 확고하고도 유별난 생각을 갖고 있었다. 그는 웁살라대학교 약학과 교수로 인체에서 림프관을 최초로 발견한 위인 중 한 명이었고 스웨덴에 식물원을 처음 지은 사람이기도 했다. 그런 그는 1679년, 총 3000페이지에 달하는 네 권짜리 연구서 『아틀란티카』를 발표했는데, 그 내용은 잃어버린 아틀란티스 문명은 노아의 후손이 다름 아닌 스웨덴 중부에 정착시킨, 실제 존재한 문명이었다는 주장이었다. 그의 주장은 곧 스웨덴이 인류 문명 최초의 요람이며 스웨덴어가 아담이 말한 최초의 언어로, 라틴어와 히브리어를 비롯한 다른 모든 언어는 스웨덴어에서 비롯됐다는 이야기였다. 그는 몇 년에 걸쳐 스웨덴을 여행하며 발견한 고고학적 증거에 독자적인 해석을 덧대어 내린 결론을 정리해 1679년부터 1702년까지 책으로 출간했다. 아이작 뉴턴이 책을 보내달라고 요청했다는 소문이 있지만 다른 이들은 루드베크가 과학과 역사를 신화와 묶었다며 맹렬히 비판했다. 루드베크는 이에 굴하지 않았고 더 많은 연구를 거치며 자신의 주장을 발전시켜나갔다. 하지만 1702년, 웁살라 대화재 때 화염에 휩싸인 건물의 옥상에 올라간 그가 불길을 피할 수 있는 방향을 큰소리로 알리는 동안 그의 원고는 소실되었다고 전해진다.

14 덧붙여서 성직자의 설교를 위한 문학적 참고서 중에 하나로 1790년에 영국의 존 트러슬러가 편찬한 책이 있다. 트러슬러는 자연스러운 손 글씨를 모방한 글꼴로 설교 전문을 담아냈는데, 교구민이 우연히 이 책을 본다면 그 지역 어느 사제가 직접 쓴 원본 원고로 착각할 만하다. —지은이

올라우스 루드베크가 '시간의 신'이 동석한 자리에서 지구본을 한 꺼풀 벗겨내면서
사라진 섬 아틀란티스의 위치가 지금의 스웨덴 지역이었음을 손으로 가리켜 보이고 있다.

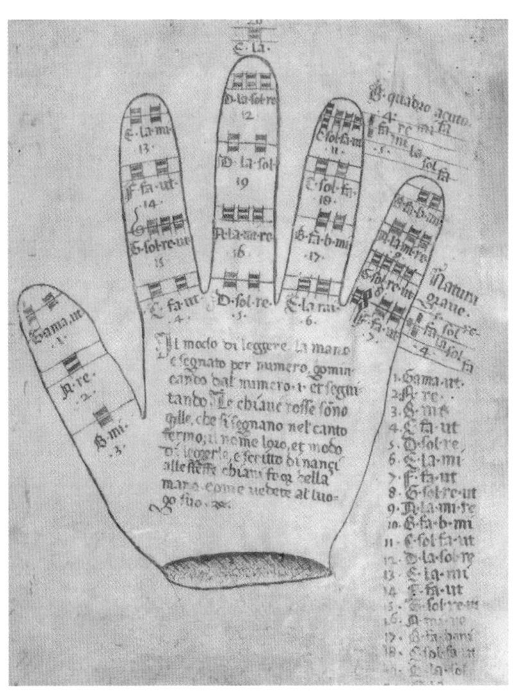

『귀도의 손』. 이탈리아의 음악 이론가 아레초의 귀도(991~1033년경)는 성가대원이 독학으로 노래를 배우도록 직접 고안한 장치의 사용법을 알리기 위해 이 다이어그램을 만들었다. 그는 그리스, 로마, 중세 초기의 다양한 찬송가 버전들을 거쳐 발전해온 화음계를 체계적으로 정리했고, 기보법 체계인 육음음계의 각 음을 손의 19개 지점에 하나씩 배치했다.

루드베크에 둘째가라면 서러울 미국의 영성학자 존 머리 스피어(1804~1887)는 두 가지 점에서 명성을 떨쳤다. 먼저 그는 존경스러울 만큼 맹렬하게 노예제 폐지를 주장했다. 또 한편으로는 새로운 유토피아를 이끌 것이라는 주장과 함께 당시에 부상했던 전기로 움직이는 메시아를 만들려 했다. 스피어는 『우월한 나라에서 온 메시지: 존 머리가 존 M. 스피어를 통해 보낸 소식』(1853)에서 그가 '일렉트라이저 연합'이라 명명한 집단에게서 얻은, 인류를 향한 지침과 다른 여러 가지 메시지에 관해 설명하였고, 이 연합 회원에는 벤저민 프랭클린, 토머스 제퍼슨, 존 퀸시 애덤스, 벤저민 러시, 그리고 스피어와 동명이인인 존 머리 목사의 유령들이 있다고 말했다.

이 책이 출간된 해에 스피어와 그의 열렬한 추종자들은 매사추세츠주 하이록 힐 정상에 있는 한적한 목조 오두막에 칩거하면서 구리, 아연, 자석, 식탁으로 기계 메시아를 제작하기 시작했다. 9개월에 걸친 작업을 끝냈을 때 스피어는 공들인 의식을 거행하면서 그가 '새로운 성모 마리아'라고 칭한 여성 추종자에게 기계 메시아를 출산할 것을 명했다. 독자 여러분이 충격을 받을지 모르겠지만 기계 메시아는 끝내 부활하지 못했다. 그 후 스피어는 일렉트라이저 연합으로부터 당장 은퇴하라는 통보를 받았다는 주장을 끝으로 사라졌다. "내가 몸담았던 일을 진정 사랑했다." 사라지기 전에 쓴 편지에서 그는 말한다. "그 덕분에 나를 둘러싸고 있던 구름 너머로 살아 있으며 길을 알려주는, 지적이고 유익한 목적(지상에 거하는 자들에게 숭고한 정신을 부여하고, 그들을 영적으로 다시 태어나게 하고, 구원하는 것)을 내 눈으로 확인하였다."

스피어의 로봇 예수 탄생이 좌절되었음에 낙심한 사람이라면 1933년 일본에서 날아온 소식에 솔깃해질 것이다. 이바라키현의 신도[15] 사제가 예수 그리스도의 마지막 유언이자 마지막 성서로 밝혀진 문서를 발견했다고 주장한 것이다. 심지어 여기서 끝이 아니었다. (제2차 세계대전 발발 직전에 사라진) 이 문헌엔 아오모리현 신고 마을이 예수의 마지막 안식처였다고 명시돼 있었다.

문헌에 따르면 예수는 알고 보니 십자가에 매달려 죽은 것이 아니었다. 그전까지 알려진 적이 없던 그의 남동생 이스키리가 실은 아무도 모르게 그를 대신해 죽었다. 동생이 십자가에 못 박혀 죽은 후 예수는 유품으로 동생의 한쪽 귀와 성모 마리아의 머리카락 한 타래를 품고 홀연히 일본으로 도망쳤다. 시베리아 툰드라를 거쳐 알래스카에 도착한 그는 다시 배를 타고 하치노헤로 갔고 그렇게 4년의 여정 끝에 신고에 이르렀다. 그곳에서 가짜 신분으로 조용히 살다가 농부의 딸 미유코와 혼인을 한 후 슬하에 세 자식을 두었고 마늘 농사를 지으며 형편이 궁한 사람들을 도왔다. 이 문헌에선 코가 긴 도깨비 상을 한 대머리로 묘사된 예수 그리스도는 106세에 일본에서 세상을 떠났다. 또한 이 문헌엔 예수가 스물한 살 때 신학을 공부하기 위해 일본을 처음 방문했다고 기록되어 있다(신약성서에 기록되지 않은 12년의 세월과 교묘하게 일치하는 대목이다). 이때 예수는 후지산 부근의 위대한 스승 밑에서 수학하며 일본어를 익혔고 동양 문화에 푹 빠져들었다고 한다. 그런 후 서른세 살에 모로코를 거쳐 유대로 돌아갔다.

가장 놀라운 건 지금도 일본에 묻힌 예수의 무덤을 방문할 수 있다는 사실이다. 신고 마을에서 예수가 쓰던 이름인 '다이텐구 타로 주라이'의 무덤엔 커다란 나무 십자가가 꽂혀 있고 하얀 울타리가 둘러쳐져 있다. 매년 2만여 명의 순례자들이 도쿄에서 북부까지 일곱 시간 동안 기차를 타고 와서 묘소를 방문하고 있으며 묘소는 현지의 요거트 공장에서 관리하고 있다. 100엔만 내면 '전설의 예수 박물관'에 입장할 수 있으며 관련 유물을 구경한 후 예수가 그려진 컵 받침과 커피 잔도 살 수 있다. 신고 마을 사람들은 예수가 신성한 유산을 남겼다고 확고하게 믿고 있다. 2008년, 당시 52세의 마을 주민이었던 사와구치 준이치로는 기자와의 인터뷰에서 "12월 25일은 별로 의미가 없어서 아무 계획도 세우지 않았다. 내가 예수의 후손이라는 건 알고 있지만 불교를 믿는 입장에선 그리 중요하지 않다"라고 말했다.

부연할 필요도 없지만 이 장에서 소개한 저자들에게 영감을 준 다양한 종교 관념들은 여전히 대중의 상상을 지배하고 있다. 멀리 갈 것도 없이 2006년에 출간된 빌 비제의 『지옥에서 보낸 23분』이 베스트셀러가 된 것만 봐도 알 수 있다. 이 에세이는 "정신을 차렸을 때 난 이미 지옥에 떨어진 뒤였다"라는 문장으로 시작한다. 캘리포니아 남부에서 부동산 중개 일을 하며 살던 저자는 1998년 11월 22일 일요일, 평소와 다를 바 없을 줄 알았던 그날 밤, 아내와 나란히 침대에 누워 있었다. "그러다 아무 예고도 없이 허공으로 내던져진 나 자신을 발견했고 … 그러다 감방처럼 보이는 곳에 착지했다. … 난 실오라기 하나 걸치지 않은 알몸이었고… 이건 꿈이 아니었다." 비제는 고약한 냄새를 풍기는 짐승 두 마리와 우연히 마주치는데 그들은 신성모독의 언

15 일본의 고유 민족 신앙으로, 태평양전쟁 패전 이전까지 국교였다.

일본 신고 마을에 있는 '그리스도의 무덤'. 표지판의 내용은 다음과 같다.
"예수 그리스도는 21세 때 일본에 와서 12년 동안 신성의 지식을 탐구하였다. 그의 동생 이스키리는 아무 일 아닌 듯 그를 대신해 십자가에 못 박혀 사망했다. 십자가를 모면한 그리스도는 순탄치 않은 여행 끝에 다시 일본에 왔고 이곳에 정착해 살다가 106세의 나이로 세상을 떠났다."

어로 말하는 악의 화신이었으며, 이후에 만난 예수 그리스도가 자신의 이야기를 세상에 전해 달라고 부탁한 순간, 비명을 지르며 깨어났다. 정신을 차려보니 다시 거실로 돌아와 있었다고 한다.

이에 대해 기독교도와 세속의 평론가 모두 뜨뜻미지근한 반응을 보였다. "지옥은 너무도 뜨거워서 어떤 생명도 살아갈 수 없을 정도"라는 비제의 설명에 미국 복음주의 전도 잡지 《크리스처니티 투데이》의 롭 몰 평론가는 "지옥이란 곳이 원래 뜨거운데 호들갑 떨 것 없다"라고 썼다. 영국의 시사·문예 주간지 《뉴 스테이츠먼》에 리뷰를 기고한 존 서덜랜드는 비제의 어투, 특히 수십억 영혼이 고문을 당하며 절규하는 소리를 "성가시다"라고 표현한 것에 문제를 제기했다. 지옥에 떨어졌을 적은 잊은 건지 "이보다 더 생생하게 지옥을 경험할 수 있는 책은 없을 것"이라고 광고하는 저자에게 혹평이 쏟아졌음에도 『지옥에서 보낸 23분』은 《뉴욕 타임스》 보급판 논픽션 부문 베스트셀러 순위에 3주 동안 이름을 올리며 불티나게 팔렸다. 하나님이 고통을 통한 교훈을 전달하기 위해 하고많은 인간 가운데 하필이면 부동산 중개업자를 골라 지옥에 던져넣은 이유라면, 글쎄, 그분의 불가해한 섭리를 한낱 인간인 우리가 어떻게 헤아릴 수 있을까?

영국 잉글랜드 동부의 상인 앨프리드 우즈(1836~1912)는 20년에 걸쳐 직접 고안한 채색 분류법(왼쪽 하단의 가이드 참조)에 근거한 화려하고 다채로운 주석을 채워 넣어 그만의 개성 넘치는 성경을 만들었다.
분류법에 따르면 노란색은 '하나님의 말씀'을, 파란색은 '선량함'과 '정직함'을, 초록색은 '악행'과 '악'을,

JACOB

CHAP. XXV.

was entreated of him, and Re-
bekah his wife conceived.
22 And the children ſtrug-
gled together within her; and
he ſaid, If it be ſo, why am I
thus? And ſhe went to inquire
of the LORD.
23 And the LORD ſaid unto
her, Two nations are in thy
womb, and two manner of peo-
ple ſhall be ſeparated from thy
bowels; and the one people
ſhall be ſtronger than the other
people; and the elder ſhall ſerve
the younger.
24 And when her days to
be delivered were fulfilled, be-
hold, there were twins in her
womb.
25 And the firſt came out red,
all over like an hairy garment;
and they called his name Eſau.
26 And after that came his
brother out, and his hand took
hold on Eſau's heel; and his
name was called Jacob: and
Iſaac was threeſcore years old
when ſhe bare them.
27 And the boys grew: and
Eſau was a cunning hunter, a
man of the field; and Jacob was
a plain man, dwelling in tents.
28 And Iſaac loved Eſau,
becauſe he did eat of his veni-
ſon: but Rebekah loved Jacob.
29 And Jacob ſod pottage:
and Eſau came from the field,
and he was faint:
30 And Eſau ſaid to Jacob,
Feed me, I pray thee, with that
ſame red pottage; for I am
faint: therefore was his name
called Edom.
31 And Jacob ſaid, Sell me
this day thy birthright.
32 And Eſau ſaid, Behold,
I am at the point to die: and
what profit ſhall this birthright
do to me?
33 And Jacob ſaid, Swear to
me this day; and he ſware un-
to him: and he ſold his birth-
right unto Jacob.
34 Then Jacob gave Eſau
bread and pottage of lentiles;
and he did eat and drink, and
roſe up, and went his way: thus
Eſau deſpiſed his birthright.

ESAU

보라색은 '장소의 명칭'을, 검은색은 '악마'와 '죄악'을 뜻한다.
간혹 "1888년, 4시간 45분 만에 완독", "1909년 10월 10일 완독&여러 색깔로 채색&1909년 2월에 마침(73세)"처럼
저자의 독서 진행 상황을 기록한 내용도 보인다.

이상한 과학책

역사상 위대한 과학자로 손꼽히는 인물 가운데 갈레노스(129~216년경)가 있다. 그리스의 외과의로 여러 곳을 여행하고 여러 학문을 연구한 그는 로마에 정착해 많은 저술을 남겼고 훗날 몇몇 황제의 주치의로 신분 상승을 이루었다. 한편으로는 빛을 보지 못한 채 인고의 세월을 견디는 별의별 해괴한 이론을 많이 펼쳐둔 덕에 어처구니없는 학문적 호기심의 세계에선 금광 같은 존재이기도 했다. 시신의 해부와 부검을 금지한 당시 로마법에 의해 인체에 관한 그의 저술은 돼지, 바바리원숭이와 같은 영장류의 몸이 기본적으로 인체와 다르지 않다는 황당한 가정하에 그 동물들을 해부해 얻은 결과에 의존해 쓰였다. 『의술』과 『인체의 이기利器에 관하여』 등의 저술을 통해 그가 지지를 표한 과학적 토대는 '4체액설'이었다. 이 이론은 인체와 정신의 기능이 체내의 네 가지 화학물질인 흑담액, 황담액, 혈액, 점액의 지배를 받는다는 내용으로, 일반적으로 히포크라테스(기원전 460~370)가 최초로 의학에 적용한 것으로 인정되고 있다.

갈레노스는 특히 순환계에 매료되었다. 그는 혈액은 체내에서 끊임없이 소모되지만, 간에서 이를 대체할 새로운 혈액이 생성되어 두 개의 상이한 혈류 기관을 통해 순환한다고 썼다(갈레노스가 순환계에 매료된 건 페르가몬에서 검투사 주치의로 일하던 경력 초기, 쓰러져 죽어가는 검투사의 가슴 밖으로 튀어나온 심장이 뛰는 것을 자주 봤기 때문이라는 설이 있다).

실제로 순환계를 발견한 건 몇 세기 이후인 1628년, 영국의 의사이자 생리학자였던 윌리엄 하비가 『심장과 혈액의 운동에 관하여』라는 연구서를 발표하면서였다. 이 발견은 이후 과학계의 진기한 에피소드들의 모태가 되었다. 세인트 폴 대성당의 설계자로 제잘 알려진 크리스토퍼 렌 경이 지혈대로 동여맨 개의 정맥에 아편을 용해한 와인을 주입한 실험은 하비의 주장에서 착안한 것이었다. 콘월의 의사였던 리처드 로어(1631~1691)가 1666년에 로버트 보일과 서신을 주고받으면서 개의 정맥에 수프를 주입하면 개의 신체가 이를 자양으로 흡수할 수 있는지 실험한 것 역시 하비에게서 영감을 받았음을 알 수 있다. 실험은 시작과 동시에 실패했지만 로어는 개의치 않았고 이어서 양의 피를 인간에게 주입하는 실험을 감행했다. 지원자가 나타났는데 "뇌가 다소 지나치게 따뜻"해서 정신이상 증상을 앓는다고 여겨지던 아서 코거였다. 로어는 "그리스도는 하느님의 어린 양이니 양의 피엔 그리스도의 피와 같은 상징적인 힘이 있을 것"

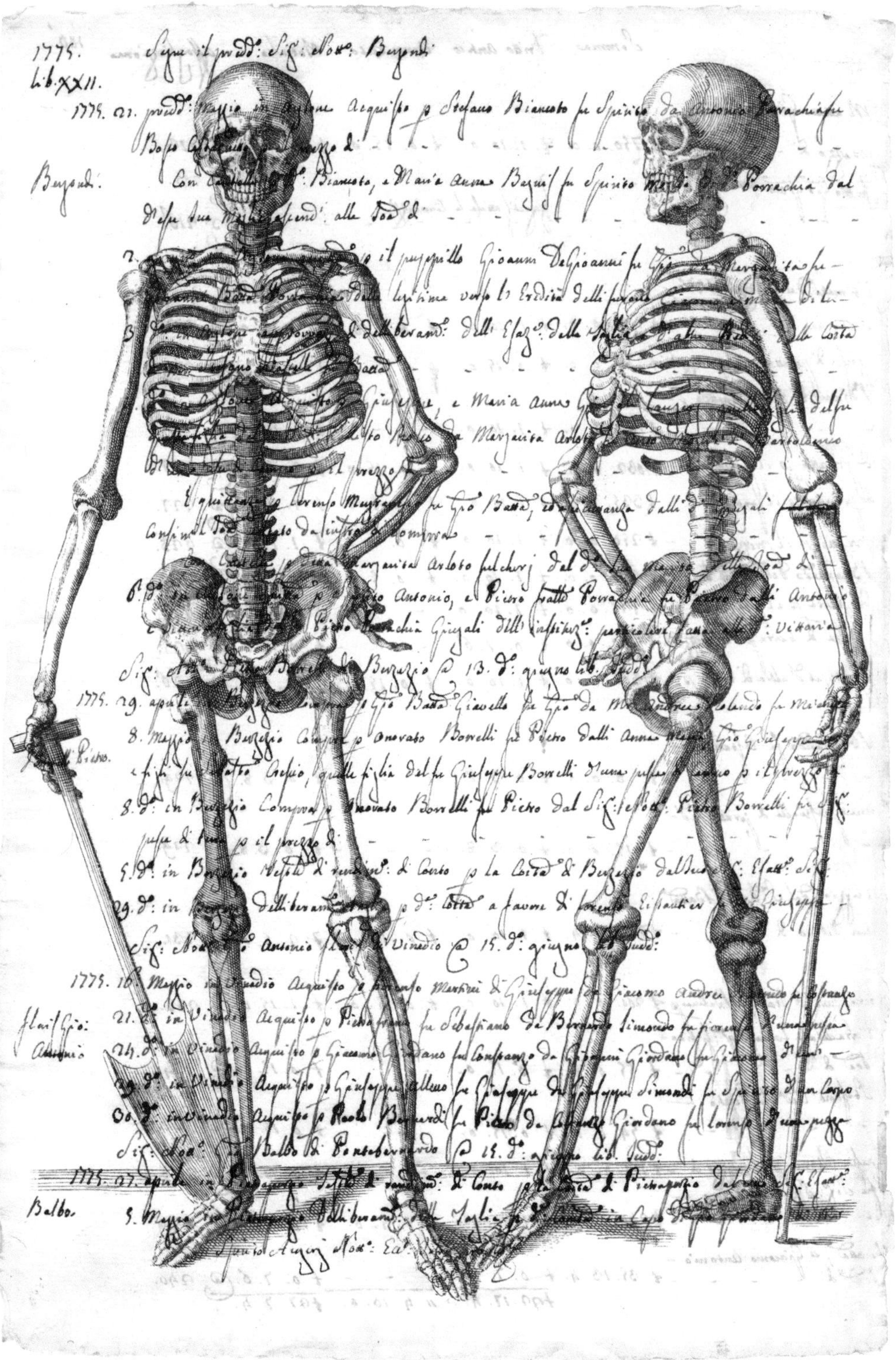

디드로 『백과전서: 혹은 과학, 예술, 기술에 관한 체계적인 사전』(1751~1772)에서 발췌.
18세기 이탈리아의 어느 변호사가 익살을 떨 셈으로 해골이 그려진 종이를 필기 용지로 썼다.
의뢰인을 위해 작성한 유언장으로, 그의 마지막 유언과 함께 재산 처분에 관련된 내용이 적혀 있다.

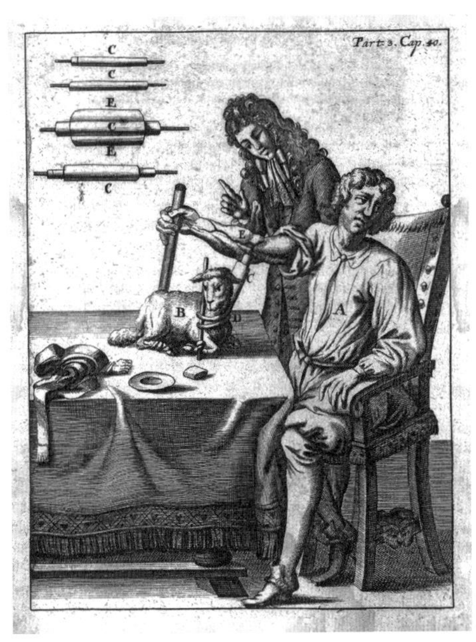

초창기의 수혈. 독일 의사 마테우스 고트프리트 푸르만이 양의 피를 환자의 정맥에 주입하고 있다.

이며 그 힘으로 환자를 치유할 수 있을 거라고 확고히 믿었다. 코거는 신통하게도 실험 후에도 살아남았는데, 그의 정신질환도 마찬가지였다.

다시 갈레노스에게 돌아가 보자. 그는 따뜻한 피에서 생성된 검댕 입자가 피부의 모공을 막고 이 상태로 압력이 높아지면 검댕은 딱딱한 실의 형태로 모공 밖으로 분출되는데, 이렇게 해서 머리카락이 생겨난다고 썼다. 인간을 걸어 다니는 굴뚝이라고 생각한 그는 머리카락으로 체내 온도를 알 수 있다고 믿었다. 머리 색이 짙을수록 그을음의 수치도 높고 체온도 높다는 식이었고, 그런 의미에서 금발은 체내의 온기가 부족한 결과라고 생각했다.

그로부터 1300여 년이 지난 1523년, 갈레노스의 저서 『인체의 이기에 관하여』가 런던에서 라틴어로 출판되었고, 그로부터 또 20년이 지난 1543년, 역사에 한 획을 그은 안드레아스 베살리우스의 저서 『사람 몸의 구조』가 출간되면서 비로소 갈레노스의 이론은 그 유효성을 상실했다. 영국 중세 초기(700~1200)에 발표된 의학 문헌 중에 지금까지 살아남은 사례는 극히 드물다. 당시에는 태반이 글을 읽을 줄 몰랐기 때문에 지식은 구전으로 전해졌다. 그러나 이 시기에도 문헌으로 제작된 의서가 있었으니 바로 '리치북leechbook'이었다. 이 단어는 피를 빨아 먹는 환형동물인 거머리leech에서 유래된 것이 아니라 '의료 처방서'를 의미하는 고대 영어 단어 lǣcebōc을 현대어로 바꾼 것이다.

이 분야에서 가장 유명한 문헌은 영국 도서관이 소장한 『볼드의 리치북』(925~950년경)으로, 그리스와 로마의 저자들과 '옥사'나 '던' 같은 이름을 가진 앵글로색슨계 의사들의 처방전을 모아놓은 책이다. 거미에 물린 상처부터 대머리 치료제에 이르기까지 온갖 종류의 부상, 질병, 장애와 그 치료법을 인체의 머리부터 발끝까지 순서대로 나열하며 소개하고 있어, 읽는 재미가 쏠쏠하다. 저자는 "코피를 너무 많이 흘리는 사람"에게는 "그가 자신의 상태를 알아채지 못하는 상태에서 귓구멍에 보리 이삭을 끝까지 찔러 넣을 것"을 권장한다. 딸꾹질 증상엔 다양한 해결책을 제시하는데, 관건은 따뜻한 물을 마시고 "기름에 담갔다 뺀 깃털로 목구멍을 여러 차례 자극"하는 방법 등으로 토하게 하는 것이다. 어깨 통증에는 "밭을 가는 늙은 돼지의 똥에 묵은 돼지 기름을 섞어" 아픈 부위를 닦아내라고 한다. 사마귀가 나면 개의 오줌과 쥐의 피를 섞어 바르란다. 마귀 들린 사람에게 제정신을 찾아주는 치료책은 매우 근사한데, 교회 종을 컵 삼아 거기에 약초 달인 물을 따라 마시라는 것이 그

10세기 중반경에 출간된 『볼드의 리치북』의 우아한 서체.

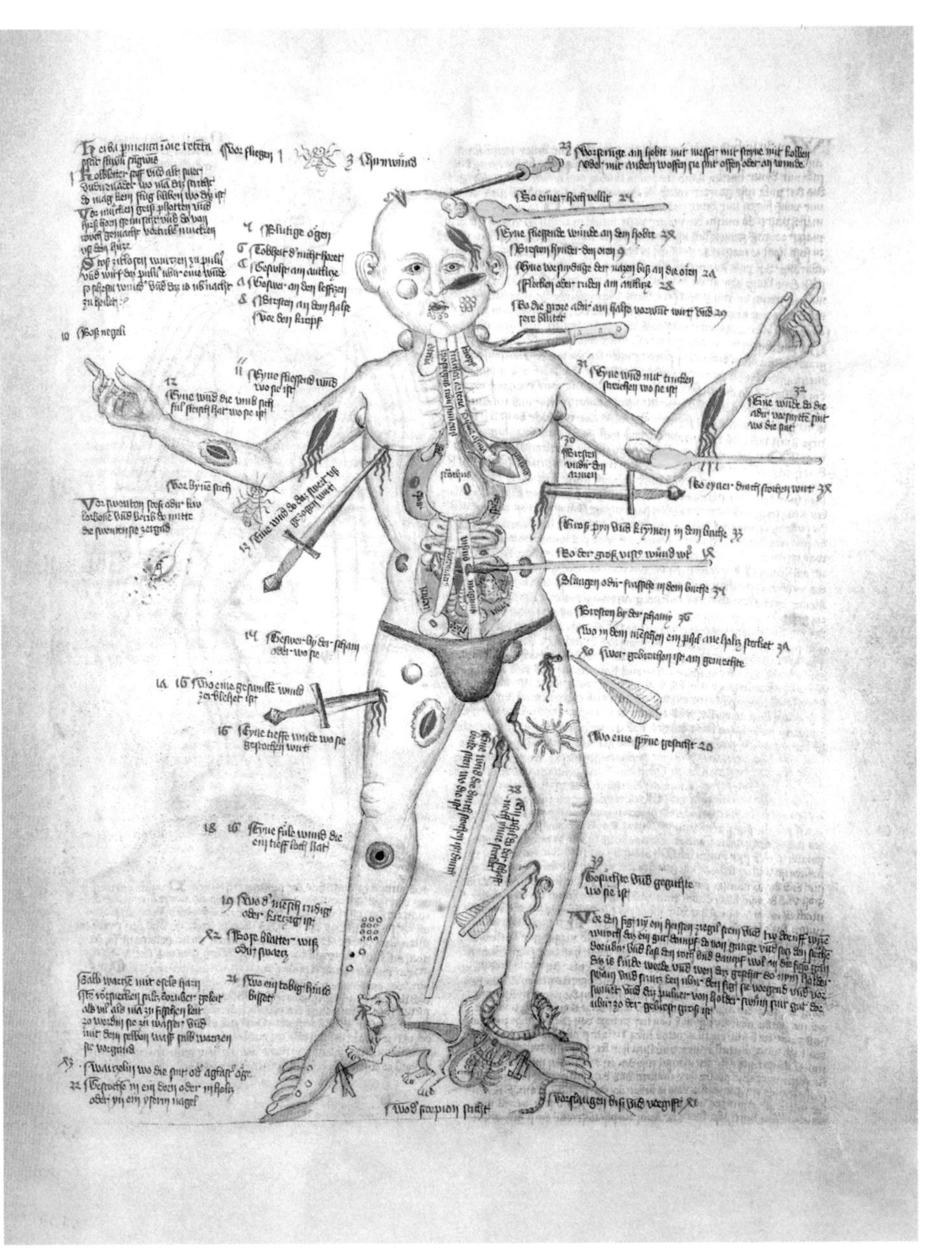

의료용 부위별 부상 도해. 1420년경에 제작된 바이에른 필사본으로
환자들이 흔히 부상당하는 부위를 망라하고 있다.

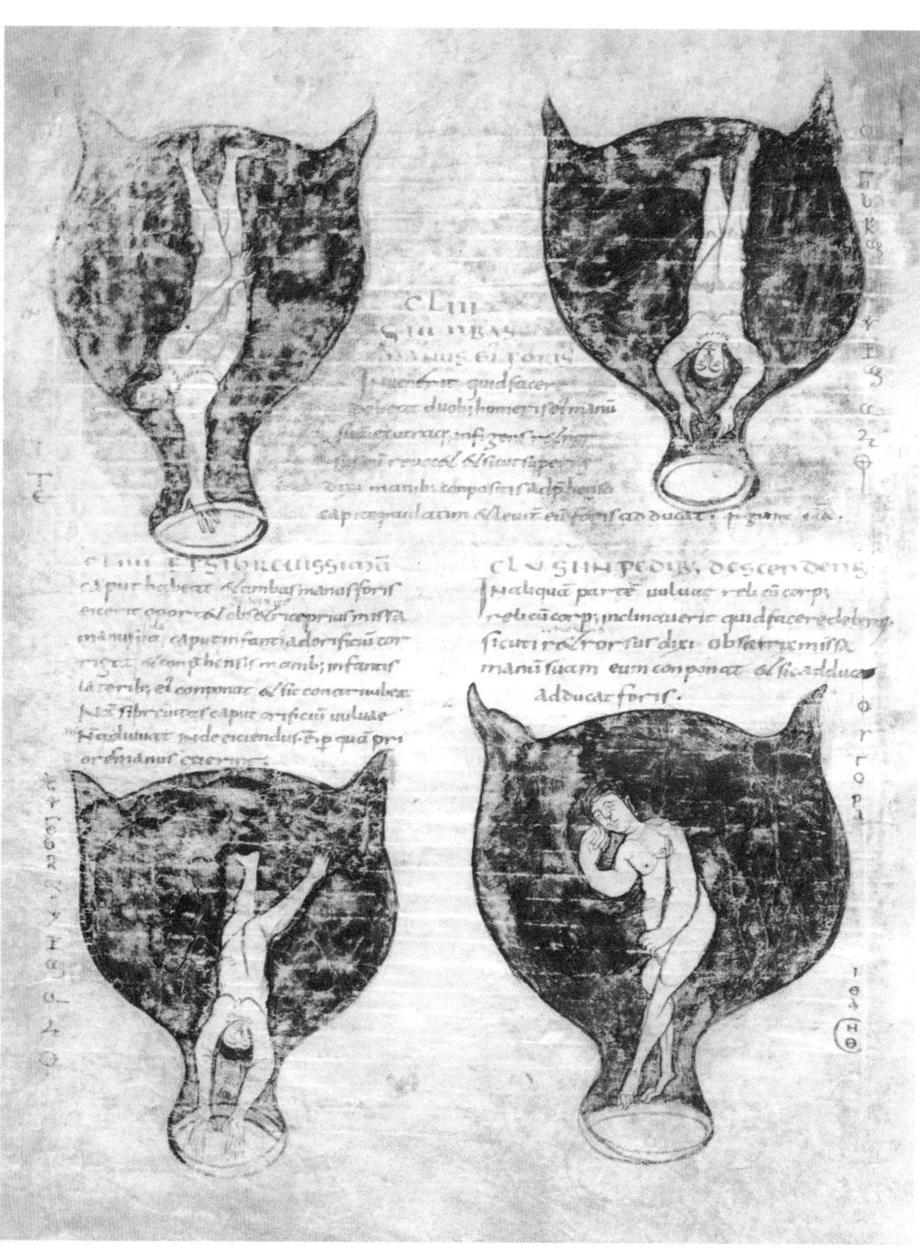

자궁 속 태아를 묘사한 네 개의 그림.
9세기 라틴어 필사본에서 발췌.

『요크의 이발사와 외과의사 길드 책』(1475~1499년경)에서 발췌. 왼쪽 삽화는 '황도대 인간zodiac man'으로, 신체의 특정 부위와 연관이 있는 점성학의 표상들을 그려놓았다. 오른쪽 삽화는 볼벨(종이 눈금판)로 열두 달과 각각의 점성학 표상들을 그려놓았다. 의사들은 수술을 집도하기 전에 달의 위치 등의 요인을 따져봐야 했다.

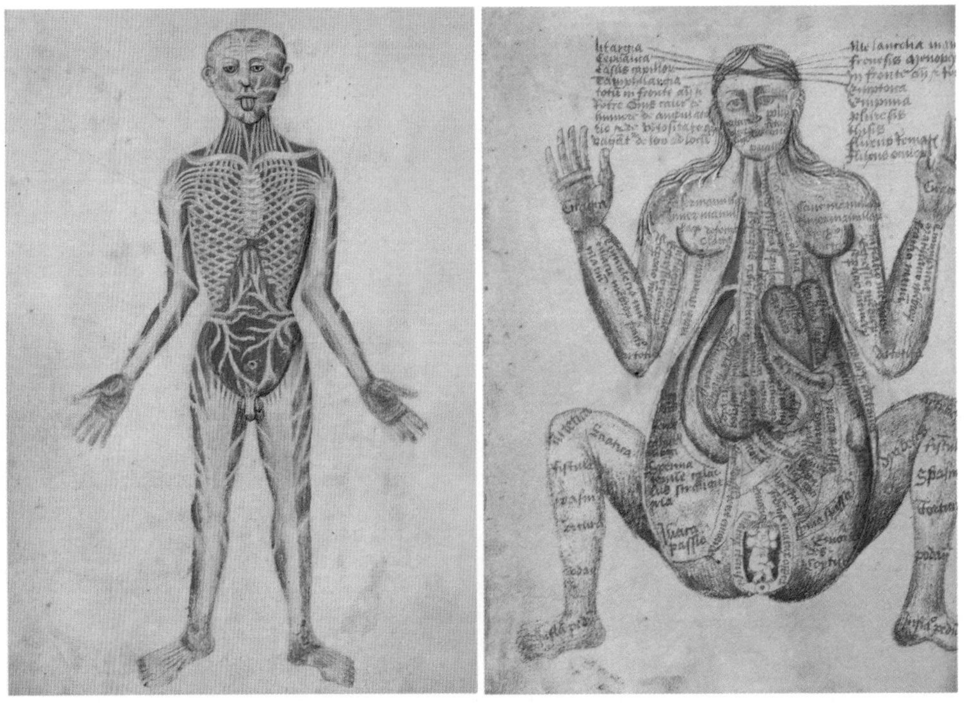

인체의 근육과 임신한 여성의 해부도. 15세기 중반 '가짜' 갈레노스가 쓴 영국 의학 논문에서 발췌.

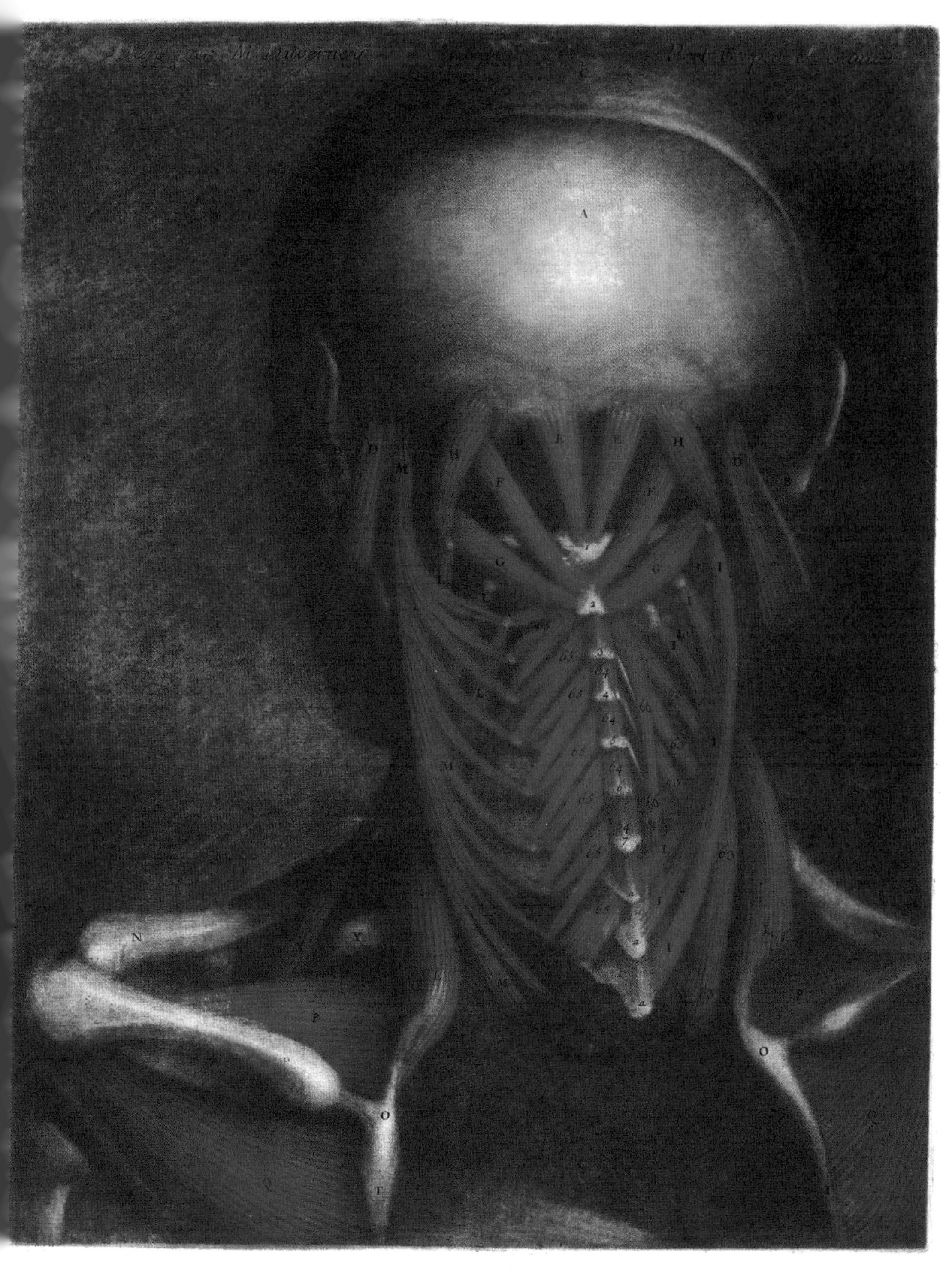

고티에 다고티가 그린 『해부학 소론』(1745)의 삽화.
프랑스 해부학자 조제프 뒤베르네가 시체를 해부하고 연구한 결과를 토대로
다고티가 인체의 머리, 목, 어깨를 아름답게 그려냈다.

‘오줌 예언가’라 불린 진단의들이 플라스크에 담긴 소변을 검사하고 있다. 의학 논문 여섯 편으로 구성된 의사들을 위한 지침서로, 1491년에 최초로 인쇄된 『한 꾸러미의 의술』(1491)의 삽화이다.

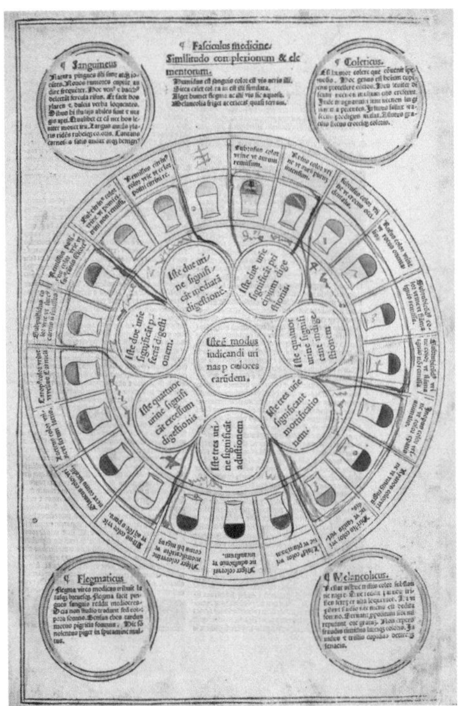

역시 『한 꾸러미의 의술』의 삽화로, 소변이 담긴 플라스크 스물한 개가 그려진 원 모양의 대형 소변 색상 도표이다. 각기 다른 색상의 소변 상태를 정리해 의사가 참고할 수 있도록 했다.

방법이다.[1]

이른바 ‘12세기 르네상스’ 시대에 서유럽 수도사들은 자신들의 수도원 도서관을 다채롭게 꾸밀 생각에 눈에 불을 켜고 고대와 이슬람의 지식이 담긴 문헌들을 찾아다녔다. 새로 찾아낸 지식의 보고엔 ‘지짐술’을 다룬 문헌도 있었으니, 앞서 언급한 네 종류의 체액을 몸 밖으로 뽑아내려면 허연빛이 돌 정도로 뜨겁게 달군 금속 도구로 피부를 지지라는 내용이었다. 지금까지 살아남은 관련 문헌들은 손에 꼽을 정도로 희귀한데, 환자 입장에서 달군 부지깽이로 살을 지지는 치료법은 그다지 반길 만한 게 아니었을 것이다. 중세의 진단의들은 다른 대체 진단법으로 훨씬 더 큰 성공을 거두었다. 굳이 이글거리는 금속으로 환자의 살을 지져댈 필요 없이 몸에서 알아서 배출되며, 각자 고유한 색을 띠는 체액을 걸러낸 결과물이라 믿었던 ‘여과액’을 분석하는 방식이었다.

‘오줌 예언가’에 관해서라면 이전 장에서 소개한 『고전 통속어 사전』(1785)에서 프랜시스

1 물약을 비롯해 (산토끼의 생간으로 백내장을 치료하는 것처럼) 엉성한 치료법 다수는 역사 속에만 묻어두는 것이 마땅할 것이다. 그러나 2015년 노팅엄대학교의 바이킹 분야 연구 교수인 크리스티나 리는 마늘, 부추, 와인, 소 담즙을 원료로 한 안약 처방전을 번역한 후 연구팀과 함께 이를 제조해선 내성 높기로 악명 높은 ‘슈퍼 박테리아’ MRSA에 대한 항생 효과를 테스트한 결과, 앵글로색슨족 의사들의 치료법이 현대 항생제도 속수무책이었던 바이러스의 상당량을 파괴한다는 사실을 밝혀냈다. —지은이

그로스가 "환자의 오줌을 검사하는 것만으로 진단을 내릴 줄 아는 의사"라고 찰지게 설명한 바 있다. 과연 오줌 예언가는 환자의 소변을 검사하고, 냄새를 맡고, 선뜻 맛까지 보았으며, 테오필루스 프로토스파타리우스[2]의 7세기 저서 『소변에 관하여』 같은 책을 참고해 병을 진단했다. 그런 책들은 환자의 소변 샘플과 비교할 수 있는 소변 색상 도표에 더해 진단에 관한 조언까지 실려 있어서 대단히 요긴했다. 오줌 진단법은 17세기까지 이어졌지만, 의술이 발전하면서 폐기되었다. 그런 데다 토머스 브라이언이 풍자적 에세이 『오줌으로 예언하는 자들, 또는 모종의 요강 강연』(1637)으로 이러한 행태에 맹비난을 퍼붓자 오줌 예언가들의 인기는 금세 시들기 시작했다.

이러한 방식의 진단의학은 당시엔 새로운 것이었음에도 이보다 훨씬 더 앞서 등장한 '리치북'에 쓰인 조잡한 민간요법에서 완전히 탈피하진 못했다. 가령 『미망인의 보물』(1588)에서 저자 존 패트리지는 "썩은 쥐의 사체를 아이에게 먹이면 야뇨증을 치료할 수 있"고, 옷을 잃는 수은에 삶으면 이蝨를 없앨 수 있으며 뇌 기능도 좋아진다고 말했다. 프랑스 의사 베르나르 드 고르동(1270~1330)은 혼수상태에 빠진 사람을 깨우려면 목이 터져라 고함치거나 아니면 환자의 머리 바로 옆에 악기를 대고 큰 소리로 연주하거나 꽥꽥대는 돼지를 얼굴에 바짝 들이댈 것을 권했다. 그래도 깨어나지 않을 땐 환자의 가슴 털을 뽑으라고도 썼다.

15, 16세기 유럽에서 가장 인기를 끈 처방의학서 『신체의 모든 질병을 치료하는 가장 탁월하고 완벽한 가정의학 처방서 또는 가정의학 치료서』(1561)에서 독일의 의사이자 연금술사였던 저자 히에로니무스 브룬슈비히는 마귀 들린 사람을 확실하게 판별하는 방법을 다음과 같이 제시한다. "강꼬치고기의 심장과 간을 꺼내 이글이글 타는 석탄 덩어리가 든 냄비에 넣어 연기가 피어오르면 환자의 코와 입 가까이 들이댄다. 마귀에 들렸다면 연기를 견디지 못하고 격노할 것이다."

16세기에 등장한 해부학 책들은 독창적인 관찰과 소견으로 과거의 저자들을 끌어내리고 인체 내부에 덧씌워진 커튼을 창대하게 열어젖혔다. 그 커튼을 가장 먼저 젖힌 건 플랑드르 태생의 의사이자 파도바대학교 교수였으며 훌륭한 해부학 삽화가 인상적인 일곱 권짜리 저서 『사람 몸의 구조』로 해부학 역사의 신기원을 이룬 안드레아스 베살리우스(1514~1564)였다.[3] 베살리우스는 르네상스 시대에 눈부시게 발전한 목판화 기술에 힘입어 전례 없이 세부 묘사가 탁월한 그림들을 출간할 수 있었다. 『사람 몸의 구조』는 그가 파도바대학교에서 강연한 내용을 엮은 책인데, 강연 때 그는 학생들이 보는 앞에서 몸소 시신을 해부해가며 자신의 논의를 예증함으로써 당시 학자들에게선 기대할 수 없었던 육체노동자로서의 면모로 두각을 드러냈다. 그의 책 삽화들이 특출해 보이는 건 그가 해부한 모델들을 줄곧 우스꽝스럽고 과장된 포즈로 연출해 보여줬기 때문이기도 한데, 해부 모델 대부분은 사형수의 시체였다(친갈레노스파 비평가

2 현존하는 여러 고대 그리스 의학서들의 저자로 추정되는 인물.

3 중세 시대 교회에서 해부를 금했기 때문에 베살리우스, 레오나르도 다빈치를 비롯한 당대 해부학자들이 위험을 무릅쓰고 실험을 강행했다는 이야기는 지금까지도 끈질기게 만연하는 유언비어다. 하버드대학교의 캐서린 박 교수는 이와 관련해 다음과 같이 말한다. "내가 아는 한 해부학자가 기소된 사례는 단 한 건도 없다. 교회 측에서 [해부에 관한 처벌] 면제 요청을 거부한 사례도 없다." —지은이

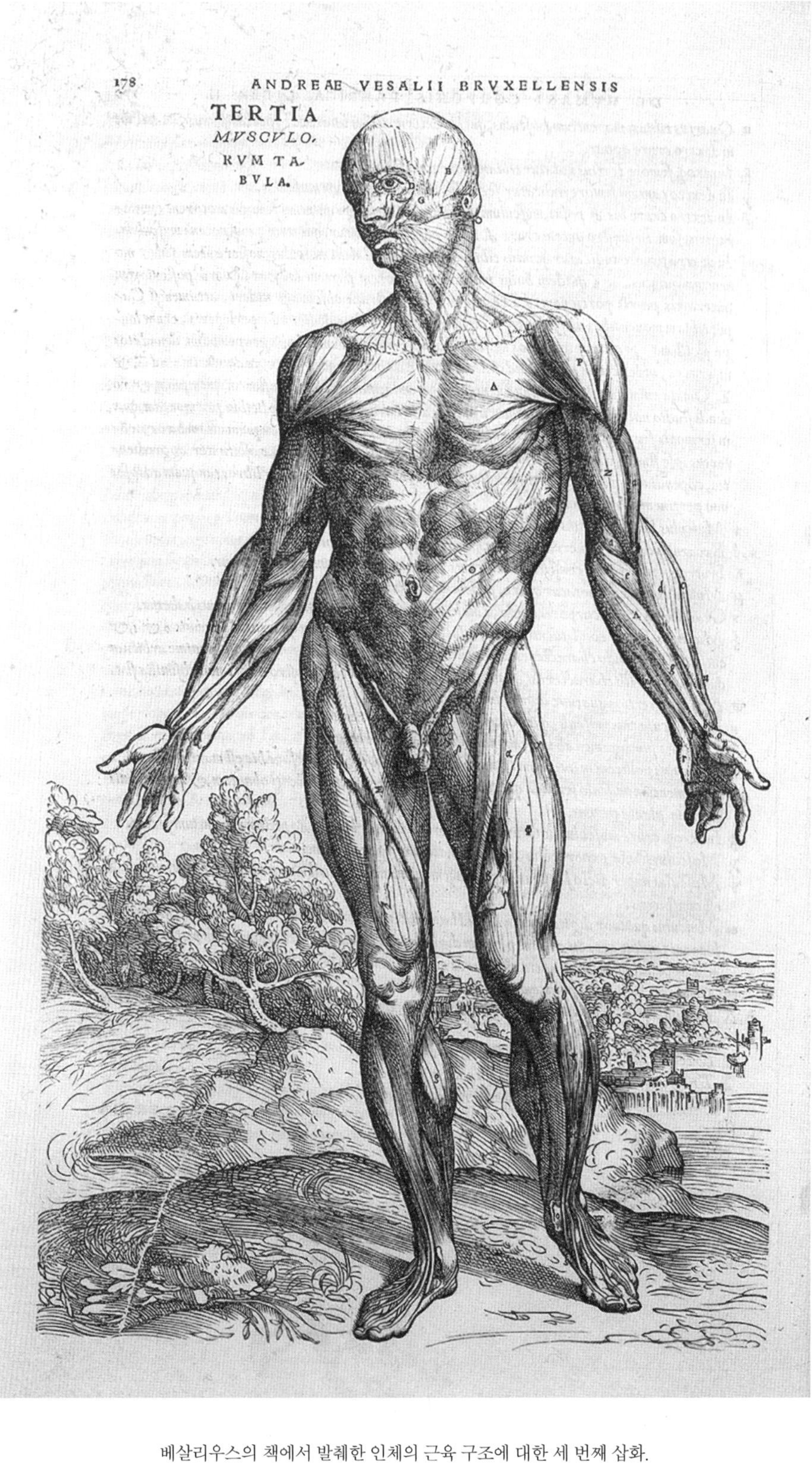

베살리우스의 책에서 발췌한 인체의 근육 구조에 대한 세 번째 삽화.

'라벤나의 괴물'은 1512년 이탈리아의 라벤나에서 기이한 모습으로 태어난 아이에 관한 전설이다. 당시 사람들은 이 '괴물'의 출현이 프랑스군이 교황청과 스페인 동맹군을 몰아낸 라벤나 전투와 관련이 있을 거라고 여겼다. 이 분야의 가장 유명한 책으로 손꼽히는 앙브루아즈 파레의 『괴물과 신들』(1585)에서 발췌.

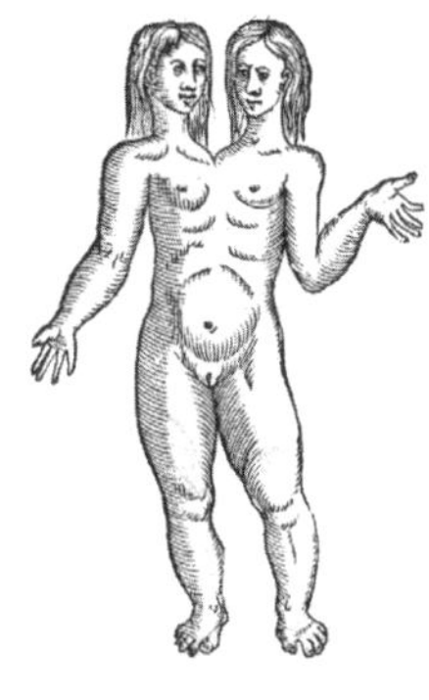

같은 책에 등장하는 머리가 두 개인 인간.

들은 이 점을 바탕으로 범죄자는 본성부터 '비정상'이라는 기존의 견해를 강화했다). 전원을 배경으로 살아 있는 것처럼 서서 포즈를 취한 좀비 같은 모델은 인간의 허약함과 필멸의 운명을 상징하는 것 같다.

16세기, 과학이 '자연이 낳은 기형'에 관심을 돌리면서 관련 주제를 다룬 대중적인 문헌이 쏟아져 나왔다. '기형 백과'라는 장르는 불가사의한 사건과 의학적으로 '경이로운' 사례들을 고찰하면서 '기괴한 기형아'의 출산과 선천적 결함부터 피그미족, 인어, 그 밖에 자연계의 기이하고 드문 현상들을 소개했다. 프랑스 외과의사 앙브루아즈 파레의 사건 파일을 보면 머리가 두 개 달린 인간과 1512년 이탈리아에서 태어난 '라벤나의 괴물' 등등 낯설고 이상한 사례들로 가득하다.

자쿠투스 루시타누스의 저서 『역사에 길이 남을 의료 행위들』(1637)에는 불도마뱀을 낳은 여자와 소변 대신 파리 떼를 눈 남자의 사례가 등장한다. 게오르크 아브라함 메르클린의 연구서 『마법에 관한 물리의학 논문』(1715)에는 1694년에 독일에서 목사의 열두 살 아들 테오도루스 되데를라인이 벌레를 토하기 시작한 사례가 권두 삽화와 함께 소상히 설명돼 있다. 되데를라인은 2~3주 동안 나무좀 162마리, 애벌레 32마리, 노래기 4마리, 거머리 2마리, 나비 2마리, 개미 2마리, 딱정벌레 1마리를 토하고 뒤이어 양서류를 토해내기 시작했는데, 도룡뇽 21마리, 개구리 4마리와 함께 이따금 두꺼비도 섞여 나왔다. 목사의 아들은 마귀에 들린 게 분명해 보였다. 아무것도, 기도조차도 소용이 없었다. 급기야 의사는 배 속에 든 마물을 퇴치하는 고릿적 치료법을 동원하기에 이르렀으니 바로

동물을 줄줄이 게워내는 테오도루스 되데를라인.

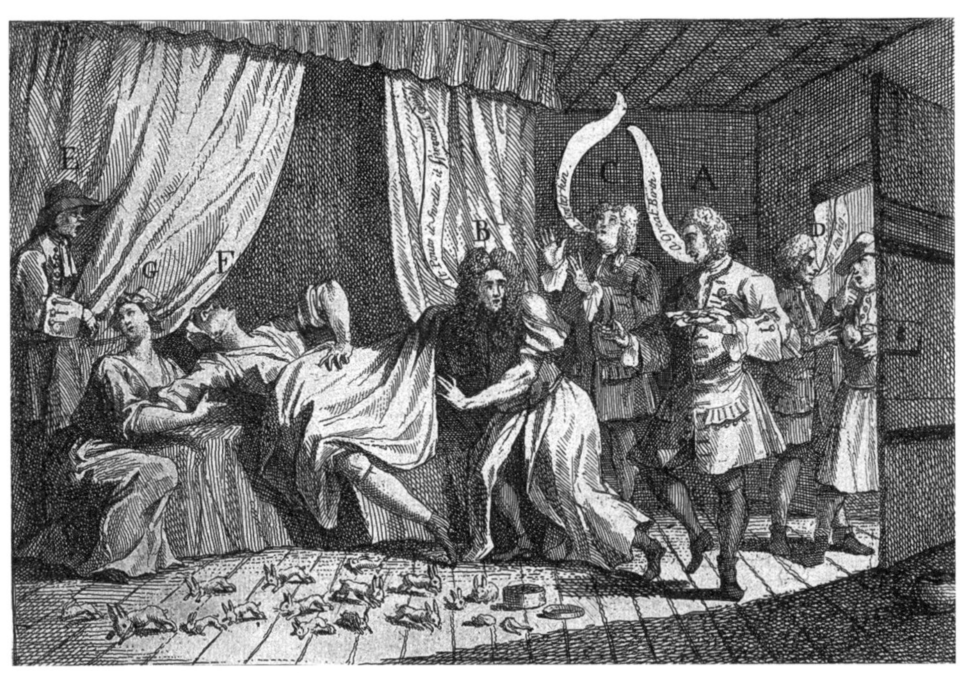

1726년 윌리엄 호가스의 동판화. 토끼 새끼를 낳는 메리 토프트.

말의 오줌을 활용하는 방법이었다. 가엾은 소년은 비로소 치유되었다는 진단을 받을 때까지 고약한 냄새가 코를 찌르는 말 오줌을 목구멍에 부어야 했다("모두 수고하셨습니다. 정말 감사합니다. 말 오줌이 진짜 효험이 있었네요. 이제 치료는 더 하지 않아도 됩니다").

영국은 1726년에 자연계의 괴이한 사건 분야에서 나름의 명성을 얻게 되었다. 1727년에 발행된 『길퍼드의 의사, 존 하워드 씨가 집도한 토끼 분만에 관한 짧은 후일담』은 조지 1세의 궁정 해부학자 너새니얼 생 앙드레가 '고덜밍 기적'이라 알려진 특이한 사건을 목격하고 기록한 소책자이다. 9월 27일 저녁, 길퍼드에 살았던 의사이자 조산사, 존 하워드는 메리 토프트의 분만을 돕다가 그녀의 배 속에서 돼지 몸의 부위들이 나오는 것을 보았다. 10월에 토프트는 고양이의 발과 머리를 가진 토끼를 낳았고, 그 후로도 여러 마리의 토끼를 낳았다. 조지 1세는 생 앙드레와 궁정 비서 새뮤얼 몰리뉴에게 이를 조사하도록 명했다.

조사원들은 토프트가 열다섯 번째 토끼를 출산하는 시간에 맞춰 도착했고, 그들이 보는 앞에서 4개월 정도 자란 암컷 토끼가 살가죽 없이 나왔으며, 그날 저녁 늦게는 커다란 털 뭉치와 동물 대가리가 나왔다. 토끼를 검사하고 토프트를 진찰한 왕의 조사원들은 토끼가 토프트의 난소 안에서 자라다가 나팔관으로 깡총 뛰어 들어간 것이라고 결론지었다. 생 앙드레가 이를 검증하는 책을 써서 발간하자 그 즉시 베스트셀러가 되었다. '서리의 토끼를 낳은 여자'는 런던 최고의 화젯거리였다. 토프트가 마녀라는 주장, 인간의 탈을 쓴 사탄의 토끼라는 주장, 수사슴과 몰래 흘레붙었을 뿐이라는 주장이 잇따랐다. 왕은 메리를 런던으로 이송시킨 후, 저명한 산과의 리처드 매닝엄 경을 불러 직접 진찰하게 했다. 매닝엄은 토끼의 태반 하나가 돼지의 방

17세기 이탈리아 의학자, 포르투니오 리체티의 저서 『괴물, 그들의 탄생 원인과 본성과 차이에 관하여』의 삽화. 1616년 파도바에서 처음 출간되었고, 1634년에 정교한 삽화를 더해 재출간되었다.

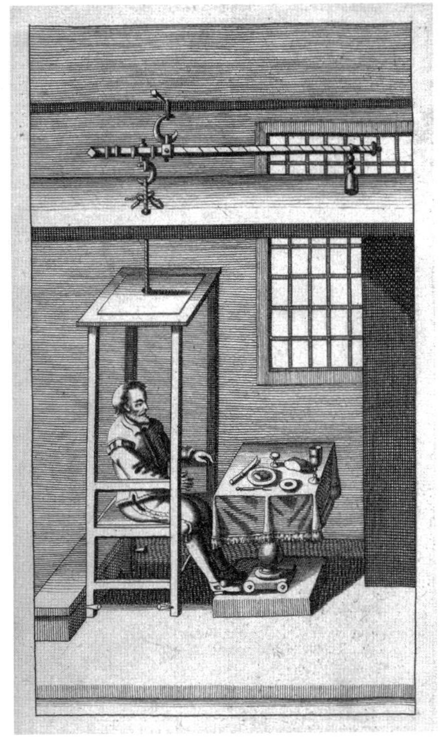

산토리오 산토리오의 저서 『의학기준』(1614)에 실린 판화로 베네치아의 생리학자가 저울 의자에 앉아 있는 모습을 묘사했다. 산토리오는 고형 및 액상 노폐물에 따라 변동하는 체중을 연구하기 위해 30년 동안 하루도 빠짐없이 거대한 저울 가구에서 먹고, 일하고, 잠을 자면서 섭취 및 배설한 결과를 기록했다. 이를 통해 그는 신진대사 연구의 장을 최초로 열었다.

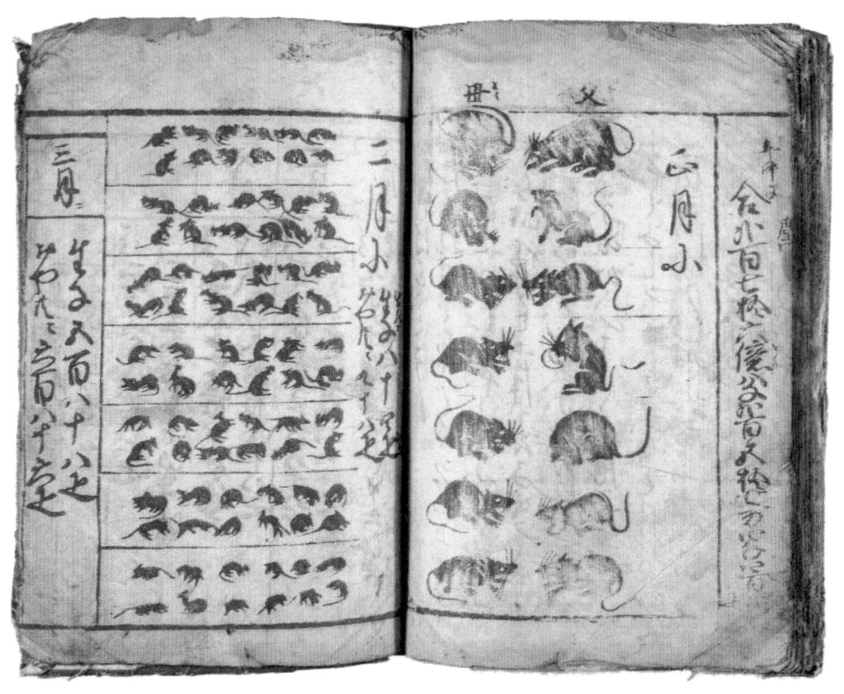

『진코기』. 17세기 초, 이름을 알 수 없는 일본인 저자가 쓴 비범한 책. 숫자 대신 쥐를 가지고 복잡한 등비수열과 입체 형상의 부피 계산을 설명하고 있다.

광임을 즉시 알아보았고, 사태를 감지한 토프트는 (어딘가 의뭉스러운 태도로) 울음을 터뜨렸다. 하지만 결국 드레스 속 비밀 주머니에 토끼의 몸을 부위별로 숨겨놓았음을 인정했다. 그녀가 고백한 사기극의 전말은 지금도 글래스고의 헌터리언 도서관에서 찾아볼 수 있다.

1620년경 발명된 복합 현미경과 그로부터 2년 전에 나온 망원경 등 획기적인 발명품들의 등장 이후 과학적 투시력이 전과 비교할 수 없을 만큼 강화된 당시 상황에서 '토프트 사건' 같은 일이 일어났다는 건 생각할수록 괴이하다. 한편, 1665년에는 각각 독일어와 영어로 제작된 두 종의 과학책이 거의 동시에 등장했는데, 각자 다루는 주제의 범위는 극과 극이었지만 수집가들의 카탈로그에선 멋진 콤비를 이루었다.

로버트 훅의 『현미경 검사술: 또는 돋보기로 관찰한 미세한 신체에 관한 몇 가지 생리학적 기술』을 짧게 소개하는 것으로 이 책에 대한 올바른 평가가 가능할까? 이 책은 몇 페이지의 설명과 정교하게 새긴 삽화 서른여 편만으로 온갖 비밀을 쏟아내면서 아주 간단하게 세계의 문을 열어젖혔다. 훅은 현미경 접안렌즈를 통해 본 곤충과 식물, 그 밖에 일상에서 흔히 접하는 대상들을 삽화로 그려낸 최초의 위인이었다. 그전까지 육안으로 관찰할 수 있는 가장 작은 대상은 기껏해야 머리카락 굵기 정도의 것들이었다. 『현미경 검사술』은 지구에서 가장 허다한 이웃이 살아가는 경이로운 소우주로 독자를 안내했다. '배불뚝이 각다귀'의 섬세한 날개, '회색꽃등에'의 조밀한 겹눈 구조, 그리고 훅의 손끝에서 다시 태어난 피조물 가운데 가장 큰 인기를 끈 다산성 해충인 '벼룩'까지. 이 모든 것들이 폭 50

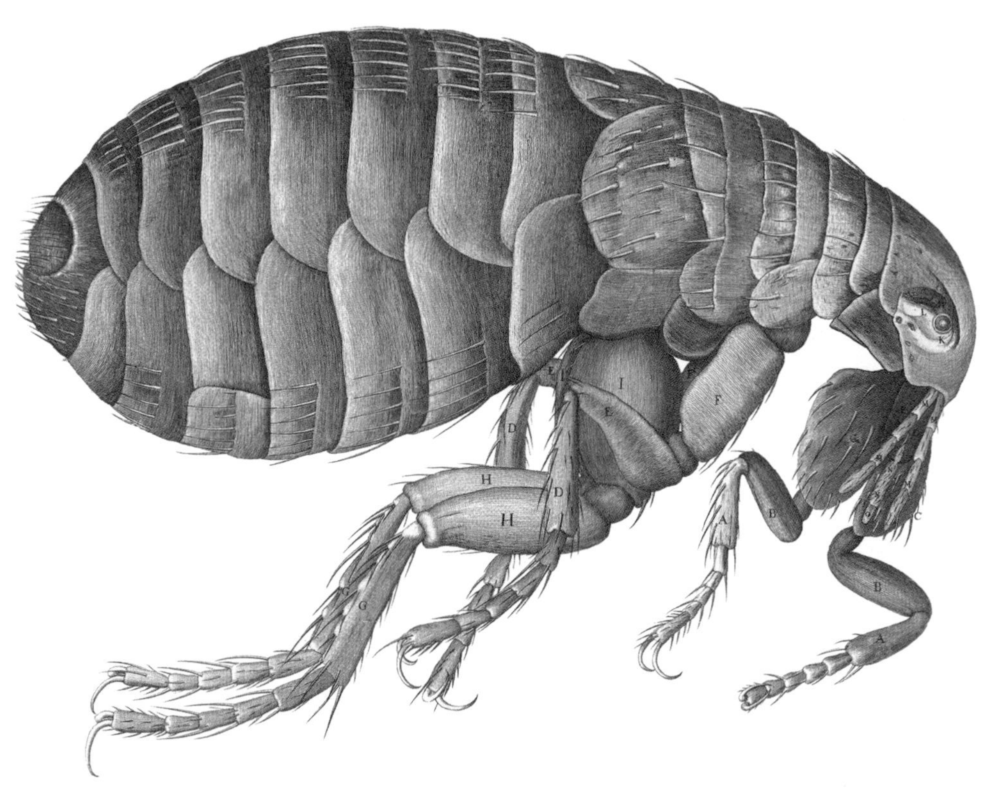

로버트 훅의『현미경 검사술』(1665)에 실린, 확대·관찰한 벼룩의 삽화. 훅은 곤충을 부위별로 따로 관찰하며 전체 이미지를 구축했다. 이 도판은 이후 2세기에 걸쳐 숱하게 표절되었다.

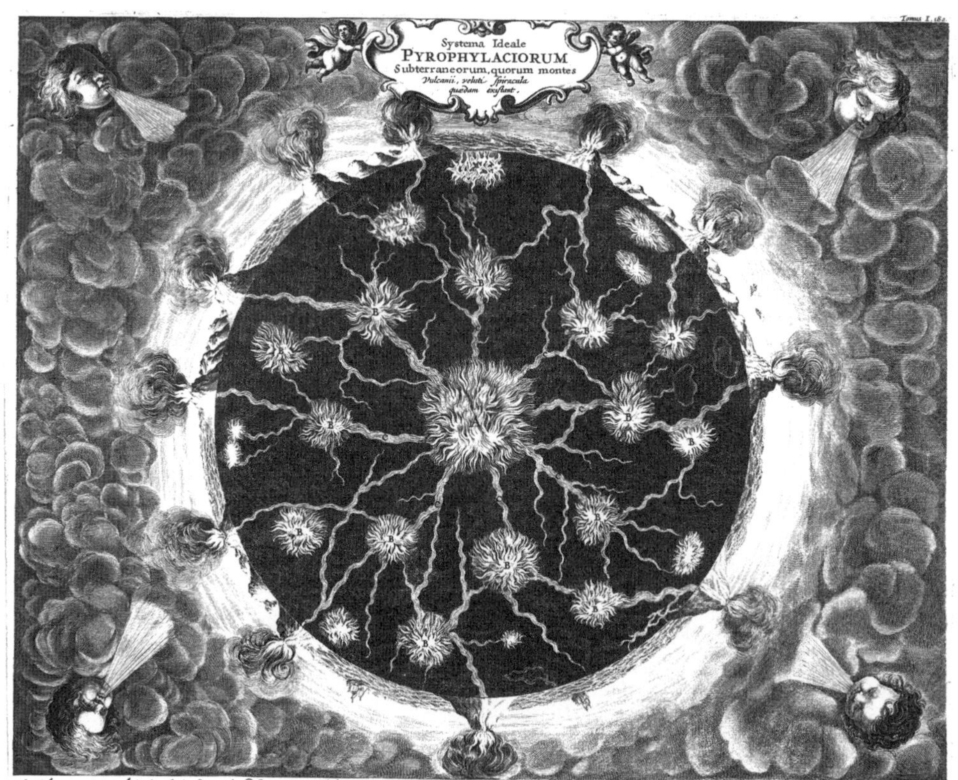

아타나시우스 키르허의 저서 『지하세계』(1665)의 삽화.
'불의 운하', 다시 말해서 화산계를 묘사한 그림이다.

센티미터의 펼쳐 볼 수 있는 페이지에 찬연한 판화로 재현되었다.

어느 날 얇게 저며낸 코르크 조각을 관찰하던 훅은 그 미세한 구조에서 수도사가 머무는 휑뎅그렁한 독방cell room을 떠올렸고 '세포cell'라는 용어를 만들어냈다. 『현미경 검사술』의 내용을 살짝 훑어보기만 해도 '날카로운 작은 바늘 끝', '면도날 가장자리', '부싯돌이나 강철에서 튀는 불똥', '한 줌의 모래 속에 보이는 형상들' 등에서 거대한 세계를 발견한 순간 전율했을 그가 눈앞에 보이는 듯하다. 기쁨에 취해 식물이든 곤충이든 눈에 들어오는 주변의 것은 모조리 가져다 현미경 렌즈 아래에서 전혀 다른 세계로 바꾸는 사람을 한번 상상해보자. '석탄'이나 '불에 탄 채소', '이끼', '흥미진진한 해초 조직', '쐐기풀의 날카로운 가시와 점액' 그리고 '그 밖의 독초들', '양귀비 씨', '파리의 발'과 '그 외의 곤충들', '벌의 침', '달팽이의 이빨' 등 지칠 줄 모르고 발견에 발견을 거듭하는 그의 열정에 은근한 시기심마저 발동할 것이다.

같은 해에 출간된 도해집 『지하세계』(1665)는 『현미경 검사술』과는 판이하게 장엄하고 거시적인 세계로 독자들을 안내했다. 독일의 예수회 학자 아타나시우스 키르허가 지구의 지질학적 비밀을 탁월한 경지에서 파헤친 책이지만 실상은 기가 찰 만큼 별난 생각으로 요란한 동물원에 가깝다. 먼저 그는 잃어버린 섬 아틀란티스의 위치를 콕 집어 밝히는 것도 모자라 플라톤이 묘사한 대로[4] 대서양 한가운데 아틀란티스가 그려진 지도까지 제공한다. 또 인류가 오래도록 풀지 못한 숙제였던 나일강의 발원지를 '달의 산맥'이라 밝히고, 화석을 논하면서는 이것이 거인족의 매장된 유해라고 해석한다. 동굴 거주 사회를 고찰하고, 용을 비롯한 지하세계 생물에 관한 이론을 제시하기도 한다.

책에 실린 삽화 '지하 화산계의 이상적인 구조'에서 황당무계함은 절정을 이룬다. 지구 화산계를 담은 이 삽화를 설명하며 그는 지구가 "표면은 단단하지 않으며 사방이 빼곰하게 터져 있고 숭숭 뚫린 방과 공간, 함정 같은 굴 들로 가득한 행성"이며, 무시무시한 화산은 "자연의 통풍구, 다시 말해 자연의 숨구멍에 불과할 뿐"이라 말한다. 호기심에 이끌려 폭발한 지 7년이 지난 베수비오 화산에 직접 올라, 분화구 가장자리에 걸터앉아 그 속을 들여다보며 발전시킨 생각이라고 덧붙인 그는 "지옥의 식민지를 본 것 같았다. 무시무시한 환영과 악마의 영혼 외에 부족한 것이 아무것도 없어 보였다"고 말하기도 했다.

혹이 미시 세계를, 키르허가 우주 극장을 탐사하는 동안 인간의 정신이라는 우주 공간은 상대적으로 더딘 속도로 탐구되었다. 그럼에도 특별히 언급할 만한 저서들이 몇 권 있는데, 그 가운데 정신의학 역사를 통틀어 가장 탁월한 책은 『광기의 삽화: 정신착란과 관련된 단일 사례 예증』(1810)이다. 한 가지 정신질환 사례를 집중 연구한 최초의 출간서로, 영국의 의사였던 저자 존 해슬램은 이 책에서 제임스 틸리 매슈스의 기이한 사연을 소개한다. 매슈스는 하원 토론회의 공개 석상에서 호크스버리 경(훗날에는 '리버풀 경'이라 불린다)에게 "반역이다!"라고 외친 죄로 체포되었고 1797년 1월, 런던의 악명 높은 정신병원 베들렘Bethlem(훗날 베들램Bedlam이라 널리 불리게 됐다[5])에 수감되었다. 1809년 매슈스의 가족은 그의 석방을 청원하기에 나섰고, 해슬램은 매슈스의 지속적인 치료를 위해 그의 상태에 대한 자신의 의학적 소견을 입증하는 『광기의 삽화』를 출간했다.

매슈스의 망상은 그가 에어룸Air Loom[6]이라 부른 음험한 장치를 중심으로 했다. 그는 기체화학(기체의 화학 반응을 연구하는 학문)에 숙련된 악당 조직이 베들렘 근처에 일종의 기체 전하 발생기인 이 기계를 설치해놓고 매일 유독한 광선을 쏘아 자신을 고문한다고 믿었다. 이 광선이 가진 힘에 대해선 "가재 껍데기를 부술 정도", "위장이 뒤집힐 정도", "육두구 강판으로 뇌출혈을 일으킬 정도"라고 말했다. '에어룸' 패거리의 회원으론 기계 조작장, 미들맨, 캐서린, 교장 잭, 아치 경이 있었다. 그리고 이들을 선두에서 지휘하는 '왕'의 이름은 빌이었다. 이 스파이 조직이 정치를 쥐락펴락한다는 것이 매슈스의 주장이었다. 런던 곳곳에 '에어룸'으로 무장한 수없이 많은 부대가 이들과 연대하는데, 부대마다 "휘발성 자성 유체volatile magnetic fluid"로 "사전 자기화premagnetizing"를 거쳐 세뇌시킨 후보자를 육성하는 "기체화학 실무자들"이 있으며, 윌리엄 피트[7]를 비롯한 영국 정부의 주요 인사

---

4 아틀란티스의 전설은 고대 그리스 철학자인 플라톤이 자신의 철학 이론을 전개하기 위해 만들어낸 이야기라고 주장하는 학자들이 많다.

5 대소동, 혼란을 뜻하는 단어 'bedlam'은 이 병원의 이름에서 유래했다.

6 우리말로는 '공기 베틀'로 해석되는데, 공기를 휘저어 베를 짜듯 화학반응을 일으킨다는 뜻에서 매슈스가 만든 용어다.

7 1783년부터 1800년대 초까지 영국 총리를 지낸 인물.

아타나시우스 키르허의 또 다른 저서 『세계의 음악』(1650)에 실린 '고양이 피아노' 삽화. 6권 4부 1장에 설명과 함께 실려 있다. "이탈리아 왕자의 영적 함양을 위해 … 한 음악가가 고양이 피아노를 만들어 그에게 바쳤다. 음악가는 [고양이들을] 우리에 나란히 배치했고 피아노 건반을 누르면 기계가 작동해 그 건반에 해당하는 고양이의 꼬리에 날카로운 가시를 박았다. 그 결과, 고양이가 고통받을수록 더 화려한 선율이 탄생했다."

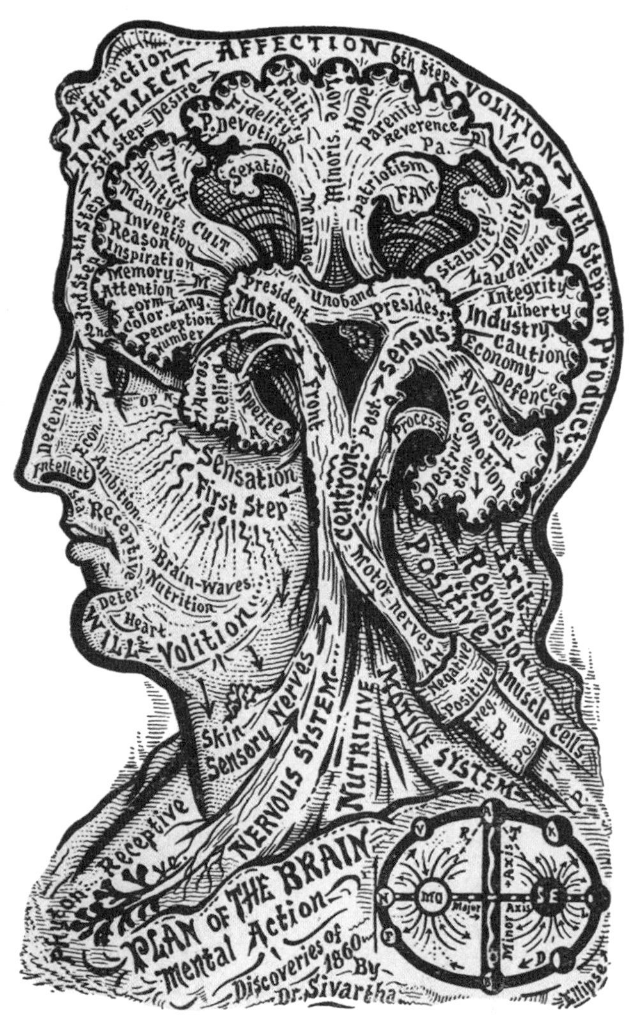

'뇌의 계획'. 『생명의 서: 인간의 영혼과 육체의 구조』(1898)에서 대체과학과 신비주의에 입각해 제시된 제시한 '뇌 지도' 중의 하나(위쪽)와 '손의 도표'(왼쪽). 저자로 알려진 알레샤 시바르타는 캔자스주의 의사 아서 E. 머튼의 가명으로 추정된다.

들이 이들에게 세뇌되어 마음을 읽히고 조종당했다는 것이었다.

해슬램은 매슈스의 사상을 꼼꼼히 기록했지만 모두에게 이를 가장 효과적으로 설명한 것은 매슈스가 직접 그린 에어룸이었다. 이 그림은 해슬램이 책에 삽화로 실으면서 정신병원에 수감된 환자가 펴낸 최초의 출판물이 되었다. 미들맨이 앉아 거대한 에어룸을 조작하는 가운데 이 기계에서 나온 광선이 희생양(그림의 상단 왼편)을 강타하고 있다. 왼편에 놓인 가스통들 바로 위에 있는 것이 잭 교장이며, 오른편 아래 구석엔 아치 경과 캐서린이 있다. 1814년, 매슈스는 해크니의 사립 기관 '폭스 런던 하우스'로 이감됐다. 베들렘에서 벗어나자마자 매슈스는 망상을 벗어난 것 같았고 정신병원의 장부 정리와 정원 가꾸는 일을 거들며 신뢰받는 환자로 인기를 누리며 살다가 1815년에 세상을 떠났다.

20세기를 향해 달려가는 이 여정에서 이상한 과학책 서가에 더 추가할 책이 있을까? 정신 나간 이론을 고수하기 위해 과학과의 합의를 거부한 책 중에 『옴파로스: 지질학의 매듭을 푸는 시도』가 있다. 찰스 다윈이 『종의 기원』을 발표하기 2년 전인 1857년, 명망 높은 동물학자 필립 고스[8]가 발표한 책이다.

독실한 기독교도였던 고스는 빅토리아 시대의 지질학자들이 제시한 지구의 탄생기와 그보다 훨씬 이후인 성경의 창세기 사이의 괴리를 그가 옴파로스Omphalos(그리스어로 '배꼽'이라는 뜻)라 명명한 가설로 간단히 해결할 수 있다고 주장했다. 가설의 내용은 다음과 같다. 최초의 인간, 아담에겐 배꼽이 달려 있었던 게 분명하다(우리에게 배꼽이 달린 건 선조인 그에게서 물려받았기 때문이다). 기독교의 신이 아담을 창조할 때 그에게 배꼽 따윈 필요하지 않았는데도 그렇게 되었다. 결국 신이 아담에게 배꼽을 부여한 건 우리로 하여금 그가 인간의 선조임을 알아볼 수 있게 하기 위해서였을 것이다. 조상이 남긴 흔적처럼 보이는 배꼽은 다름 아닌 신이 세상을 창조했다는 증거일 수 있다. 우리에게 유구한 역사 인식을 다시금 심어주고 또 우리의 믿음을 시험하고자 신이 인간의 배에 배꼽을 심은 것이다. 고스의 책은 거의 팔리지 않았는데,《웨스트민스터 리뷰》에 실린 평이 이 책에 대한 비판적인 반응의 가장 적절한 예시가 될 것 같다. "곧이곧대로 믿으려니 소름끼친다."

인간 정신의 초자연적 능력에 관한 주제는 20세기 '괴짜 과학' 분야에서 무궁무진한 소재로 다뤄졌지만, 개인적으론 두 작품을 주목한다. 러시아의 텔레파시 연구자 베르나르트 베르나르도비치 카진스키는 '정신적 유도'로 동물을 조종하는 능력이 있다는 유명한 곡예사이자 동물 훈련사 블라디미르 두로프의 도움을 받았다. 카진스키는 '정신적 유도'를 '생물학적 무선 통신'이라는 용어로 바꿨고, 이를 그가 1963년에 출간한 책의 제목으로 썼다. 『생물학적 무선 통신』은 카진스키와 두로프가 함께 지낸 20개월 동안 개들을 몇 시간 넘게 응시하며 시도한 1278건의 텔레파시 소통을 기록한 책으로, 엄청나게 이상하다.

만약 식물도 이런 '초감각적 지각'을 갖고 있다면 어떻게 될까? 카진스키와 두로프가 함께 있던 시기에 미국 중앙정보국의 최면 수사와 마약 분석 전문가였던 그로버 클리블랜드 '클리브' 백스터 주니어가 제기한 질문이었다. 1966

8 해양 수족관을 처음 만든 사람이자 나비 생식기 분야의 세계적인 전문가이기도 하다.

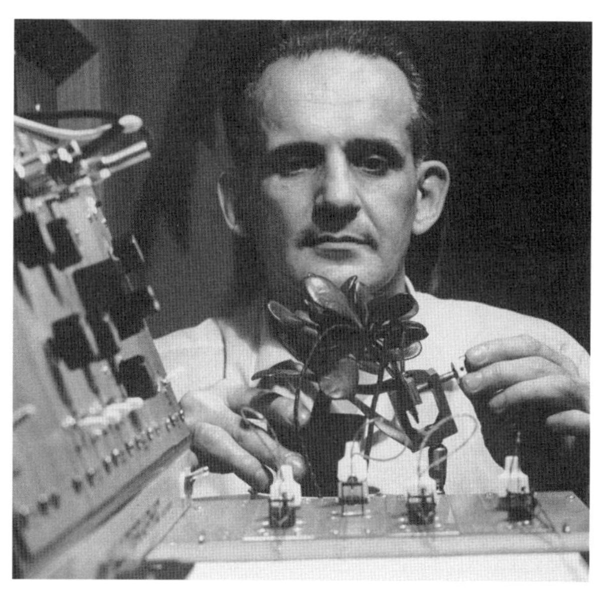

기르는 식물에 생체기록기를 연결하는 클리브 백스터.

년 2월 2일 새벽, 백스터는 집에서 키우는 행운목을 생체기록기polygraph[9]에 연결하는 실험에 돌입했다. 잎을 불에 태우면 식물이 스트레스를 받을지 궁금했던 그는 성냥에 불을 붙여 잎에 가져다 댔고, 그 순간 식물이 반응을 보였다고 한다. 그는 이것을 식물이 두려움을 표현한 신호일 뿐 아니라 자신의 마음을 읽은 증거라고 확신했다.

피터 톰킨스와 크리스토퍼 버드의 공저 『식물의 은밀한 삶』(1973)은 이전에는 알려진 적 없던 식물의 '원초적 지각', 즉, 식물에게 인간의 생각을 포착하는 능력이 있다는 백스터의 발견을 세상에 알렸다. 덕분에 백스터는 하루아침에 유명인사가 되었다. 조니 카슨, 데이비드 프로스트 등이 진행하는 각종 토크쇼에 출연했고 파라마운트픽처스는 책 제목을 그대로 딴 인기 다큐멘터리를 스티비 원더가 맡은 오리지널 사운드트랙과 함께 배급했다. 이 모든 것이 과학계에서 백스터의 연구와 톰킨스·버드의 책을 싸잡아 '유사 과학의 헛짓거리'라고 조롱하는 동안 이루어졌다.[10]

이제 마지막으로 1977년 미국 특허 변호사인 팻 켈리의 연구를 소개한다. "언제부터인지는 모르지만 몸에서 잘려나간 머리가 계속 살 수 있을지 궁금해졌다"는 그는 1988년 '쳇 플레밍'이라는 가명으로 461페이지 분량의 책 『머리가 잘려나가도 계속 살 수 있다면… 디스코퍼레이션과 미국 특허 4666425번』을 출간했다. 책에

9 피부의 전기 저항, 땀 분비량, 뇌파, 근활동, 안구 운동, 심장박동, 호흡 등의 여러 생리적 현상을 측정하고 기록하는 장치. 범죄 수사에 활용되는 거짓말 탐지기도 생체기록기의 일종이다.

10 스웨덴 작가 아우구스트 스트린드베리(1849~1912) 역시 백스터처럼 제대로 된 과학 교육을 받지 못했지만 나름의 과학적 이론에 근거한 실험을 감행했다. 식물도 신경계를 갖추고 있다는 그의 생각 자체는 비범했지만 낮은 가지에 매달린 사과에 모르핀을 주입하다 경찰에게 붙잡히고 말았다. 그는 경찰에게 자신의 이론을 설명했고, 과일 독살범이 아니라는 판정을 받은 후 풀려났다. —지은이

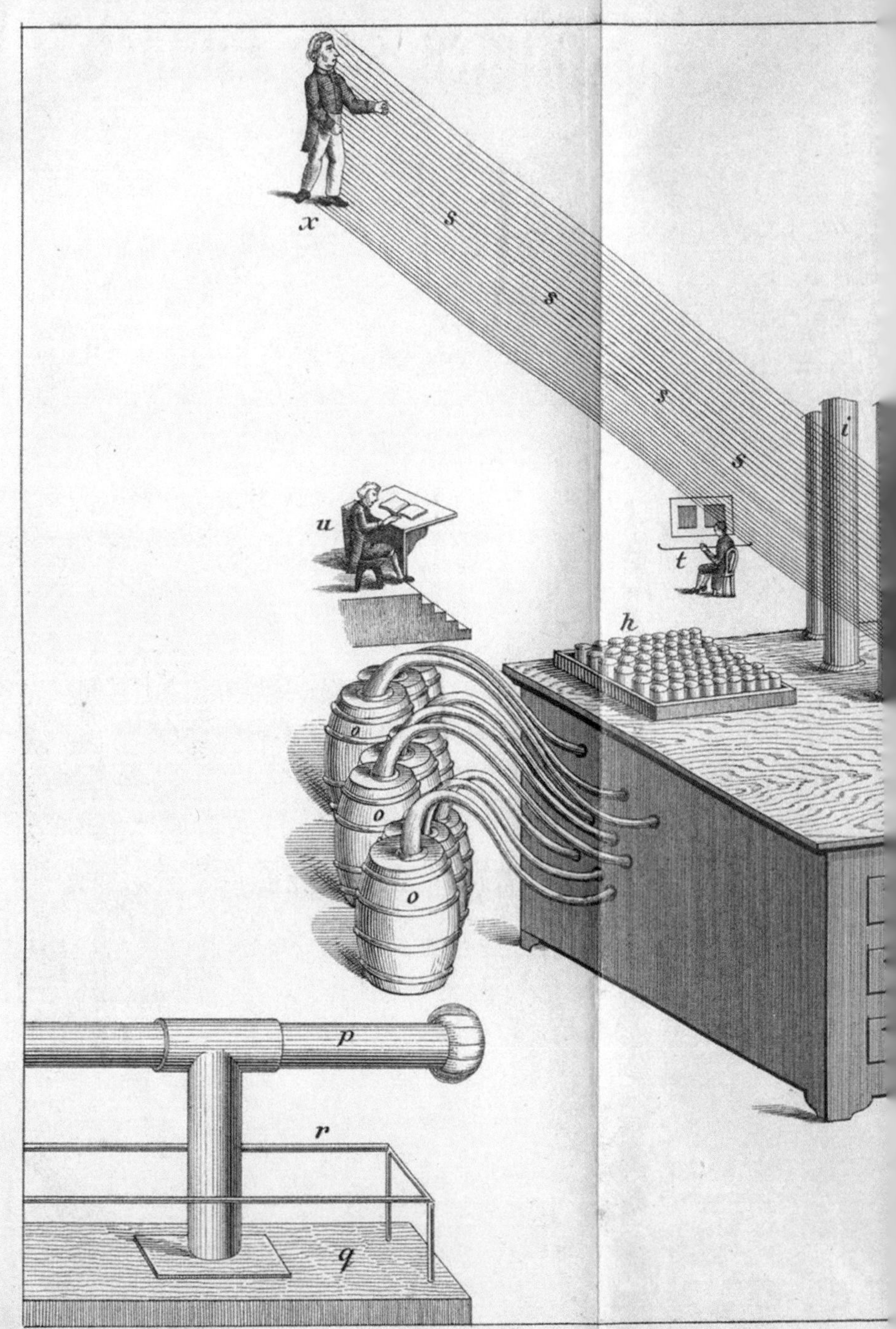
x
s
s
s
s
i
u
t
h
o
o
o
p
r
q

제임스 틸리 매슈스의 망상 속 '에어룸'이란 이름의 거대한 정신 조종 장치.

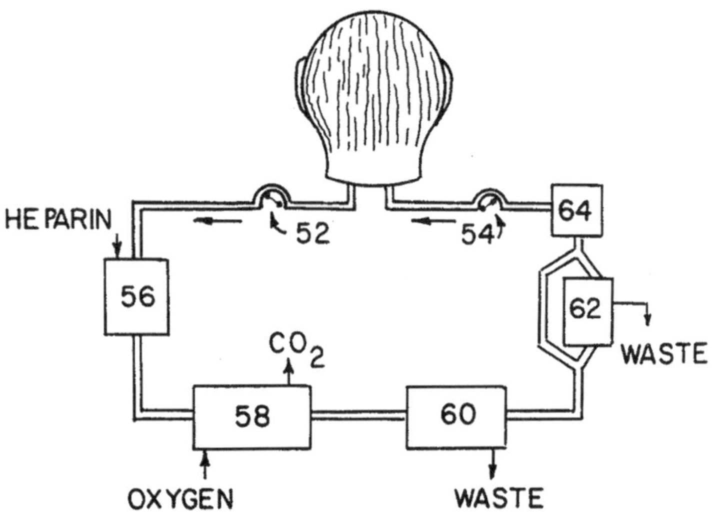

머리가 절단되더라도 계속 살아 있게 해주는 '캐비닛'. 첫 플레밍(팻 켈리)이 고안했다.

서 그는 다음과 같이 썼다. "내겐 의학적 배경이 전혀 없다. 굳이 찾자면 생화학과 얼마간 관련이 있을 뿐이다. … 그뿐 아니라 잘린 머리를 연구한 적도 없다. … 이는 앞서 예상한 적도 계기도 없이 불쑥 떠오른 생각이었고 뒤이어 까다로운 질문이 줄을 이었다."

『머리가 잘려나가도 계속 살 수 있다면…』은 (아직 존재하지도 않는 것을 향한) '선지적 특허'에 집착하는 그의 모습을 만천하에 알리는 선언문이라고 할 수 있다. 1987년 5월 19일, 켈리가 출원한 미국 특허 번호 4666425는 미주리주 세인트루이스의 디스코퍼레이션이라는 회사에 양도되었다. 특허 명세서에서 '캐비닛'이라고 지칭되는 그의 발명품은 물리학과 생화학에 근거한 일종의 혈액 관류관으로 잘려나간 머리를 목의 동맥과 연결해 생명을 유지시킨다. 이후 출간한 책에서 켈리는 '과학과 역사', '법적 문제', '혹시…?', '종교적 문제', '기술과 윤리'라는 제목으로 장을 구분해 자신의 이론을 펼쳐나갔다. 그러면서 "나는 이 책을 홍보하거나 추천할 생각은 없다. 다만, 의회와 대중이 무리 없이 이 개념을 받아들일 수 있도록 고삐를 늦추려는 것뿐이다. 나의 메시지를 널리 알리는 독자에겐 무한한 감사를 표한다"고 썼다. 면역혈액학자 테런스 햄블린은《영국 의학 저널》에서 켈리가 제기한 문제의 중요성을 인정하면서 다음과 같이 썼다. "덕분에 우리는 이 문제에 새삼 관심을 갖게 되었다. 지금 시점에선 그의 독창적인 방법이 오히려 발전을 저해하는 양상이 흥미롭다."

나는 켈리가 '잘려나간 머리 프로젝트'를 시작하며 전직 화학 회사 임원이자 그가 생각하는 최고의 과학자이며 경영자인 몬티 C. 스로덜에게 서명해 선물한 첫 번째 판본(사본 번호 1/88)을 손에 넣은 후 아직도 이 책의 매력에서 헤어나오지 못하고 있다. 물론, 자기 전에 읽으려고 꺼내 보는 종류의 책은 아니다. 그렇지만 한참을 낄낄대다 뒤늦게 의미를 이해하곤 온몸에 소름이 쫙 돋는 경험을 하고 싶다면, 기괴한 이야기로 주목받고 싶을 때 인용할 이야기가 필요하다면 이 책만 한 것이 없을 것이다.

연금술 필사본

이 위풍당당한 『리플리 두루마리』는 비귀금속(특히 납)을 금과 같은 귀금속으로 바꾸는 '현자의 돌' 제조법을 설명한 연금술 필사본이다. 길이 6미터에 달하는 이 두루마리엔 신비로운 상징이 가득하다. 필사본의 명칭은 영국의 연금술사 조지 리플리(1415~1490년경)에게서 따온 것으로, 그의 저술은 존 디, 로버트 보일, 아이작 뉴턴 같은 위인들이 탐독할 만큼 당대의 인정을 받았다.

플라스크를 든 연금술사의 삽화. 연금술서의 역사에서 가장 아름다운 필사본으로 손꼽히는 『태양의 광휘』(1532~1535, 작자 미상)의 1582년판 독일 필사본에서 발췌했다. 플라스크에서 펼쳐져 오르는 두루마리에는 “자연의 4원소에 물어보자”는 문장이 라틴어로 적혀 있다.

바그다드 태생의 무슬림 연금술사였던 아부 알 카심 알 이라크 알 시마위가 1200년대에 연금술과 마법에 관해 쓴 책 『일곱 가지 세계의 책』의 18세기 필사본에서 발췌한 삽화. 이 책은 삽화에만 초점을 맞춘 최초의 연금술 연구서다.

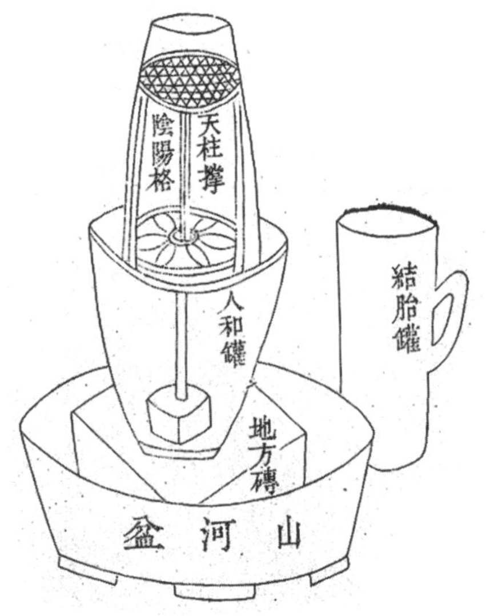

수은을 원료로 불로장생 약을 만드는 연금술에 필요한 용광로와 도구들을 그린 중국 삽화. 1856년, 중국 문헌 『외과도설』(외용약 도해)에서 발췌. 고대 중국에선 건강하게 장수하는 방법으로 귀한 물질의 음용을 권장했다. 명나라 황제 가정제(1507~1567)는 연금술사들이 불로장생 약으로 바친 수은을 마시고 사망한 것으로 알려져 있다.

『클라피스 아르티스』(17세기 말~18세기 초 제작)는 독일의 연금술 관련 필사본으로, 아름다운 수채화 삽화가 가득 실려 있다. 이 문헌에선 이 책의 저자가 조로아스터이며, 원본은 "조로아스터가 용의 가죽 위에 직접 썼다"고 주장한다. 그 외에 이 작품의 기원에 관해 알려진 바는 거의 없다.

기상천외한 크기의 책

간략한 것부터 시작해보자. 이 분야에서 가장 인상적인 성취를 거둔 작품은 다음과 같다. m. 지금까지 출간된 모든 시를 통틀어 가장 짧은 시로 알려진 이 작품은 다리가 네 개 달린 m으로, 아르메니아계 미국 시인 애럼 사로얀이 1960년대에 발표했다. 정확한 의미는 알 수 없지만, 수학 시인[1]이자 비평가였던 밥 그러먼은 m과 n이 세포분열하는 것처럼 보인다며 "알파벳이 탄생하는 과정을 클로즈업한 것"이라고 표현했다. 사로얀은 또한 1965년 '역사상 가장 비싼 단어'로 불리게 될 단 한 단어짜리 시 「Lighght」를 발표하며 이 분야에서 하나의 전범을 마련했다. 「Lighght」는 미국 국립예술기금이 수여하는 상금 5000달러를 받았고, 미국 전역을 공공자금 낭비라는 쟁점으로 던져넣었다. 당시 하원의원 중 한 명은 "내 아이가 학교에서 철자를 저따위로 쓰고 돌아오면 구석에 세워놓고 열등생 모자dunce cap[2]를 씌울 것이다"라고 말했다. 로널드 레이건 미 전 대통령은 소동이 있은 지 25년이 지난 후에도 「Lighght」 이야기가 나오면 비아냥을 숨기지 못했다. 사로얀은 대수롭지 않은 듯 어깨를 으쓱하며 말했다. "나만의 시각으로 단어를 바라보는 것에 흥미를 느꼈다. 가령 'guarantee'(보증)이란 단어는 내 눈엔 남미의 곤충으로 보인다."

사로얀이 알았든 몰랐든 그는 네덜란드의 시인이자 극작가 요스트 판덴폰덜(1587~1679)이 걸어간 길을 따르고 있었다. 존 밀턴[3]에게 영향을 끼친 작가 중 하나로 언급되는 판덴폰덜은 1620년, 한때 역사에서 가장 짧은 시 형식으로 여겨졌던 팰린드롬[4] 경연대회에서 우승했는데 전문은 다음과 같다. "U nu!" 뜻은 '야, 너!'다. 그 후 4세기가 지나서 미국 시인 스트릭랜드 길런은 '미생물의 옛 시절에 부친 시'라는 제목의 시를 썼다. '벼룩'이라고도 불리는 이 시의 전문은 다음과 같다. "Adam/Had'em"(아담에게도/옛 시절이 있었다). 1975년 6월 4일, 권투선수 무하마드 알리는 하버드대학교에서 연설을 마치고

1 '수학 시'란 수학과 관련한 내용을 시의 형식을 통해 표현하는 장르를 가리킨다.

2 과거 미국 학교에서 성적이 좋지 않은 학생에게 벌로 씌우던 원뿔 모양 종이 모자.

3 영국을 대표하는 시인. 『실낙원』으로 잘 알려져 있다.

4 eye, madam처럼 거꾸로 읽어도 철자와 뜻이 같은 단어나 문장, 숫자, 문자열. 한시에서도 같은 개념으로 회문시回文詩라는 장르가 있다.

1922년, 전자책의 등장에 앞서 브래들리 피스크의 핸드헬드 독서 기계가 있었다. 확대경이 장착된 금속 장치인 이 기기는, 15.24센티미터 길이의 카드에 육안으론 결코 읽을 수 없을 크기로 본문을 축소 인쇄해 이를 읽게 하는 방식이었다. 피스크는 시연하는 자리에서 기자들에게 9만 3000개가량의 단어를 13장의 카드에 축소한 마크 트웨인의 『유럽 여행기』를 읽었다.

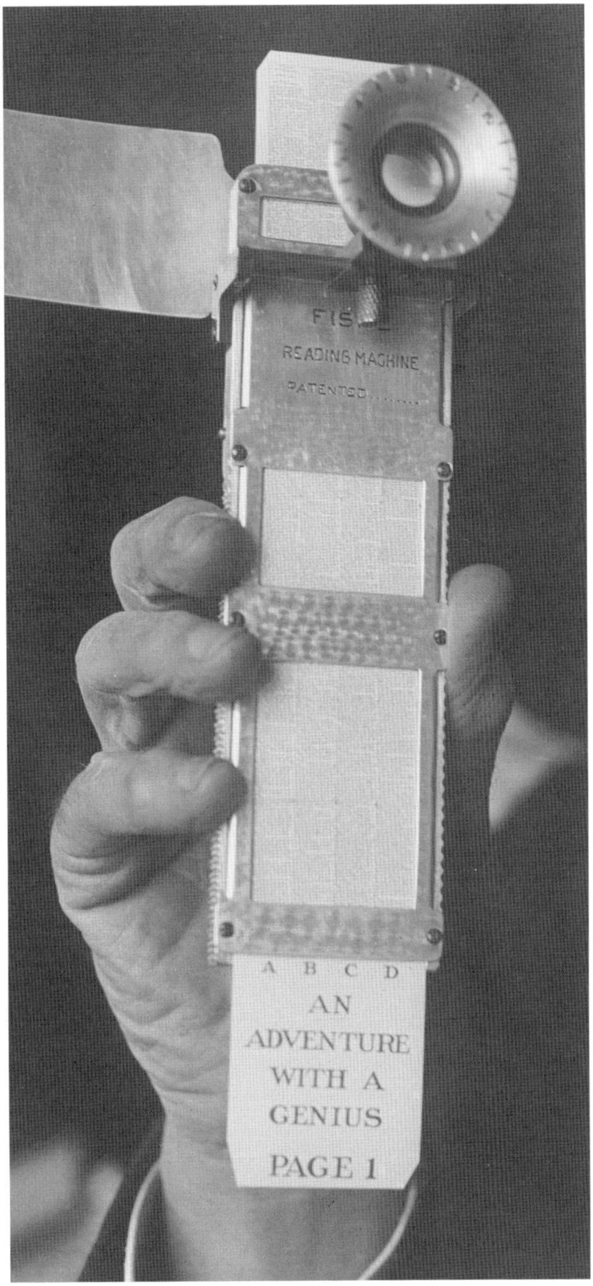

뒤이어 연단에 오른 조지 플림턴과 함께 시 '벼룩'을 낭독하고 토론했다. 알리는 시에 대한 감상을 이렇게 전했다. "나도 하나 지어볼게요. 내가? 이야!Me? Whee!"[5]

5 영국의 전기 작가 제임스 보즈웰에 따르면, 시인 새뮤얼 존슨은 닐스 호러보의 저서 『아이슬란드의 자연사』(1758)의 장 하나를 통째로 암송하며 방대한 지식을 자랑하길 즐겼다고 한다. 『아이슬란드의 자연사』는 한 장이 아주 짧은 책으로, 그가 암송했던 이 책 72장의 전문은 다음과 같다. "72장 뱀에 관하여. 섬 전체를 통틀어 만날 수 있는 뱀은 없다."(42장은 더 짧은데, 올빼미를 찾아보기 힘들다는 사실을 비슷한 방식으로 언급한다.) —지은이

연극사에서 간결함을 논할 때 빠지지 않는, 짧기로 손꼽히는 희곡은 프랑스 극작가 트리스탕 베르나르(1866~1947)의 「추방」이다. 막이 오르면 국경 근처 산장 안에서 불을 쬐고 있는 '산악인'이 보인다. 이어 문을 두드리는 소리가 들리고 '유배자'가 들어온다. 다음은 희곡의 전문이다.

유배자: 당신이 누구건 쫓기는 사람에게 동정을 베풀어주오. 내 머리통에 현상금이 걸려 있소.

산악인: 얼만데?

(막이 내린다)

이쯤하고 지금부터는 책 '자체'의 규모가 놀라운 사례를 찾아보자. 항해를 떠나는 걸리버처럼 규모가 남다른 책을 수집하는 사람들은 극과 극을 달리는 두 풍경을 탐사할 수밖에 없다. 각각 '릴리퍼티아나Lilliputiana'라는 애칭의 초소형 책을 모아둔 도서관과 거인에게 걸맞은 크기의 책 '브롭딩내기아나Brobdingnagiana'를 모아둔 도서관이다.[6] 브롭딩내기아나 수집가들의 층고 높은 서가를 둘러보기 전에 우선 안경을 깨끗이 닦고 족집게 하나를 준비한 다음 초소형 책 애호가의 세계부터 가보자.

릴리퍼티아나

1626년 영국 버킹엄 공작이 찰스 1세의 왕비 헨리에타 마리아를 위해 연, 별 볼 일 없는 연회에서 있었던 일이다. 정찬으로 나온 차가운 사슴고기 파이에서 키 45센티미터의 제프리 허드슨(1619~1682)이 아주 작은 갑옷 차림으로 칼을 휘두르며 튀어나왔다. 일곱 살의 앙증맞은 허드슨에게 한눈에 반한 왕비는 그에게 '여왕의 난쟁이, 미니머스 경' 작위를 하사하였고 그녀가 총애하는 '동물원 식구들'과 함께 덴마크하우스[7]에 살게 하였다. 동물원엔 퍼그라는 이름의 원숭이, 웨일스 출신의 거인 윌리엄 에반스가 있었는데 에번스는 평소 품어둔 빵 덩어리를 꺼내 허드슨을 샌드위치로 만들길 좋아했다. 나이가 들자 허드슨은 자신의 아담한 몸집에 대한 어떤 농담에도 그냥 넘어가지 않았다. 여왕의 거마車馬 관리관의 형인 찰스 크로프츠가 그를 놀렸을 때에도 허드슨은 결투를 신청했다. 결투의 날, 구경꾼들은 무기 대신 '스쿼트squirt'(물이 가득 담긴 커다란 주사통으로 당시엔 소화기로 쓰였다)를 들고서 실실 웃는 크로프츠를 보고 재미있어했다. 그즈음 1미터 6센티미터였던 미니머스 경은 권총을 꺼냈고 총알은 크로프츠의 머리를 명중했다. 이후 허드슨은 예순세 살까지 살았으며, 옥스퍼드 애슈몰린 박물관에 가면 그의 앙증맞은 파란색 새틴 조끼와 반바지, 스타킹을 볼 수 있다.

미니머스 경의 모험은 『신년 선물: 궁정에서 파불라 부인이 (리틀 제프리라 불리는) 미니머스 경에게 보냄』(1636)이라는 책자에서 찾아볼 수 있는데, 누가 썼는지는 밝혀지지 않았지만 책 높이가 몇 인치밖에 되지 않는 걸 보면 '마이크로필루스Microphilus'[8]임이 분명하다.[9] 이 책은 애

6 조너선 스위프트의 풍자소설 『걸리버 여행기』에 등장하는 소인국 '릴리펏'과 거인국 '브롭딩낵'에서 유래한 명칭들이다.

7 16세기에 지어진 영국 런던 웨스트민스터의 대저택으로, 애초 서머싯 공작의 소유여서 '올드 서머싯 하우스'라고도 불린다. 서머싯 공작이 처형된 후 왕실 재산으로 귀속되었다.

8 초소형이라는 뜻의 micro와 애호가라는 뜻의 philus의 합성어.

9 1740년에서 1743년 사이, 출판업자 토머스 보어먼은 '런던의 기념비적 건축물들'이라는 거대한 주제의 책을 어린이 독자를

플랑드르의 화가 안토니 반 다이크가 그린 헨리에타 마리아 왕비의 초상화.
제프리 허드슨과 애완 원숭이 퍼그가 함께 있다.

고대 메소포타미아의 유산인 설형문자 석판은 태반이 가로세로 몇 센티미터밖에 안 될 만큼 작지만 무역상의 재고 목록부터 특사의 전갈까지, 중요한 정보가 새겨져 있다.

11세기 이집트의 초소형 두루마리. 유럽에 목판 인쇄술이 도입되기 몇 세기 전, 이슬람 문명권에선 이미 이 인쇄술로 기도문, 주문, 코란 구절로 채운 이 신령한 두루마리처럼 초소형 문헌을 만들어 부적 상자에 보관했다.

초 윌리엄 대버넌트 경이 「제프레이도스」라는 시에서 리틀 제프리가 쇠 발톱을 단 수컷 칠면조를 상대로 결투를 벌였다는 소문을 소상히 밝히며 조롱한 것에 대해 제프리를 옹호할 목적으로 특별 제작된 책이었다. 하지만 초소형 책은 이보다 훨씬 전 글쓰기의 역사 초기부터 인기를 끈 판형이었다.

인류는 축소된 사물에 늘 매혹을 느꼈고, 장인들은 솜씨를 뽐낼 셈으로 늘 사물의 축소 모형을 만들었다. 특히 초소형 책은 시대나 문화를 타지 않고 꾸준히 인기가 있는 편이었는데, 미국 대통령 프랭클린 루스벨트도 750권이 넘는 초소형 책을 보유하고 있었다. 그리고 이 분야에 전념한 세계 최대 규모의 박물관이 모두의 예상을 뒤엎을 만한 곳에 있으니, 다름 아닌 아제르바이잔이다. 바쿠 초소형 책 박물관에는 세계 64개국에서 가져온 6500점의 초소형 책

구하기가 하늘의 별 따기인 희귀서 『세상에서 가장 작은 요리책』. 1900년경 비엔나에서 제작되었고, 크기는 약 23×21밀리미터이다.

위해 소형으로 만들며 주제의 거대함과는 정반대되는 아이러니한 만듦새를 보여주었다. 이 책 『거대한 역사』는 높이 2.5인치의 크기에 두 권짜리 세트였는데, 아이가 양쪽 주머니에 한 권씩 넣어 다니면 "작품의 주제가 지닌 무게로 인해 몸이 한쪽으로 기울 염려가 없었다." —지은이

1659년에 제작된 7센티미터 높이의 다윗 시편 모음집. 거북 등딱지를 쓴 고급 제본.

17세기, 은으로 세선세공된 엄지 손가락 크기의 기독교 기도서.

이 있다. 일본은 1670년대부터 19세기 후반까지 마메혼豆本, 일명 '콩알 크기의 책' 문화가 만개했고 지금도 대중적인 인기를 구가하고 있다(도쿄에 가면 달걀 모양의 플라스틱 케이스에 담긴 초소형 책을 100엔에 파는 자판기 '마메혼 가차폰'을 찾아보기 바란다). 초소형 책은 지구를 떠나 우주

16세기 이탈리아에서 제작된 초소형 기도서 필사본. 어느 여성의 의뢰를 받아 거들이나 묵주에 펜던트로 달 수 있도록 제작되었다.

로 가기도 했다. 1969년 최초로 유인 달 탐사에 나선 버즈 올드린은 과학자 고더드의 액체 추진제 로켓 발명 40주년을 기념하기 위해 『로버트 허칭스 고더드, 우주 시대의 아버지: 초창기부터 1927년까지』(1966)의 초소형 책을 가지고 갔다.

그런데 정확히 얼마만큼 작아야 '초소형 책'이라고 할 수 있을까? 마이크로 북[10]의 세계에선 76밀리미터(3인치)를 넘어선 안 된다는 불문율이 있다. 서적상이자 초소형 책 수집가 루이스 본디의 이름을 딴 '본디 가이드라인'에 근거한 이야기다. 공식적으로 초소형 책은 '64mo'[11]로 제작하는 게 보통이다(종이 한 장의 양면에 64

10 확대경을 써서 읽는 극소본.

11 50.8×76.2밀리미터의 원고 사이즈.

1598년에 제작된 개전시편의 초소형 판본. 무색 수정에 성흔을 받는 성 프란체스코의 모습을 그려 넣은 뒤 이를 은과 함께 제본했다. 그 솜씨가 혀를 내두를 정도다.

페이지를 인쇄한 다음 접어서 페이지 순서를 정확히 맞추는 과정으로 제작된다). 런던의 경매회사 본엄스의 도서 및 원고류 책임자 매슈 헤일리는 초소형 책이 계속 인기를 끄는 이유를 묻는 나에게 이렇게 답했다. "인간의 뇌 안에는 예상치 못한 크기의 사물을 보면 불이 붙는 뉴런이 있는 것 같다." 그러면서 이 책의 삽화로도 실린 58×40밀리미터 크기의 개전시편 초소형 책 세트를 가리키며 "진정한 보석"이라고 덧붙였다. 이 "진정한 보석"은 경매에서 2만 5200파운드에 팔렸다.

후기에 들어 초소형 책은 표준 크기의 책이 다루었던 모든 주제를 아우르게 됐지만 가장 초기의 초소형 인큐내뷸러(1501년 이전에 간행된 인쇄본을 가리키는 용어)는 시편과 같은 종교서였다. 이런 책들은 마지막 세대의 위대한 장인 채식사들이 만든 걸작 필사본들을 흉내 냈는데, 그 장인들 중에는 뉴욕의 모건 도서관 큐레이터들이 몇 년 동안 집착적으로 모았던 필사본의 제작자인 '클로드 드 프랑스의 거장'이 있었다. 그의 걸작 중에서도 최고로 인정받은 '클로드 드 프랑스의 기도서'는 프랑스의 왕 프랑수아 1세의 첫 번째 부인인 클로드 왕비의 대관식이 거행된 1517년에 만들어진 앙증맞고 귀중한 필사본 두 권 중 하나다. 이 필사본의 크기는 7×5센티미터에 불과하지만 놀랍게도 그 안엔 성경의 일화부터 건강한 왕손을 낳지 못할까 걱정하는 왕비의 사적인 고민까지 다양한 주제를 담은 132장의 초소형 삽화가 들어있다. 한때는 왕비만 볼 수 있게 감춰져 있던 내밀한 비밀이었지만 이젠 모건 도서관을 찾아가면 누구나 아이패드로 열람할 수 있다.

크기 문제로 눈에 심각한 부담을 주는 책도 있다. 바로 17세기 초에 등장한 '엄지 성경'이다.

19세기에는 토머스 제퍼슨의 이 초소형 전기처럼 호두 껍데기 안에 들어갈 만큼 작은 책을 제작하는 것이 유행이었다.

삽화를 많이 넣어 주로 어린이용으로 제작한 이 성경 요약본은 현재까지 300여 종이 넘는 판본이 남아 있는데, 미국에서 최초로 제작된 초소형 책 장르다. 1601년, 영국에서도 존 위버라는 사람이 운문으로 쓴 최초의 사례로 알려진 엄지 성경을 만들었다. 한 페이지에 여섯 줄만 들어갈 수 있는 총 128페이지짜리 성경 『아뉴스 데이』인데 지금까지 남아 있는 건 두 권뿐이어서 가장 귀중한 초소형 책으로 손꼽힌다. 이처럼 초소형 기독교 성경은 갖가지 특이한 형태로 만들어졌고, 포교의 범위가 확산되면서 예상치 못한 곳에서 발견되는 사례도 늘어났다. 예를 들어 뉴질랜드에선 비교적 근과거인 1965년, 전도의 목적으로 마오리어로 제작한 초소형 복음서 상당수가 배포되었다.

반면에 '엄지손톱 코란'은 19세기 후반, 사진 석판술이 등장하면서 처음 인쇄·배포되었다. 당시 가장 널리 유통된 판본은 1896년 글래스고의 데이비드 브라이스가 그의 트레이드마크가 된 금속 로켓[12]에 돋보기와 함께 넣어 출간한 것으로 제1차 세계대전 때 영국군 소속 무슬림 군인들이 목에 걸고 참전하곤 했다. 사실 무슬림들은 이미 수 세기 전부터 필사본 형태의 초소형 코란을 부적처럼 몸에 착용해왔다. 오스만 제국 시절, 초소형 필사본 코란은 군기軍旗를 지니고 다니는 직책인 산칵다르가 주로 소지했기에, 이들의 명칭을 따서 산카크라고 불렸다. 이들은 돌격할 때 군기에 산카크를 고정해두었으며, 어떤 병사들은 금과 은으로 만든 상자에 밀봉한 다음 부적처럼 팔에 차고 다녔다.

제작자와 수집가 모두에게 초소형 책의 가장 큰 매력은 그것이 당대 기술의 한계와 싸워가며 제일 작은 책을 만들되 조금의 실수도 허용하지 않는 가히 장인적인 도전이라는 사실이다. 초소형 책의 제작 과정은 생각만 해도 아스피린을 삼키게 될 만큼 상상을 초월하는 정밀도로 매 순간 기록을 경신하는 노력의 연속이었다. 일례로 『아담한 정원』은 1674년 암스테르담에서 베네딕트 스밋이 고작 스물세 살의 나이에 자신의 능력을 과시할 셈으로 인쇄한 25페이지짜리 시선집이다. 판면 한 페이지 크기가 7×13밀리미터인 이 깜찍한 작품은 100년이 넘도록 세계에서 가장 작은 책이라 여겨졌지만 1819년 프랑스 인쇄업자 앙리 디도가 2.5포인트(2.5포인트는 실제로 보면 이 정도 크기다)의 작은 서체를 만들면서 1위 자리를 내주게 되었다. 디도의 서체는 너무 작아서 주물틀(거푸집)을 새로 만들어야 했고 그렇게 폴리아마타이프라는 주형이 만들어졌다.

이로부터 50년 후 이탈리아 파도바의 살민 형제가 엔지니어들 몇몇과 협력해서 새로운 활자체를 발명해냈다. 현지 검안사들의 환영을 받은 이 서체는 이탈리아어로 '파리 눈알 서체'라는 뜻의 '카라테레 아 오키오 디 모스카carattere a

12 사진이나 그림을 넣어 목걸이에 다는 작은 갑.

네덜란드 화가 시몬 베닝이 정밀하게 그려낸 성무일과서(1530~1535년경). 악마를 물리치는 성 미카엘 삽화가 그려진 페이지이다. 이 초소형 책은 세 시간마다 올리는 기도의 참고서로, 높이 7.6센티미터, 너비 5센티미터 미만이다.

1901년, '데이비드 브라이스 앤드 선'이 제작한 체인과 성서대가 딸린 초소형 '엄지 성경'.

1513년에 제작된 농민들을 위한 연감으로, 넓게 펼칠 수 있게 제작됐다. 유럽에서는 초소형 연감에 일기 예보부터 도량형까지 모든 것을 담아 편리하게 사용했다.

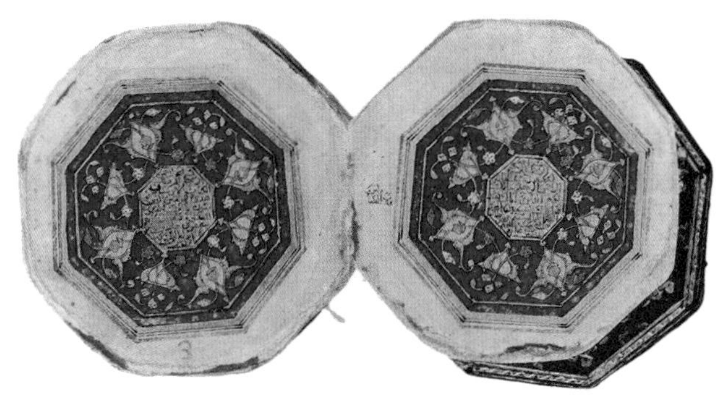

16세기 페르시아에서 제작된, 아름다운 삽화를 그려 넣은 초소형 코란.
4×4센티미터 판형에 338페이지로 이루어져 있다.

초소형 책 케이스.
15세기 전반의 프랑스에서 거북의 등딱지와
상아를 조각해 만들어진 것으로, 높이가
고작 10센티미터에 지나지 않는다.

15세기 영국에서 제작된 초소형 연감. 달력, 점성술 표,
의학 교과서의 내용을 다 담고서도 손안에 쏙 들어갈 만큼 작다.

단테의 『신곡』을 초소형으로 제작한 1878년 판본.
제작자들의 시력이 손상될 만큼 작디작은 서체가 특징이다.

occhio di mosca'라는 이름이 붙은 악명 높은 미시 서체[13]였다. '파리 눈알 서체'는 『신곡』의 1878년 판 초소형 버전인 '단티노'에서 처음 사용되었지만 보는 사람의 눈알을 혹사할 만큼 작은 서체 때문에 실제로 식자공 주세페 제케와 인쇄 책임자들의 시력이 손상되며 프로젝트에 어두운 그늘이 드리워졌다. 세트마다 32페이지로 구성된 전집은 꼬박 한 달을 다 바쳐 꼼꼼하게 작업하는 일정을 요했다. 1만 4323절의 운문을 담은 500페이지 분량을 4.5센티미터 길이의 책 안에 담아낸 것은 웅대하지만 다소 위험한 성취였다. 이런 책은 돋보기를 사용하면 읽을 수 있지만, 독서 자체가 꽤나 성가시게 느껴질 것이다.

20세기는 초소형 책이 인간의 한계를 뛰어넘을 셈으로 쉴 틈 없이 작아진 시대였다. 시작은 1900년 클리블랜드의 찰스 H. 메이그스가 자비로 출간한 오마르 하이얌의 『루바이야트』였는데, 우표의 4분의 1 크기로 인쇄되어 육안으로는 알아볼 수 없었다. 한 부는 도장 반지signet ring의 홈 안쪽에 세팅되기도 했다. 하지만 독일 라이프치히의 인쇄기술자, 요주아 라이헤르트가 요하네스 구텐베르크의 업적을 기리기 위해 출간한 지구상 가장 작은 책, 제목부터 기획 의

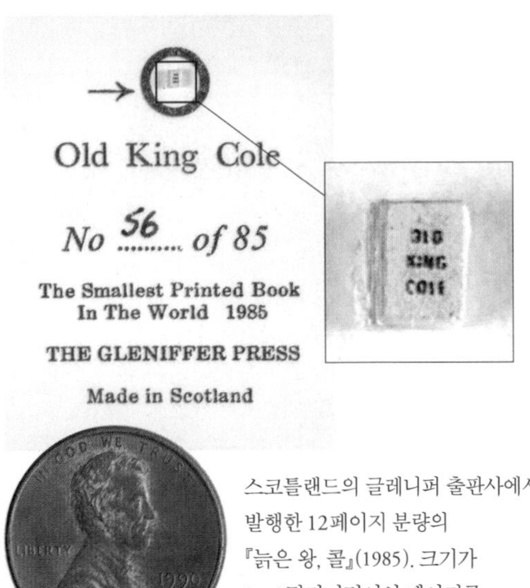

스코틀랜드의 글레니퍼 출판사에서 발행한 12페이지 분량의 『늙은 왕, 콜』(1985). 크기가 1×1밀리미터여서 페이지를 넘기려면 바늘을 써야 했다.

13 육안으로는 볼 수 없어 현미경을 사용해야 한다.

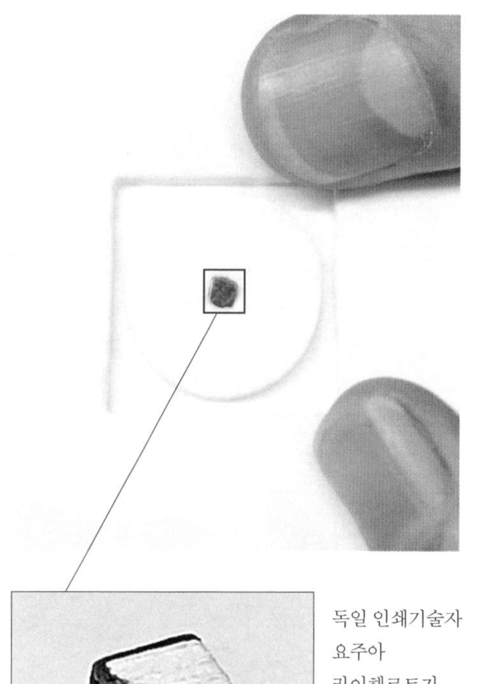

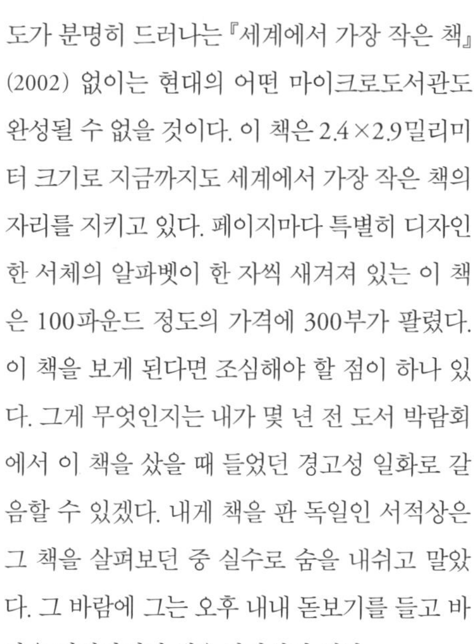

독일 인쇄기술자 요주아 라이헤르트가 라이프치히에서 만든 『세계에서 가장 작은 책』(2002).

도가 분명히 드러나는 『세계에서 가장 작은 책』(2002) 없이는 현대의 어떤 마이크로도서관도 완성될 수 없을 것이다. 이 책은 2.4×2.9밀리미터 크기로 지금까지도 세계에서 가장 작은 책의 자리를 지키고 있다. 페이지마다 특별히 디자인한 서체의 알파벳이 한 자씩 새겨져 있는 이 책은 100파운드 정도의 가격에 300부가 팔렸다. 이 책을 보게 된다면 조심해야 할 점이 하나 있다. 그게 무엇인지는 내가 몇 년 전 도서 박람회에서 이 책을 샀을 때 들었던 경고성 일화로 갈음할 수 있겠다. 내게 책을 판 독일인 서적상은 그 책을 살펴보던 중 실수로 숨을 내쉬고 말았다. 그 바람에 그는 오후 내내 돋보기를 들고 바닥을 기어다니며 책을 찾아야만 했다.

이제부터 이야기는 말도 안 되게 작아진다.

사이먼프레이저대학교의 캐런 캐버너, 리 양이 2007년에 출간한 『순무 마을의 꼬마 테드』의 '나노 북'을 띄운 모니터 옆에 서 있다.

캐나다 브리티시컬럼비아주 밴쿠버의 사이먼프레이저대학교 나노 이미징 연구소는 결정성 실리콘으로 만든 0.07×0.1밀리미터 크기의 마이크로캡슐 30알에 집속 이온빔을 사용해 맬컴 더글러스의 『순무 타운의 꼬마 테드』(꼬마 테드가 연례 박람회의 순무 콘테스트에서 승리한다는 내용의 동화)를 새기고 이를 1만 5000달러에 판매했다. 2007년, 출판사 대표 로버트 채플린이 사이먼프레이저대학교의 과학자 리 양과 캐런 캐버너의 후원을 받아 만든 '나노 북'이었다. 『순무 마을의 꼬마 테드』는 어엿한 ISBN까지 있지만, 정작 이 책을 읽으려면 주사 전자 현미경이 있어야 한다. 이 밖에도 2016년 러시아의 물리학자 블라디미르 아니스킨이 노력 끝에 맺은 결실엔 감탄이 절로 나온다. 그는 석판 스텐실을 이용해서 15마이크로미터 크기의 금속 글자를 분사하는 방식으로 니콜라이 레스코프의 1881년 단편소설 「툴라의 모들뜨기 왼손잡이와 강철 벼룩 이야기」에 등장하는 세 인물의 이름을 철자 하나 빼놓지 않고 표기하는 데 성공했다. 소설은 러시아의 조각 장인 세 명이 시계태엽 벼룩의 신발을 조각해 영국과의 경쟁에서 이긴다는 내용인데, 아니스킨은 그 벼룩의 신발보다도 작은 마이크로 북에 세 장인의 이름을 새겨 넣는 기지로 그 모두를 뛰어넘은 것이다.

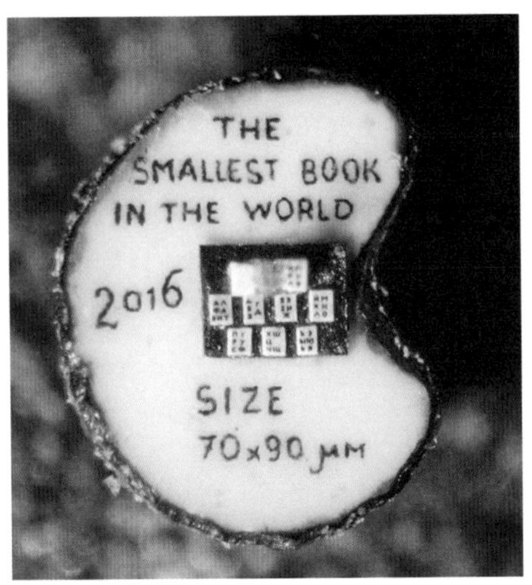

물리학자 블라디미르 아니스킨의 마이크로 북『툴라의 모들뜨기 왼손잡이와 강철 벼룩 이야기』.

브롭딩내기아나

릴리퍼티아나의 반대편에는 브롭딩내기아나, 서적사학자 월터 하트 블루먼솔의 말을 빌리면 '책 세상의 골리앗'이 있다. 이런 주제에 걸맞게 지면을 채우려면 하이퍼그라피아[14]에 시달리는 작가의 놀랍도록 긴 책과 도서관 건물의 안전을 위협할 정도로 거대한 책들을 한자리에 모아보는 게 좋을 듯하다.

역사상 가장 긴 책에 도전한 저자들의 동기는 무엇이었을까? 미국 아이오와주 워털루에 사는 쉰한 살의 마바 드루 여사는 1968년부터 1974년까지 수동 타자기로 1부터 1000000까지 하나하나 유쾌하게 타이핑했다. 이 프로젝트엔 2473장의 원고지가 쓰였다. 왜 그랬냐는 질문에 드루는 "그냥, 타이핑을 좋아해서"라고 답했다. 아르메니아의 작가 아르멘 셰코얀은 세계에서 가장 긴 소설을 쓰겠다는 일념으로 오늘도 집필 중인데 "일반적인 기준에 맞춰 책을 쓰면 좋아하는 사람도 있고 싫어하는 사람도 있기 마련이다. 하지만 열 권짜리 분량을 여덟 권짜리라고 폄하하는 사람은 없다"고 말했다.

중국 명나라의 황제 영락제는 역사를 통틀어 가장 긴 인쇄물을 만들 것을 명했는데 순전히 본인의 편의를 도모하기 위해서였다. 이젠 거의 다 소실되고 만 중국판 백과사전『영락대전』의 이야기다. 명에 따라 학자들은 황제의 독서에 필요한 한 질의 참고서를 바치기 위해 그때까지 중국에서 문헌으로 기록된 모든 지식을 집대성했다. 작업은 1403년에 시작되었다. 처음에 참여한 학자는 100명이었지만 어느새 2169명으

1637년에 만들어진 '도자도스dos-à-dos' 책. 도자도스란 책 두 권의 등을 맞붙여 제본하는 방식으로, 이 책은 신약과 시편(왼손잡이용)이 맞붙어 있다.

14 글을 멈추지 않고 쓰는 정신질환 또는 스스로 통제할 수 없을 만큼 글을 쓰고 싶은 충동.

로 늘어났고, 온갖 분야를 다루겠다는 이 책의 기획 의도에 맞춰 중국 전역을 여행하며 책이란 책은 닥치는 대로 모았다. 이윽고 농경부터 종교, 소설에 이르기까지 주제의 제한 없이 8000권이 넘는 문헌이 모였다. 5년 후인 1408년, 국책 사업이 완료되자 손으로 일일이 쓴 한자 3억 7000만여 개로 채워진 2만 2937개의 두루마리 백과사전이 탄생했다. 역사, 철학, 예술, 과학 지식과 유교 경전에 대해 세상에 알려진 바가 총망라된 이 백과사전은 못해도 40세제곱미터의 공간을 차지했을 것이다(11미터짜리 화물 트레일러에 맞먹는 길이다). 이후에도 『영락대전』에 필적할 만한 문헌은 없었는데, 600년 가까이 흐른 2007년 9월 9일, 본문의 크기 및 주제의 범주 면에서 이를 압도하는 기록이 나타난다. 다름 아닌 온라인 공간의 위키피디아다.

이론적으로만 따졌을 때, 현재 세계에서 가장 긴 책은 2013년 볼프강 H. 니체가 구골플렉스(10의 10제곱을 100제곱한 수로, 1 뒤에 0이 1만 100개 붙는다)를 처음부터 끝까지 타이핑한 후 PDF 파일 형태로 온라인 출간한 『구골플렉스 작성 완료』를 인쇄할 경우라고 한다. 혹여 구매 버튼을 클릭해 직접 인쇄할 생각이라면 잠깐, 그랬다가는 지구상의 살아 있는 모든 것을 파괴하게 된다는 사실부터 생각하기 바란다. 구골플렉스의 0을 전부 인쇄하면 책 10^{94}권 분량이 나온다. 이 책 각각의 질량을 100그램이라 치면 전집 전체의 질량은 10^{93}킬로그램이 나간다. 참고로 지구의 질량은 고작 5.972×10^{24}킬로그램이며, 은하계 질량은 추정치로 약 2.5×10^{42}킬로그램이다. 내용이 0뿐인 저 책에 비하면 농담 수준이다. 결론은, 인쇄하지 마라.

일본에선 길고 장황한 작품을 논할 때 교쿠테이 바킨이라는 이름이 빠지지 않는다. 바킨은 1814년부터 1842년까지 28년 동안 106권짜리 초장편 소설 『난소사토미 팔견전』(여덟 마리 개의 연대기)을 썼다. 막바지에 시력을 잃자 며느리 미치를 시켜 자신이 구술한 후반부를 받아쓰게 했고, 그렇게 일흔다섯 살의 나이에 전체를 완성했다. 총 181장으로 이어지는 내용 대부분이 내란이 끊이지 않았던 전국시대(바킨이 살던 시대보다 350년 전)를 배경으로 개 형제들의 박진감 넘치는 모험을 담고 있다.

서구권에서 한 작가가 가장 많은 책을 출간한 기록은 사이언톨로지의 창시자 L. 론 허버드가 보유하고 있다. 허버드는 '세계에서 가장 긴 소설 중 하나를 쓴 작가' 기록도 보유하고 있는데 1985년부터 쓰기 시작한 열 권짜리 소설 『미션 어스』는 3992쪽 분량에 120만 개의 단어가 쓰여 있다. '먼 미래를 배경으로 한 풍자적인 SF 모험담'을 표방한 이 소설에 대한 평가는 그리 호의적이지 않았고, 심지어 조지아주 돌턴시는 "반사회적이고 변태적이며 모든 것에 반대하는 책"이라고 맹비난하며 판매 금지 처분을 내리기도 했다.

허버드는 평생에 걸쳐 1084편의 작품을 출간하는 기염을 토했고 별의별 필명으로 작가 활동을 이어나갔다. 버나드 허벨, 리전에어 14830, 르네 라파예트, 조 블리츠, 그리고 개인적으로 제일 마음에 들었던 윈체스터 레밍턴 콜트 등등이 그의 필명이다. 그의 전작 중에 가장 기이한 작품은 단연 『엑스칼리버』일 것이다. 1938년 치과에서 치료를 받다가 아산화질소에 특정한 반응을 일으킨 후 이에 영감을 받아 쓴 책인데 허버드 본인은 "성경보다 더 중요하고 더 큰 영향을 끼칠 책"이라고 확신했다고 한다. 정식으로 출간된 적은 없지만 1957년에 특별 한정판이 한 부당 1500달러에 판매되었다. 이때 허버드는 광고문에 다음과 같은 경고를 달았다. "처음 읽은 열다섯 명의 독자 중 네 명이 발작을 일으

1835년경, 일본의 위대한 예술가 우타가와 쿠니요시가 일본의 초장편 소설 『난소사토미 팔견전』의 한 장면을 묘사한 목판화. 소설 속 인물 이누타 고분고 야스요리가 갓난아기 이누에 신베이 마사시를 등에 업은 채 적들을 제압하고 물리치는 장면이다.

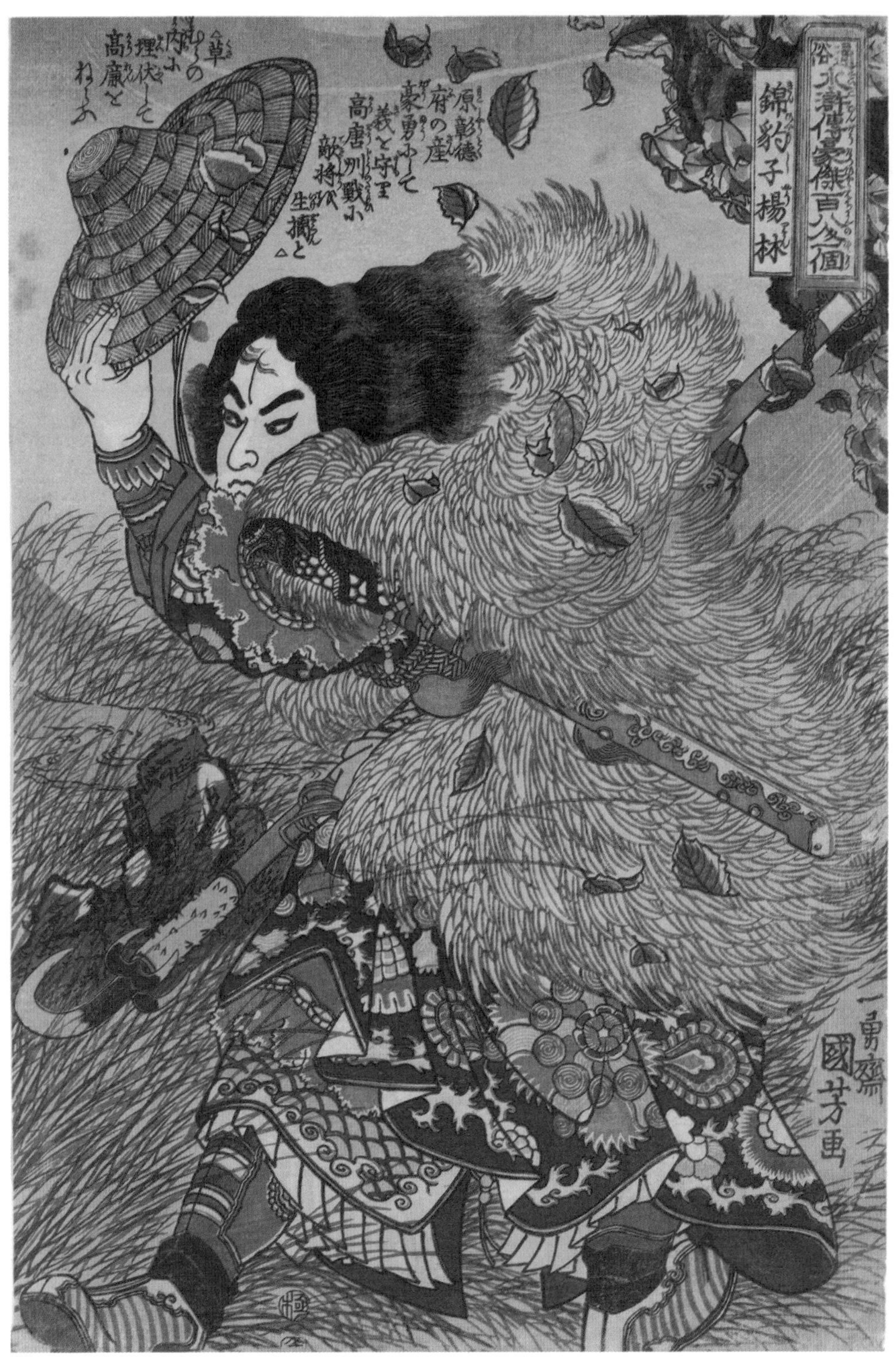

쿠니요시의 또 다른 그림으로, 중국 4대 고전 소설 중 하나인 『수호전』에 등장하는 양림(금표자)을 묘사했다.
『난소사토미 팔견전』에 영감을 준 그림이기도 하다.

헨리 다거가 1만 5145 페이지에 걸쳐 쓰고 그린 소설 『비비언 걸스 이야기』에 실린 삽화.

킨 책." 출판 에이전트 포러스트 J. 애커먼에게 그가 한 말에 따르면, 뉴욕의 한 출판사에 처음으로 원고를 보냈을 때 이를 읽은 사람이 고층 건물 창문 밖으로 몸을 던졌다고 한다. 훗날 허버드는 『엑스칼리버』를 바탕으로 역시나 악평이 자자한 『다이어네틱스』(1950)[15]를 발표했다.

미국 작가 헨리 다거(1892~1973)는 허버드 못지않은 괴짜였지만 허버드와 달리 은둔형이었고, 일리노이주 시카고에 있는 한 병원의 수위로 살다 죽었다. 그가 40년간 살다 죽은 원룸 아파트에 들어간 집주인은 실꾸리와 약병이 겨드랑이 높이까지 쌓인 난장판 속에서 거대한 원고를 발견했다. 900만 개가 넘는 단어로 채워진 1만 5145페이지짜리 원고 더미(대략 열세 권 분량)였다. 거기에는 300여 점의 데생과 수채화가 포함되어 있었고, 마지막에 실린 그림 몇 점은 폭 3미터짜리 페이지에 그려져 있었다. 이 책이 바로 『비비언 걸스 이야기: 존재하지 않는 나라로 알려진 곳에서 아동 노예의 반란으로 일어난 글랜데코-엔젤리니안 전쟁 폭풍』이며 일곱 명의 순진무구한 주인공 '비비언 걸스'가 아이를 납치하는 사악한 어른인 글랜델리니언에 맞서 반란을 일으키는 내용을 소상히 그려내고 있다. 다거가 얼마나 오랫동안 작업했는지는 밝혀지지 않았지만 수십 년은 족히 걸렸을 것이 분명하다. 오늘날 『비비언 걸스 이야기』는 '아웃사이더 예술가'의 작품 가운데 가장 유명한 사례로 손꼽히고 있으며 다거의 그림 컬렉션은 수백만 달러에 팔리기도 한다.

보스턴의 시인으로 예술적 성공과는 거리가

15 허버드가 제창한 심리 요법이 담긴 책으로, 정신건강에 해로운 상상을 제거하면 신체의 병을 치료할 수 있다고 주장한다.

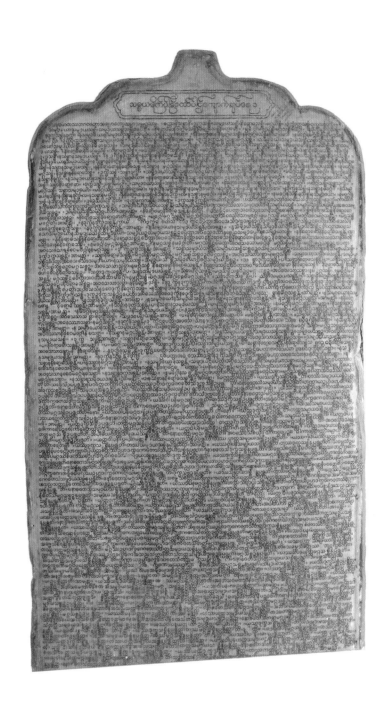

『대장경』을 비롯한 불교 문헌들을 황금 잉크로 새긴 비석으로, 가로 1미터, 세로 1.5미터, 두께 12.7센티미터이다.
1857년 미얀마 민돈왕의 명으로 만달레이에 완공된 '쿠토도 파고다'에 있다.
이곳의 비석은 모두 729개로, 각각이 산봉우리 모양의 석탑 안에 보관되어 있다.

면 삶을 산 아서 크루 인먼 역시 다작한 은둔형 예술가였다. 그는 죽기 전까지 일기를 썼는데 1700만 개의 단어에 155권이라는 어마어마한 분량이었다. 이를 추린 두 권짜리 선집이 출간되자《타임》지는 인먼을 "과대망상과 편견과 여성혐오와 관음증과 건강염려증에 찌든 환자"라고 비난했다. 건강염려증 때문에 평생을 노심초사한 인먼은 방음 시설이 완비된 어두운 아파트에 살면서 일기에 대고 흥분에 찬 얘기들을 쏟아냈다. 전형이 될 만한 대목은 다음과 같다. "리투아니아 여자가 책을 읽어주려고 왔다. 그 여자를 보자마자 비위에 거슬렸다. 개성이 없었다. 목소리는 기름칠이 안 된 차축 같았다." 인먼의 일기는 영어로 쓰인 가장 긴 문헌 중 하나로 손꼽힌다. 인먼은 "발자크가 픽션에서 거둔 성취를 논픽션에서 이룰 수 있다고 믿는다"고 쓰기도 했다. 1919년에 시작된 이 일기는 인근 푸르덴셜 타워 공사장 소음에 괴로워하다 권총 자살로 생을 마감한 1963년까지 그의 인생 매 순간을 함께 했다.

한편 워싱턴에선 또 다른 작가가 일기를 쓰고 있었다. "오전 7시. 욕조를 청소한 후 발의 각질을 손톱으로 긁어 제거했다"라는 도입부가 제법 흥미를 유발하는 일기의 주인공은 전직 목사였고 이후 워싱턴 데이턴 고등학교에서 영어를 가르치던 로버트 실즈(1918~2007)였다. 실즈는 1972년부터 1997년까지 매일 네 시간씩 정해놓고 5분마다 일기를 썼는데 각별히 몰두한 주제는 본인의 배변 상태였다. 그의 일기엔 무려 3750만 개의 단어가 등장하는데, 일부 내용만 소개하자면 다음과 같다. "오후 6시 30분~6시 35분. 스토퍼즈[16] 마카로니 앤드 치즈를 오븐에 넣고 350도에 맞췄다." "오후 6시 50분~7시 30분. 코닐리아와 함께 스토퍼즈 마카로니 앤드 치즈를 하나씩 먹었다. 그레이스는 먹지 않겠다고 했다." 실즈는 일기를 중단하는 것을 "인생의 전원을 끄는 것"에 비유했는데, 자신의 일기가 미래의 연구자들에게 유용하게 쓰일 거라는 마음에서 이렇게 쓰기도 했다. "누군가의 매일 매 순간을 그 정도로 자세히 들여다본다면 인류에 대한 중요한 진실을 발견하게 될지도 모른다." 2007년, 실즈가 사망한 후 그의 일기장 더미는 "더 많은 연구"에 도움이 되길 바란다며 남긴 그의 코털 컬렉션과 함께 워싱턴주립대학교에 소장되었다.

하지만 앞에서 설명한 작품들은 책 세계의 '베헤못'[17]에 비하면 아무것도 아니다. 이번에 살펴볼 것은 하늘을 찌를 기세인 거대한 성서들이다. 이 분야에서는 악마의 도움을 받아 완성되었다고 알려진, 현존하는 가장 큰 필사본을 빼놓고 말할 수 없다. 전설에 따르면, 13세기 초 보헤미아의 포드라지체 베네딕트회 수도원에서 '은둔자 헤르만'이라 불린 필경사가 서약을 어긴 죄로 유폐(산 채로 벽 안에 갇히는 벌) 판결을 받았다. 헤르만은 살려달라고 간청했는데, 이에 수도원장은 하룻밤 안에 온 인류의 지식을 글로 옮기라는 불가능한 조건을 내걸었다. 헤르만은 미친 듯 글을 썼지만 자정이 되자 패배를 인정했고 자포자기한 심정으로 악마에게 도와달라는 기도를 올렸다. 아침이 되었을 때 악마 루시퍼는 아름다운 삽화가 그려진 작품을 완성한 터였고, 헤르만은 감사의 표시로 '어둠의 왕자' 초상화를 책의 전면에 실었다.

'악마의 성경'이라고도 불리는 『코덱스 기가

16 냉동식품 회사 이름.

17 구약성서에 등장하는 거대한 괴수의 이름.

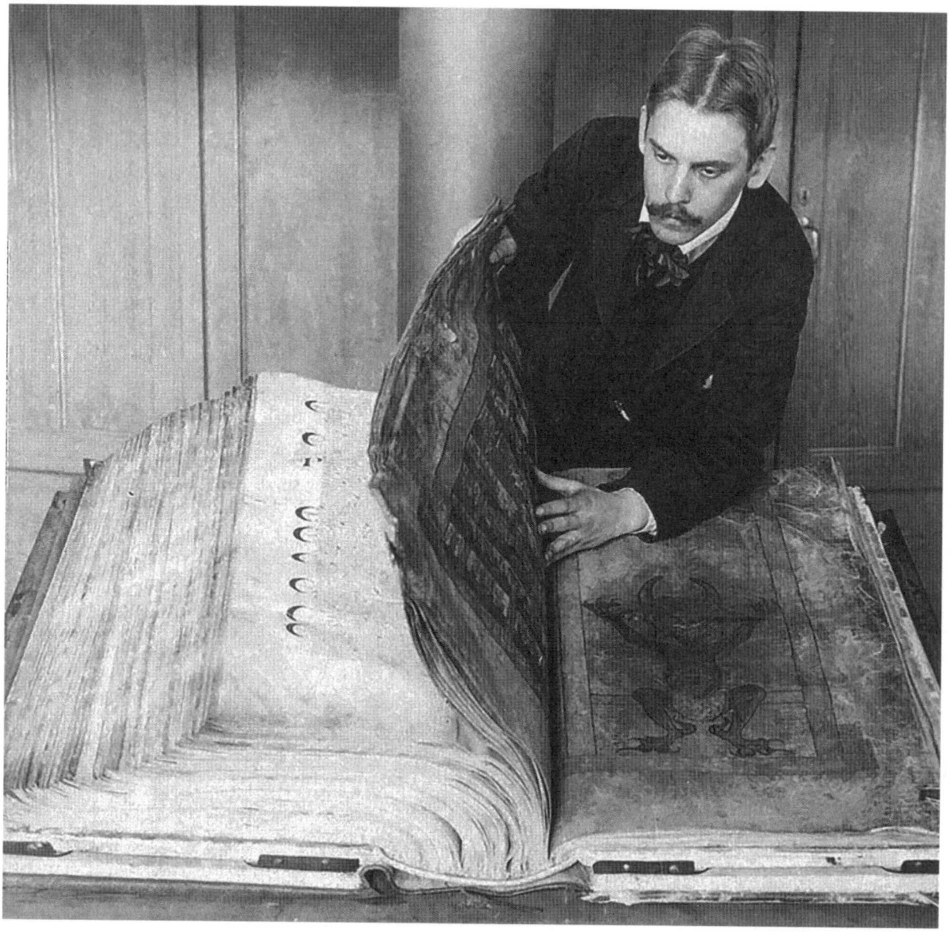

현존하는 가장 큰 필사본인 『코덱스 기가스』는 중세 시대에 악마 루시퍼에게서 마력을 부여받은 필경사가 하룻밤 만에 다 쓴 것으로 알려져 있다. 필경사는 감사의 의미로 책에 루시퍼의 초상화를 그려 넣었다(앞 페이지).

스』의 저자는 이름에 걸맞게 큰 책에 실로 많은 것을 담았다. 약 1미터 높이로 양피지 309장 분량의 책을 만드는 데 100마리의 당나귀 가죽이 쓰였다. 불가타 성경(5세기 초, 헬라어 원문 성경을 라틴어로 번역한 성경)을 한 줄도 빠짐없이 필사한 것만이 아니라, 세비야의 대주교 이시도루스가 쓴 백과사전인 『어원학』의 전문, 의학 관련 총서, 아프리카 출신의 수도승 콘스탄틴이 쓴 두 권의 책 등등 다양한 인기 작품들을 담았다. 현대의 도서관장이나 박물관장 들은 이 장대한 작업물이 20년 내지는 30년간의 노동으로 탄생했을 것이라고 추정한다. 현재는

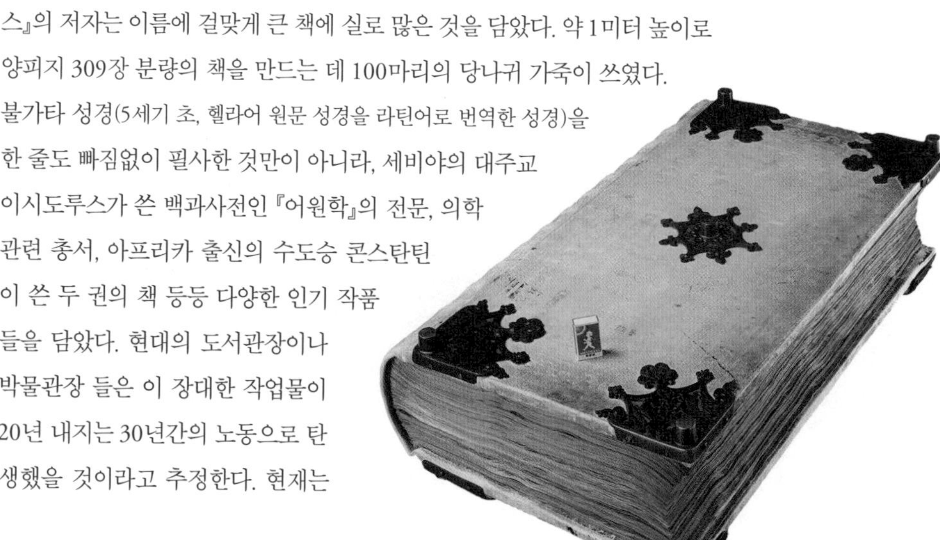

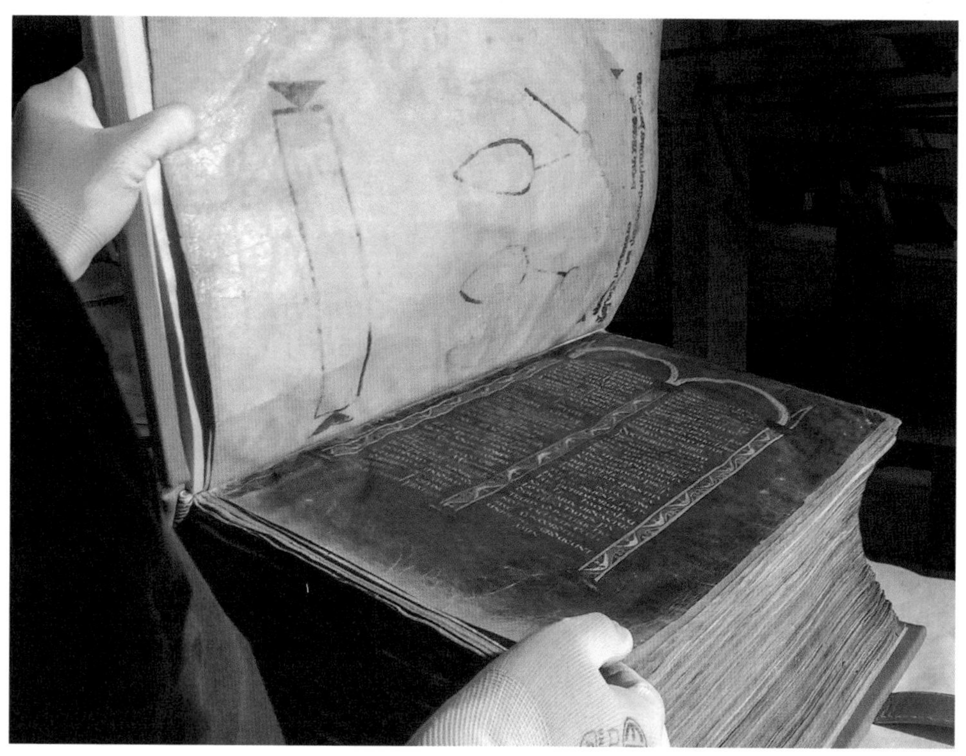

거대한 성경인 『코덱스 아미아티누스』. 최초로 완역된 라틴어 성경이기도 하다.
8세기 초 영국 웨어머스-재로우 수도원에서 만들어졌으며,
예언자 에스라가 글 쓰는 모습을 담은 그림을 포함해 세 장의 정밀한 삽화가 담겨 있다.

스톡홀름에 위치한 스웨덴 국립 도서관에 보관되어 있다. 전엔 스톡홀름 성에 있었는데, 화재 때 4층 창밖으로 던져지기도 했다. 무게 74.8킬로그램의 책은 무심코 지나가던 행인의 위로 떨어졌다. 책은 몇 장의 페이지가 떨어져 나가긴 했지만 무사했는데, 충돌 완화 매트 신세가 된 행인의 신변에 대해선 기록된 바가 없다.[18]

성경의 거대한 크기는 주제의 중요성을 나타낸다. 적어도 두 사람은 있어야 들 수 있을 만큼 무거운 성경은 그만큼 하나님 말씀에 넘치는 위엄을 반영한다. 특대형 크기는 실용성 면에서 여러 사람이 동시에 살펴보기 용이하다는 장점이 있다. 특히 예배에 쓰이던 성무일도 노래집이 줄곧 특대형으로 만들어지곤 했는데, 워낙 크다 보니 다루기가 거추장스러웠지만, 그 덕에 아무에게나 추행당할 걱정 없이 튼튼한 독서대에 누워 평온한 생을 보낼 수 있었다. 책에 실린 응답가(짧은 성가)엔 성가대가 볼 수 있도록 「암브로시오 성가」, 「그레고리오 성가」 모두에 사각형과 다이아몬드 모양의 기보법이 크게 표시되어 있다. 책이 워낙 커서 한 권으로 전체 성가대가 그 주변에 모여 함께 보았다.

성무일도 노래집이 인상적인 것 못지않게 사마르칸트의 위대한 코란 또한 가슴 벅찬 경외

18 창밖으로 내던져진 책에 의한 죽음은 나름의 역사를 갖고 있다. 1731년 2월 3일 밤, 브뤼셀 왕궁에 불길이 치솟자 왕실 사서들은 책을 구하려고 미친 듯 창밖으로 던지기 시작했다. 이때 어느 구경꾼이 하필이면 묵직한 폴리오에 맞아 죽었다고 한다. —지은이

거대한 석조 독서대. 15세기 사마르칸트에서 지어졌고 이슬람 문명을 통틀어
가장 웅장한 모스크로 손꼽히는 비비하눔 모스크에 있다.

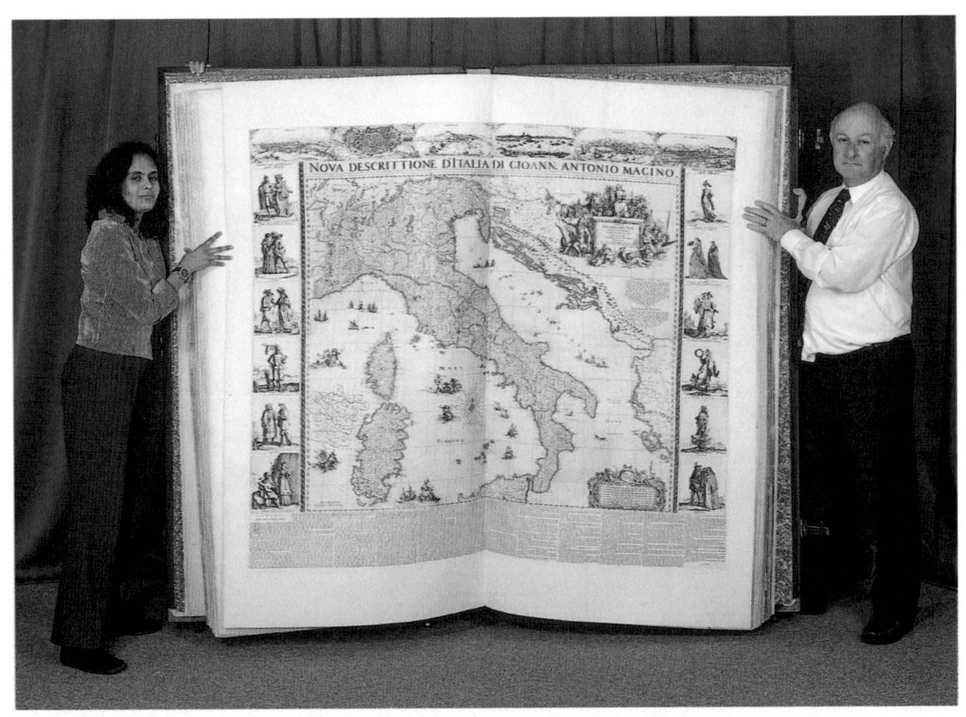

네덜란드 학자이자 상인, 요하네스 클렝커가 높디높게 만든 『클렝커 아틀라스』.
영국 왕 찰스 2세에게 왕위 복위를 기념해 바친 선물이었다.
높이 1.76미터, 너비 2.3미터인 이 책은 펼치는 것만으로도 독자를 하찮게 만든다.

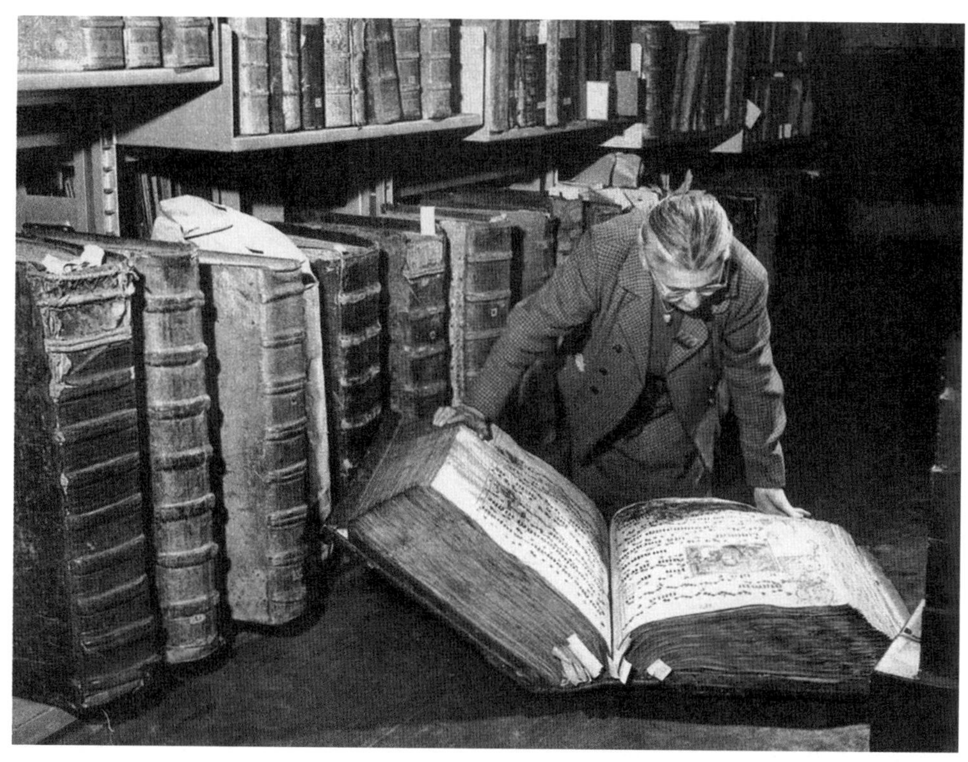

거대한 성무일도 노래집(중세 합창곡집)을 펼치려면
하중을 견딜 수 있도록 바닥에 내려놓아야 한다.

감을 불러일으킬 것이다. 이야기는 1399년으로 거슬러 올라간다. 티무르의 황후 사라이 물크 하눔(1343~1406)은 왕이 전쟁터에 나가 있는 동안 역사에 길이 남을 아름다운 모스크를 지을 것을 명했다. 티무르 최고의 건축가와 장인 들이 쉼 없이 매달린 끝에 1404년, 비비하눔 모스크(가장 나이 많은 아내의 모스크)가 완공되었다. 현재도 안뜰 중앙에 가면 황금으로 제본한 무게 300킬로그램에 달하는 세계에서 가장 오래된 코란 중 하나가 놓여 있던 2.29×1.98미터의 무시무시하게 큰 석조 독서대를 볼 수 있다. 황금 코란은 원래 마호메트의 사위인 오스만(579~656)의 것이었는데 그는 이 경전을 읽다 살해당했고 그때 흘린 피에 경전이 젖으면서 유물이 되었다고 한다. 그런 후 어느 성자가 이를 사마르칸트로 가져가 비비하눔 모스크의 독서대에 올려두었고 이후 이 고대의 문헌은 몇 세기에 걸쳐 시민과 순례자 들의 추앙을 받았다. 아들을 낳는 것이 소원인 여자들은 이 독서대를 세 바퀴 돌며 잉태를 기원했다. 1868년 사마르칸트를 점령한 러시아는 전리품으로 황금 코란을 챙겨 상트페테르부르크로 가지고 갔고 내내 보관했다가 1924년 소련이 되면서 우즈베키스탄 국민에게 반환했다. 현재 이 책의 섬세한 사슴 가죽 장정은 타슈켄트의 무이 무바라크 박물관에서 세심하게 맞춤한 장치의 보호를 받고 있다.

당연하게도, 순전히 구경거리로 만들어진 특대형 책도 있다. 그런 책으로는 1925년 뉴욕 그랜드 센트럴 팰리스에서 열린 박람회에서 미국 남부의 각 산업체가 저마다 개성 넘치는 작품을 선보이는 가운데 등장한 미국 문학의 거대한 괴

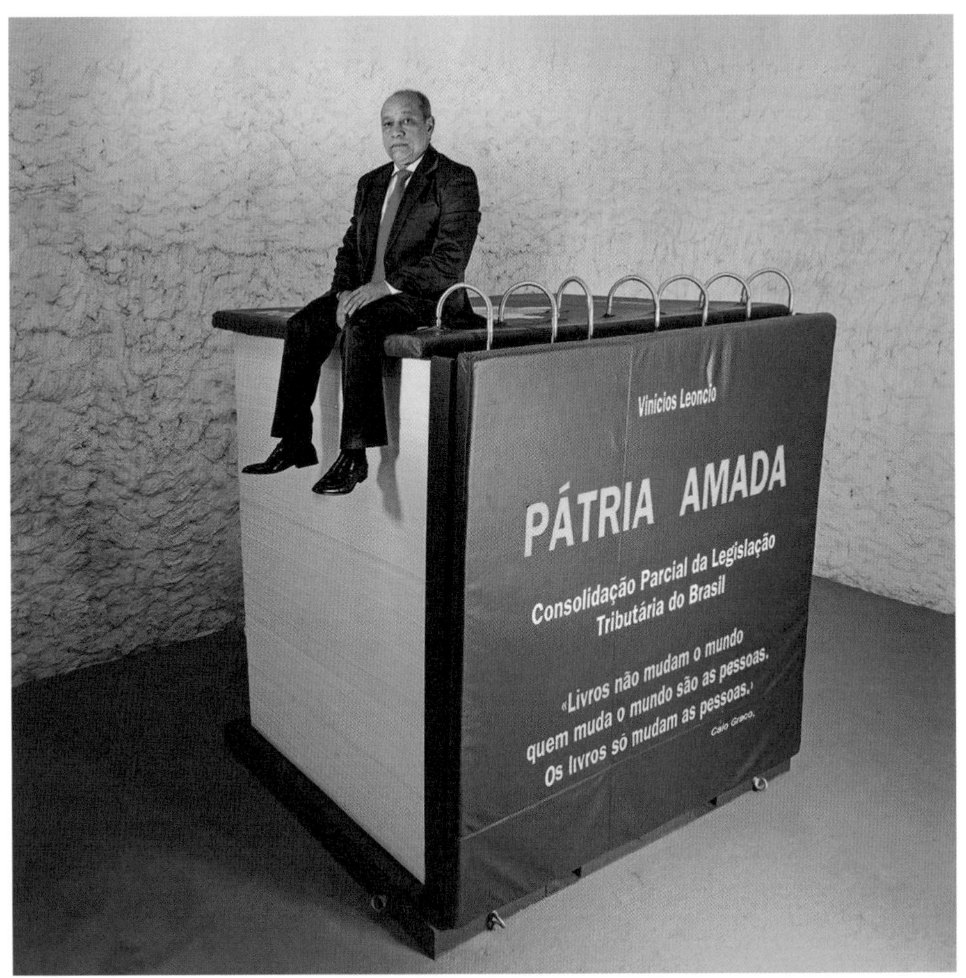

브라질의 변호사 비니시우스 레온시우가
자국의 과도한 세법에 대해 항의하고자 만든 책 위에 앉아 있다.

물 『남부 이야기』보다 더 인상적인 사례는 절대 찾을 수 없을 것이다(이 책은 나중에 볼티모어 시청에 전시될 예정이었지만 관련 기록은 어느 순간 증발해버리고 마는데, 아무래도 감당이 안 되는 크기 때문에 파손되었을 공산이 크다). 『남부 이야기』는 내려놓으면 지축을 흔들 것처럼 어마어마하게 커서(높이는 2.08미터이고, 펼쳤을 때의 전체 폭은 2.79미터이다) 페이지를 넘기려면 모터가 필요했다. 이 책을 거대한 기계식 이젤 위에 올리면 관객들 머리 위로 솟아올라 전체 높이가 3.7미터가 되었는데 이는 아프리카 어른 코끼리에 맞먹는 높이였고, 무게는 0.5톤을 넘어갔다. 12마력 엔진 두 대를 동원해 침대 시트 크기의 페이지를 열아홉 장 정도 넘길 수 있었는데 본문엔 남부의 여러 주가 힘을 모아 공화국 건설에 이바지했다는 내용이 상세히 적혀 있었다. 이 책을 만든 사람들을 애먹인 가장 큰 문제는 제본이었다. 표지가 될 판을 다 감쌀 만큼 몸집이 큰 동물이 과연 존재할까? 수소문한 끝에 텍사스에서 3.66미터 길이의 소가죽을 구할 수 있었다고 한다(3.66 미터 길이의 동물 가죽이 정말 있을지 심히 의심스럽지만 그 정도로 무시무시한 소를 길러낼 수 있는 곳이 만에 하나라도 있다면, 텍사스뿐이다).

『남부 이야기』로부터 90년 정도 흐른 2014년 브라질에서, 세무 변호사 비니시우스 레온시우는 이 분야에서 전례를 찾을 수 없는 동기에 고무된 나머지 괴물을 빚어냈다. 그의 동기는 '항의'였다. 무려 23년의 세월을 쏟아부은 끝에 탄생시킨 『사랑하는 조국』은 브라질 세법이 얼마나 방대하고 복잡한지에 대해 항의하는 7.5톤 무게의 증거물이자 책이었다. 레온시우는 이로써 브라질의 세법을 한 권짜리 책으로 집대성한 최초의 위인이 되었다(매일 35개 조항의 신규 세법이 브라질 법률로 추가 제정되기 때문에 '완성'이란 표현은 아주 잠시만 유효했다). 4만 1000쪽에 두께 2미터 10센티미터인 책을 뒤로 눕히면 아무리 키가 큰 독자라고 해도 고개를 뒤로 젖혀 우러러보지 않을 수 없다. 레온시우는 자비 100만 헤알(약 3억 원)을 들여 콘타젱시의 한 창고에서 옥외광고용 포스터를 줄기차게 뽑아대던 중국산 인쇄기로 이 책을 인쇄했다. 레온시우는 23년이 넘도록 하루 평균 다섯 시간씩 법률을 조사하고 수집했으며 그 사이 한 명이던 직원이 서른일곱 명까지 늘어났다. 세 번의 심장 발작, 한 번의 이혼, 두 번째 신혼도 개판이 된 브라질 세법과 다투는 "초현실적이고, 처벌적인 경험"으로부터 그를 떼어놓지 못했다. 출간 의도를 묻는 나의 질문에 그는 답했다. "이 나라에서 세금을 내면서 참아야 하는 굴욕에 대해 조치를 취해야 한다고 생각했을 뿐, 거창한 의도는 없었습니다."

레온시우 씨는 이 책에 자신의 이야기가 소개될 거라는 소식에 기뻐하면서 친절하게도 함께 실을 사진을 보내주었다. 하지만 23년의 대장정에서 손을 뗀 것엔 일말의 아쉬움은커녕 마냥 행복하다고 말했다. 내 마지막 질문에 그는 이렇게 말했다. "아뇨. 두 번째 판을 낼 계획 같은 건 전혀 없습니다."

'더블 엘리펀트 폴리오' 사이즈(가로 99센티미터, 세로 66센티미터)의 『미국의 새』(1827~1838).
이 책에서 미국의 자연주의자 존 제임스 오듀본은 북미에 서식하는 모든 새를 그림으로 옮길 야심을 품었다.

이 책의 놀라운 점은 새들을 '실물' 크기로 그렸다는 점이다. 2010년 런던 소더비 경매에서 흠잡을 데 없이 깨끗한 초판본이 732만 1250파운드에 낙찰되어 경매 역사상 가장 비싼 책의 반열에 올랐다.

Drawn from Nature by J. J. Audubon, F.R.S. F.L.S.

Engraved, Printed and Coloured by Robt. Havell, 1838

1. Profile view of Bill at its greatest extension.
2. Superior front view of upper Mandible.
3. Interior front view of upper Mandible.
4. Inferior front view of lower Mandible.
5. Interior front view of lower Mandible with the Tongue in.

American Flamingo.

PHŒNICOPTERUS RUBER, *Linn.*

Old Male.

6. Profile view of Tongue.
7. Superior front view of Tongue.
8. Inferior front view of Tongue.
9. Perpendicular front view of the foot fully expanded.

N°63. PLATE CCCXI

American White Pelican

PELICANUS AMERICANUS, Linn.

제목이 이상한 책

"이름이 무슨 의미가 있나요?" 『로미오와 줄리엣』에서 셰익스피어는 줄리엣의 입을 빌려 이와 같이 사색한다. 1597년 초판본이 출간됐을 때만 해도 이 책의 제목은 '로미오와 줄리엣의 숭고하면서도 통탄할 비극'이었다. 스콧 피츠제럴드의 『위대한 개츠비』가 '웨스트에그의 트리말키오'라는 제목으로 출간될 뻔했다던가, 브램 스토커가 '죽었어도 죽지 않은 자'라는 제목을 고민하다 결국 『드라큘라』로 정했다는 사실을 전해 듣는다면 그때도 셰익스피어는 "이름이 무슨 의미가 있다고?"라고 말할까? 영국의 유머 작가 앨런 코런이 1975년, 출간을 앞둔 에세이 선집의 제목을 고민하던 중에 당시 영국에서 인기를 끈 책들이 고양이, 골프, 나치를 소재로 했음을 발견하고선 제목을 『고양이를 위한 골프』라고 정한 후 책 표지에 나치 문양을 떡하니 박은 것처럼, 위대한 제목엔 예술성이 깃들어 있다.

제목은 또한, 우리에게 운명의 아이러니를 조심하라고 주의를 준다. 가령 2014년에 출간된 여행 안내서 『축제: 팜플로나의 수소들에게서 살아남는 법』의 저자 빌 힐먼은 같은 해 팜플로나의 소몰이 축제에서 수소들에게 들이받혔고, 이듬해에도 같은 사고를 당했다. 『근소한 표 차로 의석을 얻는 방법』을 쓴 보수당원 개빈 바웰은 2017년 영국 총선에서 근소한 표 차로 의석을 잃었다.

익살맞은 성격의 도서상으로 1978년부터 이어져온 '올해 가장 이상한 제목에 수여하는 북셀러/다이어그램 상'의 역대 수상작을 살펴보자. 『구강 가학증과 채식주의자의 성격』(1986, 글렌 E. 엘렌보겐), 『물 끓이기의 즐거움』(2018, 악세 페를라크 출판사 편집부), 『흙 구멍과 그 변형들』(2019, 찰스 L. 도빈스) 등이 눈에 띈다. 참신하지만 몇 세기를 거슬러 올라가면 이들의 선조들을 만날 수 있다. 아래 목록은 도서관 카탈로그 구석에 숨어 있는 더 흥미로운 제목들이다.

『대머리 남성 찬양Ecloga de Calvis』(910년경, 프랑스 수도사 후크발트)

『극악무도한 여성 연대에 맞선 나팔의 첫 번째 폭발음The First Blast of The Trumpet Against the Monstruous Regiment of Women』(1558, 존 녹스)

『긴 머리의 혐오스러움 … 늙은 신과 젊은 신이 긴 머리를 반대하며 내린 공동 판결. 화장, 기미, 가슴 노출에 대한 부정적인 내용의 부록 첨부

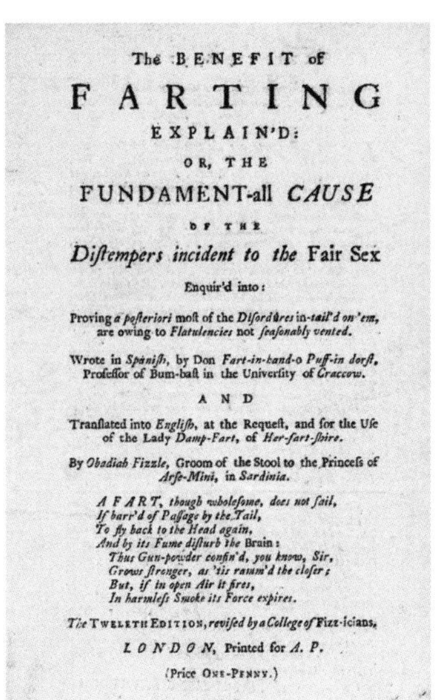

The BENEFIT of

FARTING

EXPLAIN'D:

OR, THE

FUNDAMENT-all *CAUSE*

OF THE

Diſtempers incident to the Fair Sex

Enquir'd into:

Proving *a poſteriori* moſt of the *Diſordures* in-*tail'd on'em*, are owing to *Flatulencies* not *ſeaſonably vented*.

Wrote in *Spaniſh*, by Don *Fart-in-hand-o Puff-in dorſt*, Profeſſor of Bum-baſt in the Univerſity of *Craccow*.

AND

Tranſlated into *Engliſh*, at the Requeſt, and for the Uſe of the Lady *Damp-Fart*, of *Her-fart-ſhire*.

By *Obadiah Fizzle*, Groom of the Stool to the Princeſs of *Arſe-Mini*, in *Sardinia*.

A FART, though wholeſome, does not fail,
If barr'd of Paſſage by the Tail,
To fly back to the Head again,
And by its Fume diſturb the Brain:
Thus Gun-powder confin'd, you know, Sir,
Grows ſtronger, as 'tis ramm'd the cloſer;
But, if in open Air it fires,
In harmleſs Smoke its Force expires.

The TWELFTH EDITION, *reviſed by a College of* Fizz-icians,

LONDON, Printed for *A. P.*

(Price ONE-PENNY.)

The Loathsomnesse of Long Haire ... with the Concurrent Judgement of Divines both Old and New Against It. With an Appendix Against Painting, Spots, Naked Breasts, etc.』(1654, 토머스 홀 목사)

『혼령들의 화해, 또는 유령과 친해지는 방법에 대하여Conciliatione spirituum, Oder: Von Der Kunst Sich Mit Geistern Bekant Zu Machen』(1716, H. A. 마트케 그리고 G. E. 함베르거)

『엉덩이의 음악 또는 귀부인의 뒤태에 대한 보고서 …Arse Musica; or, The Lady's Back Report ...』(1722, 피즐럼프 백작 부인[조너선 스위프트])

『사탄의 추수제 또는 매춘, 간음, 매춘 알선, 비역질, 그리고 동성애의 실태(생생하고 흥미진진한 이야기를 바탕으로 한 삽화 수록) 그리고 이토록 훌륭한 개신교 왕국에서 매일 유포되고 있는 사악한 출간물들Satan's Harvest Home: or the Present State of Whorecraft, Adultery, Fornication, Procuring, Pimping, Sodomy, And the Game of Flatts, (Illustrated by an Authentick and Entertaining Story) And other Satanic Works, daily propagated in this good Protestant Kingdom』(1749, 작가 미상)

『독창적으로 괴롭히는 기술에 관한 에세이 그리고 이 유쾌한 기술을 행사할 때 필요한 적절한 규칙들An Essay on the Art of Ingeniously Tormenting; with Proper Rules for the Exercise of that Pleasant Art』(1753, 제인 콜리어)

『달걀, 또는 그레고리 기디 님의 회고록: 프랜시스 플림지, 프레더릭 플로리드, 벤 봄바스트 씨의 역작 수록 및 패티 푸트, 루시 러셔스, 프리실라 포지티브의 사견 추가. 또한 정의와 명예를 지킨 어느 강아지의 회고록도 포함. … 잉태한 유명한 암탉이 유명한 수탉 사육자의 주선으로 만인이 보는 앞에서 출산하였다The Egg, Or The Memoirs Of Gregory Giddy, Esq: With The Lucubrations Of Messrs. Francis Flimsy, Frederick Florid, And Ben Bombast. To Which Are Added, The Private Opinions Of Patty Pout, Lucy Luscious, And Priscilla Positive. Also The Memoirs Of A Right Honourable Puppy. ... Conceived By A Celebrated Hen, And Laid Before The Public By A Famous Cock-Feeder』(1772, 작자 미상)

『아일랜드 작업복의 모험과 목면 반바지의 별난 일화The Adventures Of An Irish Smock, Interspersed With Whimsical Anecdotes Of A Nankeen Pair Of Breeches』(1783, 조지 리스터 발행)

『바람에 관한 에세이: 저명한 방귀쟁이의 흥미로운 일화An Essay upon Wind; with Curious Anecdotes of Eminent Peteurs』(1787, 찰스 제임스 폭스)

『그, 그녀 또는 그것이 스스로와 관련 있다고 생각하는 핀의 모험The Adventures of a Pin, Supposed to be Related by Himself, Herself, or Itself』(1790, J. 리)

『오이에서 태양 광선을 추출할 수 있을지 몰라도 그 과정은 따분하다Sun-beams May Be Extracted From Cucumbers, But the Process is Tedious』(1799, 데이비드 대깃)

『고급 타조 깃털의 모험The Adventures of an Ostrich Feather of Quality』(1812, 셔우드, 닐리 그리고 존스)

『낡은 가발의 회고록Memoirs of an Old Wig』(1815, 리처드 펜턴)

『말썽쟁이 꼬마 집 요정과 보낸 휴가Holidays with Hobgoblins』(1861, 더들리 코스텔로)

『자전거 타는 법: 안장에 걸터앉은 다음 두 발을 저어 달려가라How to Ride a Velocipede: Straddle a Saddle, Then Paddle and Skedaddle』(1869, 조지프 퍼스 보텀리)

『천국: 그곳의 위치와 주민들, 가는 길Heaven: Where It Is, Its Inhabitants, And How To Get There』(1880, 드와이트 L. 무디)

『오리가 돈 내게 하는 법Ducks; and How to Make Them Pay』(1894, 윌리엄 쿡)

『내가 만난 유령들 및 다른 존재들Ghosts I Have Met, and Some Others』(1898, 존 켄드릭 뱅스)

『남편을 요리하는 법How to Cook Husbands』(1898, 엘리자베스 스트롱 워딩턴)

『치료 시와 성교 시의 채찍질 사용에 관한 논문A Treatise on the Use of Flogging in Medicine and Venery』(1898, 요한 하인리히 마이봄)

『내가 알고 지낸 물고기Fishes I Have Known』(1905, 아서 헨리 베번)

『환자의 원격 치료, 특히 텔레파시에 관한 중점적인 논급The Absent Treatment of Disease, With Particular Reference to Telepathy』(1906, 셸던 레빗 의학박사)

『사마귀와 그 의미 … 인체의 사마귀를 통해 앞날을 예측한 고대 과학의 현대적이고 알기 쉬운 접근Moles and their Meaning ... Being a Modernised and Easy Guide to the Ancient Science of Divination by the Moles of the Human Body』(1907, 해리 드 윈트)

『아일랜드인이 네덜란드어를 배우기 힘든 이유An Irishman's Difficulties with the Dutch Language』(1908, 큐이-나-게일)

『노년기, 원인과 예방Old Age, Its Cause and Prevention』(1912, 샌퍼드 베넷)

『돼지가 돈 내게 만드는 법Pigs: How to Make Them Pay』(1913, C. 아서 피어슨 Ltd. 발행)

『지구가 돈다고? 천만에!Does the Earth Rotate? No!』(1919, 윌리엄 웨스트필드)

『방사선 요리책Radiation Cookery Book』(1927, 버밍엄, 방사선 Ltd 발행)

『교수형 안내서A Handbook on Hanging』(1928, 찰스 더프)

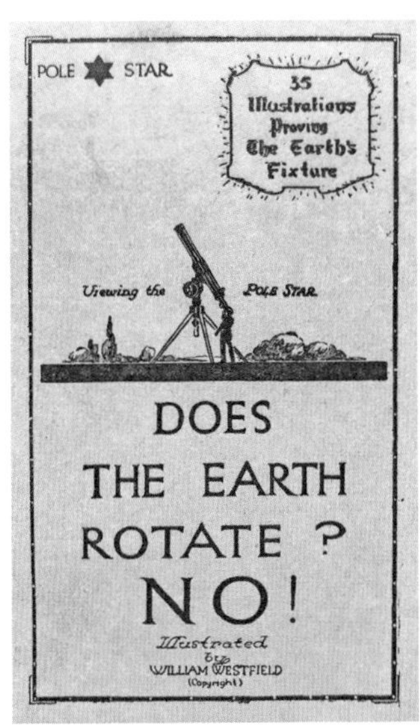

『예수라면 매독에 대해 어떻게 할까?What Would Christ Do About Syphilis?』(1930년경, 아이라 D. 카디프 의학박사)

『심령 자기 방어: 심령 공격 탐지 및 방어를 위한 실용적인 지침Psychic Self-Defense: Practical Instructions for the Detection of Psychic Attacks, & Defence Against Them』(1930, 디온 포천)

『새들의 이심전심(이 아니면 무엇?)Thought Transference (Or What?) in Birds』(1931, 에드먼드 셀러스)

『침범에 대한 너의 응답—주짓수Your Answer to Invasion—Ju-Jitsu』(1941, 제임스 힙키스)

『코카 스패니얼 견명록犬名錄 Who's Who in Cocker Spaniels』(1944, 매리언 R. 맹그럼)

『양배추와 죄Cabbages and Crime』(1945, 앤 내시)

『고무줄의 역사와 로맨스The History and Romance of Elastic Webbing』(1946, 클리퍼드 A. 리치먼드)

『라스무센 여사가 한 팔로 요리하는 법Mrs. Rasmussen's Book of One-Arm Cookery』(1946, 메리 라스웰)

『지렁이 활용하기Harnessing the Earthworm』(1949, 토머스 J. 배럿)

『순록의 뒤를 쫓다Shag the Caribou』[1](1949, C. 버나드 루틀리)

『즐겁게 돈 버는 개구리 사육Frog Raising for Pleasure and Profit』(1950, 앨버트 브로엘 박사)

『탄광 노동자를 위한 실용적인 갱도 균열Practical Kinks for Coal Mining Men』(1950, 작가 미상)

『당신의 발이 당신을 죽이고 있다Your Feet Are Killing You』(1953, 사이먼 J. 위클러 의학박사. 관련 저서로 T. O. '팁' 베르크의 『당신의 발이 말 그대로 당신을 죽이고 있다Your Feet are Killing You Literally』(1979)도 참고할 것)

『지루한 해면동물이 사우스캐롤라이나의 굴을 공격하다The Boring Sponges Which Attack South Carolina Oysters』(1956, 슈얼 H. 홉킨스)

『나의 고기 금고 속 족제비A Weasel in My Meatsafe』(1957, 필 드래블)

『비전문가를 위한 방사선 육종Atomic Gardening for the Layman』(1960, 뮤리얼 호위스)

1 shag의 속어적 의미를 적용하면 이 제목은 '순록과 교미하다'라는 뜻도 된다.

『귓바퀴 다모증 유전The Inheritance of Hairy Ear Rims』(1961, 레지널드 러글스 게이츠, P. N. 바두리)

『양파와 양파 동맹국Onions and Their Allies』(1963, 헨리 앨버트 존스, 루이스 킴벌 만)

『세뇌는 식은 죽 먹기다!Brainwashing is a Cinch!』(1966, 제임스 마라타)

『미늘, 갈퀴, 침, 송곳, 끈끈이: 옛날 옛적의 가시철사를 총망라한, 삽화가 포함된 카탈로그Barbs, Prongs, Points, Prickers, and Stickers: A Complete and Illustrated Catalogue of Antique Barbed Wire』(1970, 로버트 T. 클리프턴)

『바나나의 뻔뻔한 변신Be Bold with Bananas』[2](1972, 크레센트북스 편집부)

『유대인과 일본인이 섹스하고 요리하는 책 그리고 늑대 키우는 법The Jewish-Japanese Sex and Cook Book and How to Raise Wolves』(1972, 잭 더글러스)

『신나는 오컬트 요리 안내서Gleeful Guide to Occult Cookery』(1974, 윌 아이스너)

『제2회 누드 생쥐 국제 워크숍Proceedings of the Second International Workshop on Nude Mice』(1977, 타츠지 노무라 외 편집)

『사업가로서의 마담: 성매매 업소 경력 관리The Madam as Entrepreneur: Career Management in House Prostitution』(1978, 바버라 셔먼 헤일)

『콘크리트 역사의 하이라이트Highlights in the History of Concrete』(1979, C. C. 스탠리)

『이토록 놀라운 재료, 마요네즈!That Amazing Ingredient, Mayonnaise!』(1979, 팻 모리슨)

『중력은 밀기다Gravity is a Push』(1979, 월터 C. 라이트)

『닭의 즐거움The Joy of Chickens』(1981, 데니스 놀런)

『세로 방향 압연에 관한 이론The Theory of Length-

매사추세츠의 별 볼 일 없는 사업가였지만 경이로운 행운으로 성공을 거둔 저자 티머시 덱스터만큼이나 괴짜 같은 책, 『아는 사람을 위한 피클 또는 손으로 짠 드레스의 평범한 진실』(1802)에서 구두점으로만 채워진 페이지. 이 예시만으로도 이 책이 도를 넘어섰다는 것을 알 수 있는데, 저자 티머시 덱스터 역시 만만치 않은 괴짜였다. 그는 매사추세츠의 사업가로 사리 판단 능력이 거의 없었음에도 운이 억세게 좋아 말도 안 되는 성공을 거두었다. 그가 추운 나라에서나 팔리는 침대 보온 팬을 열대 서인도 제도에 보냈을 때 진취적인 성격의 화물 선장은 현지 당밀 산업체에 이를 국자라고 속여 팔아 넘겼다. 또 다른 항해 때는 양모 장갑을 실어 보냈는데 이번엔 아시아 상인들이 시베리아로 수출할 생각으로 매입했다. 그가 동인도 제도에 성경을 보냈을 땐 현지 선교사들이 이를 샀고 카리브해 섬에 길고양이들을 보냈을 땐 쥐를 퇴치할 해결사로 환영을 받았다. 한 번은 경쟁업자들에게 속아 석탄을 한가득 실은 배를 뉴캐슬에 보냈는데(사우디아라비아에 원유를 수출하는 격이었다) 도착해보니 마침 광부들이 한창 파업 중이어서 그는 거금을 손에 넣게 되었다. 그런 그가 쉰 살에 출간한 『아는 사람을 위한 피클 또는 손으로 짠 드레스의 평범한 진실』은 8847개의 단어로 정치인, 성직자, 그리고 자신의 아내에게 퍼부은 폭언집이었다. 이 책은 대소문자가 아무렇게나 쓰여 있고, 구두점은 이렇다 할 이유 없이 빠져 있었다. 비판이 일자 그는 두 번째 판 마지막 페이지에 구두점만 가득 찍은 페이지를 추가해 독자들이 직접 본문에 붙일 수 있게 했다. 내가 존경의 의미로 그 페이지를 이 책에 인용한 것이 그의 마음에 들길 바란다.

2 양초부터 소시지까지 바나나의 기상천외한 활용법을 안내하는 책이다.

, ,
, ,
, ,
, ,
, ,
, ,
, ,
, ,
, ,

; ;
; ;
; ;
; ;
; ;

: :
: :
: :
: :

? ?
? ?
? ?
? ! ? ? ? ? ? ? ? ? ? ? ? ? ? ? ?

! !
! !
! !
! !

, ,
, ,
, ,
, ,

. . . .
. . . .
. . . .
. . . .

- -
- -
- -

wise Rolling』(1981, G. S. 니키틴, 알레한데르 첼리코프, S. E. 로코티안)

『중세의 트롬본과 르네상스The Trombone in the Middle Ages and the Renaissance』(1982, 조지 B. 레인)

『핵전쟁: 당신에겐 어떤 이점이 있을까?Nuclear War: What's in it for You?』(1982, 그라운드 제로 펀드, Inc. 편집부)

『경찰기관을 위한 오컬트 기본 지침서A Basic Guide to the Occult for Law Enforcement Agencies』(1986, 메리 앤 헤럴드)

『다용도 운명: 오직! 하나뿐인! 자가용 엔진을 취사용 가열기구로 사용하는 법!Manifold Destiny: The One! The Only! Guide to Cooking on Your Car Engine!』(1989, 크리스 메이너드, 빌 셸러)

『큰 배를 피하는 법How to Avoid Huge Ships』(1993, 존 W. 트리머)

『1달러로 데이트하기: 301가지 방법Dating for Under a Dollar: 301 Ideas』(1999, 블레어 톨먼)

『우울과 작별하고 싶다면: 하루 100번만 괄약근을 조이면 된다? 사기라고? 효과가 있다고?How to Good-bye Depression: If You Constrict Anus 100 Times Everyday. Malarkey? or Effective Way?』(2000, 히로유키 니시가키)

『성경으로 치료하는 과민성 대장 증후군The Bible Cure for Irritable Bowel Syndrome』(2002, 돈 콜버트 의학박사)

『나는 트랙터에서 여자의 모든 것을 배웠다Everything I Know about Women I Learned from My Tractor』(2002, 로저 웰시)

『자기가 죽은 줄 모르는 사람들: 귀신은 어리숙한 방관자에게 어떻게 들러붙는가, 그리고 그런 경우 어떻게 대처해야 하는가People Who Don't Know They're Dead: How They Attach Themselves to Unsuspecting Bystanders and What to Do About It』(2005, 게리 리언 힐)

『신이 고양이를 통해 말하기도 하나요?Does God Ever Speak through Cats?』(2006, 데이비드 에번스)

『유령: 미네소타의 이색 천연자원Ghosts: Minnesota's Other Natural Resource』(2007, 브라이언 레플러)

『수집 가능한 제3제국산 스푼Collectible Spoons of the 3rd Reich』(2009, 제임스 A. 야니스)

『네가 총을 쏘면: 네 총은 뜨겁고 범인의 총은 뜨겁지 않다. 이제 어떻게 할까?After You Shoot: Your Gun's Hot. The Perp's Not. Now What?』(2010, 앨런 코윈)

『똥의 기원The Origin of Feces』(2013, 데이비드 월트너-토우즈)

『건물의 나이 알아맞히기: 이해하기 쉬운 참조 가이드How to Date Buildings: An Easy Reference Guide』(2017, 트레버 요크)

『송곳니가 큰 미남 치과의사에겐 저항하지 마라, 그는 귀신이다Open Wide for the Handsome Sabertooth Dentist Who Is Also A Ghost』(2017, 척 팅글)

감사의 말

이 책은 여러분의 아낌없는 노력이 없었다면 나올 수 없었습니다. 킹즈퍼드 캠벨의 찰리 캠벨, 사이먼 앤 슈스터의 이언 마셜, 지칠 줄 모르는 열정으로 아름다운 책을 만들어준 로라 니콜과 키스 윌리엄스에게 깊은 감사를 드립니다. 몇 년 동안 질문 공세를 퍼부었음에도 늘 두 팔 벌려 맞아준 프랭클린 브룩-히칭과 가족 모두에게 고마움을 전합니다. 알렉스, 알렉시 앤스티, 데이지 라라미-빙크스, 메건 로즌블룸, 린지 피츠해리스, 맷, 제마, 찰리 트로프턴, 조지 헬릿, 테아 리스, 그 밖에 존, 세라, 코코 로이드, 피어스 플레처, 제임스 하킨, 알렉스 벨, 앨리스 캠벨 데이비스, 잭 체임버스, 앤 밀러, 앤드루 헌터 머리, 안나 프타스진스키, 제임스 로슨, 댄 슈라이버, 마이크 터너, 샌디 톡스빅 등등, QI의 모든 친구에게 고마움을 표합니다. 특히 선뜻 인터뷰에 응해주고 전문 지식을 내주었으며 이 책에 멋진 삽화들을 싣게 해준 분 모든 분께 깊이 감사드립니다.

'대니얼 크라우치 희귀 서적 및 지도'의 대니얼 크라우치와 닉 트리밍, '소더비'의 리처드 패토리니, 필립 에링턴, 키아라 드 니콜라이, '본엄스'의 매슈 헤일리, '피터 해링턴'의 조 제이미슨, 토비아스 슈뢰델, 그리고 닐 윌슨 박사, 데이비드 네이선-마이스터, 블라디미르 아니스킨, 비니시우스 레온시우, 필립 마틴스에게 감사드립니다.

영국 도서관, 메트로폴리탄 미술관, 의회 도서관, 뉴욕 공립 도서관, 국립 의학 도서관, 웰컴 컬렉션,

프린츠호른 컬렉션, 바이니키 희귀 도서 및 필사본 도서관, 예일대학교, 암스테르담 국립 미술관, 모건 도서관 및 박물관, 바이에른 국립 도서관, 존 카터 브라운 도서관, 벨기에 왕립 도서관, 호놀룰루 미술관의 리처드 레인 컬렉션에서 일하시는 멋진 분들에게도 이 자리를 빌려 감사의 인사를 전합니다.

참고 문헌

Ash, R. & Lake, B. (1998) Bizarre Books, London: Pavilion Books

Basbanes, N. A. (1995) A Gentle Madness: Bibliophiles, Bibliomanes and the Eternal

Passion for Books, New York: Henry Holt & Co.

Basbanes, N. A. (2001) Patience & Fortitude,

New York: HarperCollins Publishers Bauer, M.S. (2009) A Mind Apart: Poems

of Melancholy, Madness, and Addiction, Oxford: Oxford University Press Bishop, T. (2017) Ink: Culture, Wonder, and Our Relationship with the Written Word, Toronto: Penguin Canada

Bloch, I. (1909) The Sexual Life of Our Time in its Relations to Modern Civilization,

London: Rebman Ltd

Bondeson, J. (1997) A Cabinet of Medical Curiosities, London: I. B. Tauris Publishers Bondy, L. (1981) Miniature Books, London: Sheppard Press

Bromer, A. C. & Edison, J. I. (2007) Miniature

Books: 4000 Years of Tiny Treasures, New York: Abrams Books

Copp, P. (2014) The Body Incantatory: Spells and the Ritual Imagination in Medieval

Chinese Buddhism, New York: Columbia University Press

Darnton, R. (2009) The Case for Books: Past, Present and Future, New York: Public

Affairs Books

Davenport, C. (1929) Beautiful Books,

London: Methuen & Co. Ltd

Davenport, C. (1927) Byways Among English Books, London: Methuen & Co. Ltd

Davenport, C. (1907) The Book: Its History and Development, London: Archibald Constable & Co. Ltd

Davies, O. (2009) Grimoires: A History of Magic Books, Oxford: Oxford University Press

Dibdin, T.F. (1809) The Bibliomania; or Book Madness, London: W. Savage

Disraeli, I. (1791) Curiosities of Literature, London: J. Murray

Ditchfield, P. H. (1895) Books Fatal to their Authors, London: Elliot Stock

Duncan, D. & Smyth, A. (eds.) (2019) Book Parts, Oxford: Oxford University Press

Eisen, E. X. (2018)

https://www.theparisreview.org/blog/2018/10/31/writing-in-blood/

Eliot, S. & Rose, J. (eds.) (2009) A Companion to the History of the Book, Oxford:

Blackwell Publishing Febvre, L. & Martin, H-J. (1976)

The Coming of the Book: The Impact of Printing, 1450–1800, London: New Left Book Club Finkelstein, D. & McCleery, A. (2005)

An Introduction to Book History, New York/London: Routledge Fishburn, M. (2008) Burning Books,

Basingstoke: Palgrave Macmillan Ford, B.J. (1992)

Images of Science: A History of Scientific Illustration, London: British Library

Fowler, C. (2012) Invisible Ink, London: Strange Attractor

Garfield, S. (2018) In Miniature: How Small Things Illuminate the World, Edinburgh:

Canongate Books

Gekowski, R. (2013) Lost, Stolen or Shredded: Stories of Missing Works of Art and

Literature, London: Profile Gilbar, S. (1981) The Book Book, New York: Bell Publishing Company Gillett, C. R.

(1932) Burned Books, Norwood: Plimpton Press Gordon, Stuart (1995) The Book of Hoaxes,
London: Headline Book Publishing
Grafton, A. (1997) The Footnote: A Curious History, London: Faber and Faber Haggard, H. W. (1913) Devils, Drugs and Doctors, London: Harper & Brothers Haight, A. (1978)
Banned Books, New York: R. R. Bowker LLC Houston, K. (2016) The Book: A Cover-to-Cover Exploration of the Most Powerful Object of our Time, New York: W. W. Norton
Jackson, H.J. (2001) Marginalia: Readers Writing in Books, London: Yale University Press Jackson, Holbrook (1930)
Anatomy of Bibliomania, London: Soncino Jackson, K. (1999) Invisible Forms, London: Picador Johns, A. (1998) The Nature of the Book: Print and Knowledge in the Making, Chicago: Chicago University Press
Kahn, D. (1974) The Codebreakers, London: Weidenfeld and Nicolson
Katsoulis, M. (2009) Literary Hoaxes, New York: Skyhorse Publishing
Kells, S. (2017) The Library: A Catalogue of Wonders, Melbourne: The Text Publishing Company
Kelly, T. F. (2019) The Role of the Scroll, New York: W. W. Norton & Company
Kelly, S. (2005) The Book of Lost Books, New York: Viking
Kwakkel, E. (2018) Books Before Print, Leeds: Arc Humanities Press
Láng, B. (2008) Unlocked Books, University
Park, PA: Pennsylvania State University
Lyons, M. (2011) Books: A Living History, Los Angeles: Getty Publications
Maggs Bros. (1932) Curiouser and Curiouser: A Catalogue of Strange Books and Curious Titles, London
Olmert, M. (1992) The Smithsonian Book of Books, Washington D.C.: Smithsonian Books
Page, N. (2001) Lord Minimus: The Extraordinary Life of Britain's Smallest Man, London: HarperCollins Publishers
Pearson, D. (2008) Books as History: The Importance of Books Beyond Their Texts,
London: British Library
Petroski, H. (1999) The Book on the Bookshelf, New York: Alfred A. Knopf Pietsch, T. W. (ed.) (1995) Fishes, Crayfishes, and Crabs: Louis Renard's Natural History of the Rarest Curiosities of the Seas of the Indies, Baltimore/London: John Hopkins
University Press Robinson, A. (2009)
Lost Languages, New York: Thames & Hudson Inc.
Rubenhold, H. (2005) Harris's List of Covent-Garden Ladies, Stroud: Tempus Publishing Singh, S. (1999) The Code Book, London: 4th Estate Sutherland, J. (2009) Curiosities of Literature, London: Arrow
Tucker, S. D. (2016) Forgotten Science, Stroud: Amberley Publishing
Van Straten, G. (2017) In Search of Lost Books: The Forgotten Stories of Eight Mythical Volumes, London: Pushkin Press
Welsh, D. V. (1987) The History of Miniature Books, Albany: Fort Orange Press
Witkowski, G-J. (1898) Tetoniana: Curiosités Médicales, Littéraires et Artistiques sur les Seins Et L'allaitement, Paris: Imprimerie Lemale et Cie, Havre Wootton, D. (2006) Bad Medicine: Doctors Doing Harm Since Hippocrates, Oxford: Oxford University Press Yu, J. (2012)
Sanctity and Self-Inflicted Violence in Chinese Religions, 1500–1700, Oxford: Oxford University Press

도판 출처

The Arnamagnæan Institute, University of Copenhagen Pg 28; The Arnamagnæan Institute, University of Copenhagen, Copenhagen, Denmark. AM 377 fol., 455v-456r. Photograph: Suzanne Reitz Pg 117; Auction Team Breker Cologne Germany © 2019 Pg 137 (bottom); BabelStone, Wikipedia Pg 143 (top); Bayerische Staatsbibliothek München, Cgm 48, fol. 37r Pg 181; Beinecke Library, Yale University Pg 4–5, 19 (top), 40, 70–73, 144, 166; Ben Denzer Pg 41; Biblio-Archives / LibraryArchives Pg 89; Biblioteca Civica Hortis, Trieste Pg 201 (bottom three images); Bibliothèque Royale de Belgique Pg 195; Bonhams Pg 190–191, 217 (both images), 224; Boston Public Library Pg 85 (all images); Bristol Archives Pg 51; British Library Pg 23 (top left), 29 (bottom), 47 (top), 58, 60–61, 74 (top), 110 (top), 112 (both images), 114, 116, 128, 147, 153 (top), 167, 174–175 (both images), 177, 197, 199 (top), 201 (top left, top middle); The British Library Board/Bridgeman Images Pg 234 (bottom); California Digital Library Pg 211 (both images); Center for the History of Medicine, Countway Library Pg 210; CEphoto, Uwe Aranas Pg 136 (bottom); Cristian Chirita Pg 90 (top); Daderot Pg 23 (right); Courtesy of Dr Neil Wilson Pg 38; Daniel Crouch Rare Books and Maps Pg 33 (bottom right); David Nathan-Maister Pg 44 (both images); Dorotheum, Wikipedia Pg 97 (top); dpa picture alliance / Alamy Pg 107; Etan J. Tal Pg 176; Francis A. Countway Library of Medicine, Medical Heritage Library Pg 132–133; Getty Research Institute Pg 79, 205; Haeferl/Wikimedia Pg 35 (bottom); Ghent University Library Pg 118–119; Heidelberg University Pg 142; Henry Groskinsky / The LIFE Picture Collection via Getty Images Pg 212; Houghton Library, Harvard University Pg 54; Houston Museum of Natural Science Pg 35 (top); Institute of Slavonic Studies Pg 141; INTERFOTO / Alamy Pg 33 (bottom left); The J. Paul Getty Museum, Los Angeles Pg 112 (both images); The J. Paul Getty Museum, Villa Collection, Malibu, California, gift of Lenore Barozzi Pg 26; John Carter Brown Library Pg 178–179; Kevin Knight, Beáta Megyesi, Christiane Schaefer Pg 78; Keystone Press / Alamy Pg 84; Lawrence J. Schoenberg Collection of Manuscripts, Kislak Center for Special Collections, Rare Books and Manuscripts, University of Pennsylvania Pg 75; Leofstan Pg 221 (bottom right); Library of Congress Pg 16, 32 (top left), 99, 106, 161 (bottom), 162, 185, 209 (top), 215 (both images), 222 (top right), 226; Mac Armstrong, Wikipedia Pg 82; Mamma Haidara Library, Timbuktu Pg 43 (top); Marcin Wichary Pg 137 (top); Marie-Lan Nguyen Pg 24, 33 (top); McGill University Pg 46; Metropolitan Museum of Art Pg 27 (right), 65 (bottom), 140, 169, 218 (top left and bottom left), 219 (top right); Nicholas Herman Pg 32 (bottom); Museums Victoria Pg 136 (top left and second from bottom); Music Library, University of California, Berkeley Pg 183; Nara National Museum Pg 180 (both images); National Archives of the Netherlands Pg 42, 120–121; National Gallery of Art Pg 216; National Library of Medicine, Maryland Pg 64 (left), 134–135, 198 (both images), 204 (bottom two images); National Library of New Zealand Pg 218 (bottom right); Division of Cultural and Community Life, National Museum of American History, Smithsonian Institution Pg 36; National Museum of Warsaw Pg 27 (bottom); NATTat-NKM/Flickr Pg 37; N P Holmes Pg 111 (right); Per B. Adolphson, National Library of Sweden Pg 230–231; Peter Harrington Rare Books Pg 127; Petrus Agricola/Flickr.com Pg 172; Philipe Martins Pg 235; Princeton University Library Pg 43 (bottom); Newberry Library Pg 45; Prinzhorn Collection, University Hospital Heidelberg, Inv. Nr. 743 Pg 20–21; Punishar, Wikipedia Pg 136 (second from top); Rare Book and Manuscript Library, Pennsylvania University Pg 146; Richard Lane Collection,

Honolulu Museum of Art Pg 204 (top); Rijksmuseum Pg 153 (bottom), 202; Royal Danish Library Pg 30, 110 (bottom); Royal Library, Copenhagen Pg 219 (left); Scott Peterson via Getty Images Pg 63; Simon Fraser University Pg 223 (top); Skokloster Castle / Erik Lernestål / CC BY-SA Pg 220 (top left, bottom right); Smithsonian Libraries Pg 11 (bottom), 29 (top), 36, 56 (both images), 94–95; Sotheby's Pg 171, 220 (bottom); Staatsbibliothek Bamberg Pg 47 (bottom); Stadtbibliothek im Bildungscampus Nürnberg, Amb. 317.2°, f. 34r Pg 50; Reproduced with the Kind Permission of the Surgeons' Hall Museums, The Royal College of Surgeons of Edinburgh Pg 53; Swarthmore College Pg 143 (bottom); Courtesy of Tobias Schrödel Pg 86–87; Trey Jones Pg 65; University of California Libraries Pg 163; Uploadalt, Wikipedia Pg 74 (bottom); Vladimir Aniskin Pg 223 (bottom); Wagaung, Wikipedia Pg 229; Walters Art Museum Pg 220 (top right); Waseda University Library Pg 12–13; University of Pittsburgh Pg 236–239; Wellcome Collection Pg 1, 8, 11 (top), 23 (bottom left), 48, 49, 52, 57, 139, 152 (top right and bottom), 154–158 (all images), 159, 160, 182, 184, 194, 199 (bottom left and right), 200, 201 (top right), 203 (both images), 206 (both images), 207, 219 (bottom right); Wellspring/Courtesy Everett Collection/ Alamy Pg 228; Yorck Project Pg 66, 170, 196, 232; Ziegler175, Wikipedia Pg 234 (top); ウィキ太郎 (Wiki Taro) Pg 189. Front cover: Wellcome Collection Pg 6–7: Cincinnati public library, 1954 All other images are the author's own or public domain.

이 책에 나오는 책들

ㄱ

『가엾은 소심쟁이들Poor Little Hearts』
『가장무도회Masquerade』
『가지런한 200달러어치$200 in Order』
『가짜!Fake!』
간특한 성경The Wicked Bible('간음하는 성경Adulterous Bible' 또는 '죄인의 성경Sinner's Bible)
『갈리아 전기Commentarii de Bello Gallico』
『개요서The Libro de los Epítomes』
『거대한 역사The Gigantick Histories』
『걸리버 여행기Gulliver's Travels』
『겸손한 제안A Modest Proposal』
『경찰기관을 위한 오컬트 기본 지침서A Basic Guide to the Occult for Law Enforcement Agencies』
『계시로 전해진 지식과 번잡한 자연과학의 진정한 의미를 알려주는 지식의 보고, 그리고 정연히 보관된 진주들Kitāb Kanz al-'ulūm wa-al-durr al-manzūm fī ḥaqā'iq 'ilm al-sharī'ah wa-daqā'iq 'ilm al-ṭabī'ah』(약칭 『매장된 진주의 서The Book of Buried Pearls』)
『고독한 개의 겨울 세기Lone Dog's winter count』
『고양이를 위한 골프Golfing for Cats』
『고인이 된 가장 야만적인 반역자, 예수회의 가닛과 그의 일당에 대항하는 모든 절차에 대한 진실하고도 완전한 맥락A True and Perfect Relation of the Whole Proceedings Against the Late Most Barbarous Traitors, Garnet a Jesuit and His Confederates』
『고전 통속어 사전A Classical Dictionary of the Vulgar Tongue』
『고해성사실: 특정한 혹은 일반적인 고해성사를 쉽게 준비하는 방법La confession coupée, ou la methode facile pour se préparer aux confessions particulieres et generales』
『공중위생 및 법의학 연보Annales d'hyjien publique et de médecine légale』
『과학의 신비Les mystères de la science』
『광기의 삽화: 정신착란과 관련된 단일 사례 예증Illustrations of Madness: Exhibiting a singular case of insanity』
『괴물, 그들의 탄생 원인과 본성과 차이에 관하여De monstruorum causis, natura et differentiis』
『괴물과 신들Des monstres et prodigies』
『구강 가학증과 채식주의자의 성격Oral Sadism and the Vegetarian Personality』
『구골플렉스 작성 완료Googolplex Written Out』난소사토미 팔견전南総里見八犬傳』
『그리스어 외과학 라틴어 번역서Chirurgia è Graeco in Latinum conversa』
「그리스인의 일반적인 신념에 관하여De graecorum hodie quorundam opinationibus」
『근소한 표 차로 의석을 얻는 방법How to Win a Marginal Seat』
『금강반야바라밀경金剛般若波羅蜜經』
《기록과 의문Notes and Queries》
『기세경起世経』
『길퍼드의 의사, 존 하워드 씨가 집도한 토끼 분만에 관한 짧은 후일담A Short Narrative of an Extraordinary Delivery of Rabbets, Perform'd by Mr. John Howard Surgeon at Guildford』
깃털 책The Feather Book
『꽃 책Liber Floridus』

ㄴ

『나는 모험과 결혼했다I Married Adventure』
『나사렛 예수의 자서전Autobiography By Jesus of Nazareth』
『나의 투쟁Mein Kampf』
『남부 이야기The Story of the South』
『낯선 남자는 나체로 왔다Naked Came the Stranger』
《내셔널 지오그래픽National Geographic》
『냇 테이트: 미국 화가 1928~1960Nat Tate: An American Artist 1928 – 1960』
『네 권의 명제들Sententiarum Libri Quatuor』
『네발 달린 짐승의 역사The historie of foure-footed beastes』
『논어論語』
『뇌하수체 해부학 실전Exercitatio anatomica de glandula pituitaria』
《뉴 스테이츠먼New Statesman》
《뉴요커New Yorker》
《뉴욕 헤럴드New York Herald》
『늙은 왕, 콜Old King Cole』

ㄷ

『다이어네틱스Dianetics』
『단티노Dantino』
『대방광불화엄경大方廣佛華嚴經』
『대장경大藏經』
「대학 일탈 기록Journal of College Disorders」
《더 스탠더드The Standard》
『더로우의 서The Book of Durrow』
데이비드 리빙스턴의 1871년 현장기David Livingstone's 1871 Field Diary
『독창적인 초상 원화와 캐리커처 에칭 시리즈A Series of Original Portraits and Caricature Etchings』
『두 귀족 친척The Two Noble Kinsmen』
『드라큘라Dracula』
《디 차이트Die Zeit》

ㄹ

《라 크로니크 메디칼La Chronique médicale》
『라틴어 용어 사전Thesaurus Linguae Latinae』
『러트럴 시편Luttrell Psalter』(영국 도서관의 add MS 42130)
《런던 뉘트London Nytt》
《런던타임스London Times》
『레 미제라블Les Misérables』
『로미오와 줄리엣의 숭고하면서도 통탄할 비극An Excellent Conceited Tragedie of Romeo and Juliet』(『로미오와 줄리엣Romeo and Juliet』)
『로버트 허칭스 고더드, 우주 시대의 아버지: 초창기부터 1927년까지The Autobiography of Robert Hutchings Goddard, Father of the Space Age: Early Years to 1927』
《롱아일랜드 프레스Long Island Press》
『루바이야트Rubaiyat』(생고스키 형제의 판본 『위대한 오마르The Great Omar』)
『루시퍼를 향한 강력한 멍에 또는 무시무시한 퇴마술Iugum ferreum Luciferi, seu exorcismi terribiles, contra malignos spiritus possidentes corpora humana』
『리베르 로아게스Liber Loagaeth』
『리베르 린테우스 자그라비엔시스Liber Linteus Zagrabiensis』
『리플리 두루마리Ripley Scroll』
『린디스판 복음서Lindisfarne Gospels』

ㅁ

『마구스The Magus』
마누라를 패는 남자를 위한 성서the Wife-Beater's Bible
『마법에 관한 물리의학 논문Tractatus Physico-Medicus De Incantamentis』(약칭 『마법De incantamentis』)
《마블 코믹스 슈퍼 스페셜: 키스Marvel Comics Super Special: Kiss》
『말루쿠 제도 남쪽 해안에서 발견된 현란한 색상과 기이한 형태의 물고기, 가재, 게Poissons, écrevisses et crabes, de diverses couleurs et figures extraordinaires, que l'on trouve autour des isles Moluques et sur les côtes des terres Australes』
『머리가 잘려나가도 계속 살 수 있다면… 디스코퍼레이션과 미국 특허 4666425번If We Can Keep A Severed Head Alive … Discorporation and U.S. Patent 4,666,425』
먹을 수 있는 생존지침서(원제 In case of emergency: Eat this book)
『모비딕Moby Dick』
『모험가들The Adventurers』
『물 끓이기의 즐거움The Joy of Waterboiling』
『물고기 책Visboek』
『물고기의 목소리 또는 책-물고기: 지난 여름 케임브리지 시장에 있는 대구의 배 속에서 발견된 세 가지 논문Vox Pisces, or, The book-fish: contayning three treatises which

Were Found in the Belly of a Cod-fish in Cambridge Market, on Midsummer Eue Last』(원서 십자가에 매달리기 전에 Preparation to the Crosse』)
『미국 치즈 20장20 Slices of American Cheese』
『미국의 새The Birds of America』
『미래주의자의 자유로운 언어Parole in Libertà Futuriste』
『미망인의 보물The Widow's Treasure』
「미생물의 옛 시절에 부친 시Lines on the Antiquity of Microbes」
『미션 어스Mission Earth』

ㅂ

『바람과 함께 사라지다Gone With The Wind』
『박물지Natural History』
『발레민의 서Book of Balemyn』
「밤의 조각Night Piece」
『백과전서: 혹은 과학, 예술, 기술에 관한 체계적인 사전 Encyclopédie, ou dictionnaire raisonné des sciences, des arts et des métiers』
『백만탑다라니경百万塔陀羅尼』
『뱀의 역사The historie of serpents』
『베르첼리 시선집the Vercelli Book』
『보이니치 필사본Voynich Manuscript』
『복낙원Paradise Regained』
『복음서 전도자를 위한 암기법Ars memorandi per figuras evangelistarum』
『볼드의 리치북Bald's Leechbook』
『북방민족의 역사Historia de Gentibus Septentrionalibus』
『불설아미타경佛說阿彌陀經』
『브리태니커 백과사전Encyclopædia Britannica』
『브리태니커의 무근거성The Myth of the Britannica』
『블렌든 홀의 운명Fate of the Blenden Hall』
『비밀 문서 쓰기De Furtivis Literarum notis』
『비비언 걸스 이야기: 존재하지 않는 나라로 알려진 곳에서 아동 노예의 반란으로 일어난 글랜데코-엔젤리니안 전쟁 폭풍The Story of the Vivian Girls, in What Is Known as the Realms of the Unreal, of the Glandeco-Angelinian War Storm, Caused by the Child Slave Rebellion』
비일 암호문Beale cipher texts
『비커스태프의 예언이 거둔 첫 번째 성취The Accomplishment of the first of Mr Bickerstaff's Predictions』

ㅅ

『사도 요한의 묵시적 예언Prophetia Apocalyptica S. Joannis Apostoli』
『사람 몸의 구조De humani corporis fabrica』
『사랑하는 조국Pátria Amada』
『사이비라는 전염병: 절대다수가 받아들인 교리와 보편적으로 당연시된 진실을 탐구하다Pseudodoxia Epidemica: or Enquiries into very many received tenets, and commonly presumed truths』
《사이언스Science》
『사후 일기Post-Mortem Journal』
『새로운 포르투갈어-영어 회화 입문서O Novo Guia de Conversação, em Portuguez e Inglez』(영문판 그 여자는 말하였지는 영어English as She is Spoke』)
『새롭고도 완전한 점성술 천체과학 도해A new and complete illustration of the celestial science of astrology』
『새뮤얼 피프스의 일기The Diary of Samuel Pepys』
『새의 본성과 목자와 양에 관한 동물백과De Natura Avium; De Pastoribus et Ovibus; Bestiarium; Mirabilia Mundi; Philosophia Mundi; On the Soul』
『생각은 어떻게 생겼을까?Thought-Forms: A Record of Clairvoyant Investigation』
『생명의 서 : 인간의 영혼과 육체의 구조The Book of Life: The Spiritual and Physical Constitution of Man』
『생물학적 무선 통신Biological Radio Communications』
『생제르맹 백작의 삼각형 책The Triangular Book of Count St Germain』
『서니브룩 농장의 레베카Rebecca of Sunnybrook Farm』
《선데이 선Sunday Sun》
《선데이 타임스Sunday Times》
성무일과서Book of Hours
『성스러운 십자가의 어구들 De Laudibus sanctae crucis』
『세계에서 가장 작은 책The Smallest Book in the World』
『세계의 음악, 콘슨과 디슨의 위대한 예술Musurgia Universalis, sive Ars Magna Consoni et Dissoni』(약칭 『세계의 음악Musurgia Universalis』)
『세상에서 가장 작은 요리책Das Kleinste Kochbuch Der Welt』
『소변에 관하여De Urinis Libellus』
『소이가의 서Aldaraia sive Soyga vocor』(영국 도서관의 MS 슬론 Sloane 8, 옥스퍼드 보들리언 도서관의 보들리Bodley MS 908)
『손자병법孫子兵法』

솔로몬 콘의 일기journal of Solomon Conn
『솔로몬의 노래Song of Solomon』
『수수께끼: 루이스 K. 앤스패처 부인이 받아 적은 시적 미스터리Enigma: A Poetic Mystery Presented by Mrs. Louis K. Anspacher』
『수염에 대한 변론Apologia de Barbis』
『수학과 기계학이 탄생시킨 흥미로운 장치 모음집Recueil d'Ouvrages Curieux de Mathematique et de Mecanique』
『수호전水滸傳』
『순무 마을의 꼬마 테드Teeny Ted from Turnip Town』
『숭고한 마도서Grand Grimoire』(프랑스어판 『붉은 용Le Dragon rouge』)
《슈테른Stern》
『스미스필드 교령집Smithfield Decretals』
『스토 미사 전서Stowe Missal』
『시골 용어 사전Provincial Glossary』
『식물의 은밀한 삶The Secret Life of Plants』
『식인 찬가Cannibal Hymn』
『신곡La commedia di Dante Alighieri』
『신기한 약초A Curious Herbal』
『신년 선물: 궁정에서 파불라 부인이 (리틀 제프리라 불리는) 미니머스 경에게 보냄The New Yeeres Gift: presented at Court, from the Lady Parvula to the Lord Minimus, (commonly called Little Jefferie)』
『신체의 모든 질병을 치료하는 가장 탁월하고 완벽한 가정의학 처방서 또는 가정의학 치료서A most excellent and perfecte homish apothecarye or homely physik booke, for all the grefes and diseases of the bodye』(약칭 『가장 탁월하고 완벽한 가정의학 치료서A Most Excellent and Perfecte Homish Apothecarye』)
『실낙원Paradise Lost』
『심장과 혈액의 운동에 관하여Exercitatio anatomica de motu cordis et sanguinis in animalibus』

ⓞ

아그네스 리히터의 자수 리넨 재킷linen jacket of Agnes Richter
『아뉴스 데이Agnus Dei』
『아는 사람을 위한 피클 또는 손으로 짠 드레스의 평범한 진실A Pickle for the Knowing Ones or Plain Truth in a Homespun Dress』
『아담한 정원Bloem-Hofje』
『아브라멜린의 서Book of Abramelin』
『아스트로노미쿰 케사리움Astronomicum Caesareum』
『아이슬란드의 자연사The Natural History of Iceland』
『아이작 비커스태프 님의 변명A Vindication of Isaac Bickerstaff, Esq』
『아일랜드의 지형학Topographia Hibernica』
『아틀란티카Atlantica』
『악마의 속임수에 관하여De praestigiis daemonum』
《앵그리 펭귄Angry Penguins》
『어둠의 아카이브Dark Archives』
『어원학Etymologiae』
『에드윈 드루드의 미스터리The Mystery of Edwin Drood』
『에르테보겐Hjertebogen』(하트 책)
『엑스칼리버Excalibur』
『엘시 베너: 운명의 로맨스Elsie Venner: A Romance of Destiny』
『엡타메론Heptameron』
『여호수아 족자The Joshua Roll』
『역사ἱστορίαι』
『역사에 길이 남을 의료 행위들Praxis medica admiranda』
『열반경涅槃經』
《영국 의학 저널British Medical Journal》
『영국 인명사전Dictionary of National Biography』
『영락대전永樂大典』
『영어 사전A Dictionary of the English Language』
『영어 운율 포켓 사전A Pocket Dictionary of English Rhymes』
『영혼의 운명Des destinées de l'âme』
『예수를 위하여 내가 이름하는 이 책, 셰익스피어의 유령 씀This Book for Him I Name for Jesus' Sake, by Shakespeare's Spirit』
『예술과 자연의 비밀스러운 작용과 마법의 허구성에 관한 로저 베이컨 형제의 편지Epistola Fratris Rogerii Baconis, De Secretis Operibus Artis Et Naturae, Et De Nullitate Magiae』
『오로라 오스트랄리스Aurora Australis』
『오스카 와일드의 심령 메시지Psychic Messages from Oscar Wilde』
『오줌으로 예언하는 자들, 또는 모종의 요강 강연The Pisse Prophet, or, Certain Pisse-pot Lectures』
『오컬트 범죄: 탐지, 수사 및 검증Occult Crime: Detection, Investigation and Verification』
『오컬트 철학이 담긴 세 개의 서De Occulta Philosophia libri III』
옥스퍼드 보들리언 도서관의 MS 브록스본Broxbourne 46.10
『옥스퍼드 영어 사전Oxford English Dictionary』
옥으로 만든 천부서Jade book of Heaven(천국의 책)

올빼미 성서the Owl Bible
『옴파로스: 지질학의 매듭을 푸는 시도Omphalos: An Attempt to Untie the Geological Knot』
『외과도설外科圖說』
『요크의 이발사와 외과의사 길드 책The Guild Book of the Barbers and Surgeons of York』
「우리 주 예수 그리스도의 포피包皮에 관한 담론De Praeputio Domini Nostri Jesu Christi Diatriba」
『우박과 천둥에 관하여De Grandine et Tonitruis』
『우월한 나라에서 온 메시지: 존 머리가 존 M. 스피어를 통해 보낸 소식Messages From the Superior State: Communicated by John Murray, Through John M. Spear』
「원근법으로 읽는 사랑 노래Perspective Lovesong」
《웨스트민스터 리뷰Westminster Review》
『위대한 개츠비The Great Gatsby』
『윈체스터 시편the Winchester Psalter』(영국 도서관의 코튼Cotton MS 네로Nero C IV)
유다 성경The Judas Bible
『유럽 여행기The Innocents Abroad』
『유령 아틀라스The Phantom Atlas』
『의술Ars medica』
『의학기준De statica medicina』
『이 예술의 가장 유명한 대가가 쓴 전체 마법 예술에 대한 보기 드문 개론Compendium rarissimum totius Artis Magicae sistematisatae per celeberrimos Artis hujus Magistros』(약칭 『악마 연구 및 마법 개론서the Compendium of Demonology and Magic』, 런던 웰컴 컬렉션의 MS1766)
『이스트 잉글랜드 어휘집: 쌍둥이 자매 카운티 노퍽과 서퍽에서 세속적인 혀놀림을 기록하는 시도The Vocabulary of East Anglia: an Attempt to Record the Vulgar Tongue of the Twin Sister Counties, Norfolk and Suffolk』
『인간의 삶을 순례하는 여정The Pilgrimage of the Life of Man』
『인공감미료 20봉20 Sweeteners』
『인도에서 화성까지From India to the Planet Mars』
『인체생리학De humana physiognomonia』
『인체의 이기器에 관하여De naturalibus facultatibus』
『인형의 계곡The Valley of the Dolls』
『일곱 가지 세계의 책Kitāb al-aqālīm al-ṣabʿah』
『일본과 시암 왕국 인상기Descriptio regni Japoniae et Siam』

㉨

『자라투스트라는 이렇게 말했다Also sprach Zarathustra』
『자본론Das Kapital』
『자연의 예술적 형태Kunstformen Der Natur』
『잡초 베는 악마: 하트퍼드셔에서 전해온 괴이한 뉴스The Mowing-Devil: Or, Strange News out of Hartford-Shire』
『잽 허론: 위저보드로 쓴 소설Jap Herron: A Novel Written From the Ouija Board』
『저지대 국가의 역사Histoire des Pays Bas』(변기 책)
『정신이상자의 글에 관하여On the Writing of the Insane』
『제임스 2세 통치 초기 역사A History of the Early Part of the Reign of James II』
『제임스 앨런, 일명 조지 월턴의 인생 이야기 … 노상강도: 임종 당시 매사추세츠 주립 교도소장에게 털어놓은 고백Narrative of the life of James Allen, alias George Walton … the highwayman: being his death-bed confession, to the warden of the Massachusetts State Prison』
「제프레이도스Jeffreidos」
『조지 살마나자르라는 이름으로 알려진 ****의 회고록Memoirs of ****, Commonly Known by the Name of George Psalmanazar』
『존 밀턴의 시집The Poetical Works of John Milton』
『종의 기원The Origin of Species』
죄악의 성서Sin On Bible
『죄인의 각성Desenganno dos Peccadores』
『죄인의 위로, 또는 예수 그리스도에 맞선 루시퍼의 경주Consolatio peccatorum, seu Processus Luciferi contra Jesum Christum』(별칭 『벨리알의 서Liber Belial』)
『주역周易』
『죽음 너머의 삶, 그 거대한 신비The Great Mystery of Life Beyond Death』
『죽음의 벽에 드리운 그림자Shadows From the Walls of Death』
『중세의 필적: 그 역사와 기법Medieval Calligraphy: Its History and Technique』
『지옥에서 보낸 23분23 Minutes in Hell』
『지옥의 사전Dictionnaire infernal』
『지옥의 열쇠The Clavis inferni』(별칭 『키프리아누스Cyprianus』)
「지옥초지地獄草紙」
『지하세계Mundus Subterraneus』
『직지심체요절直指心體要節』
『진부한 욕쟁이, 볼썽사나운 거짓말쟁이, 험담을 좋아하는 자에게 보내는 강철만큼 진실한 답변A Reply as true as

Steele, To a Rusty, Rayling, Ridiculous, Lying, Libell』

『진코기塵劫記』

㉧

『참회록Tractatus de penitentia』

『책The Book』

『책과 함께한 나의 인생My Life with Paper』

『처녀의 순결과 타락에 관하여De integritatis et corruptionis virginum notis』

『천상의 세계Les terres du ciel』

『최초의 신연대기와 태평성대El primer nueva corónica y buen gobierno』

『추격의 희열: 회고록The Thrill of the Chase: A Memoir』

「추방The Exile」

『축제: 팜플로나의 수소들에게서 살아남는 법Fiesta: How to Survive the Bulls of Pamplona』

㉪

『카마수트라कामसूत्र』

『카와호 항해: 남태평양 유랑기The Cruise of the Kawa: Wanderings in the South Seas』

『카타크The Cathach』(별칭 『성 컬럼바의 시편The Psalter of St Columba』)

『캄프라이메Kampfreime』

『켈스의 서Book of Kells』

『코덱스 기가스Codex Gigas』(별칭 '악마의 성경Devil's Bible')

『코덱스 아미아티누스The Codex Amiatinus』

『코란Quran』

『코피알레 사이퍼Copiale Cipher』

콘라트 멘델의 가계부The house book of Konrad Mendel

『쿡 선장이 세 번의 남반구 항해에서 수집한 헝겊 견본 카탈로그A Catalogue of the Different Specimens of Cloth Collected in the Three Voyages of Captain Cook, to the Southern Hemisphere』

《크리스처니티 투데이Christianity Today》

『클라피스 아르티스Clavis Artis』

『클렝커 아틀라스Klencke Atlas』

『클로드 드 프랑스의 기도서the Prayer Book of Claude de France』

『킴Kim』

㉫

《타임Time》

《타임스Times》

『태양의 광휘Splendor Solis』

토라Torah

「툴라의 모들뜨기 왼손잡이와 강철 벼룩 이야기Сказ о тульском косом Левше и о стальной блохе」(영어판 제목은 'The Tale of Cross-eyed Lefty from Tula and the Steel Flea')

㉬

파란 털복숭이Ruige blauwe 등록부(네덜란드 법원의 정부 부처 인사 등록부)

「파르테노파이오스Parthenopaeus」

『페테르 모엔의 일기Peter Moen's diary』

『포르모사의 역사적 지리학적 인상기An Historical and Geographical Description of Formosa』

『포트노이의 불평Portnoy's Complaint』

《폴 몰 가제트Pall Mall Gazette》

『표다르 블라디미르 라로비치: 그의 삶과 문학 비평Feodor Vladimir Larrovitch: An Appreciation of His Life and Works』

『플라자 호텔 냅킨 30장30 Napkins from the Plaza Hotel』

『플래니티스의 적도The Equatorie of the Planetis』

『피니어스가 말하다Pheneas Speaks』

『피의 코란Blood Qur'an』

『피카트릭스Picatrix』(아랍어 원본 현자의 목표Ghāyat al-Ḥakīm』)

『필립 총독의 보터니만 항해The Voyage of Governor Phillip to Botany Bay』

『필수 목록 작성: 기본 사항Essential Cataloguing: The Basics』

㉭

『하워드 휴스의 자서전: 불행한 억만장자의 고백Autobiography of Howard Hughes: Confessions of an Unhappy Billionaire』

《하퍼스 위클리Harper's Weekly》

『한 꾸러미의 의술Fasciculus Medicinae』

『해리스의 코번트 가든 여성 거주자 목록Harris's List of Covent-Garden Ladies』

『해방된 메를리누스Merlinus Liberatus』

『해부학 소론Essai d'Anatomie』

『현미경 검사술: 또는 돋보기로 관찰한 미세한 신체에 관한 몇 가지 생리학적 기술Micrographia: or Some Physiological Descriptions of Minute Bodies Made by Magnifying Glasses』

『환각A Vision』

『황제의 재창조Otia Imperialia』(별칭 『경이의 서Book of Wonders』)

『회상록Mémoires』

『흙 구멍과 그 변형들The Dirt Hole and its Variations』

㉠기타

『1708년을 예언한다Predictions For The Year 1708』

『200가지 운세200 Fortunes』

『Ebpob es byo Utlub, Umgjoml Nýflobjof』(암호로 이루어져 번역이 불가한 미혼여성의 단결과 화목 증진 협회의 규칙서)

색인

색인 없이 책을 출간하는 작자는 지옥에서도 10마일 떨어져 있어
악마조차 고문용 가시풀을 구할 수 없는 구렁텅이에 빠져 고통받아야 한다.
—존 베인스 (1758~1787, 영국 법률가, 에세이스트)

ㄱ

가닛, 헨리Garnet, Henry 54
갈레노스Galēnos 208, 210, 217
감산덕청憨山德清, 『대방광불화엄경大方廣佛華嚴經』 66
개성 만점 타자기typewriters, peculiar 144~145
개스코인, 뱀버Gascoigne, Bamber 91
개전시편penitential psalms 242
거들 책girdle books 180
고르동, 베르나르 드Gordon, Bernard de 216
고스, 필립Gosse, Philip, 『옴파로스Omphalos』 228
고켄 천황孝謙天皇 28
골츠, 진Goltz, Gene 112
『공중위생 및 법의학 연보Annales d'hyjien publique et de médecine légale』 11
관휴貫休 66
교령집Decretals 187~190
교쿠테이 바킨曲亭 馬琴, 『난소사토미 팔견전南総里見八犬傳』(여덟 마리 개의 연대기) 249, 251
교황 그레고리우스 9세Gregory IX, Pope 187, 188~189
교황 레오 13세Leo XIII, Pope 157
교황 보니파티우스 8세Bonifatius VIII, Pope 152, 155
교황 실베스테르 2세Silvester II, Pope 152
구글북스Google Books 9, 10
구노, 샤를Gounod, Charles 15
그랑디에, 위르뱅Grandier, Urbain 161
그러먼, 밥Grumman, Bob 236
그레이 아울Grey Owl(벌레이니, 아치볼드 스탠스펠드Belaney, Archibald Stansfeld) 95
그레이그, 알렉산더Greig, Alexander, 『블렌든 홀의 운명Fate of the Blenden Hall』 67~68
그로스, 프랜시스Grose, Francis 133
『고전 통속어 사전A Classical Dictionary of the Vulgar Tongue』 132~135, 216~217
그롤리에 드 세르비에르, 가스파르Grollier de Serviere, Gaspard, 『수학과 기계학이 탄생시킨 흥미로운 장치 모음집Recueil d'Ouvrages Curieux de Mathematique et de Mecanique』 18
『그리스어 외과학 라틴어 번역서Chirurgia è Graeco in Latinum conversa』 58
글리콘Glycon 96~97
『금강반야바라밀경金剛般若波羅蜜經』 66
기도문 바퀴prayer wheels 22
기도서prayer books 37, 241
기세경起世經』 194
기형 백과prodigy books 219
길런, 스트릭랜드Gillilan, Strickland 236

ㄴ

나이트, 케빈Knight, Kevin 85
나폴레옹 3세Napoleon III 54
나폴레옹Napoleon 24, 103
『남부 이야기The Story of the South』 260~261
네시헨수Nesi-hensu 24
네이피어, 존Napier, John 155
노데, 가브리엘Naudé, Gabriel 156
녹스, 로버트Knox, Robert 57

뉴욕 작가 클럽Author's Club of New York 109
《뉴욕 헤럴드New York Herald》 105
뉴턴, 아이작Newton, Isaac 201, 234
『늙은 왕, 콜Old King Cole』 246
니체, 볼프강 H.Nitsche, Wolfgang H., 『구골플렉스 작성 완료 Googolplex Written Out』 249
니체, 프리드리히Nietzsche, Friedrich, 『자라투스트라는 이렇게 말했다Also sprach Zarathustra』 62
니켈, 조Nickell, Joe 90
닛폰케이에이키사Nippon Keieiki Company 144

ㄷ

다거, 헨리Darger, Henry, 『비비안 걸스 이야기The Story of the Vivian Girls』 252
다고티, 고티에d'Agoty, Gautier, 『해부학 소론Essai d'Anatomie』 215
다리우스 1세Darius I 20, 71
다바노, 피에트로d'Abano, Pietro 155~156
다윗 시편 모음집Psalms of David 241
단눈치오, 가브리엘레D'Annunzio, Gabriele 10
단테Dante, 『신곡La commedia di Dante Alighieri』 246
담배 마는 종이에 적힌 암호문cigarette paper code 87
대大플리니우스Pliny the Elder 71, 120, 122
대븐포트, 시릴Davenport, Cyril, 『책The Book』 55~56
『더로우의 서The Book of Durrow』 146
데 테라모, 야코부스 팔라디누스de Teramo, Jacobus Palladinus, 『죄인의 위로, 또는 예수 그리스도에 맞선 루시퍼의 경주Consolatio peccatorum, seu Processus Luciferi contra Jesum Christum』(별칭 『벨리알의 서Liber Belial』) 195, 196
데마라토스Demaratus 73, 75
데이빗 브라이스 앤 선David Bryce and Son 244
데픽시오네스defixiones(저주의 서판) 25~26
덱스터, 티머시Dexter, Timothy, 『아는 사람을 위한 피클 또는 손으로 짠 드레스의 평범한 진실A Pickle for the Knowing Ones or Plain Truth in a Homespun Dress』 270~271
덴저, 벤Denzer, Ben 40
『미국 치즈 20장20 Slices of American Cheese』 40
『인공감미료 20봉20 Sweeteners』 41
델라 콘체치오네, 마리아 크로치피사 수녀della Concezione, Sister Maria Crocifissa 82
델라 포르타, 지암바티스타della Porta, Giambattista 70~71
도를레앙, 루이 필리프 조제프d'Orléans, Louis Philippe Joseph 55
도빈스, 찰스 L.Dobbins, Charles L. 266
도일, 아서 코넌Doyle, Arthur Conan 175
도자도스 제본dos-à-dos binding 248
독서 기계Reading Machine 237
독일 북부 빈하우젠 시토회 수녀원Wienhausen convent, Germany 27
동물 가죽 제본술animal skin bindings 46~51, 53
동물백과bestiaries 120~129
되데를라인, 테오도루스Döderlein, Theodorus 219~220
두로프, 블라디미르 L.Durov, Vladimir L. 228
두보이스, 윌리엄 에드워드 리Dubois, William Edward Lee, 『오컬트 범죄: 탐지, 수사 및 검증Occult Crime: Detection, Investigation and Verification』 177
뒤베르네, 조제프Duverney, Joseph 215
드로긴, 마크Drogin, Marc 186
드루, 마바Drew, Marva 248
드보르, 기Debord, Guy, 『회상록Mémoires』 39
디 로렌초, 조반니di Lorenzo, Giovanni 114
디, 존Dee, John 79, 80, 159, 233
디도, 앙리Didot, Henri 243
디드로Diderot, 『백과전서Encyclopédie』 209
디킨스, 찰스Dickens, Charles 174
디포, 대니얼Defoe, Daniel 102
딥딘, 토머스 프로그널Dibdin, Thomas Frognall 55, 159

ㄹ

라로비치, 표다르 블라디미르Larrovitch, Feodor Vladimir 109
라바누스 마우루스Rabanus Maurus, 『성스러운 십자가의 어구들De Laudibus sanctae crucis』 72
라보Ravaud 61
라우슈 밴더 브룩, 제이미Lausch Vander Broeck, Jamie 40
라이머콩 문장Lima bean writing 29
라이트, 리처드슨Wright, Richardson 109
라이헤르트, 요주아Reichert, Joshua, 『세계에서 가장 작은 책 The Smallest Book in the World』 246
『라틴어 용어 사전Thesaurus Linguae Latinae』 119
라피네스크, 콩스탕틴 사뮈엘Rafinesque, Constantine Samuel 100~101
람세스 2세Rameses II 25
랜드 로버Land Rover, '먹을 수 있는 생존지침서Edible Survival

Guide' 40
러트럴, 제프리Luttrell, Geoffrey, 『러트럴 시편Luttrell Psalter』 181
레스코프, 니콜라이Leskov, Nikolai 247
레오나르도 다빈치Leonardo da Vinci 66, 80, 122, 217
레온시우, 비니시우스Leôncio, Vinicius, 『사랑하는 조국Pátria Amada』 260, 261
레이건, 로널드Reagan, Ronald 236
레이펜베르흐 남작Reiffenberg, Baron de 104
렌, 크리스토퍼Wren, Christopher 208
렌들, 케네스 W.Rendell, Kenneth W. 114
로도사, 디다코 고메스Lodosa, Didaco Gómez, 『루시퍼를 향한 강력한 멍에 또는 무시무시한 퇴마술Iugum ferreum Luciferi, seu exorcismi terribiles, contra malignos spiritus possidentes corpora humana』 158
로런스, T. E.Lawrence, T. E. 175
로버트슨, 베로니카Robertson, Veronica 91
로빈스, 해럴드Robbins, Harold, 『모험가들The Adventurers』 111
로어, 리처드Lower, Richard 208, 210
로즌바크, A. S. W. Rosenbach, A. S. W. 9
로즌블룸, 메건Rosenbloom, Megan 61
로카텔리, 아드리앵Locatelli, Adrien 69
롬바르드, 피터Lombard, Peter 195
《롱아일랜드 프레스Long Island Press》 112
뢰테르브뢰베르, 크리스토프Leuterbreuver, Christophe, 『고해성사실La confession coupée』 200~201
루돌프 2세Rudolf II 80
루드베크, 올라우스Rudbeck, Olaus 201, 202
루스, 낸시Luce, Nancy 16
루스벨트, 프랭클린Roosevelt, Franklin D. 240
루시타누스, 자쿠투스Lusitanus, Zacutus, 『역사에 길이 남을 의료 행위들Praxis medica admiranda』 219
루시퍼Lucifer 158, 161, 186, 195, 255, 256
루이 14세Louis XIV 104
루키아노스Lukianos 96, 97
루키푸게 로포칼레Lucifugé Rofocale 157~158
르나르, 루이Renard, Louis, 『말루쿠 제도 남쪽 해안에서 발견된 현란한 색상과 기이한 형태의 물고기, 가재, 게Poissons, écrevisses et crabes, de diverses couleurs et figures extraordinaires, que l'on trouve autour des isles Moluques et sur les côtes des terres Australes』 125, 128, 129, 130~131
리 양Li Yang 247
리뉴 공주Ligne, Princess de 104
리드게이트, 존Lydgate, John, 『인간의 삶을 순례하는 여정The Pilgrimage of the Life of Man』 157
리드비터, 찰스Leadbeater, Charles, 『생각은 어떻게 생겼을까?Thought-Forms: A Record of Clairvoyant Investigation』 14, 15
리베르 린테우스 자그라비엔시스Liber Linteus Zagrabiensis 24~25
리빙스턴, 데이비드Livingstone, David 38
리옹Lyon의 대주교 아고바르Agobard, 『우박과 천둥에 관하여De Grandine et Tonitruis』 151
리체티, 포르투니오Liceti, Fortunio, 『괴물, 그들의 탄생 원인과 본성과 차이에 관하여De monstruorum causis, natura et differentiis』 221
리치북leechbooks 16, 151, 210
리플리 두루마리Ripley Scroll 233
리플리, 조지Ripley, George 233
리히터, 아그네스Richter, Agnes 44~45
『린디스판 복음서Lindisfarne Gospels』 51, 53
린치, 메리Lynch, Mary 60
릴리퍼티아나Lilliputiana 238~248

ㅁ

마그누스, 올라우스Magnus, Olaus, 『북방민족의 역사Historia de Gentibus Septentrionalibus』 124
마리네티, 필리포 톰마소Marinetti, Filippo Tommaso, 『미래주의자의 자유로운 언어Parole in Libertà Futuriste』 19
마메혼豆本 241
마법서 및 마도서grimoires 16, 151~173
《마블 코믹스 슈퍼 스페셜Marvel Comics Super Special》 68
마스페로, 가스통Maspero, Gaston 165
마이너, 윌리엄 체스터Minor, William Chester 116, 118
마이크로필루스Microphilus 238~248
말하는 매듭talking knots(키푸) 28~29, 30~31
맘즈버리의 윌리엄William of Malmesbury 152
망자의 여권(토텐페세totenpässe) 26
매닝엄, 리처드Manningham, Richard 222
매슈스, 제임스 틸리Matthews, James Tilly 225, 228, 230~231
『매장된 진주의 서The Book of Buried Pearls』(『계시로 전해진 지식과 번잡한 자연과학의 진정한 의미를 알려주는 지식의 보고, 그리고 정연히 보관된 진주들Kitāb Kanz al-'ulūm wa-al-durr al-manzūm fi ḥaqā'iq 'ilm al-sharī'ah wa-daqā'iq

『ilm al-ṭabi'ah』) 165, 173
매켄지 베이컨, G.Mackenzie Bacon, G. 142~143
매콜리, 제임스McAuley, James 109~111
맥그레이디, 마이크McGrady, Mike 111~113
맥그로힐 출판사McGraw-Hill 113
맥기오, 폴McGeough, Paul 69
맥마흔, 찰스McMahon, Charles 80
맬리, 어니스트 랄로Malley, Ernest Lalor 109~111
머리, 제임스Murray, James 116, 118
머튼, 아서 E.Merton, Arthur E., 『생명의 서 : 인간의 영혼과 육체의 구조The Book of Life: The Spiritual and Physical Constitution of Man』 227
먼로, 알렉산더Monro, Alexander 56, 57~58
먼비, 팀Munby, Tim 27
메르클린, 게오르크 아브라함Mercklin, Georg Abraham, 『마법에 관한 물리의학 논문Tractatus Physico-Medicus De Incantamentis』 219~220
메소포타미아인Mesopotamians 22~24
메위에시, 베아타Megyesi, Beáta 85
메이그스, 찰스 H.Meigs, Charles H. 246~247
멘델, 콘라트Mendel, Konrad 54
모로시니, 프란체스코Morosini, Francesco 37
모리스, 로버트Morriss, Robert 87, 89
모어, 해나More, Hannah 10
모엔, 페테르Moen, Petter 37
모체 부족Moche people 29
목재 펄프(종이 등장 전) 50, 53
목판 인쇄술woodblock printing 27~28
몰, 롭Moll, Rob 205
몰리뉴, 새뮤얼Molyneux, Samuel 220
무솔리니, 베니토Mussolini, Benito 114
『물고기의 목소리 또는 책-물고기Vox Pisces, or, The book-fish』 182
미나조, 디오니시오Minaggio, Dionisio, 깃털 책The Feather Book 48
미드, 조지프Mead, Joseph 180
『미망인의 보물The Widow's Treasure』 217
미시간주 보건국State Board of Health, Michigan 139
미카엘Michael 190, 191, 244
미혼여성의 단결과 화목 증진 협회The Association of Maiden Unity and Attachment 87
민돈왕Mingdon, King 253
밀랍 서판wax tablets 20
밀레투스의 아리스타고라스Aristagoras of Miletus 71
밀턴, 존Milton, John 236
『복낙원Paradise Regained』 49
시 선집(『존 밀턴의 시집The Poetical Works of John Milton』) 58
『실낙원Paradise Lost』 39, 49

ⓑ

바레니우스, 베른하르두스Varenius, Bernhardus, 『일본과 시암 왕국 인상기Descriptio regni Japoniae et Siam』 99
바리츠, 미하일로Baric, Mihajlo 24
바웰, 개빈Barwell, Gavin 266
바커, 로버트Barker, Robert 187, 190
바커Barker와 루커스Lucas, '간특한 성경The Wicked Bible' 187
바탁족Batak tribe 146, 163, 165
바티칸 비밀 문서고Vatican Secret Archives 157
반 다이크, 안토니van Dyck, Anthony 239
반드라이, 우베Wandrey, Uwe, 『캄프라이메Kampfreime』 39, 40
반스, 메리 스티븐슨Barnes, Mary Stephenson 176
『발레민의 서Book of Balemyn』 162
발몽 드 보마르, 자크 크리스토프Valmont de Bomare, Jacques Christophe 55
배교자 디오니시오스Dionysius the Renegade 94~95
배럿, 프랜시스Barrett, Francis, 『마구스The Magus』 171
『백만탑다라니경百万塔陀羅尼』 28
백스터, 그로버 클리블랜드 '클레브' 주니어Backster, Grover Cleveland 'Cleve' Jr 228~229
백조 표식 책swan marks book 125
밸섬, 일라이자Balsom, Eliza 56
뱀 가죽 책snakeskin books 46, 49, 50
버드Bird와 톰킨스Tompkins, 『식물의 은밀한 삶The Secret Life of Plants』 229
버크, 윌리엄Burke, William 56, 57~58
버클러, 에밀리 앤Buckler, Emily Ann 41
벌레이니, 아치볼드 스탠스펠드Belaney, Archibald Stansfeld(그레이 아울Grey Owl) 95
베닝, 시몬Bening, Simon, 성무일과서Book of Hours244
베르나르, 트리스탕Bernard, Tristan, 「추방The Exile」 238
『베르첼리 시선집the Vercelli Book』 190
베르티족Berti people 146
베살리우스, 안드레아스Vesalius, Andreas, 『사람 몸의 구조De humani corporis fabrica』 210, 217, 218, 219

베세르, 장미셸 장군Beysser, General Jean-Michel 55
베이든 파월, 로버트Baden Powell, Robert 53
베이어르, 요한Weyer, Johann, 『악마의 속임수에 관하여De praestigiis daemonum』 156~157
베이커, 로버트Baker, Robert 55
베이컨, 로저Bacon, Roger 78, 79, 80
베이컨, 프랜시스Bacon, Francis 79, 87
베전트, 애니Besant, Annie, 『생각은 어떻게 생겼을까?Thought-Forms: A Record of Clairvoyant Investigation』 14, 15
베처먼, 존Betjeman, John 95
베키, 에드먼드Becke, Edmund 190
벨, 앤드루Bell, Andrew 119
벨럼(동물가죽)vellum 53
벨타임, 프리드리히 아우구스트 폰Veltheim, Count Friedrich August von 85, 87
변기 책loo books 42
보걸생 형사Vogelsang, Detective 111
보댕, 장, Bodin, Jean 157
보어먼, 토머스Boreman, Thomas 238~239
보위, 데이비드Bowie, David 94
『보이니치 필사본Voynich Manuscript』 76, 77, 78, 79, 80, 82
보이니치, 빌프리트Voynich, Wilfrid 79, 80
보이드, 윌리엄Boyd, William, 『냇 테이트: 미국 화가 1928~1960Nat Tate: An American Artist 1928－1960』 94
보일, 로버트Boyle, Robert 208, 233
보즈웰, 제임스Boswell, James 237
『복음서 전도자를 위한 암기법Ars memorandi per figuras evangelistarum』 198, 199, 200
본디, 루이스Bondy, Louis 241~242
볼드의 리치북Bald's Leechbook 210, 211
볼벨volvelle 32, 33, 71, 214
뵐플린, 에두아르트Wölfflin, Eduard 119
부르데만, 오드리Wurdemann, Audrey 176
부르카르두스 수도원장Burchard, Abbot, 『수염에 대한 변론Apologia de Barbis』 201
부르하버, 헤르만Boerhaave, Hermann 55
부적 두루마리talismanic scrolls 240
부적 셔츠talismanic shirt 148~149
북아메리카 원주민Native Americans 43, 47, 95
불교 22, 28, 62, 63~64, 66
불랑, 뤼도비크Bouland, Ludovic 52, 60
『불설아미타경佛說阿彌陀經』 64~65, 66
『붉은 용Le Dragon rouge』(원서 『숭고한 마도서Grand Grimoire』) 157~159
브라간사의 캐서린Catherine of Braganza 155
브라우닝, 로버트Browning, Robert 176
브라운, 토머스Browne, Thomas 123~124
브라이스, 데이비드Bryce, David 243
브라이언, 토머스Brian, Thomas, 『오줌으로 예언하는 자들, 또는 모종의 요강 강연The Pisse Prophet, or, Certain Pisse-pot Lectures』 217
브레이너드, 데이비드 목사Brainerd, Rev. David 47
브롭딩내기아나Brobdingnagiana 238, 248~261
브룬슈비히, 히에로니무스Brunschwig, Hieronymus, 『신체의 모든 질병을 치료하는 가장 탁월하고 완벽한 가정의학 처방서 또는 가정의학 치료서A most excellent and perfecte homish apothecarye or homely physik booke, for all the grefes and diseases of the bodye』 217
『브리태니커 백과사전Encyclopædia Britannica』 118~119
블랙웰, 엘리자베스Blackwell, Elizabeth, 『신기한 약초 A Curious Herbal』 118
블레이즈, 윌리엄Blades, William 105
블렌든 홀Blenden Hall 67~68
블루먼솔, 월터 하트Blumenthal, Walter Hart 173, 248
비렐, 어거스틴Birrell, Augustine 10
비로자나불毘盧遮那佛 66
비비하눔 모스크Bibi-Khanym Mosque 258, 259
비성畢昇 27
비소 제본arsenic-covered bindings 11
비스콘티, 베르나보Visconti, Bernabò 10
비앙쿠, 세우수Bianco, Celso 69
비일 암호문Beale cipher 87, 89~90
비일, 토머스 J.Beale, Thomas J. 87
비제, 빌Wiese, Bill 204~205
비커스태프, 아이작Bickerstaff, Isaac 15~16, 102~103
빈, 새뮤얼Bean, Samuel 88

ㅅ

사라이 물크 하눔Saray Mulk Khanum 259
사로얀, 애럼Saroyan, Aram 236
사마르칸트의 위대한 코란Great Qur'an of Samarkand 257~259
사뭇 코이samut khoi 195, 197, 198
사와구치 준이치로Sawaguchi Junichiro 204
사자의 서Book of the Dead 146, 150~151

산카크sancak 243
산토리오, 산토리오Santorio, Santorio, 『의학기준De statica medicina』 221
살가죽으로 만든 책 46~62
살마나자르, 조지Psalmanazar, George 97, 99, 102
『포르모사의 역사적 지리학적 인상기An Historical and Geographical Description of Formosa』 97~99
살민 형제Salmin Brothers 243
「삶과 죽음의 대비, 남성에 관한 고찰과 여성에 관한 고찰Life and death contrasted-Or, An Essay on Man; An essay on woman」 59
새뮤얼 제임스 문헌 컬렉션Samuel James Record Collection 33
생 앙드레, 너새니얼St André, Nathaniel, 『길퍼드의 의사, 존 하워드 씨가 집도한 토끼 분만에 관한 짧은 후일담A Short Narrative of an Extraordinary Delivery of Rabbets, Perform'd by Mr. John Howard Surgeon at Guildford』 220, 222
생고스키 형제Sangorski Brothers(앨버토와 프랜시스) 10
생고스키와 서트클리프Sangorski and Sutcliffe 49
생제르맹 백작St Germain, Count 86
생쥐스트, 루이 앙투안 레옹 드Saint-Just, Louis Antoine Léon de 55
생토메르의 대주교 랑베르Lambert, Canon of Saint-Omer, 『꽃책Liber Floridus』 140~141
샤에페르, 크리스티아네Schaefer, Christiane 85
샬롱, 르니에-위베르-지슬랑Chalon, Renier-Hubert-Ghislain 105
섀클턴, 어니스트Shackleton, Ernest, 『오로라 오스트랄리스Aurora Australis』 19
서덜랜드, 존Sutherland, John 205
성 컬럼바St Columba의 『카타크The Cathach』 184
성 프란체스코St Francis 242
성경the Bible 16, 54, 69, 77~78, 146, 184~190, 206~207
성무일도 노래집antiphonary 257
세비야의 이시도루스Isidorus of Seville, 『어원학Etymologiae』 120, 256
『세상에서 가장 작은 요리책Das Kleinste Kochbuch Der Welt』 240
셔펠, 조지 셰퍼드Chappell, George Shepard, 『카와호 항해: 남태평양 유랑기The Cruise of the Kawa: Wanderings in the South Seas』 107, 108, 109
셰익스피어, 윌리엄Shakespeare, William 10, 87, 174, 266
셰코얀, 아르멘Shekoyan, Armen 248
셸턴, 토머스Shelton, Thomas 75
『소이가의 서Aldaraia sive Soyga vocor』 159
소포클레스 Sophocles 94
속이 빈 책 hollow books 42
솔로몬 왕Solomon, King 158, 195
쇼, 알렉산더Shaw, Alexander 129~130
수메르인들 Sumerians 21, 22
수문제隋文帝 28
수에토니우스Suetonius 75
수염 신학beard theology 201
수잔, 재클린Susann, Jacqueline, 『인형의 계곡The Valley of the Dolls』 111, 112
『수호전水滸傳』 251
술리스 미네르바Sulis Minerva 25
『숭고한 마도서Grand Grimoire』(프랑스어판 『붉은 용Le Dragon rouge』) 158, 159
쉐즈무 Shezmu 150
쉬, 장조제프Sue, Jean-Joseph 55
슈뢰델, 토비아스Schrödel, Tobias 93
《슈테른Stern》 113~114
스로덜, 몬티 C.Throdahl, Monte C. 232
스멜리, 윌리엄Smellie, William 118~119
스미스, 리처드Smith, Richard 56~57
스미스, 엘렌Smith, Hélène 176, 178, 179
『스미스필드 교령집Smithfield Decretals』 187, 188~189
스밋, 베네딕트Smidt, Benedikt, 『아담한 정원Bloem-Hofje』 243
스위프트, 조너선Swift, Jonathan 15~16, 102~103, 238
스키타이족Scythia 20
스키테일scytales 73
스테가노그래피steganography 70~71, 75
스토커, 브램Stoker, Bram 266
스톡턴 허프, 존Stockton Hough, John 60
스튜어트, 해럴드Stewart, Harold 109~111
스튜어트빌, 마틴Stuteville, Martin 180
스피어, 존 머리Spear, John Murray 203~204
시블리, 에버니저Sibly, Ebenezer, 『새롭고도 완전한 점성술 천체과학 도해A new and complete illustration of the celestial science of astrology』 160
시편psalters 181, 190, 191
식물 표본집herbariums 35
『식인 찬가Cannibal Hymn』 16, 150~151
신탁의 뼈oracle bones(갑골문) 21, 22
실즈, 로버트Shields, Robert 254

실트바흐Schildbach 33
『십자가에 매달리기 전에Preparation to the Crosse』 180, 182
쐐기문자(설형문자) 21, 22

ⓞ

아그리파Agrippa, 『오컬트 철학이 담긴 세 개의 서De Occulta Philosophia libri III』 163
아니스킨, 블라디미르Aniskin, Vladimir, 「툴라의 모들뜨기 왼손잡이와 강철 벼룩 이야기Сказ о тульском косом Левше и о стальной блохе」 247~248
아레초의 귀도Guido of Arezzo 203
아리스토텔레스Aristotle 120
아몽노, 모리스Hamonneau, Maurice 17
아미타불阿彌陀佛 66
아바스 샤키르 조우디 알바그다디Joudi al-Baghdadi, Abbas Shakir 68
아보노테이코스의 알렉산드로스Alexander of Abonoteichos 96~97
『아브라멜린의 서Book of Abramelin』 163
아인바인더, 하비Einbinder, Harvey, 『브리태니커의 무근거성The Myth of the Britannica』 119
아트바쉬 암호 체계Atbash cipher system 77~78
아프리카 출신의 수도승 콘스탄틴Constantine the African 256
아피아누스, 페트루스Apianus, Petrus,, 『아스트로노미쿰 케사리움Astronomicum Caesareum』(카이사르의 천문학) 32, 33
『악마 연구 및 마법 개론서the Compendium of Demonology and Magic』 8, 163, 165, 166~169, 172
악마Devil 16, 254, 255 ☞ 루시퍼 항목 참고
악마의 그릇demon bowls 또는 악마 잡는 그릇devil-trap bowls(주문 그릇) 23~24
알 시마위, 아부 알 카심 알 이라크al-Simawi, Abual-Qasim al'Iraq, 『일곱 가지 세계의 책Kitāb al-aqālīm al-ṣab'ah』 234
알라티우스, 레오Allatius, Leo 157
알무사위, 알리al-Moussawi, Ali 69
암호 기계cypher machines 82
암호 바퀴Cipher Wheel 87
암호문 엽서postcards, cryptic 92~93
암호문ciphers 75~93
암호술cryptography 75~78
애쉬, 페넬로페Ashe, Penelope, 『낯선 남자는 나체로 왔다Naked Came the Stranger』 111~112
애스큐, 앤서니Askew, Anthony 55
애커먼, 포러스트J.Ackerman, Forrest J. 252
앤스패처, 플로렌스Anspacher, Florence 176
앨런, 제임스Allen, James, 『제임스 앨런, 일명 조지 월턴의 인생 이야기 … 노상강도: 임종 당시 매사추세츠 주립 교도소장에게 털어놓은 고백Narrative of the life of James Allen, alias George Walton … the highwayman: being his death-bed confession, to the warden of the Massachusetts State Prison』 58
《앵그리 펭귄Angry Penguins》 110, 111
약호codes 75~93
얀크토나이 나코타 부족Yanktonais Nakota community 43
어빙, 이디스Irving, Edith 113
어빙, 클리퍼드Irving, Clifford, 『하워드 휴스 자서전Autobiography of Howard Hughes: Confessions of an Unhappy Billionaire』 113
『어원학Etymologiae』
엄지 성경thumb bibles 16, 242~243, 244
에르난데스 데 톨레도, 프란시스코Hernández de Toledo, Francisco 79
에르수 샤바Ersu Shaba 43
에르수어족의 점성술책astrological texts 43
『에르테보겐Hjertebogen』(하트 책) 118
에번스, 윌리엄Evans, William 238
에트루리아 문명Etruscan civilization 24~25
에티오피아의 마법 교과서Ethiopian magical recipe manuscript 164
엘렌보겐, 글렌 C.Ellenbogen, Glenn C. 266
엘리엇, T. S.Eliot, T. S. 62
엘제비르Elzevir 104
『엡타메론Heptameron』 155~157
여호수아 족자The Joshua Roll 185
연금술 필사본alchemy manuscripts 234~235
『영락대전永樂大典』 248, 249
예수 그리스도Jesus Christ 63, 120, 195, 196, 198, 204~205
예이츠, W. B.Yeats, W. B. 16
예이츠, 조지Yeats, George 16
오도널 가문O'Donnell clan 184
오듀본, 존 제임스Audubon, John James 100~101
『미국의 새The Birds of America』 262~265
오르페우스를 숭배하는 밀교의 황금 서판Orphic tablets 26
오스만Osman 259
오스트레일리아 원주민의 메시지 봉Aborigine message sticks 21
오슬랜더, 조지프Auslander, Joseph 176

오언, 오빌 워드Owen, Orville Ward 87
『옥스퍼드 영어 사전Oxford English Dictionary』 15, 116, 123, 187
옥으로 만든 천부서天父書(천국의 책) 42
올덴부르거, 필리프 안드레아스Oldenburger, Philipp Andreas 10
올드린, 버즈Aldrin, Buzz 241
올빼미 성경Owl Bible 190
와이드너, 해리 엘킨스Widener, Harry Elkins 10
와일드, 오스카Wilde, Oscar 175
『외과도설外科圖說』 234
요른, 아스게르Jorn, Asger, 『회상록Mémoires』 39
『요크의 이발사와 외과의사 길드 책The Guild Book of the Barbers and Surgeons of York』 214
요하네스 갈렌시스Johannes Galensis(웨일스의 요한John of Wales) 186
요하네스 구텐베르크 Gutenberg, Johannes 27, 246
우리엘Uriel 159
우세, 아르센Houssaye, Arsène, 『영혼의 운명Des destinées de l'âme』 60~61
우익지욱藕益智旭 66
우즈, 앨프리드Woods, Alfred 206~207
우타가와 쿠니요시歌川 國芳 250, 251
운명의 신Doom-God 151
워드, 제임스 B.Ward, James B. 90
원뿔 기도문foundation cones 21, 22
월폴, 호레이스Walpole, Horace 86
웨일스의 제럴드Gerald of Wales, 『아일랜드의 지형학Topographia Hibernica』 121
위버, 존Weever, John 243
위키피디아Wikipedia 249
윈체스터 시편the Winchester Psalter 190, 191, 194
윌리엄스, 조지 F.Williams, George F. 105
윌리엄스, 키트Williams, Kit, 『가장무도회Masquerade』 90~91
윌슨, A. N.Wilson, A. N., 95~96
윌킨스, 존Wilkins, John 71
유다 성경Judas Bible 190
육효점 153
은둔자 헤르만Herman the Recluse 254
은현 잉크 80
이단티르수스Idanthyrsus 20
이드프리스Eadfrith, 『린디스판 복음서Lindisfarne Gospels』 51, 53
이집트 24~25, 62, 146, 150~151, 165, 173
인먼, 아서 크루Inman, Arthur Crew 254
인피제본서 프로젝트Anthropodermic Book Project 61
인피제본술(인간의 살가죽으로 만든 책) 52~62
인피제본술anthropodermic bibliopegy 15, 53~62
일본의 초창기 인쇄물 28
입을 수 있는 책wearable books 16, 27, 44~45
잉카 제국, 키푸 Incan Empire, quipu 28~29, 30~31

자일로테크 도서관 33, 34
자일로테크xylothek 33, 34, 35
잔크리(네팔의 전통 샤먼)를 위한 안내서jha- nkri manual 50
『잡초 베는 악마: 하트퍼드셔에서 전해온 괴이한 뉴스The Mowing-Devil: Or, Strange News out of Hartford-Shire』 162
저주의 서판(데픽시오네스defixiones) 25~26
점토판clay tablets 20
정란丁兰 66
『정신이상자의 글에 관하여On the Writing of the Insane』 142~143
제비, 사바타이Zevi, Sabbatai 182~183
제임스 쿡 선장Cook, Captain James, 『쿡 선장이 세 번의 남반구 항해에서 수집한 헝겊 견본 카탈로그A Catalogue of the Different Specimens of Cloth Collected in the Three Voyages of Captain Cook, to the Southern Hemisphere』 15, 129, 132
제임스, T. P.James, T. P. 174
제케, 주세페Geche, Giuseppe 246
제퍼슨, 토머스Jefferson, Thomas 203, 243
조로아스터Zoroaster 83, 235
조이스, 제임스Joyce, James 175
조지 1세George I, King 220
존슨, 새뮤얼Johnson, Samuel 102, 116, 132, 237
『영어 사전A Dictionary of the English Language』 58, 116
존슨, 오사Johnson, Osa, 『나는 모험과 결혼했다I Married Adventure』 50
종이 계산기 32, 33
주문 그릇incantation bowls(악마의 그릇 또는 악마 잡는 그릇) 23~24
『주역周易』 153
『죽음의 벽에 드리운 그림자Shadows From the Walls of Death』 139
중국 10, 21, 22

복갑에 새겨진 신탁oracle tortoise 153
암호로 쓴 책cryptic books 71
연금술 필사본alchemy manuscript 234
『영락대전永樂大典』 248~249
옥으로 만든 천부서天父書(천국의 책) 42
『주역周易』 153
초창기 인쇄early printing 27
피로 쓴 책blood writing 62, 66
중세 유럽의 문헌 27
『지옥의 사전Dictionnaire infernal』 171
『지옥의 열쇠The Clavis inferni』(별칭 『키프리아누스Cyprianus』) 170, 173
「지옥초지地獄草紙」 194
『직지심체요절直指心體要節』 27
진숙릉陳叔陵, 『열반경涅槃經』 62
『진코기塵劫記』 222
질라스, 밀로반Đilas, Milovan 39

ㅊ

찰스 2세Charles II, King 155, 258
채플린, 로버트Chaplin, Robert 247
채플린, 맬컴 더글러스Chaplin, Malcolm Douglas, 『순무 마을의 꼬마 테드Teeny Ted from Turnip Town』 247
책입 그림fore-edge painting 83
초기 인쇄술printing, early 27~28, 187, 190
초소형 연감miniature almanacks 244~245
『최초의 신연대기와 태평성대El primer nueva corónica y buen gobierno』 29
추기경 베노Cardinal Beno 152

카를 5세 황제Charles V, Emperor 33
『카마수트라कामसूत्र』 75
카말, 아메드 베이Kamal, Ahmed Bey 173
카이사르, 율리우스Caesar, Julius 75
카진스키, 베르나르트 베르나르도비치Kazhinskiy, Bernard Berardovich 228
캐닝, 조지Canning, George 80
캐버너, 캐런Kavanagh, Karen 247
커, 존Ker, John 50
커드모어, 조지Cudmore, George 58
케이, 존Kay, John, 『독창적인 초상 원화와 캐리커처 에칭 시리즈A Series of Original Portraits and Caricature Etchings』 84
케이츠비, 로버트Catesby, Robert 54~55
켈리, 에드워드Kelley, Edward 159, 160
켈리, 팻Kelly, Pat, 『머리가 잘려나가도 계속 살 수 있다면… If We Can Keep A Severed Head Alive … 』 229, 232
『켈스의 서Book of Kells』 186
코거, 아서Coga, Arthur 208
코너리, 토머스Connery, Thomas 105
코더, 윌리엄Corder, William 58
코덱스 기가스Codex Gigas 254, 256
코덱스 아미아티누스The Codex Amiatinus 257
코덱스codex 20, 27
코란Qur'an 47, 146, 183, 240
사마르칸트의 위대한 코란Great Qur'an of Samarkand 257~259
초소형 코란 243, 245
『피의 코란Blood Qur'an』 15, 68~69
코런, 앨런Coren, Alan 266
코르도바, 마르틴 데Cordova, Martin de 81
코언, 타이터스 먼슨Coan, Titus Munson 109
코킹, 톰Cocking, Tom 132
『코피알레 사이퍼Copiale Cipher』 83, 85, 87
콘, 솔로몬Conn, Solomon 34, 36, 37
콜럼버스, 크리스토퍼Columbus, Christopher 128
콜론, 에르난도Colón, Hernando, 『개요서The Libro de los Epítomes』 128
쿠넌스, 아드리안Coenensz, Adriaen, 『물고기 책Visboek』 Visboek 124~125, 126~127
쿠야우, 콘라트Kujau, Konrad 113~114
쿠토도 파고다Kuthodaw Pagoda 253
쿰다크cumdach 183~184
크라우스, 한스 P.Kraus, Hans P. 80
크랄, 야코프Krall, Jacob 24
크로프츠, 찰스Crofts, Charles 238
크리드, 조지Creed, George 58
크리스티안 3세Christian III, King 118
크바컬, 에릭Kwakkel, Erik 27
크세르크세스Xerxes 73, 75
『클라피스 아르티스Clavis Artis』 235
클레르보의 성 베르나르도Bernard of Clairvaux, Saint 46
클렝커, 요하네스Klencke, Johannes, 『클렝커 아틀라스Klencke Atlas』 258

클로드 드 프랑스의 거장the Master of Claude de France 242
클로드 왕비Queen Claude 242
키르허, 아타나시우스Kircher, Athanasius, 『지하세계Mundus Subterraneus』 224~225
『세계의 음악Musurgia Universalis』 226
키르허, 하인리히Kircher, Heinrich, 『사도 요한의 묵시적 예언Prophetia Apocalyptica S. Joannis Apostoli』 186
키스Kiss 68
키케로Cicero 75
키튼, 로버트 H.Keaton, Robert H. 145
키푸quipu(말하는 매듭) 28~29, 30~31
키푸카마요크Quipucamayocs 29
『키프리아누스Cyprianus』(『지옥의 열쇠The Clavis inferni』) 170, 173
키플링, 러디어드Kipling, Rudyard, 『킴Kim』 17

『태양의 광휘Splendor Solis』 234
테베의 호노리우스Honorius of Thebes 157~158
테일러, 존Taylor, John 186
토머스, 켄Thomas, Ken 91
토바바탁 부족Toba Batak tribe 165
토텐페세totenpässe(망자의 여권) 26, 27
토트Thot 146
토프트, 메리Toft, Mary 50, 220, 222
톰프슨, 두갈드Thompson, Dugald 91
톱셀, 에드워드Topsell, Edward, 『네발 달린 짐승의 역사The historie of foure-footed beastes』 122, 123
투명 잉크invisible ink 70~71, 80
트랩록, 월터 E.Traprock, Walter E., 『카와호 항해The Cruise of the Kawa』 107, 108, 109
트러슬러, 존Trusler, John 201
트레버로퍼, 휴Trevor-Roper, Hugh 114
트웨인, 마크Twain, Mark 137, 175, 237
티티빌루스Titivillus 186~187
틸버리의 제르바즈Gervase of Tilbury, 『황제의 재창조Otia Imperialia』(일명 『경이의 서Book of Wonders』) 151

파라오 우나스Unas, Pharoah 150
파란 털복숭이Ruige blauwe 등록부 47
파레, 앙브루아즈Paré, Ambroise, 『괴물과 신들Des monstres et prodigies』 219
파피루스 두루마리papyrus scrolls 20
파피루스에 콥트어로 쓴 마법서Coptic magical papyrus 154
판덴폰덜, 요스트van den Vondel, Joost 236
패턴 시pattern poems 72
패트리지, 존Partridge, John 102~103
페넌트, 토머스Pennant, Thomas 132
페드루 카롤리누Carolino, Pedro, 『새로운 포르투갈어-영어 회화 입문서O Novo Guia de Conversação, em Portuguez e Inglez』 137~138
페르밀, V. O.Permild, V. O., 『회상록Mémoires』 39
페리에, 알렉상드르Perier, Alexandre, 『죄인의 각성Desenganno dos Peccadores』 192~193
페티스, 올리브Pettis, Olive, 『나사렛 예수의 자서전Autobiography By Jesus of Nazareth』 174~175
펜, 포러스트Fenn, Forrest, 『추격의 희열: 회고록The Thrill of the Chase: A Memoir』 91
포르사스 사건Fortsas Affair 103~105
포마, 구아만Guamán Poma 29
포먼, 사이먼Forman, Simon 155
폭스, 찰스 제임스Fox, Charles James, 『제임스 2세 통치 초기 역사A History of the Early Part of the Reign of James II』 46
『표다르 블라디미르 라로비치: 그의 삶과 문학 비평Feodor Vladimir Larrovitch: An Appreciation of His Life and Works』 109
푸르만, 마테우스 고트프리트Purmann, Matthäus Gottfired 210
프라 말라이Phra Malai 195, 197, 198
프랑크, 안네Frank, Anne 76
프로젝트 오션Project Ocean 9, 10
프로토스파타리우스, 테오필루스Protospatharius, Theophilus, 『소변에 관하여De Urinis Libellus』 217
프리스, 존Frith, John 180
플라마리옹, 카미유Flammarion, Camille, 『천상의 세계Les terres du ciel』 61~62
플라톤Plato 225
플랑셰트planchettes 173, 174
『플래니티스의 적도The Equatorie of the Planetis』 78
플러노이, 테오도어Flournoy, Theodor, 『인도에서 화성까지From India to the Planet Mars』 175~176, 179
피기에, 루이Figuier, Louis, 『과학의 신비Les mystères de la science』 147
피노, 세베랑Pineau, Sévérin, 『처녀의 순결과 타락에 관하여

De integritatis et corruptionis virginum notis』 52
피노, 존 주니어Fenno, John Jr 58, 60
피라미드 텍스트Pyramid Texts 150, 151
피로 쓴 책books written in blood 58, 62~69
피쇼, 장 니포뮈센-오귀스트Pichauld, Jean Nepomucene Auguste, '포르사스 사건Comte de Fortsas' 103~105
피스크, 브래들리Fiske, Bradley 237
피어슨, 엘리펠렛Pearson, Eliphalet, 「대학 일탈 기록Journal of College Disorders」 135~137
피지parchment 20, 22, 27, 50, 53, 155
피츠제럴드, 스콧Fitzgerald, F. Scott 266
『피카트릭스Picatrix』 155
피프스, 새뮤얼Pepys, Samuel 74, 75~76
『필립 총독의 보터니만 항해The Voyage of Governor Phillip to Botany Bay』 46
『필수 목록 작성: 기본 사항Essential Cataloguing: The Basics』 173

ⓗ

하벤, 이브 드Harben, Eve de 95~96
하비, 윌리엄Harvey, William 208
하워드, 존Howard, John 220
하이데만, 게르트Heidemann, Gerd 113~114
하크니스, 데버라Harkness, Deborah 159
《하퍼스 위클리Harper's Weekly》 105, 106
『한 꾸러미의 의술Fasciculus Medicinae』 216
한센 라이팅 볼Hansen Writing Ball(공 모양 타자기) 145
해리스, 맥스Harris, Max 111
『해리스의 코번트 가든 여성 거주자 목록Harris's List of Covent-Garden Ladies』 134~135
해브마이어, 윌리엄 프레더릭Havemeyer, William Frederick 105
해슬램, 존Haslam, John,, 『광기의 삽화Illustrations of Madness』 225, 228, 230~231
해어, 윌리엄Hare, William 57
핼리, 에드먼드Halley, Edmund 99
햄블린, 테런스Hamblin, Terence 232
허드슨, 제프리Hudson, Jeffrey 238. 239, 240
허버드, L. 론Hubbard, L. Ron 249, 252
헌터, 다드Hunter, Dard, 『책과 함께한 나의 인생My Life with Paper』 62
험버드, 찰스Humberd, Charles, 『뇌하수체 해부학 실전Exercitatio anatomica de glandula pituitaria』 60
헤라클리데스 폰티쿠스Heraclides Ponticus 94~95
헤럴드, 메리 앤Herold, Mary Ann, 『경찰기관을 위한 오컬트 기본 지침서A Basic Guide to the Occult for Law Enforcement Agencies』 176
헤로도토스Herodotus 20, 71, 75, 120
헤르만 히스토리카Hermann Historica 42
헤일리, 매슈Haley, Matthew 242
헤켈, 에른스트Haeckel, Ernst, 『자연의 예술적 형태Kunstformen Der Natur』 117
헨리에타 마리아 왕비Henrietta Maria, Queen 238, 239
헬림스키, 유진Helimski, Eugene 151
호가스, 윌리엄Hogarth, William 220
호러보, 닐스Horrebow, Niels, 『아이슬란드의 자연사The Natural History of Iceland』 237
호스머, 조지 W.Hosmer, George W. 105
호우드, 존Horwood, John 56~57
호히갓센屁合戦(방귀 경연대회) 12~13
혼북hornbooks 34
홈, D. D. Home, D. D. 147
홈즈, 올리버 웬델Holmes, Oliver Wendell, 『엘시 베너: 운명의 로맨스Elsie Venner: A Romance of Destiny』 46, 50
후세인, 사담Hussein, Saddam, 『피의 코란Blood Qur'an』 15, 68~69
훅, 로버트Hooke, Robert, 『현미경 검사술: 또는 돋보기로 관찰한 미세한 신체에 관한 몇 가지 생리학적 기술Micrographia: or Some Physiological Descriptions of Minute Bodies Made by Magnifying Glasses』 222, 223, 224
휘틀리, 헨리 B.Wheatley, Henry B. 76
휘플, 에드윈 퍼시Whipple, Edwin Percy 9
휴스, 하워드Hughes, Howard 113, 115
휴지에 쓴 일기toilet paper journal 37, 39
히스티아이오스Histiaeus 71
히틀러, 아돌프Hitler, Adolf 46, 113~114, 115
히포크라테스Hippocrates 208
힐리어, 베비스Hillier, Bevis 95
힐먼, 빌Hillman, Bill 266

(기타)

『Ebpob es byo Utlub, Umgjoml Nýflobjof』(미혼여성의 단결과 화목 증진 협회의 규칙서) 87

이상한 책들의 도서관

희귀 서적 수집가가 안내하는 역사상 가장 기이하고 저속하며 발칙한 책들의 세계

1판 1쇄 발행 2024년 3월 7일
1판 3쇄 발행 2024년 7월 11일

지은이 에드워드 브룩-히칭
옮긴이 최세희
편집 김지하, 김현지
디자인 withtext

펴낸이 임병삼
펴낸곳 갈라파고스
등록 2002년 10월 29일 제2003-000147호
주소 03938 서울시 마포구 월드컵로 196 대명비첸시티오피스텔 801호
전화 02-3142-3797 | 전송 02-3142-2408
전자우편 books.galapagos@gmail.com
ISBN 979-11-93482-03-2 (03900)

갈라파고스 자연과 인간, 인간과 인간의 공존을 희망하며, 함께 읽으면 좋은 책들을 만듭니다.